信息生态视角下政务微信信息服务模式与服务质量评价研究

李宗富 著

XINXI SHENGTAI SHIJIAOXIA ZHENGWU WEIXIN XINXI FUWU MOSHI YU FUWU ZHILIANG PINGJIA YANJIU

WUHAN UNIVERSITY PRESS
武汉大学出版社

图书在版编目(CIP)数据

信息生态视角下政务微信信息服务模式与服务质量评价研究/李宗富著.—武汉：武汉大学出版社,2020.6(2022.4 重印)
ISBN 978-7-307-21382-1

Ⅰ.信…　Ⅱ.李…　Ⅲ.电子政务—研究—中国　Ⅳ.D63-39

中国版本图书馆 CIP 数据核字(2019)第 290579 号

责任编辑:林　莉　沈继侠　　　责任校对:汪欣怡　　　版式设计:马　佳

出版发行：**武汉大学出版社**　(430072　武昌　珞珈山)
(电子邮箱：cbs22@ whu.edu.cn　网址：www.wdp. com.cn)
印刷:武汉邮科印务有限公司
开本:720×1000　1/16　印张:19.75　字数:352 千字　插页:2
版次:2020 年 6 月第 1 版　　2022 年 4 月第 2 次印刷
ISBN 978-7-307-21382-1　　定价:58.00 元

作者简介

李宗富

男，汉族，1981年生，河南省淅川县人。博士，讲师，硕士生导师。先后于2001—2005年、2009—2012年在郑州大学档案学专业学习，获得管理学学士、硕士学位；2014—2017年在吉林大学图书情报与档案管理专业学习，获得管理学博士学位。2005—2014年在郑州轻工业学院民族职业学院工作；2017年7月至今，在郑州大学信息管理学院工作。工作及学习期间累计发表学术论文40余篇，主持或参加过国家社科基金重大项目、一般项目、国家档案局科技项目、河南省哲学社会科学基金项目、河南省档案局科技项目等10余项，参与编写教材2部、专著1部。

前　言

随着微信的快速发展和广泛应用，国内越来越多的党团组织和政府部门开通了微信公众号，积极地利用政务微信发布信息、提供服务、沟通交流、引导舆论等。政务微信已经成为公众喜闻乐见的网络问政新平台，对政府信息服务产生了重要影响，成为推动政务改革的重要力量。如何合理地利用政务微信等政务新媒体的优势，打造以用户需求为中心，以公众参与、双向互动为平台，以优化政府服务流程、改善部门间的信息共享为途径，真正实现服务型政府的建设目标，从而为公众提供更加公正、便捷、高效的公共服务，是当前各个政府部门共同面临的重要课题。

信息生态学是研究人、信息、技术和社会环境协调发展的理论，可以为信息环境下的组织、信息技术和信息对象之间的复杂关系提供新的解释框架。因此，本书以政务微信公众号为研究对象，结合信息生态学理论，深入研究政务微信公众号的信息服务模式和服务质量评价问题。在综合评述国内外学者关于政务微信研究成果的基础上，利用文献调研、案例分析和实证研究等方法，基于信息生态视角对政务微信信息服务的过程、模式、运行机制和信息服务质量的影响因素、评价体系等进行深入分析，为提升政务微信公众号的信息服务能力和质量提供指导，以实现新媒体环境下政务微信信息服务过程中的人、信息、技术和环境之间的和谐发展。

第一，分析了政务微信服务过程中的信息流转情况，研究了政务微信公众号信息服务的动力和过程。在对政务微信信息服务的信息生态系统的四个构成要素：政务微信信息人、政务微信信息资源、微信技术和政务微信信息服务环境以及它们之间的相互关系进行深入分析的基础上，构建了政务微信信息服务的信息生态系统模型，并分析了它的功能。然后分析了政务微信信息生态链的概念和构成要素，探究了政务微信信息生态链的形成机理、结构和类型。

第二，分析了政务微信信息服务运行机制。在对政务微信信息服务运行机制内涵与概念模型分析的基础上，重点研究了政务微信信息服务的动力机制、协同机制、共享机制、评估机制和反馈机制，深入地分析了各个运行机制的内涵、内容与特征，并构建了每种机制的模型。最后基于五种机制的内在逻辑构建出了政务微信信息服务运行机制的总体关系图。

第三，政务微信信息服务模式分析。从信息生态要素出发，基于用户个性化需求、政务信息资源共建共享要求、信息智能技术发展和政务信息生态环境协同发展视角，将政务微信信息服务模式划分为定制式、一站式、智慧型和协同式四种类型，分别介绍了四种模式的概念与内涵，分析了各个模式的内容和特征，并构建了每种模式的模型与框架等。分别选取了“广东天气”“广东发布”“乐行南昌”“广州公安”四个政务微信公众号作为实例进行分析研究，对四种信息服务模式进行深入分析。最后，对比分析了四种模式的相同点和不同点。

第四，政务微信信息服务质量影响因素研究。以服务质量差距理论为基础，从信息生态因子视角构建了政务微信信息服务质量影响因素模型，将影响因素分为政务微信信息资源、政务微信信息主体、微信技术和政务微信平台环境四个维度，解释不同因子对政务微信信息服务质量的影响。以收集的 713 份有效调查问卷为样本进行实证分析，采用验证性因子分析检验数据的信度和效度，用结构方程模型检验所提出的理论假设。研究结果表明本书所提出的大多数假设都得到了数据支持，并对一个不支持的研究假设进行了原因分析。

第五，政务微信信息服务质量评价研究。通过文献调研、专家访谈和调查问卷方法，选取并确定了 7 个一级指标、48 个二级指标，结合信息生态学理论将政务微信信息服务质量评价指标划分为政务微信信息资源、政务微信信息人、信息技术和政务微信平台环境四个维度，构建了评价指标体系。利用模糊层次分析法确定了各个指标的权重。最后以“上海发布”微信公众号为研究对象，对其信息服务质量进行评价，分析检验该评价指标体系的科学性与合理性。

最后，针对当前政务微信信息服务的现状，分析了提升政务微信信息服务质量面临的困境，提出了策略设计思想，分别从政务微信信息资源、政务微信信息主体、微信技术和政务微信服务环境四个方面提出了提升政务微信信息服务质量的建议和对策，以期为提升政务微信信息服务质量和效果提供借鉴与参考。

从信息生态视角探讨政务微信公众号的信息服务模式，并对其信息服务质量进行科学评价研究，拓展了信息生态学在政务新媒体领域的研究应用，丰富了电子政务和信息生态学的理论研究，为政府部门借助政务微信更好地开展公共服务提供了理论基础和参考建议。在实践上，本书的研究有助于提高政务微信信息服务的质量和水平，对于新媒体环境下政府职能转变和公共服务能力提升等都具有较强的现实应用和指导意义。

作　者

2019 年 10 月

目　　录

第1章 绪　论

1.1 研究背景

随着数字媒体技术的飞速发展，社会化媒体迅速崛起，其影响已经广泛涉及社会生活的各个方面，并引起了越来越多的政府、专家、学者们的关注。各级政府为了更好、更有效率地服务公众，开始接触并充分利用社会化媒体提供公共服务。在 Web2.0 社会化媒体的冲击下，政府传统的管理方式、服务模式已经越来越难以应对转型时期所面临的种种挑战和问题。如何充分、合理地运用各种社会化媒体，打造以公众需求为中心，以公民积极参与、政民双向互动为平台，以优化政府办公流程、提高管理效率、改善部门间的信息共享为途径，真正实现服务型政府的建设目标，为公众提供更加优质、快捷、高效的公共服务，是当今世界各国政府面临的共同课题。

我国从 2011 年开始兴起政务微博，随后又迎来了政务微信的迅猛发展。越来越多的党政部门开通了政务微信，积极利用微信发布各种政务信息、提供各种公共服务、密切政民沟通、加强互动交流、主动引导舆论方向，政务微信逐步成为广大公众喜闻乐见的网络问政新平台。自 2013 年政务微信元年以来，无论在开通数量、规模还是在功能定位及拓展上，政务微信都实现了突破性的发展。截至 2016 年 6 月，我国使用微信朋友圈的人数达到 5.59 亿人，使用率为 78.7%；在线政务服务用户规模达到 1.76 亿，占全体网民的 24.8%，其中通过政务微信公众号获得政务服务的使用率为 14.6%，为网民使用最多的在线政务服务方式①。政务微信的规模不断壮大，运营理念不断创新，发展势头日趋向好，呈现出“由点及面、由单一到多元”的发展趋势和特点，正在奋力开启“掌上政务”新时代。社会化媒体为政府和公众提供了一个成本低但

① 中国互联网络信息中心．第 38 次中国互联网络发展状况统计报告［R/OL］．［2016-08-03］．http：//www.cac.gov.cn/ztzl/xzt/cnnic38/index.htm.

效能高的网络移动服务新平台，使政府提供的公共服务具有更大的价值。至此，以微博、微信为代表的中国微政务公共服务格局正式确立。政务微信等社会化媒体的蓬勃发展，不仅开辟了政府服务社会的新渠道，也为政府网络形象塑造带来了新机遇。如何利用微信这一利器，最大限度地发挥其积极效应，降低其副作用，推动塑造良好的政府网络形象，实现政府公共服务模式创新，是信息化背景下我国政府网络新平台建设亟需研究和面对的重要课题。

1. 服务型政府建设的时代要求

党的十八届三中全会指出，必须切实转变政府职能，深化行政体制改革，创新行政管理方式，增强政府的公信力和执行力，建设法治政府和服务型政府。建设服务型政府自政务信息公开开始。2013 年 10 月 15 日，国务院办公厅发布的《关于进一步加强政府信息公开回应社会关切提升政府公信力的意见》要求各地区各部门加强政府信息公开回应社会关切时，要着力建设基于新媒体的政务信息发布和与公众互动交流新渠道，各地区各部门应积极探索利用政务微博、政务微信等新媒体，及时发布各类权威政务信息，尤其是涉及公众重大关切的公共事件和政策法规方面的信息，并充分利用新媒体的互动功能，以及时、便捷的方式与公众进行互动交流。2014 年 11 月 17 日，国务院办公厅发布的《关于加强政府网站信息内容建设的意见》要求政府网站要提供面向主要社交媒体的信息分享服务，加强手机、平板电脑等移动终端应用服务，积极利用微博、微信等新技术、新应用传播政府网站内容，方便公众及时获取政府信息。2015 年 7 月 1 日国务院发布的《关于积极推进“互联网+”行动的指导意见》明确指出要创新政府网络化管理和服务，积极探索公众参与的网络化社会管理服务新模式，充分利用互联网、移动互联网应用平台等，加快推进政务新媒体发展建设，加强政府与公众的沟通交流，提高政府公共管理、公共服务和公共政策制定的响应速度，提升政府科学决策能力和社会治理水平，促进政府职能转变和简政放权。2016 年 9 月 25 日，国务院印发《关于加快推进“互联网+政务服务”工作的指导意见》，对加快推进“互联网+政务服务”工作作出总体部署，指出要牢固树立创新、协调、绿色、开放、共享的发展理念，按照建设法治政府、创新政府、廉洁政府和服务型政府的要求，优化服务流程，创新服务方式，推进数据共享，打通信息孤岛，推行公开透明的服务，降低制度性交易成本，持续改善营商环境，最大限度地利企便民，让企业和群众少跑腿、好办事、不添堵，共享“互联网+政务服务”发展成果。

这些意见和决定出台后，中央各部委积极利用互联网发声，纷纷进驻各类新媒体平台。与此同时，各级各地政府部门也借力微博、微信、客户端、APP等新媒体，积极开通微服务、进行微交流，电子政务进入了“微政务时代”。政务微信是社会管理创新的重要内容，为政府履行职责、优化管理、提升服务开辟了新渠道。服务型政府是新时期我国政府改革建设的重要目标，为公众提供优质、高效、廉价的公共产品和公共服务一直是我国政府部门的不懈追求，政府部门建立政务微信可以向社会即时发布政策法规、决策意见、活动咨询、办事进度及各种服务信息，可以及时获取公众意见、听取民众建议。同时，由于是基于地理位置或机构职能提供信息服务，政务微信能更加有效地实现以公众需求为中心的服务流程，让政府管理和服务更具针对性和人文性。建设服务型政府的时代要求推动了政务微信渐成风尚，而政务微信的快速发展和广泛应用则助力了服务型政府的建设步伐且亮点日益增多。

2. 政务微信推动政府实现“掌上政务”

政务微信的发展和普及可谓占尽了天时地利人和。从中央到地方各级政府对微信发展的重视和政策支持不断提升，智能终端的广泛普及和移动互联网的快速发展以及政务微博运营中积累的丰富经验等都为政务微信的兴起和蓬勃发展提供了充足的软硬件条件。微信产品的设计理念崇尚简单，注重用户体验，公众使用起来快捷方便；政务微信基本上满足了政府部门发布信息、便民服务、提高效率等服务性功能的要求，再加上广大民众日益高涨的政务服务需求，使得政务微信的发展生机盎然。借助微信平台优势和国家相关政策的大力支持，政务微信正逐步成为公众喜闻乐见的网络问政新渠道、成为继政务微博之后迅速崛起的政民互动新平台，政务微信在政务服务方面开辟出了一片新天地。

微信强关系、重社交的平台属性，使之具有隐秘性、服务可定制、使用成本低且效能高等特点，微信的种种优势已经使之成为广大网民获取信息的重要途径，越来越多的政府部门和公众通过政务微信来发布、传播、获取、利用政务信息或公共服务。经过近几年的飞速发展，政务微信不论从中央政府的政策支持还是数量、规模、使用频率、综合影响力和利用效果等方面均有显著提升。据不完全统计，截至2015年年底，全国政务微信公众号已超过10万个，开设的政务民生公众号超过8.3万个，各级政府的微信公众号应用体系已经基本形成①。除中国台湾地区外，政务微信已经全面覆盖了大陆31个省级行政

① 腾讯. 2015年度全国政务新媒体报告［R/OL］. ［2016-03-28］. http://mt.sohu.com/20160316/n440593564.shtml.

区的党政部门、直属事业单位和社会团体以及香港和澳门特别行政区，此外还包括中国政府驻外机构政务微信7个以及外国驻华机构所开设的涉外类政治账号47个。微信公众平台已经覆盖了从中央部委到省（自治区、直辖市）、从地市县到乡镇甚至社区、村庄的所有行政级别。从职能部门来看，政务微信参与部门广泛覆盖了公安、共青团、检察院系统、医疗卫生、旅游、水文气象、社会保障、党政机关等政府各个部门①。新华网舆情监测分析中心和新华政务直通车项目组2015年7月发布的《2015年上半年全国政务新媒体综合影响力报告（2015.01.01—06.30）》共统计了全国35434个政务微信公众账号，截至2015年6月30日，推送内容超过221万次，推送微信文章达到2000余万次，累计阅读量超过14.3亿次②。政务微信对各级政府推进政务公开、舆论引导、民意通达、在线服务、管理创新、政府形象塑造与维护等都发挥了积极的促进作用，其影响力与日俱增，已经成为推动政务改革的重要力量。

政务微信在服务型政府建设中扮演着关键角色，发挥着重要作用，是社会管理服务的创新之举。积极运用政务微信与公众互动，是推进国家治理体系和治理能力现代化的重要手段。作为即时通信与综合性的服务平台，微信公众平台为政府创新社会管理提供了新的思路，政务微信公众平台应运而生，并在政务信息公开、为民解疑纾难、政民沟通交流、舆情引导防控、政府形象塑造等方面发挥着重要作用。随着政务微信的深入发展，其运营模式日益多元，政务微信的功能覆盖行业日趋广泛且更加彰显地域、行业特色。目前，我国政务微信发展正呈现出服务本地化、账号矩阵化、功能综合化、粉丝辖区化、运营规范化五大良好发展趋势。

3. 政务微信信息生态失调现象频现

政务微信正发挥着越来越大的功能和作用，但同时应该清醒地认识到，微信也是一把“双刃剑”。随着它的快速发展，政务微信也不可避免地存在着种种问题和不足。诸如政务微信运营维护人员严重不足、运营缺乏足够的技巧和策略、跨部门联动机制不健全、考核评估标准欠缺、服务质量参差不齐、发展

① 腾讯研究院．“互联网+”微信政务民生白皮书［EB/OL］．［2015-04-22］．http：//www.tisi.org/Article/lists/id/4357.html.

② 新华网舆情监测分析中心，新华政务直通车项目组．2015年上半年全国政务新媒体综合影响力报告（2015.01.01—06.30）［R］．［2015-08-18］．http：//news.xinhuanet.com/yuqing/2015-08/18/c_128137211.html.

不平衡等困难和挑战在一定程度上制约了政务微信功能的发挥和扩大。与此同时，政务微信平台上的各种“谣言”不断泛起，“僵尸账号”“官腔账号”“应付账号”“山寨”政务微信频现，休眠用户增加、持续使用用户减少、长期用户流失严重，微信公众号刷阅读量、刷点赞数等黑色产业链日趋成熟，政务“数字鸿沟”隐现，制度安排与人、财、物资源配置滞后于政务微信公众号的快速扩散，以及微信潜在安全风险和噪声持续存在等问题也开始频繁出现，使政务微信环境变得日趋复杂而更加难以治理。此外，社会公众对政务微信公众号的价值认知仍然较低，政务微信的价值普及任重而道远。诸如此类的种种困难和问题使得政务微信环境不断恶化，一定程度上已经开始影响甚至制约用户对政务微信的有效利用，政务微信信息服务系统各要素不协调及其发展不平衡逐渐导致了政务信息生态系统频频失衡、失调。

为了指导社会组织和个人与信息环境的协调与和谐发展，信息管理学及相关学界将生态学的理论和方法引入信息活动领域，研究信息生态问题。通过广大学者和相关人员的努力探索，信息生态学目前已经形成了一个较为成熟而又系统的理论体系和应用体系，已经被广泛地应用到经济、教育、行政及新闻传播等社会科学研究的诸多领域。当前，人们已经认识到信息生态理论与应用研究对解决信息生态失调现象，保持信息生态系统的平衡，实现信息环境与人类社会协调发展具有重大的现实指导意义。然而，对于政务微信这一新兴政务服务平台，关于其服务模式和信息服务质量评价的研究仍然较少。随着各种综合性政务社交平台的不断涌现和移动互联网技术、信息技术与数字技术的高速演进分化，我国政务微信公众号发展已经进入整合、深化、提升和优胜劣汰的关键阶段。政务微信平台的运行模式和服务质量不仅关乎政务微信能否健康、持续发展，而且成为政务微信公众号兴废成败的关键。高效的政务微信服务平台、合理的运营服务模式对净化政务网络信息生态环境，促进政务信息生态系统平衡具有很大的促进作用。同时，通过构建科学、规范且行之有效的服务质量评价指标体系，及时对政务微信服务平台的功能、运行效率、服务质量等进行科学评价，并不断对其优化、提高，以使之更好地为社会广大公众服务。因此，从信息生态视角出发，研究政务微信信息服务过程中的种种现象和问题，不仅有助于解析政务微信平台上信息的传播与扩散问题，而且有利于推动政务微信应用持续创新，进而对为公众提供更好的政务信息服务、为政府提高信息传播效率、早日实现移动服务型政府的建设目标等具有重要意义。

1.2 研究目的与意义

信息生态视角下的政务微信信息服务模式及服务质量评价研究的目标要与国家服务型政府建设目标及有关政策相得益彰，实现政务网络信息生态系统的协调与平衡，使之趋向于有益于健康的生态文明方向发展，最终促进信息环境、政府、广大公众乃至社会的持续、和谐、有序发展。目前，基于信息生态视角探讨政务微信公众号的信息服务模式及服务质量评价的相关研究较少，本书对该主题进行研究和探讨，丰富了政务网络信息生态领域和电子政务公共服务方面的相关内容，具有一定的理论意义和现实意义。

1.2.1 研究目的

转变政府职能、建立服务型政府、提高公共服务质量是政府在新时期建设的重要目标和任务，以政务微信为代表的社会化新媒体为政府管理服务延伸到这一具有社区化、个性化、定制化的传播空间提供了新的渠道，为优化政府公共服务体系提供了可能性。政务微信的出现及应用丰富并发展了政务网络信息生态系统，使政务网络信息生态环境变得更加复杂。信息生态学的理论和方法作为一种认知观和方法论，为人们打造良好的政务信息生态环境，实现政府管理和服务的目标提供了新的思维和方法。

（1）分析政务微信信息服务的动力和过程，探讨政务微信服务过程中的信息传递规律，分析政务微信信息生态链的构成要素和形成机理，在对各个信息生态因子深入分析的基础上，尝试构建政务微信信息服务的信息生态系统，剖析政务微信信息生态环境并使之向有利于政务服务和管理的方向发展。

（2）探讨政务微信信息服务的运行机制，对政务微信信息服务运行的动力机制、协同机制、共享机制、评估机制和反馈机制等进行深入分析，为构建科学、合理、高效的政务微信公共服务体系提供机制保障，最终实现政务微信信息服务活动的健康、持续运行和政务微信信息服务环境的良性发展。

（3）从信息生态视角探讨政务微信信息服务的模式，分别对定制式、一站式、智慧型、协同式四种信息服务模式的概念、特征、基础和内容等进行研究，并通过实践案例对之深入分析，然后对四种模式进行比较研究，分析其异同点，探讨每个模式的实现路径和策略。

（4）探讨影响政务微信信息服务质量的各种因素及其相互关系，并对关键影响因素进行识别和分析。以此为基础，尝试从信息生态视角构建一套科学有效的政务微信信息服务质量评价指标体系，为政务微信公众号服务质量评价和管理提供一个评价标准，从而满足政务微信公众号信息服务体系建设和质量提升的现实需求。

（5）从信息生态视角探讨提升政务微信信息服务质量的建议和对策，提升政府在新媒体环境下的管理服务能力，为政府转型和职能改革提供理论依据和具有参考价值的实用指南。

1.2.2 研究意义

从信息生态视角探讨政务微信的信息服务模式并对其信息服务质量进行科学评价研究，拓展了信息生态学在电子政务方面的研究领域，同时对新媒体环境下政府职能转变和公共服务能力提升等都具有重要的现实指导意义。

1. 理论意义

（1）信息生态视角下的政务微信信息服务模式及服务质量评价研究为政务微信服务平台功能的发挥和可持续发展理论提供了有益的补充。利用信息生态学的理论和方法探讨新媒体环境下政务信息、政府、用户、信息技术和政务信息环境之间的相互关系，从理论上将生态文明建设与信息生态、政务微信平台运营与优化、服务质量评价与可持续发展理论相结合，拓宽了电子政务的研究视角，对电子政务、公共管理学、信息管理学、情报学等学科理论的发展和完善具有一定的推动作用。

（2）拓宽了信息生态学的研究应用领域，丰富了信息生态学的研究内容。本书将信息生态学的理论和方法应用到政务微信的信息活动领域，探讨了政务微信信息服务的基本理论问题，揭示了政务微信信息服务活动的运行规律，构建了一套政务微信信息服务质量评价指标体系，从而拓展了信息生态学的研究应用领域，丰富了信息生态学的研究内容。

2. 现实意义

（1）有助于加快政府职能转型，创新公共服务方式。加快政府职能转变、创新政府服务方式、推广“互联网+政务服务”、全面推进政务公开是国家“十三五”规划纲要的重要任务，是政府部门提升履行职责能力和服务水平的重要途径，也是深化行政体制改革和建设人民满意的服务型、阳光型政府的战略举措。移动互联网时代应用的丰富性不仅满足了用户多元化的信息需求，同时也极大地推动了政府强化政务微信等社会化媒体的应用服务，有力地促进了政府信息公开，提高了网上办事服务效率和水平，加强了政民之间的沟通互动，极大地提高了政府的管理服务能力。

(2) 通过对政务微信信息服务的信息生态系统理论和实践问题的系统、深入研究，可以在掌握政务微信信息服务活动规律的基础上，运用信息生态系统理论，指导政务微信服务平台建设，促进政府和公众之间以及政务信息人与政务网络信息环境之间的协调与可持续发展，从而保持政务微信信息服务的信息生态系统的动态平衡，促进政务信息生态系统的进化和升级，最终达到提高政务信息流转效率和提升政府公共服务的能力与水平，实现服务型政府职能转变的建设目标。

(3) 为政务微信等政府公共信息服务平台的管理和运作提供了理论依据和决策参考，可以为政府信息服务机构的和谐发展提供指导，促使政府信息服务部门之间以及政务微信平台上的各个信息人之间形成共同促进、相互协调的良性发展关系。鉴于政务微信发展过程中存在的定位不清晰、结构不合理、服务质量参差不齐等问题，政府信息服务部门应当根据政务微信的优势和特点，结合部门职责，找到适合自身发展的服务生态位，使其获得和保持自身的竞争优势。将生态意识融合到政务微信信息服务的全过程中，最终促进政府与公众以及其他机构之间关系的良性互动与和谐发展。

1.3　国内外研究现状

目前，世界各国、各地区和政府部门都在积极探索有效利用 Facebook、Twitter、MicroBlog 等社交媒体以及 WhatsAPP、Kakaotalk、LINE 等各种类似微信的社交媒体，建设基于移动网络的集政务信息发布和公共服务等于一体的综合性政务服务新平台，努力打通政府与广大公众互动交流的新渠道和在线政务服务的新通道。在国外，政府 2.0 或社交媒体（Social Media）在公共部门中的应用早已是热门话题。各级政府部门纷纷在网站上添加 Facebook、Twitter 或 YouTube 等链接。目前，世界范围内提供微博客服务的网站，以 Twitter、Tumblr、FriendFeed、Plurk 等最具代表性①。2013 年 7 月，博雅公共关系公司

① 乔睿．海外政务微博发展情况及运营管理经验［J］．新媒体与社会，2014（01）：293-308.

调查了 Twitter 上来自 153 个国家的 505 个国家级政务微博账号，发现欧洲和南美洲对政务微博的应用最广泛。其中，45 个欧洲国家政府全部拥有 Twitter 账号，北美洲、亚洲和非洲国家政府使用微博服务的比例分别为 79%、76%和 71%①。由于美英等发达国家的微政务服务平台建设和电子政务起步早于中国国内，其实践应用更加广泛，并且日趋成熟。社交媒体在各国政党和政府中被广泛用于发布政策信息、设置政治议题、与公众交流、公共外交、防范公共危机等方面。随着越来越多的政府部门更加广泛地利用社交媒体与公民互动、发布通告、收集信息、开展各种政务服务等，诸多专家、学者开始关注这一领域，并且取得了丰硕的研究成果。

由于目前国（境）外很少有政府部门使用中国特有的微信开展各种管理服务工作，但是有不少类似微信功能和特征的政务社交媒体，因此，本书国外研究现状部分将以“类政务微信媒体”为主要研究对象，而国内研究现状部分则以“政务微信”为主要研究对象进行总结。

1.3.1 国外政务微信研究现状

有关类政务微信社交媒体在政府部门中的应用和研究，也有一些学者进行了梳理和总结。如 MichaelJ. Magro 对 Web2.0、社交媒体、社交网络以及它们在公共部门中应用的相关研究成果进行梳理分析，主要从社交媒体的案例应用研究演变、社交媒体的政策和策略进展以及社交媒体在灾害管理中的应用等几个方面进行了深入研究②。吴云、胡广伟从概念、发展、功能、问题及对策五个方面对国外政务社交媒体的研究文献进行了系统的梳理和总结，发现各国政府使用社交媒体主要用于提升政府信息的受众面和影响力以及促进政府与公民之间的交流和沟通。虽然政务社交媒体发展迅速，但也面临应对能力不足、管理机制不统一以及处理数据能力薄弱等问题和挑战，并据此提出了相应的对策和建议③。尚珊珊收集了 2010 年至 2015 年 SCI/SSCI 期刊数据库中国外政府使用社交媒体的相关文献，从六个方面探讨了学者关于国外政府社交媒体研究

① Burson-Ma rsteller, Twiplomacy Study 2013. [EB/OL]. [2016-09-10]. http://twiplomacy.com/twiplomacy-study-2013.

② MagroMJ. A Review of Social Media Use in E-government [J]. Administrative Sciences, 2012, 2 (02): 148-161.

③ 吴云，胡广伟．政务社交媒体研究进展 [J]. 电子政务，2013 (05): 42-50.

的主题和观点，并着重分析了国内外学者对中国政府社交媒体使用的观点和看法①。陈文胜从四个方面对国外社交媒体的政治性应用进行了梳理和总结②。

笔者梳理分析了国外政府利用社交媒体实践和研究的相关文献，并结合以上研究成果，发现目前国外关于政府使用类政务微信社交媒体的研究主要集中在以下五个方面。

1. 关于政务微信的基本理论研究

主要包括政务微信的定义、特点、功能、作用等基本理论。

国外学者对于政府社交媒体并没有统一的定义。J. Ignacio Criado 等将政府社交媒体定义为政府公共部门通过使用一系列社交媒体平台从而增进与公众交流互动，提高公众参与度③。J. Dolson 等认为社交媒体是可以让广大用户更加方便地参与、创造、组织、编辑、联合、共享、评论的平台，因此政府部门使用社交媒体主要应体现在合作、可追踪、可查询、可链接以及其公开性上④。SukKyoung Kim 等认为社交媒体是政府向公众提供服务、建立联系的重要平台，具有广播、传播速度快的特点，但是也会产生谣言风险⑤。社交媒体的出现和快速发展使得全世界不论是企业还是政府都卷入这场信息技术的巨大变革中。Mergel 认为社交媒体为公众积极参与政务、实时反馈提供了新平台，政府部门积极使用社交网络平台不仅有助于推动政府机构的改革发展，同时也可以帮助政府获取更多有效数据以分析改进其服务⑥。作为即时通信的社交媒体，其不受时空局限的优势，有利于不同地区人群的合作和时时参与。社交媒体为政府与公众之间的交流互动以及政府自身的发展提供了良好的平台，帮助政府

---

① 尚珊珊．政府社交媒体使用文献评述［J］．情报杂志，2016（01）：151-160.

② 陈文胜．社交媒体的政治性应用—国外相关研究述评［J］．新闻记者，2016（04）：86-92.

③ Criado J I, Almazan R S, Garcia JRG. Government Innovation through Social Media［J］. Government Information Quarterly, 2013（30）：319-326.

④ Dolson J, Young R. Explaining Variation in the E-government Features of Municipal Websites：An Analysis of E-content, E-partidpation, and Social Media Features in Canadian Municipal Websites［J］. Canadian Journal of Urban Research, 2012, 21（2）：1-24.

⑤ Kim S K, Park M J, Rho J J. Effect of the Government's Use of Social Media on the Reliability of the Government：Focus on Twitter［J］. Public Management Review, 2015, 17（3）：328-355.

⑥ Mergel I, Bretschneider S I. A Three-stage Adoption Process for Social Media Use in Government［J］. Public Administration Review, 2013, 73（3）：390-400.

顺利地完成了电子政务发展阶段从“信息发布阶段”到“交互阶段”的进化；在交互阶段，政府不仅积极地发布信息，而且将更加主动地与公众交流互动，实时了解公众思想，及时响应公众诉求和反馈①。Bertot 等认为政府部门使用社交媒体能够使公众更多地参与到政府事务中并提供意见，从而有利于构建政府——公众互动式政府，同时社交媒体上大量的公众留言可以成为政府跟踪并分析公众态度的重要数据来源②。Bonsón 等认为政府使用社交媒体的益处体现在 4 个方面：①有利于促进政府机构公开透明化；②帮助政府改进完善政策决策过程；③有助于提高政府服务质量；④有利于知识管理及跨部门合作③。J. Dolson 认为由于社交媒体平台通过其搜索功能够帮助政府工作人员定位资源查询知识、链接访问其他工作人员，并建立起社会关系网络，使得政府部门工作人员能够联合办公、一起合作、共享资源和创造知识。因此，社交媒体平台可以帮助政府部门促进政府机构之间以及政府与公众之间的互动，从而帮助政府机构更好地了解公众，进而通过改革创新提供更加优质高效的服务④。

2. 关于政务微信的应用实践研究

由于社交媒体拥有诸多优势，在发达国家从国家层面到各级各地政府部门都已经开始广泛应用 Facebook、Twitter、YouTube 等社交媒体，他们在这些平台上及时发布更新信息，内容涉及政府工作计划、政府服务信息、交通、财政、环境、公民教育培训、就业、医疗、安全、舆情监控等各个方面，遇到突发紧急或重大危机事件，更是实时更新信息、主动回应公众关切。虽然发达国家在使用社交媒体的频率、发布内容范围、与公众互动程度以及公众参与度等

① Lee G, Kwak Y H. An Open Government Maturity Model for Social Media-Based Public Engagement [J]. Government Information Quarterly, 2012, 29: 492-503.

② Bertot J C, Jaeger P T, Hansen D. The Impact of Polices on Government Social Media Usage: Issues, Challenges, and Recommendations [J]. Government Information Quarterly, 2012, 29: 30-40.

③ Bonsón E, Royo S, Ratkai M. Citizens' Engagement on Local Governments' Facebook Sites. An Empirical Analysis: The Impact of Different Media and Content Types in Western Europe [J]. Government Information Quarterly, 2015, 32: 52-62.

④ Dolson J, Young R. Explaining Variation in the E-government Features of Municipal Websites: An Analysis of E-content, E-partidpation, and Social Media Features in Canadian Municipal Websites [J]. Canadian Journal of Urban Research, 2012, 21 (2): 1-24.

方面都明显高于不发达国家，但是发达国家政府社交媒体发布的内容重点也不尽相同，通常是根据公众的兴趣和关注点而有所差异。发达国家利用社交媒体不仅仅是主动发布相关信息，而且更加注重与公众之间的交流互动。此外，国外政府机构使用社交媒体大多局限于国内政府部门之间的交流使用，国与国之间通过社交媒体进行交流的情况比较少见。学者们主要运用定性研究方法分析了政府利用社交媒体的必要性、益处、风险、挑战、机遇、过程以及未来发展趋势等。

政府利用社交媒体可以逐渐吸引公众参与制定政府决策，提高政府决策的民主性和科学性①②，还可以帮助其完善政策法律法规等③。因此政府应当充分利用各种社交媒体，但同时也要注意它们带来的风险与挑战等。为此，需要有意识地进行及时、全面、合理的引导和管控④。Ines Mergel 等认为政府使用社交媒体应分成三阶段进行⑤，Andrea L Kavanaugh 分析了社交媒体从政府核心部门到一般部门的扩散使用过程⑥。大多数学者从政府角度研究政府使用社交媒体的实践情况，不少学者分析政府使用某一社交媒体的具体情况。如 Enrique Bonsón 以欧盟 15 个国家的 75 个地级政府在 Facebook 上发布的 50 条内容为研究对象，分析了政府利用社交媒体发布的主要内容类型及其传播效果⑦。Ines Mergel 选取美国主要政府机构的社交媒体账户，分析了美国政府社

① Zavattaro S M，Sementelli A G. A Critical Examination of Social Media Adoption in Government：Introducing Omnipresence ［J］. Government Information Quarterly，2014，31：257-264.

② Wang Y X，Li N，Li J P. Media Coverage and Government Policy of Nuclear Power in the People's Republic of China［J］. Progress in Nuclear Energy，2014，77：214-223.

③ Alissa A. Social Media，Administrative Agencies，and the First Amendment ［J］. Administrative Law Review，2013，65（2）：23-27.

④ Sullivan J. China's Weibo：Is Faster Different? ［J］. New Media&Society，2014，16（1）：24-37.

⑤ Mergel I，Bretschneider S I. A Three-stage Adoption Process for Social Media Use in Government ［J］. Public Administration Review，2013，73（3）：390-400.

⑥ Kavanaugh A L，Fox E A，Sheetz S D，et al. Social Media Use by Government：From the Routine to the Critical ［J］. Government Information Quarterly，2012，29：480-491.

⑦ Bonsón E，Royo S，Ratkai M. Citizens' Engagement on Local Governments' Facebook Sites. An Empirical Analysis：The Impact of Different Media and Content Types in Western Europe ［J］. Government Information Quarterly，2015，32：52-62.

交媒体的主要发布内容①。还有一些学者对比分析多个政府机构使用社交媒体的情况。如 Myongho Yi 以美国、韩国政府发布在 Twitter、Facebook 上的内容为基础，对比分析了美韩两国政府使用社交媒体的差异②。Karen Mossberger 收集了美国最大的 75 个城市政府 2009 年和 2011 年发布在 Facebook、Twitter 等社交媒体上的内容，对比分析了美国政府部门利用社交媒体的情况③。Shannon Howle Tufts 通过问卷调研分析了政府人力资源部门使用社交媒体的现状及问题④。Gohar Feroz Khan 以韩国各级各地政府 Twitter 为研究对象，用社会网络图的方法分析了韩国政府机构使用社交媒体的情况⑤。

3. 政务微信与政府公开透明及可信度之间的分析研究

及时公开各种政务信息、提高政府机构的公开透明度，加强与公众之间的互动交流、提高政府部门的公信力和可信任度，建立廉洁高效的服务型、阳光型政府不仅是政府建设努力的目标，更是改革的重点和难点。社交媒体的迅速发展和广泛应用为政府实时公开信息、政民之间的交流互动提供了重要平台，随着政府社交媒体应用范围的扩大和影响力的日渐增加，国外的众多学者开始关注政府使用社交媒体对政府透明度、公信力、可信任性以及治理腐败之间的影响。学者们一致认为，政府使用社交媒体对提高政府的透明度、公信力、可靠性、改善政民关系等都有直接的正向影响，对政府治理腐败有间接的正向影响，即认为政府使用社交媒体的程度越高，其公开透明度也越高，进而越容易获得公众信任；而政府使用社交媒体普及度越高则政府腐败度会越低。Gwanhoo Lee 分析了使用社交媒体对政府机构透明度的影响，构建了政府公开

---

① Mergel I, Bretschneider S I. A Three-stage Adoption Process for Social Media Use in Government [J]. Public Administration Review, 2013, 73 (3): 390-400.

② Yi M, Oh S G, Kim S. Comparison of Social Media Use for the U. S and the Korean Governments [J] Government Information Quarterly, 2013, 30: 310-317.

③ Mossberger K, Wu Y H, Crawford J. Connecting Citizens and Local Governments? Social Media and Interactivity in Major U. S cities [J]. Government Information Quarterly, 2013, 30: 351-358.

④ Tufts S H, Jacobson W S, Stevens M S. Status Update: Social Media and Local Government Human Resource Practices [J]. Review of Public Personnel Administration, 2015, 35 (2): 193-207.

⑤ Khan G H, Yoon H Y, Park H W. Social Media Communication Strategies of Government Agencies: Twitter Use in Korea and the USA [J]. Asian Journal of Communication, 2014, 24 (1): 60-78.

透明成熟度的理论模型①。Enrique Bonsón 分析验证了欧盟 15 个成员国中较大城市使用社交媒体的情况与该城市透明度评分之间的关系，进而分析政府使用社交媒体对政府透明度的影响程度②。Beatriz Cuadrado 根据西班牙 102 个城市使用社交媒体的相关数据，分析社交媒体对政府信息公开的影响关系和程度，发现社交媒体关注度与政府信息公开倾向度、政党开放程度与媒体对政府信息公开的影响度之间均成正向关系③。John C. Bertot 分析了政府使用社交媒体对政府公开透明化的影响，并提出了政府利用社交媒体建立公开透明环境的策略和建议④。SukK young Kim 等分析了政府使用社交媒体对政府可靠性的影响，提出了自我效能→社交媒体经历→整体满意度→对政府信任的影响关系假设，并通过问卷调研验证了影响假设关系⑤。Lindita Camaj 研究了社交媒体对政府惩治腐败的影响，提出并验证了媒体报道自由度越高、腐败度越低的关系假设⑥。

4. 政府利用类政务微信与其他个体机构以及用户之间的互动研究

当前的社交媒体主要有信息发布和交流互动两大功能和优势，信息发布功能可以帮助政府提高公开透明度，而互动交流功能则可以帮助政府改善与公众之间的关系、促进公众参与度，进而提升政府的公信力。诸多学者研究了政府如何利用社交媒体提高公众参与度，进而促进政民关系并提出了一些建议和对

---

① Lee G, Kwak Y H. An Open Government Maturity Model for Social Media-Based Public Engagement [J]. Government Information Quarterly, 2012, 29: 492-503.

② Bonsón E, Royo S, Ratkai M. Citizens' Engagement on Local Governments' Facebook Sites. An Empirical Analysis: The Impact of Different Media and Content Types in Western Europe [J]. Government Information Quarterly, 2015, 32: 52-62.

③ Cuadrado B, Frías B J, Martínez A J. The Role of Media Pressureon the Disclosure of Sustainability Information by Local Governments [J]. Online Information Review, 2014, 38 (1): 114-135.

④ John C B, Jaeger P T, Grimes J M. Using ICTs to Create a Culture of Transparency: Egovernment and Social Media as Openness and Anticorruption Tools for Societies [J]. Government Information Quarterly, 2010, 27: 264-271.

⑤ Kim S K, Park M J, Rho J J. Effect of the Government's Use of Social Media on the Reliability of the Government: Focus on Twitter [J]. Public Management Review, 2015, 17 (3): 328-355.

⑥ Camaj L. The Media's Role in Fighting Corruption: Media Effects on Governmental Accountability [J]. The International Journal of Press/Politics, 2013, 18 (1): 21-42.

策。如 Sara Hofmann①、María Rosalía Vicente②、Ralf Klischewski③、Itai Himelboim④、Jasmina Pavlovic⑤ 等学者都深入地研究了政府利用社交媒体加强了政府与公众之间的沟通互动，从而改善了政府与公众之间的关系。Anders Olof Larsson 分析了挪威大选期间候选人如何利用 Facebook 有针对性地发布信息，加强与选民之间的互动，进而增进与选民之间的关系，最终提高其支持率⑥。与政府的官方网站相比，社交媒体的便利性使之更容易与用户之间进行交流互动，社交媒体已经成为政府与公众之间的便捷交流、实时联系的高效渠道和平台。因此，当突发事件、重大灾害发生时，政府机构在社交媒体上实时发布信息、及时与公众交流互动可以起到有效安抚公众情绪、阻止谣言、降低灾害后果等积极作用。一些学者研究了重大灾害或危机事件发生时，政府部门如何利用社交媒体促进与公众之间的互动，从而达到降低灾害损失的目的。如 Panagiotis Panagiotopoulos 分析了 2011 年英国暴乱期间政府在其官方 Twitter 账户上发布的信息及公众的留言评论等，探讨了政府如何利用 Twitter 正确引导公众、从而降低暴乱的不良后果⑦。Ira Helsloot 分析了荷兰 2011 火灾期间，

① Hofmann S, Beverungen D, Rckers M, et al. What Makes Local Governments' Online Communications Successful? Insights from a Multi-method Analysis of Facebook [J]. Government Information Quarterly, 2013, 30: 387-396.

② Vicente M R, Novo A. An Empirical Analysis of Eparticipation: The Role of Social Networks and Egovernment over Citizens' Online Engagement [J]. Government Information Quarterly, 2014, 31: 379-387.

③ Klischewski R. When Virtual Reality Meets Realpolitik: Social Media Shaping the Arab Government-citizen Relationship [J]. Government Information Quarterly, 2014, 31: 358-364.

④ Himelboim I, Golan G J, Moon B B, et al. A Social Networks Approach to Public Relations on Twitter: Social Mediators and Mediated Public Relations [J]. Journal of Public Relations Research, 2014, 26 (4): 359-379.

⑤ Pavlovic J, Lalic D, Djuraskovic D. Communication of Non-governmental Organizations via Facebook Social Network [J]. Inzinerine Ekonomika-Engineering Economics, 2014, 25 (2): 186-193.

⑥ Larsson A O. Pandering, Protesting, Engaging, Norwegian Party Leaders on Facebook during the 2013' Short Campaign [J]. Information, Communication & Society, 2015, 18 (4): 459-473.

⑦ Panagiotopoulos P, Bigdeli A Z, Sams S. Citizen-government Collaboration on Social Media: The Case of Twitter in the 2011 Riots in England [J]. Government Information Quarterly, 2014, 31: 349-357.

政府利用 Twitter 及时与公众互动从而降低灾害带来的影响①。

移动社交媒体的迅速发展和广泛应用给网民行为带来了明显的转换，使得网民更乐于在社交媒体上发表自己的观点和意见。由于越来越多的网民愿意在社交媒体上发表观点意见等，因此社交媒体平台上有着巨量的网民评论，科学分析这些评论无疑可以帮助政府部门及时了解公众意见和网民诉求，进而提高政府的服务水平和质量，因此很多学者从用户视角分析大量用户的评论以了解用户的观点倾向，或者直接从大量用户评论中获取用户意见，进而分析网民们的群体思想和行为特点及偏好等，达到直接倾听民声的目的；同时，根据网民转发的情况可以分析社交媒体信息传播的特点以及信息传播过程中的关键人物，从而帮助政府制定并实施更为有效的传播政策，提高政府使用社交媒体的质量和效果。如 Myunggoon Choi 收集 Twitter 上用户对韩国前总统李明博的评论及评论者的情况，分析了大众主要观点以及影响大众观点的一些关键人物②。还有不少学者通过收集用户评论，分析社交媒体信息的传播过程和传播网络，并深入探讨传播过程中重要或核心人物的影响与作用。随着计算机算法的进步和提高，一些学者将计算机算法应用于社交媒体用户评论的文本分析之中，更加深入地了解用户的观点倾向和行为动态。如 Jennifer Golbeck 设计了一种计算机算法，通过该算法对社交媒体上的用户评论进行挖掘，从而分析网民的政治倾向与偏好③。Jingwen Bian 提出了一种挖掘社交网络用户评论进而得出一些热点信息的算法④。

5. 政府与类微信媒体之间互相影响博弈分析及其他方面的研究

传统媒体基本垄断着信息内容的生产和发布等，常常有力地控制着公众话题和舆论导向，但在自媒体时代，不仅媒体可以发布信息，公众自己也可以随时随地发布信息，甚至能够引起其他网民的注意，进而使得自己发布的信息也成为一个热点议题或关注中心，而一旦能够在公众中产生广泛影响，则会影响

① Helsloot I, Groenendaal J. Twitter: An Underutilized Potential during Sudden Crises [J]. Journal of Contingencies and Crisis Management, 2013, 21 (3): 178-183.

② Yoonmo M C, Han S, Park W. Exploring Political Discussions by Korean Twitter Users [J]. Aslib Journal of Information Management, 2014, 66 (6): 582-602.

③ Golbeck J, Hansen D. A Method for Computing Political Preference among Twitter Followers [J]. Social Networks, 2014, 36: 177-184.

④ Bian J, Yang Y, Zhang H W, et al. Multimedia Summarization for Social Events in Microblog Stream [J]. IEEE Transactions on Multimedia, 2015, 17 (2): 216-227.

到媒体的关注点或社会的舆论动向。因此在移动互联网时代，不仅政府可以利用媒体强化引导、加大影响公众力度，公众也可以利用社交媒体影响政府，自媒体使得传统的舆论导向和议题设置从单向转换为双向，通过社交媒体使政府与公众之间的交流更加高效，相互影响程度也日益加深。政府与公众之间的博弈，在社交媒体时代显得尤为突出。媒体报道和公众观点如何影响政府，面对多个发声主体以及信息容易扩散的局面，政府如何有效地利用和管控好媒体，使之成为积极引导公众、真正服务公众的利器和平台，已经成为诸多学者关注的重点。不少学者研究了媒体影响政府决策制订、政策实施的过程。如Dominic King 分析了 Twitter 用户评论如何影响英国的医疗改革①。还有一些学者则探讨了政府引导、影响媒体的过程和行为。如 Mohd Azizuddin Mohd Sani 分析了澳大利亚政府出台的针对社交媒体的相关政策、策略进而引导大众观点和舆论导向②，还有一些学者分析了政府官员利用社交媒体影响公众观点的行为和案例。此外，微博、微信在中国迅速发展起来以后，中国政府加强了社交媒体的合理引导和有效管控，不少学者关注了这一情况，如 Nele Noesselt③、Jonathan Benney④、Yanqi Tong⑤ 等针对中国微博热门事件进而深入分析中国政府对微博等社交媒体的管控问题。

总结学者们的研究成果可以发现，社交媒体上公众的广泛参与和讨论可以有效地监督政府，总体上社交媒体的发展和应用有利于促进政府改革并提高管理水平和服务质量，但是社交媒体也容易于滋生谣言，政府也应当有效地管控社交媒体以防止谣言的扩散与传播。

此外，还有一些学者研究了政府社交媒体的其他问题。如周文泓梳理了美国文件与档案署和各州的档案、图书馆、信息技术等部门制定的社交媒体保管

---

① King D, Cano D R, Greaves F, et al. Twitter and the Health Reforms in the English National Health Service [J]. Health Policy, 2013, 110: 291-297.

② Sani MAM, Twombly I L. Australian Government Media Strategies [J]. Journal of Asia Pacific Studies, 2010, 1 (3): 615-635.

③ Noesselt N. Microblogs and the Adaptation of the Chinese Party-State's Governance Strategy [J]. Governance an International Journal of Policy, Administration, and Institutions, 2014, 27 (3): 449-468.

④ Benney J. The Aesthetics of Microblogging: How the Chinese State Controls Weibo [J]. Tilburg Papers in Culture Studies, 2013, 66: 33-37.

⑤ Tong Y Q, Lei S H. War of Position and Microblogging in China [J]. Journal of Contemporary China, 2013, 22 (80): 292-311.

政策，并据此对我国社交媒体保管政策提出了启示性建议①。王焕以美国联邦总务管理局的社交媒体系统为例，梳理出美国政府社交媒体的功能、作用与应用体系，认为政府社交媒体正在成为一种新型的电子政务平台②。

1.3.2 国内政务微信研究现状

学者们关于政务微信的研究主要集中在以下七个方面。

1. 政务微信的基本理论研究

主要包括政务微信的概念、类型、特征、属性、功能、价值、定位、作用等基本理论。政务微信的快速发展和广泛应用引起了学者们的关注，有关政务微信的研究成果迅速增加。学者们对政务微信的概念有着不同的理解，综合学者们的观点，本书采用高凯的看法，即政务微信公众号是指党政机构及行政事业单位在微信公众平台上申请注册的应用账号，它利用文字、图片、语音、视频等多种传播符号，发布各种政务性、事务性信息，为公众提供信息公开、政务互动、实时管理和服务等，是政府机关借助移动互联网实现精准化传播的新媒体③。它是政府机构进行信息发布、提供公共服务、实施社会管理的又一新型移动信息服务平台，其发布主体为各级各类政府机构。根据不同政府机构的职能和微信公众平台的自身特性，可以将政务微信公众号划分为政务微信服务号和政务微信订阅号两种类型。王芳将目前我国政务微信公众号分为三大类：第一类是以信息发布为主的订阅号，第二类是以公共服务业务办理为主的服务号，第三类是具有支付功能的服务号④。廖莎莎按照不同的标准将政务微信划分成不同的类型⑤；也有学者按照政府部门类型，将一级政府开办的政务微信号称为整体类账号、由政府具体职能部门开设的称为部门类账号。微信是低成

① 周文泓．美国政府社交媒体保管政策分析及其启示［J］．情报理论与实践，2015（09）：134-139.

② 王焕．美国政府社交媒体研究——以美国联邦政府总务管理局的政府社交媒体应用体系为例［J］．情报资料工作，2015（06）：103-109.

③ 高凯．政务微信的使用及社会效应分析［J］．西部广播电视，2014（21）：43，45.

④ 王芳，张璐阳．中国政务微信的功能定位及公众利用情况调查研究［J］．电子政务，2014（10）：58-69.

⑤ 廖莎莎．我国政务微信发展现状、问题及对策研究［D］．重庆：重庆大学，2015：11.

本、高效率的“富媒体”，其传播具有便捷性、精准性、即时性、互动性、私密性等特征和优势，加上微信重社交、强关系、圈子封闭的平台属性，使得政务微信在全国范围内迅速发展起来，并发挥着越来越大的作用，其影响力与日俱增。随着它的广泛应用，政务微信日益承担并发挥着移动化的民生服务平台、精准化的信息传播载体、零距离的官民互动频道、创新型的公共服务空间等功能①。王芳等在对政务微信、政府网站、政务微博三者对比分析的基础上，认为政务微信的功能定位应从服务对象、服务内容、语言风格等方面着重考虑②。肖新宇认为政务微信要做好自身平台和用户两个方面的定位，即政务微信平台自身定位应彰显“本地化”特色、用户定位要立足于“个性化”服务③。朱友红认为政务微信在发展过程中要突出时效性、加强互动性、注重服务性、结合地方性、强调政务性④。王玥认为应将政务微信的首要功能定位为服务性功能⑤。此外，朱峤⑥、马缘园⑦等通过分析微博、微信在传播模式上的差异，提出了微博应助力构建回应型政府、“主打问政”，微信应帮助构建服务型政府、“主打亲民”的差异化定位和发展路径。周锦蔚将政务微信定位于政府的公共服务型平台⑧。张志安全面地探讨了政务微信的“正负”社会功能，并从不同角度提出了政务微信社会功能拓展及可持续发展的对策⑨。

---

① 参见广东政务微信报告．[EB/OL]．[2016-09-14]．http://gd.qq.com/a/20131227/015410_all.htm.

② 王芳，张璐阳．中国政务微信的功能定位及公众利用情况调查研究 [J]．电子政务，2014 (10)：58-69.

③ 肖新宇．我国政务微信的功能及发展研究 [D]．长春：吉林大学，2015：9.

④ 朱友红．刍议政务微信的功能与定位 [J]．山西师大学报（社会科学版），2013 (s3)：43-44.

⑤ 王玥．政务微信的功能定位和传播策略 [D]．长春：吉林大学，2016：21.

⑥ 朱峤．微博问政·微信行政——政务微博和政务微信在政府管理中的定位及其作用 [D]．南京：南京大学，2014：5.

⑦ 马缘园．浅析差异化定位下的双微电子政务未来发展 [J]．新闻研究导刊，2014 (12)：51-53.

⑧ 周锦蔚．服务型政府视角下的政务微信研究——以“上海发布”为例 [D]．上海：华东政法大学，2016：17.

⑨ 张志安，徐晓蕾．政务微信的社会功能及提升对策 [J]．新闻与写作，2015 (09)：55-57.

2. 政务微信的应用调查研究

主要包括政务微信的发展现状、存在问题、困难与挑战、发展轨迹、策略及未来趋势等方面。目前，政务微信的总体发展情况和态势是：①发展迅速、总量庞大、受众广泛、运营逐步迈入常态化，初步形成了覆盖全面、功能完备的政务微信服务体系，影响力不断扩大。②总体发展不平衡、分布比例不均衡，总体上呈现出东多西少、南多北少的状态。目前开通政务微信的部门主要集中在与民生关系密切的领域，其中公安机关最多且发展势头良好。③目前的政务微信以订阅号为主体、服务号较少；绝大多数公众号以信息发布为主，公共服务功能较少；信息原创性、时效性和本土化率较高，但信息的交互性与稿源的开放性不高。④政务微信公众号层级多样，但各方联动不够顺畅；总体上政民之间互动比较及时，但各个公众号的平均阅读数和影响力差距较大；整合外部资源能力有待提高，政务微信矩阵尚未形成，全流程在线办事能力不足。⑤基层政务微信数量少，信息流动比较单一，专业化程度不高；总体上存在着重信息、轻服务，重发布、轻互动，重内容、轻研发，重个体、轻整合等现象。更多的是以信息发布为主的资讯型微信，政民有效互动不足，离服务型微信差距较大①。沈阳认为政务微信的未来发展可归纳为“421”模式，即轻悦化、数据新闻化、社群化、联盟化将成为政务微信发展的四大方向，供给侧和需求侧的双向改革将成为政务微信的转型重点，而大数据则成为政务微信未来发展的一个基本点②。

李冠辰认为当前政务微信发展过程中存在的主要问题包括缺乏制度保障、定位不清、发展不平衡和内部运行机制不健全等③。“中国新媒体发展报告（2014）”蓝皮书指出了政务微信发展中遭遇的一系列现实困境和存在的诸多误区。种种现象导致一大片政务微信患上“痴呆”、又“聋”又“哑”、“打瞌睡”等病症，最终成为“空壳子”、沦落为“僵尸账号”④。刘忠群等发现目前政务微信发展仍然面临着领导者政务服务思维困境、目标定位困境、公众

---

① 茅杰．地方政务微信公众号现状与发展对策研究——以上海区级政府为例［D］．上海：上海交通大学，2014：5.

② 沈阳．政务微信发展的“421”模式［J］．人民论坛，2016（12）：65.

③ 李冠辰．我国“微政务”管理问题研究——以政务微博、政务微信为例［J］．太原理工大学学报（社会科学版），2014（03）：36-40.

④ 刘鹏飞，卢永春：政务微信——互联网时代网络问政新利器［J］．信息系统工程，2014（01）：6.

满意度困境、制度化资源协调和运行机制体制困境的阻碍①。陈江柳发现少数民族地区政务微信的发展仍然存在传播定位模糊、传播内容无特色、传播效果不理想等问题，并据此探讨了少数民族地区政务微信的传播策略②。针对以上种种问题和困难，不少专家学者从不同角度提出了一些建议和对策等。如陈超贤认为解决这些问题，需要做好政务微信定位、打造优质的政务微信内容、加强政务微信互动、及时打击山寨政务微信、以“微博+微信”为双核、实现融合互补等③。李冠辰提出要完善相关的法律法规、准确定位、建立长效运行机制等，进而促进政务微信的健康、长远发展④。李财富等认为要从发展战略、领导层次、内容与定位、条件保障、管理运营等角度，对政务微信进行改善和提升，以促进其健康、持续发展⑤。

此外，还有一些学者如郑磊⑥⑦、刘桂玲⑧、徐琦⑨等对某一地区、政府部门、行业、重大突发事件或危机中的政务微信应用情况、发展趋势、轨迹等进行了分析研究。

3. 政务微信的运营管理、评价与可持续发展研究

包括政务微信的运维模型、影响力评价与提升、用户采纳、参与意愿、持续使用研究等。郑磊等深入分析了“上海发布”微信公众号在前台运营和后

---

① 刘忠群，廖莎莎．政务微信发展的现实困境与解决路径［J］．南方论刊，2015（04）：27-29.

② 陈江柳．少数民族地区政务微信发展现状与传播策略研究［J］．凯里学院学报，2016（02）：112-115.

③ 陈超贤．政务微信发展的现状、问题及对策［J］．中共青岛市委党校．青岛行政学院学报，2013（04）：37-39.

④ 李冠辰．我国“微政务”管理问题研究——以政务微博、政务微信为例［J］．太原理工大学学报（社会科学版），2014（03）：36-40.

⑤ 李财富，薛张伟．社会管理视阈下的政务微信探析［J］．四川理工学院学报（社会科学版），2014（04）：1-7.

⑥ 郑磊，王栋，王玥，吕文增．上海市政务微信发展报告：现状、趋势与启示［J］．电子政务，2014（09）：16-28.

⑦ 郑磊，吕文增，王栋．上海市政务微信发展报告：从发布走向服务［J］．电子政务，2015（02）：2-22.

⑧ 刘桂玲．“互联网+”视域下的公安政务双微研究［J］．山东警察学院学报，2016（04）：154-160.

⑨ 徐琦，宋祺灵．“数读”首都政务微信的现状与问题［J］．现代传播（中国传媒大学学报），2014（10）：61-65.

台管理上的经验、成效与挑战，建议“上海发布”需要在团队能力升级、跨部门跨平台协调、平台自主性稳定性、智能化精细化管理等方面努力寻求突破以面对不断变幻的挑战①。梁俊山以“忻州随手拍”政务微信平台为例，分析了微信公众号在运作理念、机构人员配备、板块设置、运作流程、监督考评机制等方面的基本状况，认为政务微信从七个维度对中国地方政府的治理有较大创新，并针对政务微信在组织机构、专业人才配备、入驻人员素养、网友行为规范、考核指标体系及宣传动员工作等方面的不足，提出了相应的完善对策②。吴幼祥建议用吸引力、传播力、黏附力来架构政务微信的影响覆盖空间，而推广内容、内容为王、应用开发则是拓展加强三大力量的最有效举措，让三力互为促进进而扩展政务微信的影响覆盖空间③。吴翀结合传播学中的“使用与满足”理论，从政务微信用户视角构建一套政务微信运营效果的评价指标体系，并以“广州国税”为例进行实证研究④。此外，张节⑤、姜美洁⑥等构建了政务微信影响力评价指标体系，曹政构建了政务微信传播生态视图，从政务微信账号的规范力、运营力、服务力、传播力及成长力五个指标出发，构建了完备的评估指标体系⑦；施锦凤以SERVQUAL模型为基础，结合政务微信自身特征构建出政务微信服务质量评估模型，然后以“上海发布”政务微信为例进行实证分析研究⑧。

阳翼结合“使用与满足”理论，归纳出政务微信受众的五大需要，即信息需要、服务需要、参与需要、社交需要和情感需要，并提出了改进运营建

---

① 郑磊，熊久阳，吕文增．“上海发布”政务微信研究：前台运营与后台管理［J］．电子政务，2016（01）：50-65.

② 梁俊山，刘邦凡．基于政务微信的地方治理创新：实践、问题及对策——以“忻州随手拍”为例［J］．电子政务，2016（01）：66-74.

③ 吴幼祥．政务微信运维的三力模型［J］．新闻战线，2015，23：89-91.

④ 吴翀．基于使用与满足理论的政务微信运营效果评价研究——以“广州国税”政务微信为例［D］．广州：暨南大学，2015：8.

⑤ 张节，李乌兰，闫旸．政务微信的影响力评价［J］．统计与决策，2016（17）：52-54.

⑥ 姜美洁．基于因子分析下的政务微信影响因子研究［J］．新闻研究导刊，2015（13）：268-269.

⑦ 曹政，王宁，杨学成．基于层次分析法和模糊综合评判的政务微信影响力评估研究［J］．电子政务，2016（07）：42-49.

⑧ 施锦凤．政务微信服务质量评估模型构建研究［D］．上海：华东理工大学，2015：8.

议①。夏保国等基于技术接受模型分析了政务微信的沟通机制，发现政务微信平台特征显著正向影响用户感知有用性、感知易用性及用户满意度水平；感知有用性和感知易用性部分中介了政务微信平台特征与用户满意度的关系，主观规范部分则显著正向调节了上述关系②。朱颖等结合互动仪式链理论对政务微信与用户的互动仪式进行研究，构建了新的互动仪式模型并对互动现状及结果进行分析③。宋之杰根据技术接受模型和创新扩散理论，构建了影响政务微信公众号用户采纳影响因素的结构方程模型，探究了各因素对用户采纳的影响④。张辉基于 TOE 框架构建了地方政府政务微信吸纳影响因素模型，发现技术能力、高层支持、感知益处、组织的吸纳能力和公众准备度都对政务微信吸纳有积极影响⑤。张毅等以“武汉交警”政务微信为例，构建了政府部门采纳社交媒体过程模型⑥。

4. 传播学视角下的政务微信研究

主要包括政务微信的传播内容、形式、特点、模式、规律与技巧、传播价值、效果及传播的社会功能以及发展策略等。

微信以其传播的私密性、互动性、强关系性等特点，为人们带来了较以往不同的传播交流方式。郭泽德以“上海发布”政务微信为例，从公共服务内容主题建构、多媒体元素的融合运用、信息发布节奏的设定以及回应机制等视角分析了“上海发布”的内容特征和治理结构⑦。王玥等对中国政务微信的账号特性、发布内容和互动效果等方面的现状和问题进行深入分析，发现政务

---

① 阳翼，宋鹤．政务微信受众的“使用与满足”研究［J］．现代传播（中国传媒大学学报），2015（04）：137-140.

② 夏保国，常亚平．政务微信的沟通机制研究——基于技术接受模型的视角［J］．国家行政学院学报，2014（03）：102-106.

③ 朱颖，丁洁．互动仪式链视角下政务微信与用户的互动研究［J］．新闻大学，2016（04）：75-86+152.

④ 宋之杰，巫翠玉，石蕊．政务微信公众号用户采纳研究［J］．电子政务，2015（03）：18-25.

⑤ 张辉．地方政府政务微信吸纳的影响因素研究［J］．情报杂志，2015（06）：121-125.

⑥ 张毅，何庆，李梅，马翼春．政府部门采纳社交媒体过程模型——以“武汉交警”政务微信为例［J］．电子政务，2016（05）：99-109.

⑦ 郭泽德．政务微信助力社会治理创新——以“上海发布”政务微信为例［A］//中国传媒大学．中国传媒大学第七届全国新闻学与传播学博士生学术研讨会论文集［C］．北京：中国传媒大学，2013：12.

微信发布的内容分为综合类、服务类、政务类、宣传推广类、社会新闻类五类，发布形式有图文信息、视频信息、纯文本信息、语音信息四种形式，政务微信平台的回复形式有自动回复、人工回复、人工与自动回复相结合三种方式，并就有关问题提出了对策建议①。郭泽德将“上海发布”政务微信的内容主题归纳为公共服务类信息、新闻报道类信息、政策传达类信息、活动动员类信息、文化历史类信息五种类型；而账号发布的信息一般分为三级阅读界面：第一级是矩阵式标题，由文字、图片组成；第二级界面则是信息全文；第三级界面是对微信内容的扩展②。曾妍以广东省教育厅的官方微信“广东教育”为例，结合拉斯韦尔的信息传播活动“5W”模式探讨了新媒体环境下政务微信有效传播的策略和技巧③。赵艺玲依据梅罗维茨的媒介情境理论，对当前我国政务微信的发展现状、媒介特征、传播模式进行探讨，概括出政府和公众在新的媒介情境下采取的行为特征④。王松分析了政务微信传播力的影响因素，发现政务微信的议题类型、内容属性对其传播力影响较大，而对政务微信的发布形式影响较小⑤。此外，李秀丽⑥、王愚⑦等探讨了政务微信在重大节日活动、突发事件中的表现及作用。

5. 政务微信与政务微博等其他政务新媒体的比较研究

王昉荔引入拉斯韦尔传播过程“5W”模式，对政务微信与政务微博的应用进行多维比较，提出了定位差异化、功能简捷化、账号矩阵化和运营规范化的发展策略⑧。张志安等深入地分析了政务微博和政务微信之间的传承关系与

---

① 王玥，郑磊．中国政务微信研究：特性、内容与互动［J］．电子政务，2014（01）：66-77.

② 郭泽德．政务微信助力社会治理创新——以“上海发布”为例［J］．电子政务，2014（04）：76-83.

③ 曾妍．政务微信有效传播的策略研究——以“广东教育”微信为例［J］．海南广播电视大学学报，2015（02）：33-36.

④ 赵艺玲．媒介情境论视域下的政务微信探析［J］．新闻世界，2016（02）：63-65.

⑤ 王松．政务微信传播力的影响因素分析［J］．西部学刊，2016（01）：19-21.

⑥ 李秀丽．重大节事活动中政务微信传播力研究——以2015上合总理会期间河南省政务微信为例［J］．决策探索（下半月），2016（06）：72-73.

⑦ 王愚．新媒体时代下我国政务微信在突发事件中的表现及存在问题——以“12. 31”上海踩踏事件为例［J］．新闻研究导刊，2015（10）：242.

⑧ 王昉荔．政务微博与政务微信应用比较及发展策略［J］．福建农林大学学报（哲学社会科学版），2014（06）：49-54.

协同作用，建议政府采用分工协作的视角科学定位两者的功用，真正实现"新旧结合"与协同发展①。马铁婷分析了政务微信和政务微博在传递方式、信息发布与互动性、平台属性、受众形态、信息质量等方面的差异，提出了政务微博与政务微信多平台动态合作的模式②。石婧以上海市政务微博和政务微信公众账号为研究对象，提出了"双微联动"概念，并通过对上海市政府"双微"账号发帖的文本分析，从内容同质性和职能明晰度两个维度出发，划分出双微关系的四种类型，提出了推动政务双微发展的对策与建议③。胡理丽对政务微信和政务微博的传播符号、传播模式、传播效果进行了对比分析④。

6. 微信公众号信息服务研究现状

目前国内关于该主题的研究主要集中在微信信息服务平台建设、微信信息服务模式探索与构建、微信信息服务系统分析与构建、微信信息服务质量研究等方面，但主要集中在图书馆⑤⑥⑦⑧、档案⑨⑩⑪等领域。

---

① 张志安，曹艳辉．政务微博和政务微信：传承与协同［J］．新闻与写作，2014（12）：57-60.

② 马铁婷．"微时代"的网络问政——政务微博与政务微信［J］．科技情报开发与经济，2014（18）：105-106.

③ 石婧，周蓉，李婷．政务服务"双微联动"模式研究——基于上海市政务微博与政务微信的文本分析［J］．电子政务，2016（02）：50-59.

④ 胡理丽．传播学视角下政务微信与政务微博的差异［J］．西部广播电视，2014（07）：3.

⑤ 王卫军．基于微信的高校图书馆个性化移动信息服务平台建设［J］．图书馆学研究，2016（16）：40-44.

⑥ 白明凤，匡惠华．高校图书馆移动信息服务中轻应用模式的应用及其借鉴——基于高校图书馆微信公众号的分析［J］．情报资料工作，2014（04）：78-81.

⑦ 徐黎娟．基于微信平台的图书馆移动信息服务系统研究［J］．农业图书情报学刊，2015（01）：169-172.

⑧ 倪懿．SoLoMo 模式下基于微信公众平台构建图书馆移动服务系统的研究［J］．情报科学，2016（01）：77-80.

⑨ 王协舟，王露露．Light APP 在档案移动信息服务中的应用研究——基于档案机构微信公众号的调查［J］．档案学研究，2016（01）：38-43.

⑩ 曹伟，张伟．基于微信公共平台的高校档案馆服务模式创新研究［J］．办公室业务，2016（08）：180+182.

⑪ 郄波，张伟．基于微信公共平台的人事档案服务模式创新研究［J］．现代经济信息，2016（12）：26.

微信公众平台是在微信的基础上推出的重要功能模块，目前越来越多的企业、教育、金融、医院、新闻媒体、政府机关、社区等组织甚至个体广泛利用微信公众平台建立自己的品牌，并在之上创造财富和价值。当前各行各业都在积极探索适合本行业特点的微信服务方式，并取得了一定成果，分析总结各个行业利用微信公众平台开展信息服务的有益经验，有助于促进并推动政务微信信息服务的建设和发展。当前基于微信公众号的服务方式主要有基于查询的服务方式、基于注册用户的服务方式、基于 LBS 的服务方式和主动推送服务方式4种。目前微信官方为大家提供了两种使用模式：一种是直接使用微信公众平台，该方法面向没有计算机编程能力、缺乏系统运维经验和没有硬件平台的用户；一种是面向具有熟练的开发能力、系统运维经验和拥有系统部署平台的用户。两种方式各有特点①。微信公众平台为公众号用户和粉丝之间提供了丰富的信息交互功能，但大多数组织直接使用微信公众平台，使得公众号用户无法更好地体现自己的品牌特色和行业特点。谢远超以降低开发微信公众号信息服务的成本为目标，提出了一个快速构建且管理功能丰富的微信公众号信息服务平台的设计与实现方案，构建了一个主要由数据通信子系统、消息处理模块库、微站可视化编辑子系统以及粉丝行为数据分析收集子系统四个部分组成的微信公众号信息服务平台，并用规则路由方式将这些模块串联起来，该方案有效地降低了微信公众号与粉丝之间的信息交互成本②。

然而开通账号容易，利用平台做好服务却不然，由于当前企业、高校、政府部门等各个组织对于微信公众平台的认识、定位和资源投入等存在差异，使得微信公众号呈现出服务质量参差不齐，发展水平不平衡、不均衡的状况，整体上处于起步建设与运营探索阶段。对此，一些学者③④⑤⑥结合具体实例对

---

① 孔云，廖寅，资芸，薛秀珍，张仲华．基于微信公众账号的图书馆移动信息服务研究［J］．情报杂志，2013（09）：167-170+198.

② 谢远超．微信公众号信息服务平台的设计与实现［D］．广州：中山大学，2014：13.

③ 罗晓涛．基于微信公众平台的图书馆信息推送服务［J］．图书馆学刊，2014（04）：66-69.

④ 何慧．基于微信公众号的公共图书馆信息服务研究——以广州图书馆、深圳图书馆、汕头市图书馆为例［J］．知识管理论坛，2014（05）：39-45.

⑤ 宋毓．陕西省高校图书馆微信服务平台使用现状调查与分析［J］．大学图书情报学刊，2015（06）：69-72+83.

⑥ 胡康林，胡星．基于微信公众平台的档案信息服务研究进展［J］．档案管理，2015（06）：34-36.

此进行分析研究，提出了对策建议。此外，李仕棋构建了一套评价高校图书馆微信公众平台的指标体系，包括 4 个一级指标和 19 个二级指标，并选取了安徽省 5 家高校的图书馆微信公众平台进行了实证研究①。

7. 微信公众号信息生态研究

目前国内关于该主题的研究主要集中在微信信息生态链的构建与影响因素分析、从信息生态视角构建并优化微信的服务环境和服务质量等方面。

张志安认为对微信的研究应该从整体的、动态的、关系的视角切入，充分重视微信平台的特殊性，立足转型社会与技术变革的语境，以关系网络与生态特征的逻辑关联为研究路径，聚焦微信平台内部的结构化特征之于个体（或群体）在信息传播及人际（或群体）互动方面的影响，以此建构微信空间的关系网络与舆论场生态，进而把握微信舆论的生成与演化机制②。李京蔚阐述了微信信息流转主体、客体、方式等微信信息生态链信息流转的构成要素，将微信信息生态链的信息流转过程分为四个阶段，构建了微信信息生态链信息流转模型③。李宗富分析了政务微信信息生态链的构成要素，指出政务微信信息生态链由信息主体、政务微信信息、政务微信环境三部分构成，构建了形成机理模型，分析了政务微信信息生态链的结构和类型④。孙悦从信息生态视角对移动即时通信（MIM）信息生态链及其影响因素进行了分析，并对微信信息生态链形成影响因素进行了实证研究⑤。王晰巍从信息生态视角构建了微信用户信息共享行为的影响因素模型，并通过实证研究方法进行检验⑥。张瑶认为政务微信正面临着政策、技术、社会三方面生态因子所构成的媒介外环境威胁以及传统媒体、新媒体和同质化媒体所构成的媒介内环境竞争，建议采取合理

---

① 李仕棋．基于层次分析法的高校图书馆微信公众平台评价研究［D］．合肥：安徽大学，2016：8.

② 张志安，束开荣．微信舆论研究：关系网络与生态特征［J］．新闻记者，2016（06）：29-37.

③ 李京蔚，娄策群．微信信息生态链信息流转研究［J］．图书馆学研究，2015（18）：34-38+54.

④ 李宗富，张向先．政务微信信息生态链的构成要素、形成机理、结构与类型［J］．情报理论与实践，2016（08）：32-39.

⑤ 孙悦，张向先，韩晓宏．MIM 信息生态链及其影响因素灰色关联度研究——以微信信息生态链为例［J］．图书情报工作，2015（16）：1-6.

⑥ 王晰巍，曹茹烨，杨梦晴，陈立军．微信用户信息共享行为影响因素模型及实证研究——基于信息生态视角的分析［J］．图书情报工作，2016（15）：1-8.

的调控策略构建出良性的媒介生态格局，增强政务微信的核心竞争力①。杨瑩从信息生态角度提出了电子政务与社会化媒体平台整合的若干建议②。李宗富从信息生态视角构建了政务微信公众号服务质量的影响因素体系，识别并分析了影响政务微信公众号服务质量的关键因素③。周音孜深入地分析了微信的媒介生态环境和媒介生态位优势，探究了生态环境对微信活动的反馈调节，为准确认识微信的生存现状和价值提供了参考④。沈敏善从媒介生态学视角研究微信，认为微信"微社交、微内容、自媒体和多元传播形态"的生态优势让其在竞争激烈的媒介生态系统中有了更好的应用和发展⑤。

此外，还有一些学者⑥⑦⑧⑨对政务微信的其他问题进行了研究。

1.3.3　国内外研究现状评析

通过梳理文献发现，目前国外学者对类政务微信等政务社交媒体的研究以描述性论文居多，多为作者自身的观点阐述以及对各国的案例介绍和评论，并且侧重从传播学、公共关系学、公共政策学和公共管理学的角度来研究各国政党、政府机构与政客们对 Facebook、Twitter 等社交媒体的运用。随着时间的推移，国外学者们的研究视角也有所转换。总体来看，国外关于该主题的研究主要集中在政府社交媒体概念及使用过程，政府社交媒体的应用实践，政府使用

---

① 张瑶，刘宗元．政务微信媒介生态危机与调控策略［J］．新闻研究导刊，2016（11）：334-335.

② 杨瑩，刘伟章，梁洁珍．信息生态视角下中国电子政务与社会化媒体的整合研究［J］．电子政务，2016（03）：98-108.

③ 李宗富，张向先．政务微信公众号服务质量的关键影响因素识别与分析［J］．图书情报工作，2016（14）：84-93.

④ 周音孜．微信的媒介生态研究［D］．南京：南京师范大学，2015：17.

⑤ 沈敏善．媒介生态学视野下的微信研究［J］．科技经济导刊，2016（08）：24-25.

⑥ 李彧，达震鑫．政务微信写作中需要注意的几个问题［J］．今传媒，2015（12）：143-144.

⑦ 段尧清，程宁静，肖博．基于政务微信公众号的易得性信息特征研究［J］．情报科学，2016（07）：131-135.

⑧ 王七琴．守护数字时代的记忆：政务微信档案化保存研究［J］．电子政务，2015（10）：70-75.

⑨ 袁靖华，郝文琦．中美政府社交媒体的公共危机传播比较研究——以天津爆炸、波士顿爆炸等突发公共危机事件的传播为例［J］．浙江传媒学院学报，2016（04）：22-32+151-152.

社交媒体与政府透明度、可靠性之间的关系分析，政府利用社交媒体与其他机构及网民之间的关系互动，政府与媒体、公众之间关系的互动博弈以及对政府社交媒体用户评论的挖掘分析等方面。国外学者主要运用定性分析法、内容分析法、统计分析法、实证研究法、社会网络分析法和案例分析法等研究方法对以上领域进行了广泛而又深入的研究，并取得了丰富的成果，探讨了政府使用社交媒体进行管理、服务的规律等，对政府社交媒体的进一步推广和应用具有良好的实践指导意义。

国内关于政务微信的研究最早出现在 2012 年，与国外相比，虽然时间较晚，但发展很快，相关研究成果迅速增多。从发展脉络看，在政务微信发展初期和成长期，学者们的研究主要集中在政务微信服务的优势、特点及其信息传播等领域。随着微信的迅速发展及其在人们生活中日渐普及，政务微信逐渐成为学界关注和研究的热点，学者们结合各种理论、运用各种方法从各个视角对之进行了广泛而又深入的研究。这一时期的研究主要集中在政务微信的信息扩散、突发事件、网络舆情、用户行为等方面。总体来说，国内关于政务微信的研究则主要集中在政务微信的基本理论、应用发展现状、运营管理评价与可持续发展、传播学特征以及与政务微博等其他政务新媒体的比较研究等方面。国内学者主要运用调查方法、案例分析法、比较研究法、定性分析等研究方法，从政府、用户、新媒体或其他视角来研究政务微信问题，相关研究成果快速增加。相信随着政务微信等政务社交媒体的深入发展，这一主题和领域仍将是今后学者们研究和探索的热点之一。

分析国内外关于该主题的研究成果，可以看出目前的研究存在着“四多四少”情况：①总体上，学者们都比较侧重于政务微信社交媒体实践问题的研究与探讨，对政务社交媒体应用层面的研究相对较多，而对政务社交媒体理论和技术的分析研究相对较少。②在研究视角方面，从政府或用户等单一视角研究的文献较多，融合多个视角进行整体性分析和探讨的文献相对较少。③在研究方法上，国外学者运用内容分析法、文本分析法、实证研究法的文献较多，国内学者运用调查法、定性分析法、案例研究法的文献较多，综合利用多种方法的研究相对较少。④在研究深度和层次上，国内外学者对政务微信社交媒体宏观层面上的分析和研究较多，对该主题某一领域或方向的、微观层次的、深入研究的文献较少。

随着政务微信等政务社交媒体的深入发展，一些深层次的矛盾和问题也逐渐显现出来，如何利用政务微信加强政府管理创新、不断提高政府公共服务能力和水平，加快服务型、阳光型、法治型政府建设步伐，已经成为理论和实践层面亟需解决的问题。新媒体环境下政务微信等政务社交媒体信息的传播方式和服务模式如何创新？影响政务微信信息服务质量的因素都有哪些？政务微信信息服务质量如何评价与管理？如何推动政务微信与其他媒介及治理方式的协同创新？政务微信信息服务的环境如何优化与发展等，都需要我们结合多种理论运用各种科学方法对这些问题进行深入探讨。以公共服务能力提升为目标的政务微信公众号服务是一个较为复杂的过程，它以广大用户的政务信息利用服务需求为导向，在政策引导、法律保障、标准规范、风险可控的情况下，利用政务微信公众平台，采用各种先进技术、方法和手段为广大订阅用户、关注用户等推送各种政务性信息并在微信公众平台上为用户办理各种便民服务，这一过程涉及诸多因素。它不仅涉及政务服务供应主体，更关乎广大政务微信用户；其服务质量不仅体现在过程中，更体现在结果中；它不仅重视政府公共信息产品及其服务内容，更需要各种先进信息技术的支撑。因此，政务微信公众号信息服务研究需要从一个更加宏观、系统的视角来综合考察。信息生态理论和新公共服务理论等为新媒体环境下政务微信等政务社交媒体的应用创新和深入发展提供了一种新的视角和可能。本书围绕政务微信信息服务这一主题，结合信息生态理论，运用理论与实证相结合的研究方法，从为什么构建政务微信信息服务生态系统、如何构建政务微信信息服务运行机制与服务模式、政务微信信息服务的影响因素、政务微信信息服务质量评价指标体系的构建等几个方面深入探讨这一问题。

1.4 研究内容、研究方法与技术路线

1.4.1 研究内容

本书在国内外学者研究的基础上，以信息生态理论为基础，深入分析政务微信公众号信息服务信息生态系统，从信息生态视角分析政务微信公众号的信息服务模式及运行机制，运用实证研究方法分析影响政务微信信息服务质量的因素，构建了政务微信信息服务质量的评价指标体系，并据此提出相应的对策和建议。本书的主要研究内容包括以下几点。

第一章：绪论。介绍本书研究的选题背景、研究目的和意义，对该主题的研究现状进行梳理和评述，提出本书研究的主要内容、研究方法、技术路线和主要创新点。

第二章：相关概念与理论基础。首先对政务微信的基本概念进行分析，然

后对与本书研究内容相关的理论基础进行综合分析，对信息生态理论、新公共服务理论、电子政务理论、信息服务理论等基本概念和基础理论进行分析阐述，奠定本书研究的理论基础。

第三章：政务微信信息服务的信息生态系统构建。分析政务微信信息服务过程中的信息传递内容、方式和过程，对政务微信信息服务的概念、动力、过程及影响因素进行分析。对政务微信信息服务过程中的各个信息生态因子、信息生态链进行深入分析，构建政务微信信息服务的信息生态系统并分析其功能。本章是整篇研究的理论基础，为后面章节的分析研究提供理论支撑。

第四章：政务微信信息服务运行机制分析。在对政务微信信息服务运行机制内涵与构成分析的基础上，详细剖析了政务微信信息服务运行的动力机制、协同机制、共享机制、评估机制和反馈机制，最后描绘出政务微信信息服务运行机制的关系图。

第五章：基于信息生态因子的政务微信信息服务模式分析。通过对政务微信信息服务过程中的信息传递过程分析，提炼其过程模型和动力因素以及相关模式，从信息生态视角对定制式、一站式、智慧型、协同式四种信息服务模式进行解析和架构，并通过具体实例对每种模式进行深入剖析，最后对比分析了四种信息服务模式的异同点。

第六章：政务微信信息服务质量影响因素分析。从信息生态因子角度出发，分析影响政务微信信息服务质量的各种因素，包括政务微信信息人、信息本体、信息技术、信息环境和信息传递过程因素等，利用结构方程模型检验不同因素之间的影响关系，剖析各个因素对政务微信信息服务质量的影响。

第七章：政务微信信息服务质量评价研究。在对政务微信信息服务质量评价内涵、目标、原则等概述的基础上，从构成和作用方式的角度剖析政务微信信息资源、政务微信信息人、微信技术和政务微信平台环境维度对政务微信信息服务质量的影响，设计出政务微信信息服务质量评价指标体系的结构，构建评价指标体系。利用模糊层次分析法确定了各个指标的权重。对“上海发布”微信公众号的信息服务质量进行评价，分析检验该评价指标体系和评价模型的科学性与合理性。

第八章：政务微信信息服务质量提升对策。以信息生态理论为基础，从政务微信信息资源、政务微信信息主体、微信技术和政务微信信息服务环境四个方面，提出了优化提升政务微信信息服务质量的对策和建议，为政务微信公众号服务的现实运作提供参考。

第九章：研究结论与未来展望。对全书的研究内容进行概括，总结全书研究的主要结论，指出研究的局限性，并对未来研究方向提出展望。

1.4.2 研究方法与技术路线

本书在研究过程中按照定性分析和定量分析相结合、理论研究与案例分析相结合、模型构建与实证检验相结合的方式展开，采用的主要研究方法主要有以下几种。

1. 文献调研方法

为了全面了解国内外关于该主题的研究现状，本书梳理了政务微信、信息服务模式、信息服务质量评价等方面的研究成果，总结研究热点和发展趋势，分析现有研究中存在的不足，提出本书研究的问题和视角。通过文献调研法提炼了影响政务微信信息服务质量的因素和评价指标，为影响因素模型和评价指标体系构建提供了理论支撑。

2. 实证研究方法

本书在研究过程中采用专家访谈和调查问卷相结合的方式，第一阶段走访了长春市、郑州市、上海市、南阳市等多个政府部门中负责政务微信运营和维护的工作人员，与政务微信运营相关人员和地方政府信息化专家深入交谈，了解政务微信信息服务的总体情况。第二阶段以问卷调查方式深入了解政务微信信息服务情况，利用结构方程模型对提出的理论模型和假设进行实证检验，并在实证分析的基础上进行修改完善。

3. 专家访谈法

在本书研究过程中，通过与一些政府信息化专家、政府部门中负责政务微信运营维护的工作人员、信息科技公司的技术研发人员、该领域的有关学者和经常利用政务微信的资深用户进行深入访谈，充分参考他们的意见和观点，借鉴国内外相关专家、学者们的研究成果，作为本书研究中影响因素体系的确定和信息服务质量评价指标体系制定及权重确定的重要基础。

4. 实例分析法

本书以“广东天气”“广东发布”“广州公安”“乐行南昌”四个政务微

信公众号为具体研究对象，从信息服务的主体、客体、环境和技术四个要素分析政务微信运营过程中的定制式、一站式、智慧型、协同式信息服务模式，分析各个模式的内涵、特点、内容和实现途径等，为政府部门选择最佳的政务微信信息服务模式提供借鉴和参考。以“上海发布”微信公众号为例，对其服务质量进行评价，检验了评价指标体系的科学性与合理性。

本书遵循“理论分析→模型构建→实证检验→案例分析”的技术路线。具体研究技术路线如图 1.1 所示。

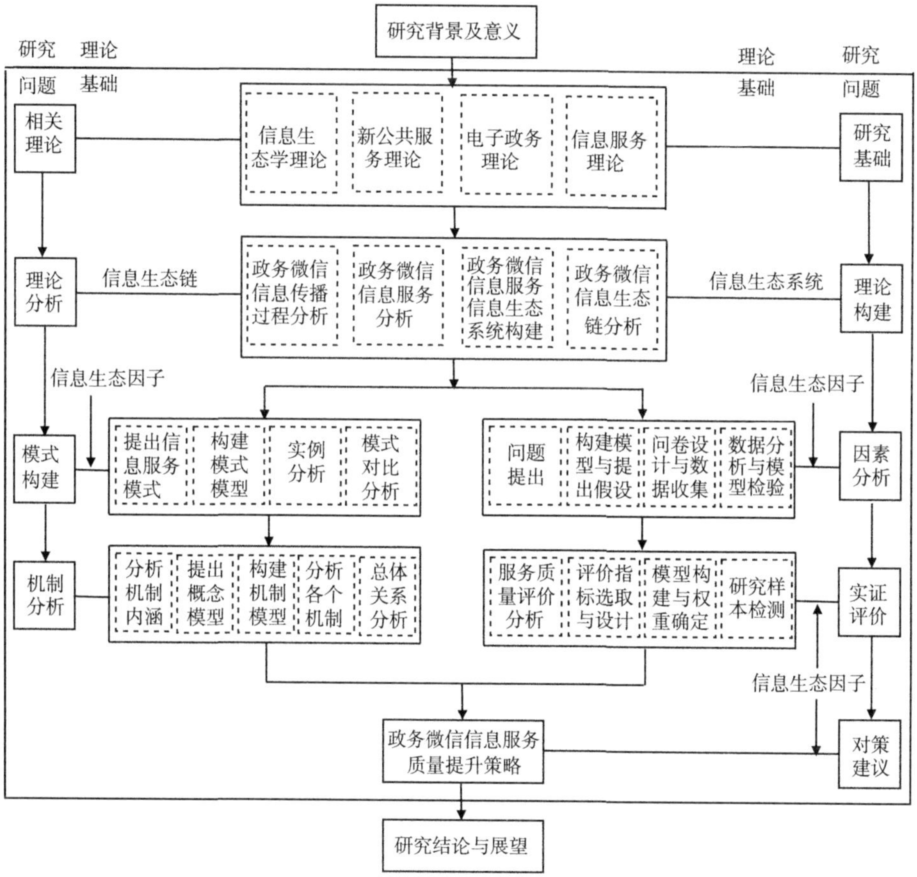

图 1.1 本书的研究技术路线

1.5 研究创新点

本书基于信息生态视角分析了政务微信公众号的信息服务问题，研究的创新性主要体现在以下三个方面。

1. 政务微信信息服务运行机制与模式分析

结合政务微信信息服务活动过程，提出并深入地分析了政务微信信息服务的运行机制，包括动力机制、协同机制、共享机制、评价机制和反馈机制，描绘出政务微信信息服务运行机制关系图，为政务微信信息服务模式构建与质量提升提供了制度保障和理论依据。基于信息生态因子理论，结合政务微信信息服务活动特点提出了政务微信信息服务模式，包括定制式、一站式、智慧型、协同式信息服务模式，对四种模式进行了解析和架构，对比分析了其异同点，并以四个政务微信公众号为例进行深入分析，为政务微信信息服务活动实践提供了理论指导。

2. 政务微信信息服务质量影响因素研究

从信息生态因子视角分析了政务微信信息服务质量的影响因素，从“信息人、信息、信息技术和信息环境”四者和谐发展的角度出发，以服务质量差距模型为基础构建了影响因素模型，通过实证研究方法验证了政务微信信息服务质量的影响因素及其作用方式，从理论和实证方面丰富了此领域的研究。

3. 政务微信信息服务质量评价指标体系构建

从信息生态视角构建了政务微信信息服务质量评价指标体系，运用模糊层次分析法确定了评价指标权重。以实际案例为研究对象对其信息服务质量进行评价，验证了评价指标体系的科学性与可行性，为政务微信公众号的实践运营和管理提供了参考建议，具有重要的理论价值和实践意义。

第 2 章　相关概念与理论基础

2.1　政务微信

微信（WeChat）是腾讯公司于 2011 年初推出的一款快速发送文字和照片、支持多人语音对讲的手机聊天软件，因其多语言、多系统、多网络环境的强大兼容性，一经推出就受到人们的欢迎，尤其是在 4G 时代，它作为最热门的社交信息平台，正成为移动端应用的一大入口，并发展成为一个大的微信服务平台。2012 年 8 月腾讯正式推出微信公众平台之后，微信开始真正实现了向通信类社交公众平台的转变。自 2012 年 8 月 30 日，广州市白云区应急办开通"广州应急-白云"微信公众号并在第二天就发挥了作用，成为我国首个成功运营政务微信的案例。此后，政务微信公众号在全国范围内迅速发展起来。第九届中国电子政务论坛发布的首份《2014 中国城市电子政务发展水平调查报告》认为，政务微信的定向传播理念和精准传播方式很适合政府部门公共服务信息发布和政务信息公开，不仅能够有效提高政府的公共服务水平和管理效率，而且能够有效缩短政民距离，加强政民沟通。政务微信已经成为各个政府部门发布权威信息、提高公共服务效率、密切政民关系、引导社会舆论、提升管理服务能力的一个重要新兴平台。

2.1.1　政务微信的概念与类型

本书采用高凯的观点，即政务微信公众号是指党政机构及行政事业单位在微信公众平台上申请注册的应用账号，它利用文字、图片、语音、视频等多种传播符号，发布各种政务性、事务性信息，为公众提供信息公开、政务互动、实时管理和服务等，是政府机关借助移动互联网实现精准化传播的新媒体①。

① 高凯．政务微信的使用及社会效应分析［J］．西部广播电视，2014（21）：43，45.

它是政府机构进行信息发布、提供公共服务、实施社会管理的又一新型移动信息服务平台，其发布主体为各级各类政府机构。

根据政府机构职能和微信公众平台的自身特性，可以将政务微信公众号划分为政务微信服务号和政务微信订阅号两种类型。目前我国政务微信公众号具体分为三大类：第一类是以信息发布为主的订阅号，主要由没有实际服务事项的政府部门，如宣传部门、共青团等发布；第二类是以公共服务业务办理为主的服务号，其发布主体主要是民生服务部门，如社保、医保、公积金、地税等，通过服务号为公众提供一对一的服务；第三类是具有支付功能的服务号，由具有支付要求的政府部门发布，如交警、卫生局、水电气等部门，借助微信的移动支付功能为公众提供各种缴费类服务。目前这三类应用都有较快的发展和广泛应用①。按照政务微信的用途可以将之划分成两种类型，一种是为政府部门内部各种人员提供业务沟通的工作圈，另一种是政府部门为公民提供相应服务的公众账号，被称为“指尖上的政民对话圈”②。此外，按照政务微信开办主体的行政级别可以将政务微信划分为国家中央级、地区级、市级及基层四个级别，按照政府工作角度将政务微信划分为对内、对外两种类型，按照政务微信办公问政平台功能作用，将之划分为信息发布型、业务查询型、在线办事型、突发舆情应急型四种类型③。也有学者按照政府部门类型，将一级政府开办的政务微信号称为整体类账号、由政府具体职能部门开设的称为部门类账号。

2.1.2　政务微信的特征

政府充分利用微博、微信等社交媒体平台，构建起新媒体时代的政府公共服务体系，从而实现了传统政府公共服务的转型和电子政务功能的拓展与升级。政务微信服务具有鲜明的新媒体特性和强大的优势。①即时性。政务微信弥补了传统行政管理和政府网站在政府信息发布及时性和传播上的不足，用户不仅可以通过手机实时接收，还可以通过朋友圈随时分享并进行多次再传播，具有无可比拟的快速便捷性，从而使政府发布的信息在弹指之间传递给广大公众。政府服务与手机的无缝结合，打破了时空限制，实现了电脑与手机的终端

---

① 王芳，张璐阳．中国政务微信的功能定位及公众利用情况调查研究［J］．电子政务，2014（10）：58-69.

② 李冠辰．我国“微政务”管理问题研究——以政务微博、政务微信为例［J］．太原理工大学学报（社会科学版），2014（03）：36-40.

③ 廖莎莎．我国政务微信发展现状、问题及对策研究［D］．重庆：重庆大学，2015：12.

融合，让无缝连接成为现实，这是目前其他任何中介都无法比拟的。②亲近性。政府利用微信的文字、图片、语音、视频等多种符号功能，将现实中的政府"搬"到了手机平台上，拉近了与普通群众的距离，进一步增强了政府的亲和力和公信力。它不仅构建了政务信息发布平台，同时也成为政府与群众之间的沟通平台。政府通过这个平台"听"民生、"答"民疑、"解"民忧，并用网民"看得到、听得懂、能监督"的方式回应关切、解疑释惑、满足民愿，树立了良好的政府形象。③互动性。微信等新媒体的最大特点就是其良好的互动性，政府充分利用这个优势，在与民互动的过程中实时了解公众的需求和呼声，以及信息公开之后的社会效果与影响，从而掌握工作中需要改进完善的地方，并在互动沟通中最大限度地消除误解，增进社会共识，消除虚假信息、谣言等对社会产生的不良影响。④服务性。总体而言，政务微信的上述特点都体现了服务性。针对政府各个部门的职能要求，政务微信可以通过相关后期技术的开发利用，提供多样化、个性化的在线服务，将政府办事服务窗口搬到 PC 端和手机平台上，市民通过一部手机就可以在移动环境中完成过去需要在多地多部门才能完成的政务服务项目，极大地提升了政府的服务效率和质量。在政府部门之间，同样可以通过政务微信公众平台实现跨区域跨机构的即时信息交换和传递，促进相互之间的沟通和协调，从而大大增强政府内部信息管理的综合优势。

当前，各级政府部门正在积极利用政务微信等政务社交媒体的各种优势，搭建政民互动的桥梁，不断丰富政府公共服务的渠道，积极创新服务模式、完善公共服务体系，努力提高政府公共服务的能力和水平，逐渐实现了政府公共服务体系的"新媒体化"。

2.1.3 政务微信的功能和定位

微信是低成本、高效率的"富媒体"，其传播具有便捷性、精准性、即时性、互动性、私密性等特征和优势，加上微信重社交、强关系、圈子封闭的平台属性，使得政务微信在全国范围内迅速发展起来，并发挥着越来越大的作用，其影响力与日俱增。随着它的广泛应用，政务微信日益承担并发挥着移动化的民生服务平台、精准化的信息传播载体、零距离的官民互动频道、创新型的公共服务空间等功能①。政务微信对各级政府推动信息公开、业务办理、实

---

① 参见广东政务微信报告．[EB/OL]．[2016-09-14]．http：//gd.qq.com/a/20131227/015410_all.htm.

时管理、在线服务、解疑纾难、舆情监测与引导、政民互动、网络问政、社会危机管控、政府形象塑造与维护、政府改革与转型等方面都发挥了积极的促进作用，政务微信“沟通”“便民”“施政”“服务”的价值日益显现。王芳等在对政务微信、政府网站、政务微博三者的技术条件、信息服务、办事服务、互动交流、其他功能、不足与问题六个方面对比分析的基础上，认为政务微信的功能定位应从服务对象、服务内容、语言风格等方面着重考虑①。肖新宇认为政务微信要做好自身平台和用户两个方面的定位，即政务微信平台自身定位应彰显“本地化”特色、用户定位要立足于“个性化”服务②。朱友红认为政务微信丰富了政务信息公开的方式，其精准传递信息的特性使得政民交互更加便捷、可以让政府更方便地为民众服务，因此在发展过程中要突出时效性、加强互动性、注重服务性、结合地方性、强调政务性③。王玥通过对政务微信传播方式、传播特点和传播行为的归纳分析，认为应将政务微信的首要功能定位为服务性功能④。朱峤通过对政务微博和政务微信的多方面比较，得出微博应助力构建回应型政府、微信应帮助构建服务型政府的大体定位⑤。马缘园通过分析微博、微信在传播模式上的差异，提出了政务微博“主打问政”、政务微信“主打亲民”的差异化定位和发展路径⑥。周锦蔚认为“服务型政府”的内涵和理念与政务微信的功能和作用在理论上具有高度的一致性和契合点，将政务微信定位于政府的公共服务型平台⑦。张志安等在对政务微信内容分析的基础上，全面地探讨了政务微信的“正负”社会功能，并从不同角度提出了政务微信社会功能拓展及可持续发展对策⑧。

---

① 王芳，张璐阳．中国政务微信的功能定位及公众利用情况调查研究［J］．电子政务，2014（10）：58-69.

② 肖新宇．我国政务微信的功能及发展研究［D］．长春：吉林大学，2015：19.

③ 朱友红．刍议政务微信的功能与定位［J］．山西师大学报（社会科学版），2013（s3）：43-44.

④ 王玥．政务微信的功能定位和传播策略［D］．长春：吉林大学，2016：21.

⑤ 朱峤．微博问政·微信行政——政务微博和政务微信在政府管理中的定位及其作用［D］．南京：南京大学，2014.

⑥ 马缘园．浅析差异化定位下的双微电子政务未来发展［J］．新闻研究导刊，2014（12）：51-53.

⑦ 周锦蔚．服务型政府视角下的政务微信研究——以“上海发布”为例［D］．上海：华东政法大学，2016：14.

⑧ 张志安，徐晓蕾．政务微信的社会功能及提升对策［J］．新闻与写作，2015（09）：55-57.

2.2 信息生态相关理论

信息生态学理论体系是由信息生态系统理论、信息生态因子理论、信息生态链理论和信息生态位理论等构成的一个有机整体。信息生态系统是人、信息与信息环境之间关系的总和；信息生态因子是信息生态系统中的基本要素；信息生态链是各个信息生态因子在信息流转过程中所形成的链式依存关系，是整个信息生态系统的纽带；信息生态位是为了确保信息生态链在信息生态系统中的均衡发展而不断调整、优化信息生态因子的位置，从而更好地适应整个信息生态系统的运行和信息环境的发展。

2.2.1 信息生态系统

1. 信息生态系统的内涵与特征

当前，信息生态的基本理念和思想内涵已经得到国内外学者们的一致认同，但信息生态的基本概念及其本质仍然在探讨之中，目前还没有形成一个统一的概念。本书采用娄策群的观点，认为信息生态系统是信息人和信息环境之间相互联系、相互作用而形成的具有信息流动、信息转化和信息共享等功能的有机整体①。在信息生态系统中，人是信息生产、传播、利用等信息活动的实践者和主导者，他们利用各种工具和技术，通过合作、竞争促进信息生态系统的协同演化、稳定平衡及动态发展；他们既是信息环境的被动适应者，也是信息环境的主动改善者。因此研究信息生态系统首先要阐明信息生态系统中各个要素之间的相互关系②，其次是要构建一个“以人为本”的系统架构③。

信息生态系统具有整体性、多样性、自组织性、协同演化性、变化加速性、动态平衡性和自动调节与恢复功能④，这些特征为研究信息生态系统的发

① 娄策群，周承聪．信息生态链：概念，本质和类型［J］. 图书情报工作，2007，51（09）：29-32.

② 魏辅轶，周秀会．信息生态系统构建核心问题研究［J］. 图书馆工作与研究，2010（07）：6-8.

③ 张新明，王振，张红岩．以人为本的信息生态系统构建研究［J］，情报理论与实践，2007（04）：531-533.

④ 董丽梅，宋微，戴磊．宏观信息生态系统的概念、构成与功能研究［J］. 情报科学，2014，32（08）：27-31.

展演化提供了重要理论依据。

2. 信息生态系统的种类与结构

根据不同的标准和信息生态系统的属性特点，可以将信息生态系统划分成多个类型。①按照信息生态系统的空间范围大小，可以将其划分为微观信息生态系统、中观信息生态系统和宏观信息生态系统。②按照信息人的主体特性，可以将其划分为人-人信息生态系统、人-组织信息生态系统、组织-组织信息生态系统、组织-人-组织信息生态系统等不同类型①。③按照信息的属性，可以将其划分成组织内部信息生态系统、组织间的信息生态系统、行业信息生态系统（或可称为行业信息生态网）等。④按照行业性质，可以将之划分为企业信息生态系统、政务信息生态系统、网络信息生态系统、商务网站信息生态系统、科研机构信息生态系统等。

信息生态系统的构成有“三因素”说和“四因素”说两个学派，“三因素”学派认为信息生态系统由信息、信息人和信息环境构成，“四因素”学派又加入了信息技术。本书采用“四因素”说并构建出其结构模型如图 2. 1 所示。

3. 信息生态系统的功能

信息生态系统除了具有信息生产、传递、利用和监管等基本功能之外，还具有提供生产经营性信息、社会服务性信息和社会规范以及沟通协调等多种信息生态服务功能。主要有：①信息生产功能，这是其他功能得以发挥的基础。信息生产就是以信息生产者的知识结构、经验、判断力、洞察力和分析力等因素为基础，利用收集到的信息为原料，发挥自身的智慧，通过大脑思维活动产生新信息的过程。②信息组织功能。信息组织就是对收集到的杂乱无序的信息进行加工整理，组织成序，以便存储与利用的过程③。③信息流转功能。信息流转就是各类信息在不同信息人之间的流动与转换，通过信息流转实现信息的传递、沟通、利用和共享；信息流转是通过信息生态链和信息生态网实现的，

① 董丽梅，宋微，戴磊．宏观信息生态系统的概念、构成与功能研究［J］．情报科学，2014，32（08）：27-31.

② 郭宇．基于信息生态视角的新媒体环境下企业知识共享研究［D］．长春：吉林大学，2016：34.

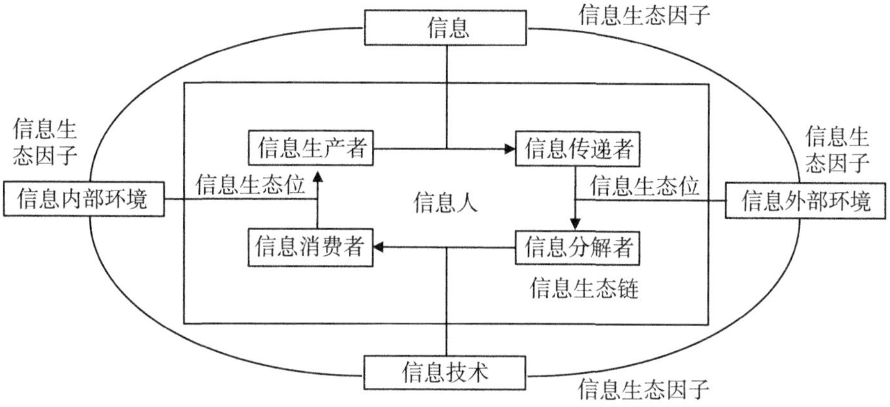

图 2.1 信息生态系统结构模型①

在流转过程中信息被不断地提炼浓缩，从而实现了质量和价值的不断提升。④信息利用功能，这是信息活动的最终目的，所有公民和社会机构都有利用信息的需求，都是信息的利用者。信息利用本质上是一个信息吸收的过程②。

2.2.2 信息生态因子

信息生态因子就是在信息空间里，对信息人的成长、分布及其信息活动产生直接或间接影响的各种环境因素，它们对信息人产生各种直接或间接的影响。根据环境范围大小以及环境因素对主体的影响关系，可以把信息生态环境划分为内环境和外环境。内环境就是空间上离信息主体较近，并对信息主体产生直接影响的环境因素集合，内环境信息生态因子包括信息资源（信息本体）、信息技术、信息时空、信息制度、信息伦理与信息文化等。外环境就是空间上离信息主体较远，对信息主体产生间接影响的环境因素集合，包括政治、法律、经济、科技、社会、文化、历史等各种因子③。

多数学者认为信息生态因子包括信息、信息人和信息环境。随着信息技术的不断革新和突破，它已经成为促使信息环境发生变化的驱动力，特别是新媒

① 周晓英，王英玮．政务信息管理［M］．北京：中国人民大学出版社，2004：149.

② 赵云合，娄策群．政务信息生态系统的功能［J］．情报理论与实践，2012，35(05)：36-40.

③ 赵云合．政务信息生态系统理论及其应用研究［D］．武汉：华中师范大学，2011：17.

体环境下信息技术已成为资源管理的先进手段与方法。因此本书将信息技术从信息环境中区分出来，认为信息生态因子包括信息、信息人、信息环境和信息技术四个基本要素。①信息。信息是一切信息活动的前提，是信息生态系统存在、维持、运行和发展的基础要素。信息本体不仅是联系信息人的纽带，而且是各个信息生态因子的粘接剂，更是联系信息人和其他信息生态因子的桥梁。②信息人。信息人是信息生态因子中的核心要素，主要包括信息生产者、信息分解者、信息传递者和信息消费者。信息人对各个信息生态因子以及整个信息生态环境都会产生影响，由于信息人具有主观能动性，因此还会对信息生态因子和信息生态环境进行主动改造。③信息环境。信息环境是信息生态因子运行的条件，包括内部环境和外部环境。内部环境指影响信息生态系统运行和发展的基本要素，如信息制度、信息活动的时间和空间、信息伦理等；外部环境指对信息生态系统有影响的社会、经济、科技、法律、人文、自然、历史等各种宏观环境。④信息技术。信息技术是关于收集、处理、传递、存储信息的设备、设施、方法、方式的总称，它是信息生态因子得以运行的工具和手段。当前，信息技术飞速发展，信息检索、处理、传播、安全技术等都取得了重大突破，对信息人及其活动、信息环境等都产生了更加广泛而又深远的影响①。

2.2.3　信息生态链

1. 信息生态链的概念与特征

综合学者们的观点，本书认为信息生态链是由不同的信息生态因子在信息系统运行过程中所形成的相互制约、相互依存的链式结构关系。信息生态链的主体包括信息生产者、信息传递者、信息分解者和信息消费者，实质是信息主体之间信息的流动和转化，强调的是信息的传递和利用。作为一种人工系统，信息生态链具有时空结构特征、动态演化性、层级有限性、信息双向流动性、功能可设计性等特征。

2. 信息生态链的结构和类型

（1）信息生态链的结构。信息生态链包含了信息、信息人和信息环境等基本要素，其中信息是基础，信息人是核心要素，信息环境是信息生态链存在

① 赵云合．政务信息生态系统理论及其应用研究［D］．武汉：华中师范大学，2011：24.

的支撑条件。信息是信息生态链各个环节相互联系的基本形式，也是信息生态链存在的目的。信息人又可分为信息生产者、信息传递者、信息消费者、信息分解者、信息监管者五类信息主体，信息主体之间分工协作、相互竞争、相互依存，在不同的时间或地点，他们的角色会发生转换。信息环境是信息主体存在发展的背景、场所等空间因素的总和。信息主体之间以及信息主体与信息环境之间不断地通过信息的流动实现联系和互动影响。作为信息生态系统中不同信息人之间信息流转的链式依存关系的形象体现，信息生态链的基本结构如图2.2所示。

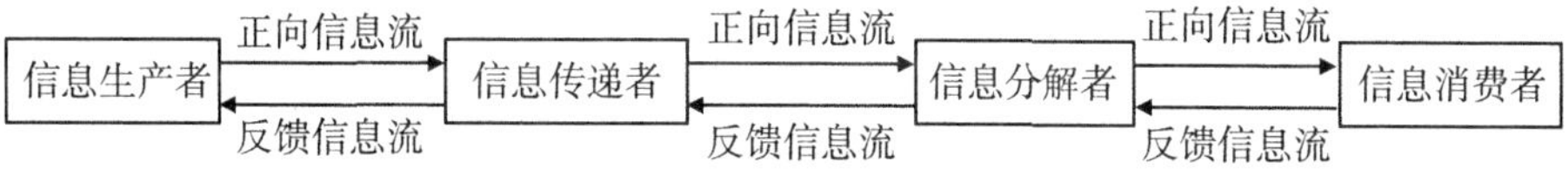

图2.2 信息生态链的基本结构①

（2）信息生态链的类型。依据信息生态链中信息人的组织形式，可以将信息生态链划分为组织内部信息生态链与跨组织信息生态链。根据信息人信息角色的专兼职程度，可以分为专业性信息生态链、附属性信息生态链和混合性信息生态链。根据信息生态链中流转的信息内容性质，可分为科技信息生态链、社科信息生态链和综合信息生态链。根据信息生态链中信息性质的差异或者信息生态链覆盖的范围，可以将之划分为网络信息生态链、产业信息生态链、组织信息生态链、电子商务信息生态链、电子政务信息生态链、博客信息生态链等。根据信息生态链中主导者的不同可以分为信息生产者主导、信息组织者主导、信息传递者主导、信息消费者主导四种类型的信息生态链。根据功能地位的不同，可以将信息生态链分为主链和寄生链两种类型②。

3. 信息生态链的运行机制和管理

信息生态链的运行机制是指影响信息生态链发展的各因素的结构、功能及其相互关系，以及这些因素产生影响、发挥功能的作用过程和作用原理及其运行方式。信息生态链的运行机制是多元、动态、连续的，主要包括成长机制、

① 郭宇．基于信息生态视角的新媒体环境下企业知识共享研究［D］．长春：吉林大学，2016：36.

② 栾春玉，霍明奎，卢才．网络信息生态链组成要素及相互关系［J］．情报科学，2014，32（11）：30-35.

竞争机制、协同机制、合作共享机制和循环机制。信息生态链的各个运行机制是一个统一的有机整体，它们之间相互影响、相互调整，共同促进信息生态链的运行和协调发展。在信息生态链的运行机制中，协同机制处于核心位置，只有信息主体与信息环境等各种组成要素之间协同运行，才能形成稳定、动态、平衡、竞争与合作并存的、协调发展的信息生态系统。

信息生态链是可以设计和管理的。信息生态链管理的关键点在于对信息流、行为、关系和过程的管理。信息生态链管理主要包括信息共享管理、信息产权管理、信息环境管理、信息流转管理、信息价值管理和信息优化管理 6 个方面①。此外，还可以将信息生态链的形成和发展过程分为形成、发展、优化、解散四个阶段，因此信息生态链管理可以按阶段分为形成阶段管理、发展阶段管理、优化阶段管理和解散阶段管理。

2. 2. 4　信息生态位

1. 信息生态位的内涵与构成

信息生态位是指信息人在信息生态环境中所占据的特定位置②。具体地说，就是指具有信息需求且参与信息活动的个人和社会组织在由其他信息人、信息内容、信息技术、信息时空、信息制度等信息环境因子构成的信息生态环境中所占据的特定位置。

信息生态位应从多方面来考察。其中，维度与宽度是研究信息生态位的两个重要角度。信息生态系统中的信息生态位维度可以归纳为三个维度，即功能生态位、资源生态位和时空生态位。因此信息生态位主要由信息功能生态位、信息资源生态位和信息时空生态位三个方面构成。信息生态位宽度是指信息人在不同的信息生态维度上对多个信息环境因子适应、占有和利用的范围与数量，它表示信息人具有信息功能和利用信息资源多样化的程度，反映了信息人对信息资源利用的能力和竞争水平③。在信息生态系统中，经常存在着信息生态位重叠或分离的现象。信息生态位重叠就是不同的信息人个体（或种群）共同利用环境资源或共同承担信息职能的现象。信息生态位分离是指同域内的

---

① 韩刚，覃正．信息生态链——一个理论框架［J］．情报理论与实践，2007（01）：18-21.

② 娄策群．信息生态位理论探讨［J］．图书情报知识，2006（05）：23-27.

③ 娄策群．信息生态位理论探讨［J］．图书情报知识，2006（05）：23-27.

信息人为了避免对信息资源的过度竞争，或避免信息职能的重复而形成的在选择生态位上的某些差别的现象①。

2. 信息生态位的测度、调整与优化

信息生态位的测度包括信息功能生态位宽度测度、信息功能生态位重叠度测度和信息生态位适宜度测度。信息生态位宽度的测度可以分为定性测度和定量测度②。由于信息人的信息职能、信息资源化、竞争状况以及信息人自身能力等因素随时会发生变化，从而会引起信息生态位的调整与变化。信息生态位的变化包括信息生态位的压缩、扩展和移动。信息生态位压缩是指信息生态位宽度缩小，信息生态位扩展是指信息生态位宽度扩大，信息生态位移动是指信息人从一个信息生态位转移到另外一个完全不同的信息生态位。信息生态位的压缩、扩展和移动等调整与变化在信息工作过程中会经常发生。优化信息生态位的根本目的是促进信息人做好各项信息工作，发挥好信息职能，满足信息用户的信息需求，提高信息资源的利用效率，同时促进信息人自身的不断发展，因此必须要有科学、合理的策略。

2.3 新公共服务理论

20 世纪 70 年代以来，各国政府为了应对经济滞涨带来的财政危机和赢得公民对政府的信心，都通过采取大规模的政府改革以提高政府管理能力、改善公共服务水平、提高公共部门效率和政府绩效。纵观公共服务的发展史可以发现，不同时期公民在公共管理中的地位在不断提升——从被管理者到被服务对象再到参与治理者，这一变化推动了政府角色的转变，即从管理者向服务者的变化。这对推动服务型政府改革和建设具有重要的借鉴和指导意义。

2.3.1 新公共服务的内涵

新公共服务理论是在批判继承传统公共行政和新公共管理理论的基础上建立起来的，它将公民置于中心位置，构建了一个符合现代民主价值观的公共治

① 赵云合．政务信息生态系统理论及其应用研究［D］．武汉：华中师范大学，2011：43-59.

② 赵云合．政务信息生态系统理论及其应用研究［D］．武汉：华中师范大学，2011：49-51.

理体系和公共行政实践框架。新公共服务理论来源于民主社会的公民权、社区和公民社会理论以及组织人本主义和组织对话理论，它遵循公共利益、公民民主权利、公平正义、回应性和公共服务等基本理念，强调对公民的服务、重视公民权和人的价值，将政府公务员看成仆人，认为政府要通过榜样、说服、鼓励或授权的方式来实施多元主体的共同管理和领导，其实质是要实行“以人为本”的政府管理，以公民的需要为基础、以满足公民对公共物品和服务的特定需要为目标的理论，是一种真正以公民为中心的政府管理理论。总的说来，它就是在“关于公共行政将公共服务、民主治理和公民参与置于中心位置的治理系统中所扮演角色的一系列思想和理论”①。

2.3.2　新公共服务的内容

在《新公共服务——服务，而不是掌舵》② 中，登哈特夫妇提出了新公共服务理论的主要内容。

1. 服务而非掌舵

现代社会的复杂性和不确定性使公共管理者的重要作用不是体现在对社会的控制或驾驭上，而是在于帮助公民表达和实现他们的共同利益。政府不仅是服务供给者，更多的时候是调解者、中介甚至裁决者。政府的作用从掌控者转向了议程的安排者，政府的角色从掌控者、管理者转向了服务者、参与者，集中相关各方到谈判桌前通过协商和谈判合理解决公共问题。

2. 追求公共利益

公共利益是管理者和公民共同的利益和责任，是追求的目标而不是副产品。新公共服务提出，建立社会远景目标的过程并不能只委托给民选的政治领袖或被任命的公共行政官员。政府的作用将更多地体现在把人们聚集到能自由、真诚地进行对话的环境中，共商社会应该选择的发展方向。此外，政府还应确保解决方案本身和提出解决方案的过程符合社会公平、公正、民主、平等等价值准则。总之，政府就是要在公共利益为主导的基础上，努力营造出一种

---

① 陈世香，谢秋山．链接公共性和私人性：登哈特新公共服务理论评述［J］．公共管理与政策评论，2013（04）：89-95.

② ［美］珍妮特·V. 登哈特，罗伯特·B. 登哈特，刘俊生．新公共服务——服务，而不是掌舵［M］．北京：中国人民大学出版社，2004：40-41.

宽松的环境，鼓励公民平等对话，自由表达共享价值，从而实现公共利益目标。

3. 战略地思考，民主地行动

符合公共需要的政策和计划，只有通过集体努力和协作过程，才能够最有效地、最负责任地得到贯彻和执行。为了实现集体的远景目标，需要确定角色和职责，集中各方力量进行实施，并通过参与和推动公民教育计划、培养更多的公民领袖，并拟定具体的行动步骤，迈向预期的理想目标。只有在开放政府的基础上，人们才会逐渐认识到政府是容易接近的，并且能够对公众的呼声及时地作出回应，能够服务于民，为公民权利创造机会。

4. 服务于公民而不是顾客

新公共服务理论认为公务员不仅仅要回应“顾客”的需求，更要关注建设政府与公民之间、公民与公民之间的信任与合作关系。这主要表现在四个方面。①政府与公民之间的关系不同于企业与顾客之间的关系，政府服务的对象不仅有那些需要直接服务的对象，还有那些等待服务的人以及没有积极寻求服务但可能需要服务的人等。②政府在提供服务时，要更多地考虑公平、平等等问题。在很多情况下，公平和平等方面的考虑比顾客的现实愿望更重要。③提高公共部门的服务质量非常重要，但政府不应当首先或专门回应“顾客”自私的、短期的利益而是必须体现出对非短期利益问题的责任感和愿意为邻里及社区事务承担个人的责任。④政府不仅要满足法定的公民利益需求，而且要积极回应更加广泛意义上的公民利益诉求。

5. 责任多重而非单一

新公共服务理论认为公务人员不应当仅仅关注市场，还应该关注宪法和法令，关注社会价值、政治行为准则、职业标准和公民利益等因素，并要求他们为之负责。“新公共服务”认识到这些责任的现实性和复杂性，进而意识到责任是多重的而不是单一的。

6. 重视人而不只是生产效率

新公共服务理论认为在管理和组织时要强调“依靠人来管理”。公务人员不能仅仅被视为追求政府稳定工作的雇员和市场的参与者，他们需要稳定的工作和丰厚的薪酬，但也希望能够服务到需要服务的人并对其人生有所影响。新公共服务重视组织授权、合作和共同领导，认同社会和组织倡导的各种价值、理想和目标。

7. 重视公民权和公共服务

作为公共资源的管家、公共组织的管理人、公民权和民主对话的促进者、社区参与的催化剂、街道层次的领导者，公共行政官员应该承担起服务于民的职责，应保障公民的公共利益不受侵害。新公共服务理论明确提出公共行政人员并不是其机构和项目的业务所有者，政府为全体公民所有。因此公共行政官员要超越企业家的身份，重视公民权利和公共事务。

新公共服务理论以公共利益为基础，强调了公平与正义、民主价值与公共性的普遍意义，试图将传统理论与现代民主理论相互融合，使之能够更加强调公民权责与公共利益。它的实践尝试对我国政府转型和职能改革具有重要的理论启发和实践指导意义，有助于对公民和公民权在政府决策、制度架构、社会管理、公共服务中的作用进行重新审视①。

2.3.3　我国政府公共服务的内涵与范围

“十二五”规划期间，我国政府专门制定了《国家基本公共服务体系的“十二五”规划》，首次明确界定了基本公共服务的概念，是指建立在一定社会共识基础上，由政府主导的、与经济社会发展水平和阶段相适应，旨在保障全体公民生存和发展基本需求的公共服务。享有基本公共服务是公民的基本权利，提供基本公共服务是政府的基本职责。同时，明确了基本公共服务的范围，一般包括保障基本民生需求的教育、就业、社会保障、医疗卫生、计划生育、住房保障、文化体育等领域的公共服务，广义上还包括与人们生活环境紧密相关的交通、通信、公用设施、环境保护等领域的公共服务以及保障安全需要的公共安全、消费安全和国防安全等公共服务②。此外，还对基本公共服务的标准、均等化及体系等基本概念作了科学界定。基本公共服务是一定发展阶段下满足公民基本需求的公共服务，除了与民生密切相关的基本公共服务之外，都属于一般公共服务。虽然公共服务的主体是多元的，但政府是其中的主要参与者。胡鞍钢等学者将基本公共服务的评估指标体系概括为三个方面：一

① 江晓曦．探析登哈特的新公共服务理论［D］．长沙：湖南师范大学，2010：13.

② 贺怀一．跨境民族基本公共服务研究——以新疆阿勒泰地区为例［D］．北京：中央民族大学，2014：25.

是基本生存服务，包括公共就业服务、社会保障、保障性住房等；二是基本发展服务，包括教育、医疗卫生、文化体育、民政等社会事业中的公益性领域；三是基本环境服务，包括公共交通、通信、公用设施和环境保护、公共安全等①。

以政务微博、政务微信为代表的社交媒体在这三个方面都可以发挥不同的作用。比如在就业服务中，社交媒体平台的建立有利于消除信息的不确定性，为公众提供就业信息，促进公众就业。从其功能来看，社交媒体有利于大众文化的传播、普及公共教育，一些便民服务平台的建设，诸如医院微信账号的预约和询问有利于医疗卫生服务深入公众之中。总体上看，政务社交媒体的主要作用还是集中于政府的基本公共服务。

社交媒体的即时性、互动性优势为各级政府开展电子政务、提供公共服务开辟了便捷的通道，同时也为多元主体参与公共决策、促进建立多元主体协同治理的机制提供了契机，进而使得政府部门结构趋向扁平化。社交媒体带来的信息公开还可以提高政府公益性服务的质量和效率，社交媒体的即时反馈优势可以增强公共部门应对危机事件的活力，并对公职人员的日常活动进行有效的监督；社交媒体的低成本、高效率有助于实现城乡公共服务的均等化并同步提高其服务质量和水平。总之，社交媒体的普及应用和互动传播都将对政府基本公共服务体系的完善和城乡公共服务水平的提高等起到巨大的推动作用。

新公共服务理论强调服务的对象是“公民”而不是“顾客”，追求公众利益的理念要求政府转变执政理念，积极推动民主行政、公民优先和服务公众，从“管理”走向“服务”。如何把这种服务理念融入政务微信并为社会公众的生活和其参与社会活动提供保障，都值得我们研究和探讨。服务型政府要求政府工作人员必须主动倾听公民的呼声、了解公众的需求，并把公民的需要和价值放在第一位。政务微信能否在服务过程中真正做到以公众需求为中心，最大限度地满足用户的公共服务要求是关乎政务微信能否良性发展的基础和动力。政务微信所具有的特性和服务能力还处在不断发展之中，如何使之更好地帮助政府做好公共服务，也是目前需要深入研究和探讨的课题。新公共服务理论对新媒体环境下政府公共服务建设具有重要的启发和指导意义，因此笔者把新公共服务理论作为本书研究的理论基础之一。

① 胡鞍钢，王洪川，周绍杰．国家“十一五”时期公共服务发展评估［J］．中国行政管理，2013（04）：20-24.

2.4　电子政务理论

2.4.1　电子政务的内涵与特征

关于电子政务，国内外有多种提法，其中联合国经济社会理事会的定义受到广泛认可，即政府为了提高公共服务效率、增强政府的透明度、改善公共管理质量，利用信息通信技术手段组织公共管理方式，建立良好的政府之间、政府与社会、社区以及政府与公民之间的关系，提高公共服务质量，赢得广泛的社会参与度①。电子政务中的“政务”是指与政权有关的公共事务，除了政府机关的行政事务以外，还包括立法、司法部门、政党、社会团体以及其他各种公共组织的各种管理事务。

同传统的政府行为及其功能相比，电子政务具有一些突出的特点，包括对象虚拟化、手段信息化、结构扁平化、权力基层化和信息跨网络化等②。

2.4.2　电子政务的功能与模式

汪玉凯从我国政府管理本身的功能定位及其转变的历史轨迹出发，将中国电子政务整体功能定位于构建一个“管理服务型”电子政务体系③。总结我国这些年电子政务的发展实践和学者们的理论研究，电子政务主要具有以下功能：①调控功能。电子政务具有强大的信息收集、分析、处理和传播能力，使得政府能够在调控经济和社会的有序运行上发挥重要的媒介和调节作用。②服务功能。电子政务的服务功能主要体现在以下几个方面：政府信息服务、公务员电子化服务、网上采购和公众参与政府决策等方面④。

从业务模式的角度看，电子政务包括 G2G、G2B、G2C 等传统模式。随着社会发展的需要、服务型政府的推进和电子政务实践的逐步深入，如今电子政务已经朝着协同治理的方向发展，如发动公众广泛参与、实现众包等方式，也产生了一些新的模式，如 C2G、C2C 等模式。C2G 模式表示公众对政府的业

① 张敏，吴郁松，霍朝光．我国电子政务的研究热点与研究趋势分析 [J]．情报杂志，2015 (02)：137-141.

② 冯鹏志．电子政务：涵义、特征与功能 [J]．理论视野，2001 (06)：37-38.

③ 汪玉凯．中国电子政务的功能定位与政府治理创新 [J]．信息化建设，2003 (04)：19-20.

④ 冯鹏志．电子政务：涵义、特征与功能 [J]．理论视野，2001 (06)：37-38.

务模式，主要表现为公众的信息反馈与参与。随着社会民主化的发展，公众的参政议政意识越来越强烈，而政务微信等政务新媒体的广泛应用为此提供了更加便捷有效的渠道，使公众可以在各种政务新平台上为政府献言献策。C2C 模式表示公众自我组织提供的公共服务业务，它的理念是利用公众的协同合作来为自己提供公共服务。广大公众在电子政务平台上采取合作的形式，通过市民互相帮助，让公民自己提供公共服务，不仅可以为政府工作带来便利，也可以为社会带来正面效应。如今，政务微博、政务微信等社交媒体的广泛应用不仅为公众及其相互之间的信息共享和公民投诉提供了新的渠道，更为这种模式的发展提供了广阔的应用空间。

2.4.3 电子政务的系统和结构

电子政务系统是政府部门为社会公众、企事业单位、其他各种社会组织以及政府部门之间提供各种服务的综合性信息平台。该平台为社会公众、企事业单位及其他各类社会组织提供的服务主要有政务信息发布、行政审批系统、数据资源系统、视频点播系统、地理信息系统等；电子政务系统为政府各部门之间提供的服务主要有政务信息发布、联网办公系统、数据资源系统、督办查办系统、视频会议系统等。电子政务系统的整体框架包括纵横两个方向，纵向包括国家、省（自治区、直辖市）、市（地、区）各级政务系统平台，横向包括政府系统平台、政府应用平台、政府信息门户以及政务决策和辅助决策系统①。

电子政务系统的整个逻辑结构按照功能可以自下而上地划分为基础设施层、统一的安全电子政务平台层和电子政务应用层三个层次②。高洁等认为面向用户的电子政务系统应该由数据层、应用层和表现层构成。其中，数据层处于电子政务系统的底层，它的政务信息资源库构成了统一有序的政府知识中心，是电子政务信息资源建设的集中体现，支持着应用层和表现层；处于中间的应用层的协同办公系统和“一站式”“一网式”服务，代表着电子政务系统的发展方向，是面向用户的应用集成的集中体现，是政务流程集成的目标体

① 李伟，董威，李存斌，刘晓亚．电子政务系统的结构研究［A］//中国通信学会．2005 通信理论与技术新进展——第十届全国青年通信学术会议论文集［C］．中国通信学会，2005：5.

② 唐伟，施永香．电子政务系统体系结构的设计［J］．计算机系统应用，2006（07）：2-4+8.

现；位于上面的表现层的政府信息门户为用户提供统一的入口，是本体的外在表现①。赵立华认为电子政务系统的总体技术框架自上而下应该由信息表现层、业务应用层、应用支撑与基础应用层、信息资源层和技术基础设施层构成②。

2.4.4　电子政务绩效评估

电子政务绩效评估是指由从事评估工作的机构和人员按照专门的评估程序和规范，以特定的评估标准和指标体系为依据，采用科学的评估方法对由一定渠道获取的大量事实和数据进行定性定量分析，从而对电子政务建设的投入、产出和效益作出客观、公正的评价，实现对电子政务建设反馈和矫正的过程。作为政府绩效评估中一个相对独立的部分，电子政务绩效评估体系应该包括评估目标、评估主体、评估客体、评估指标以及评估方式等基本要素。规范、统一、科学的电子政务绩效评估工作流程应当包括选定被评估对象、确定绩效目标、构建评估指标体系、收集评估资料、实施绩效评估、撰写评估报告、公布评估结果、评估结果反馈与应用等步骤，主要包括评估准备、评估实施和评估反馈三个阶段，每个阶段又包括一些相关的环节。在评估准备阶段需要明确评估主体、确定评估对象、确定绩效目标、明确评估任务、制定指标体系和确定评估标准等工作，其中制定评估指标体系和确定评估标准是评估准备阶段最关键，也是最复杂、最具挑战性的工作。在评估实施阶段需要完成收集原始数据、数据处理评分、形成初步结果和修正评估结果等工作。在评估报告和反馈阶段需要完成撰写评估报告、公布评估结果、回收反馈及其合理运用等工作。

电子政务绩效评估应当遵循着公平、效率、效益、经济、责任、回应、代表性等准则，按照公开、公平、透明、完整、负责、合法、效率、创新、民主参与等标准进行。构建一个科学、系统、合理、可行的电子政务绩效评估指标体系是电子政务绩效评估成功的关键，评估指标体系不仅应当明确地反映出电子政务的“投入”“产出”“结果”和“影响”，而且应该鲜明地体现出电子政务“集中”“安全”“管理”“服务”“决策”等基本功能，更要在考虑评估指标体系、评价标准、指标权重、综合评估、数据采集等要素的基础上，体现

---

① 高洁，辛文卿．面向用户的电子政务系统架构［J］．图书情报工作，2005（11）：51-55.

② 赵立华．面向服务的电子政务系统构建研究［D］．武汉：湖北工业大学，2012：15.

出电子政务建设和发展的目标、产出与结构、投入与活动等层次，突出电子政务服务和应用的优势与特色。

2.5 信息服务理论

2.5.1 信息服务的内涵与基本原理

信息服务是以信息为内容的服务业务，其服务对象是对信息服务具有客观需求的社会主体（包括社会组织和个体成员）。信息服务的含义有广义和狭义之分。狭义的信息服务是指专职信息服务机构针对用户的信息需求，及时地将开发加工好的信息产品以用户方便的形式准确地传递给特定用户的活动，亦称为信息提供服务。广义的信息服务涵盖了整个信息工作内容，包括信息的搜集、整理、存储、加工、分析、传递、利用等各项活动，泛指以产品或劳务形式向用户提供和传播信息的各种信息劳动①。

信息服务应遵循着一些基本原理。齐虹认为信息服务基本原理应当包括需求动力原理、成本与收益原理、信息选择原理、增值原理以及有限性原理等②。信息服务需求动力原理揭示的是信息服务活动的外动力机制，信息服务成本与收益原理揭示的是信息服务的内动力机制。信息选择是信息服务功能存在和拓展的基础，贯穿于整个信息交流的过程中，信息的价值体现于其传递性。信息服务系统的目标就是信息增值，具体体现在相符获取性增值、序化积累性增值和交流服务性增值三个方面。在信息服务过程中，各种因素都会对其造成影响，造成信息服务的局限性；信息的效用体现容易受到两个因素的制约③。只有准确、客观地理解了信息服务的各个基本原理及其意义，才能正确地看待信息服务过程中及信息服务产业化中的各种现象及其必然性，也才能依据这些客观规律指导不同的信息服务活动实践。

2.5.2 信息服务的原则、内容与方式

为了提高信息服务质量，在信息服务过程中应遵循一些基本原则：①针对

① 朱娜．基于公众体验的电子政务信息服务质量影响因素研究［D］．天津：天津师范大学，2014：30.

② 齐虹．信息服务原理研究［J］．档案学通讯，2004（04）：57-60.

③ 艾新革．信息服务理论基础浅析［J］．图书馆界，2011（05）：14-16.

性原则。用户的信息需求是信息服务的出发点与归宿，在信息服务过程中，要有针对性地分析用户的信息需求，提供基于用户需求的服务产品，实现服务内容与服务对象需求相匹配。②及时性原则。信息的价值与其提供的时间密切相关，信息的时效性决定着信息在不同的时间体现着不同的价值。③准确性原则。准确性是信息服务最基本的要求。④效益性原则。信息服务不仅要具有社会效益，而且还要讲究经济效益。只有用户和信息服务机构双方互惠互利，形成利益共同体，才能保证信息服务供求关系的持续性。

从信息用户和社会信息源与信息流的综合利用角度来看，社会化信息服务包括信息资源开发服务、信息传递与交流服务、信息加工与发布服务、用户信息活动组织与信息保障服务等相关内容。①信息资源开发服务。信息资源开发首先是去除杂质，然后根据用户需求对信息进行不同程度的提炼。②信息传递与交流服务。从本质上讲，信息传递只是一种手段，信息交流才是最终目的。通过各种信息传递手段，信息传递者与信息接收者之间才能形成互相理解、互相作用的良性循环。③信息加工与发布服务。信息加工是把原始信息素材转化为完整成熟的信息成果的重要过程，它决定着信息服务产品的层次和质量。信息发布服务是发布主体单位运用一定的发布手段把特定的信息发送到特定的信息需求者手里，表现为一个由此及彼的过程。④用户信息活动组织与信息保障服务。信息保障是根据信息组织以及各方面用户的需要，通过各种可能的途径和方式提供多种形式的信息及信息获取、传递工具和其他各种信息服务，以确保信息开发工作的顺利进行。

根据信息服务的内容，可以将其划分为文献提供服务、信息检索服务、咨询服务、网络信息服务和信息开发服务 5 种类型，这些服务方式反映了信息对实际工作的渗透辅助程度。

2.5.3　信息服务的类型与模式

根据不同的标准，信息服务也有多种划分类型。常见的划分类型有：按照信息服务对象的范围，可以将信息服务划分为单向服务和多向服务。按照信息服务是否收费，可以将信息服务划分为无偿和有偿信息服务。按照信息服务的深度，可以将之划分为一次信息服务、二次信息服务、三次信息服务。按照信息服务的内容可以将之划分为科技信息服务、经济信息服务、技术经济信息服务、法律信息服务、流通信息服务、军事信息服务等。按照信息服务的能动性可以将之划分为主动服务和被动服务，按照信息服务持续的时间可以将之划分为长期信息服务和即时信息服务等①。

信息服务模式描述的是信息用户、信息服务者、信息服务内容和信息服务策略等组成要素及其相互之间的关系，对信息服务活动的组成要素及这些要素之间的相互关系的描述不同，就会构成不同的信息服务模式。信息服务模式分为基本模式、生成模式以及由网络技术引发的网络信息服务模式。信息服务的基本模式是指对信息服务的组成要素及其基本关系的描述，其可以划分为传递模式、使用模式和问题解决模式三种类型。信息服务四个要素之间的基本关系在实际中会因具体情况的不同而生成许多独特的关系，也就是实际中会有许多生成模式。信息服务的四个要素中，如果在某种情境下有一个是明确的或无需着重考虑的，也就是只考虑其他的三个要素，就可以组合形成四条关系链："用户—服务者—服务内容""用户—服务策略—服务内容""服务者—服务内容—服务策略"和"服务者—用户—服务策略"。以此为基础，信息服务就会产生与之相应的"交互-增值""平台-自助""用户-吸引""内容-承包"等生成模式。网络信息服务概念是随着网络的发展、互联网的诞生而出现和流行起来的概念，可以把这种模式概括为"认知-应用-创新"模式，它描述了信息服务的技术应用过程，又反映了信息服务活动四个要素的基本关系。根据互联网的发展和应用情况，网络信息服务模式可以划分为网络环境下的信息服务、信息服务进网络和互联网信息服务三个阶段。随着信息技术的发展，网络信息服务将朝着技术与信息及四个要素之间的集成度更高、个性化服务、交互式服务、便捷服务等服务性能更高、智能化水平更高的方向发展②。

2.5.4　信息服务质量及其评价

信息服务质量是指信息服务机构或部门的服务过程及其最终提供的信息产品的优劣程度，具体体现为信息服务取得的效益大小、达到目的的程度、问题解决的结果状况，最终反映在用户和服务机构双方的满足或满意程度。信息服务质量评价是指对信息服务工作及其信息服务产品的优劣评判和价值估算；优劣评判要求定性分析，价值估算需定量分析，二者统一互补，形成完整的质量

① 王英玮．信息管理导论［M］．北京：中国人民大学出版社，2010：331-334.

② 陈建龙．信息服务模式研究［J］．北京大学学报（哲学社会科学版），2003（03）：124-132.

评估体系①。由于信息服务本身具有模糊性、易逝性、滞后性及间接性等特征，因而在评价中要遵循一定的原则和程序。有一套科学、完整、可操作的评价指标体系是信息服务质量评价顺利完成和提高评价结果信度和效度的关键②。信息服务质量的评价指标是指反映信息服务质量某一方面特征的标识，是对信息服务各阶段成果特征的确定和说明。评价指标体系则是这些指标的集合，是信息服务质量评估的标准和基础，是一个具有多层次、多指标的复合体系。信息服务质量评价指标体系的构建应遵循客观性、整体性、层次性和灵活性等原则。

大多数信息服务质量的评估是从信息服务用户、信息服务者或服务管理者的视角进行。一般说来，对信息服务质量的评估应遵循以下基本思路或步骤进行：①确定评估对象；②建立综合评估指标体系；③选择评估方法；④得出评价结论。评估技术的发展为信息服务质量评估提供了丰富的方法和手段。目前，在信息服务质量评估中，经常使用或供借鉴试用的评估技术方法主要有定性评估、定量评估以及定性与定量相结合的评估方法，定性与定量相结合的半定量评估方法主要有德尔菲法+统计分析法、用户问卷评价法+加权法两种类型③。但是不管采用哪种评估方法和技术，无论是从评估服务水平还是从服务效益的角度出发，都必须构架一套恰当的评估指标体系。指标体系的构架要注意处理好以下几个关系：指标体系的层次结构和权重、服务成本和用户感知、社会效益和经济效益、量化问题和测量水平、近期效用和远期效用、直接效用和间接效用④。

2.6　本章小结

本章主要对政务微信的相关概念和信息生态理论、新公共服务理论、电子政务理论和信息服务理论等相关的基础理论进行梳理，为后续研究奠定了理论

---

① 范晓虹，刘志江．信息服务质量评估刍议［J］．图书情报工作，1999（01）：11-16.

② 杨嫚．利用层次分析法建构信息服务质量评价体系［J］．情报杂志，2005（11）：24-26.

③ 范晓虹．关于信息服务质量评估的几个问题［J］．图书情报知识，1999（01）：33-35.

④ 朱林．面向用户需求的信息服务质量［J］．科技情报开发与经济，2004（02）：13-14.

基础。首先介绍了政务微信的内涵、类型、特征、功能和定位；其次梳理了信息生态系统、信息生态因子、信息生态链和信息生态位的相关理论；然后简要地介绍了新公共服务的概念与内容、我国政府公共服务的内涵与范围，概括了电子政务的内涵、特征、功能、模式、系统结构和绩效评估等内容；最后梳理了信息服务理论的相关内容。这些理论是本书研究的重要理论基础。

第3章　政务微信信息服务的信息生态系统构建

政务微信以回应民众关切为目的，以满足公众信息需求为动力，是新媒体时代政府强有力的信息服务工具。政务微信信息服务提高了政府在移动环境下的工作效率、开创了政府公共管理和为民服务的新格局。本章旨在分析政务微信信息的传播过程，通过对政务微信信息服务活动动因和过程的深入研究，构建政务微信信息服务的信息生态系统，并对政务微信信息生态链进行分析，以期为政务微信信息服务模式分析和服务质量评价研究提供理论依据。

3.1　政务微信信息传播过程

1. 政务微信信息传播的内容

随着各种社交功能的发展完善，微信信息的传播属性更加复杂，传播内容更加丰富，表现形式更加多样，成为名副其实的“富媒体”。政务微信信息服务过程中传递的信息内容非常丰富全面，涉及公众生产生活的各个方面，包括重大时政、经济民生、本地特色内容、各种功能服务、政民互动、舆情回应等多个类别的内容。总的说来，在所有推送的信息内容中，民生类信息居多，与政务微信公众号所属地相关的信息较多，由于这些信息与公众的日常生活、工作等密切相关，因此成为公众信息需求的重点；同时，也说明了大多数政务微信公众号能够做到从用户视角出发发布，推送市民需要的、有用的信息。政务信息发布效果调查也显示，各种民生信息、惠民利民服务项目、重大突发紧急事件，以及各种与民众生活密切相关的投票抽奖互动等内容更容易带来高关注度和高阅读量。

概括起来，政务微信信息传播的内容主题大致可以划分为8种类型：政务类信息、政策宣传类信息、公共服务类信息、新闻报道类信息、文化历史类信息、动员推广类信息、突发性信息和综合类信息。其中，政务类信息主要是指有关政府内部工作事宜以及按照法律法规需要向社会公众公开的信息；政策宣传类信息是指宣传、传达国家或所在地区发布的重要法律、法规、政策、方针等信息；公共服务类信息主要指便民利民的实用信息，例如天气预报、医疗、卫生、教育、交通等咨询性服务以及与公众日常生活密切相关的各类公共服务性信息；新闻报道类信息是指近期发生的重大政治、经济、社会、文化、科技等新闻或公共事件以及某些引起公众热议的新闻解读信息等；文化历史类信息是指有关该地区独特文化、历史、风土人情的信息；动员推广类信息是指动员社会公众参加某些社会活动以及推广该账号或该账号对应的微博、客户端、网站等公共性、公益性信息；突发性信息是指有关各种突发性自然灾害、事故灾难、公共卫生事件和社会安全事件以及防灾减灾预警、应急处理等信息；综合类信息是指内容涵盖了两个以上主题的信息。由于微信公众账号“发言权”被限制的特点，即普通公共账号 24 小时内只能发布一次信息，使得政务微信在传播突发信息和即时信息时并不具备明显优势，但由于政务微信发布信息的容量较大，因此，对时间要求不是很高的公共服务类信息、民生类信息、文化历史类信息等成为政务微信的重要主题，也很受公众的欢迎和支持。

2. 政务微信信息服务过程中的信息传播流程

政务微信信息服务过程中的信息传播流程应包括信息采集、内容编辑、信息审核、信息发布、信息反馈 5 个步骤，如图 3.1 所示。①政务信息采集。政府各个职能部门依据其职能要求和范围形成或收集相关信息资源，并按照有关程序和要求将之汇集到政府信息资源数据库当中。这是开展政务微信信息服务的前提和基础，实质上是政府信息资源的原始积累过程。当前，政务微信主要通过自主策划、核心来源和媒体来源三个渠道进行信息采集。自主策划是政府部门主动监控搜索，主要包括所属下辖行政机构和相关职能部门在其网站和新媒体上发布的信息；核心来源是所属下辖行政机构和相关职能部门报送、提交、推荐的各种信息；媒体来源是将媒体信息作为线索，监控媒体信息，并与相关部门核实确认。②内容编辑、加工整合。根据公众的政务信息需求和微信公众平台的传播特点，对各种政府信息资源进行分类、整理，对内容进行再整合、再编辑、再加工，注重内容的准确权威以及形式的人性化和易解读，形成规范、准确、易于利用的信息。③信息审核。通过交叉复核、主编审核、主任审核等严格审核之后，确保信息没有内容上的错误、语言编辑上的失误之后再发布。重大突发事件信息还需经过政府领导或新闻发言人审核无误并授权之后才能发布。④信息公开。政务微信运维部门将已经整合的信息资源，依据信息公开法律法规，在政务微信平台上向用户公开，满足公众的政府信息需求。⑤信息反馈。信息反馈是用户对政务微信信息服务作出的社会回应、互动，它既是政务微信信息服务持续进行的基本条件，也是考察政务微信信息服务效应的重要依据。通过实时监测反馈，摸索用户阅读习惯、了解用户需求、感知用户体验，不断地改进并优化政务信息服务工作。

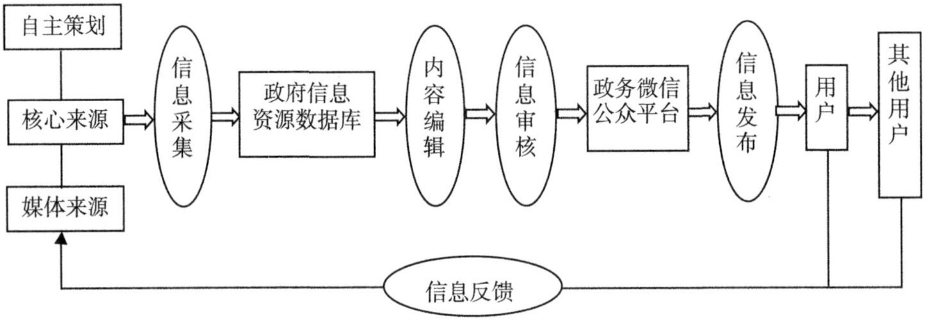

图 3.1　政务微信信息服务过程中的信息传播流程

此外，还可以从微观角度来考察政务微信信息服务过程中的信息传递过程。其中，政务微信信息在单个用户节点的传递过程如图 3.2 所示。

当多个政务微信用户节点同时进行信息传递或传播时，就可能会形成政务微信用户朋友圈的信息传播网，由于微信用户朋友圈本身就是基于用户好友关系而建立的，因此这种信息传播网更为常见。政务信息在微信用户朋友圈中的传播网络如图 3.3 所示。图中的每个节点既表示传播者，又表示信息，图中实线大圆为单个用户的朋友圈范围，即可见该信息的用户范围，该范围内存在着数量不等的好友；当网络中的每一位用户又将朋友圈所接收的政务信息转发、分享给他们的好友时（即图中的虚线圆圈），这个信息传播网络就会进一步扩大，变得更加复杂。事实上，很多热点、焦点、重大政务微信信息之所以能够在短时间内在社会上得到急剧的扩散与传播，正是得益于这种复杂的微信信息传播网络。

3. 政务微信信息服务过程中的信息传播特征

政务微信具有互动性强、覆盖精准、个性化深度沟通、保密性强等传播特征，在提供一对一的精准化服务上更具优势。正是基于政务微信的传播特性和实际使用情况，政务微信在公共事务和服务型政府中扮演着越来越重要的角

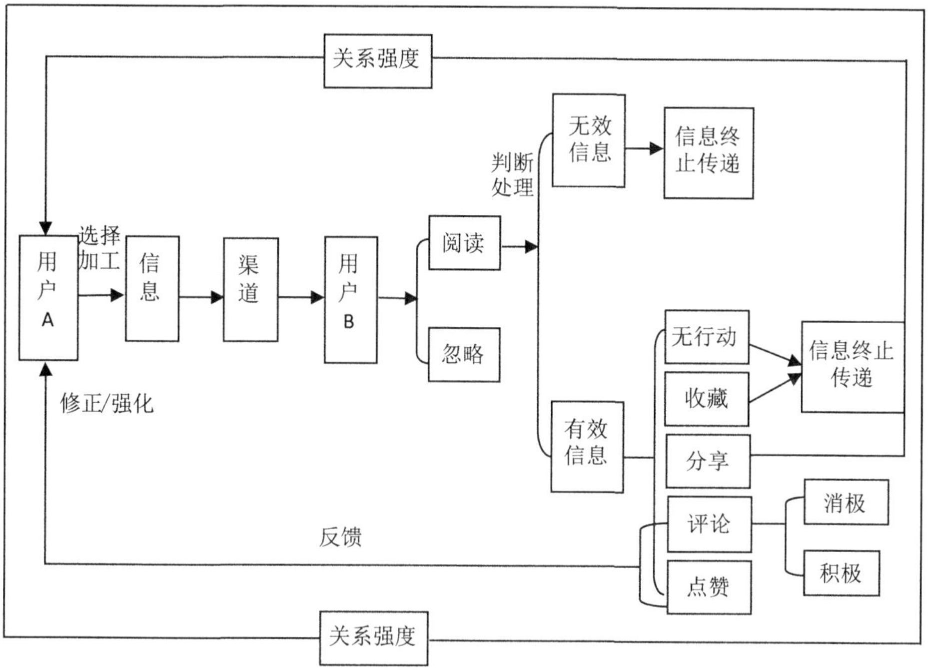

图 3.2 政务微信信息在单个用户节点的信息传递过程①

色。政务微信作为新形态的信息传播工具，在传播方式和效能上具有相对良好的传播优势，与政务微博等其他渠道相比，政务微信信息传播具有以下特点：①互动性强，可自动回复和人工回复。与微博相比，微信在互动方式上更加亲民、便民，有利于政民之间的全方位沟通和互动；再加上能够实现自动回复，用户可以通过后台设置的关键词回复所提问题，节省大量时间成本。②精准覆盖，点对点传播，实现了信息传递的精准性。政府网站、政务微博等渠道的信息是点对面的传播，发布的内容很容易淹没在信息洪流中。而政务微信是点对点的传播，遵循“一对一”直线传递原则和路径，再加上微信的“信噪”很小，从而使政府信息传播更有针对性、更精准有效，信息传达率更高，并通过熟人参与、圈子联动，实现了信息的精准覆盖和有效传达。③可以实现个性化深度沟通。微信是一个对信息精心采集加工处理、优质输出的过程，由于微信

① 高莹．微信的传播模式分析［D］．郑州：郑州大学，2014：33.

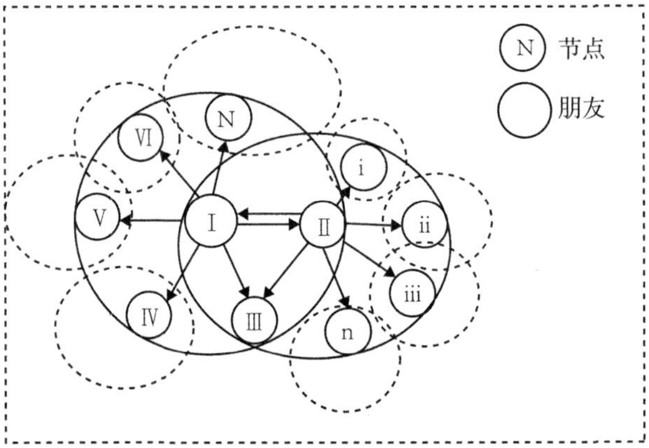

图 3.3　政务微信用户朋友圈里的信息传播网络①

具有发布频率的限制，发布信息不会被快速刷屏，因此可以促进个性化的深度沟通。④亲民性。无论从形式上还是内容上，政务微信都体现了强大的亲民性。从形式上看，政务微信可以一对一地为用户解疑答惑，拉近了政民之间的距离，树立了政府亲民的形象。从内容上看，政务微信每天推出的信息和服务都是与广大民众的生活息息相关的，这些便民、利民的信息和服务很好地体现出了政府的亲民性。⑤关键词定制。由于微信公众号每天只能向关注的用户群推送一条重要信息，其他信息都需要一对一回复，因此为了提高回复效率，不少政务微信公众平台都使用了关键词定制功能，政府部门可以利用这个功能将民众比较关心的问题提炼成关键词，用户只需回复关键词就可以得到对应的全面而又准确的信息，从而极大地方便了民众的生活，提高了政府的办事效率。

3.2　政务微信信息服务的动力与过程

3.2.1　政务微信信息服务的内涵

政府信息服务是政府根据社会和公众的信息需求，通过多种途径与方法，对各种信息资源进行收集、加工、传播、利用与反馈，实现提供公共服务、满

① 高莹．微信的传播模式分析［D］．郑州：郑州大学，2014：37.

足公众需求的目的①。政务微信是政府部门在微信公众平台上开通的微信公众账号，用户通过关注账号获得相应的信息或服务，实现一对一的信息沟通及政务服务，是继政务微博之后政务服务新的探索。政务微信公众号分为订阅公众号和服务公众号。政务微信订阅号主要是为用户提供各种政务类信息和资讯服务；政务微信服务号旨在为用户提供各种公共服务、政务服务，即用户利用政务微信平台获取政务服务，实质上也属于政务信息服务。

根据以上分析，本书将政务微信信息服务定义为各级各地政府部门根据社会广大公众对政府信息和公共服务的需求，立足本部门职能，积极利用政务微信公众平台和相关技术，通过多种途径和方法，对各种政务信息按照微信的传播特性进行收集、整理、加工，对各类政府服务项目按照微信功能特点进行梳理、整合、创新等，在政务微信公众平台上发布、传播、利用和反馈，实现政务信息即时发布、政民深入互动、及时满足公众公共服务需求的目标。这个定义主要包括三层含义：①开通政务微信公众平台的目的是为了充分满足广大民众的政务信息需求，努力提高政府公共服务能力，最大限度地发挥政务信息资源的价值和效能，提高政府工作效率，推进政务协同，推动政府职能转变；②开展政务微信信息服务的前提是要充分依据微信公众平台的特点和微信用户的需求规律及使用习惯，对政务信息重新编辑、加工，对政府部门服务项目重新设计、整合，以微信用户喜闻乐见的方式主动推送给广大公众，从而提高用户感知、获取及利用政务信息和公共服务的能力；③开展政务微信信息服务的关键是要充分利用政务微信的互动优势，并建立健全相应的保障机制，提高社会公众参与政府信息服务的积极性和主动性，深化政民互动，形成多元主体共同参与且协调有序的政府信息服务体系，提高政务信息资源的利用率和政府公共服务水平，实现政府与公众的互惠共赢。

从服务对象来看，政务微信信息服务主要包括对内信息服务（以政府部门内部用户为中心）和对外信息服务（以社会公众为中心，包括企业、公众及其他各种社会组织）两个层面。对内信息服务主要是针对政府部门内部各种人员业务沟通而建立的微信群，在部门内部开展各种信息共享服务，形成一个内部微信工作圈，以提高政府信息流转及工作效率；对外信息服务主要是通过具有推送信息和提供服务功能的公众账号，开展各种信息公开与共享服务，形成一个“政民对话圈、服务圈”，以提高政府的信息公开水平和服务能力。

① 梁新华，颜佳华．政府信息服务流程创新探讨［J］．情报杂志，2011（04）：161-164.

3.2.2 政务微信信息服务的动力

全球一体化趋势和信息化浪潮给我国政府的信息服务工作带来了深刻的影响，特别是移动互联网技术、信息技术和数字技术的高速演进以及社会化媒体的迅速崛起，给大数据环境下的政府信息服务工作带来了全新的挑战和机遇。主动顺应全球化发展趋势、积极回应信息化冲击，加快政府职能转型、努力摆脱自身发展困境，深入推进电子政务建设进程、满足公众日益增长的多元化信息服务需求并追求政府信息服务效益的最大化，既是信息化时代服务型政府建设目标的应有之义，也是政府探索信息服务创新的动力来源。

1. 内部动力因素

政务微信信息服务的内部动力是指存在于政府组织系统内部，驱动政府部门主动利用微信公众平台积极开展各种信息服务活动的内在动力因素。它产生于社会广大公众对政务信息服务的大量需求和政府服务价值观的转变，政府为适应市场经济发展和信息化建设而进行的职能转变以寻求政府自身发展的内在需要，以及政府信息服务效益最大化的利益牵引。

(1) 公众对政府信息服务需求的拉动。用户的信息需求是政府信息服务工作的根本依据和核心动力源，没有用户及其信息需求，政府信息服务活动就失去了存在的意义，政府信息服务工作乃至整个社会信息服务就失去了发展的动力。随着公众信息意识和信息素质的逐渐提高，公民信息自由权利意识的逐步增强以及公众参政议政观念和能力的提升，公众对政府的信息需求日益多元化且对其信息服务质量的要求越来越高。这就需要政府认真研究用户信息需求的主要特征、深入分析用户的信息需求结构、及时了解用户的需求规律、准确把握用户的各种政务信息需求。以公众为中心、以用户信息需求为导向，已经成为政府信息服务工作的基本要求。针对政务微信信息服务工作，从信息技术采纳、服务流程设计到政务信息内容的整合与公开、政府公共服务项目设计与应用等各个方面，始终都要遵循“用户需求导向”的基本原则，最大限度地为社会广大公众和各方面提供优质高效的政务信息服务，并以用户信息需要的满足程度和满意度作为评价政务微信信息服务活动的重要标准。

(2) 服务型政府建设目标的价值选择与追求。政府服务价值观的转变、服务型政府建设目标的选择与修正是政府信息服务工作变革和创新的原动力，及时为公众提供高质量的政务信息服务已经成为政府工作的一项重要内容。新形势下我国政府也逐渐转变了服务价值观念，开始重视政府职能转变并着力构建服务型政府。《国家电子政务总体框架》明确指出电子政务建设，服务是宗旨，公众应用是关键，信息资源开发利用是主线。满足社会广大公众的信息需求成为电子政务信息服务的价值追求。政务微信信息服务活动必须以公众需求为导向，积极开发各种政府信息资源，及时为公众提供高质量的信息服务，从而推动政府信息服务工作不断向前发展。

（3）政府职能改革与自身发展的需要。全球化尤其是信息化的挑战、市场经济的深入发展以及政府自身发展所面临的财政危机、管理危机和信任危机等多重困境，是我国政府寻求改革和发展的重要动力。这些新形势都迫切要求我国政府及时更新管理发展理念，尽快转变政府职能，加快管理体制改革，尽早构建符合现代善治理念和发展要求的“法治型”“阳光型”“责任型”“服务型”“有限型”政府。这意味着政府职能需要从以统治管控为主尽快向以社会管理服务为主转变，为社会广大公众和市场服务既是政府的基本职能，也是政府的主要职能。随着政府信息化进程的加快和电子政务建设的深入推进，我国政府治理出现了向大众服务、民主参与、虚拟行政范式变迁的趋势。政府治理新范式的建立和管理服务模式转换成功的前提条件之一就是政府要最大限度地提高信息沟通能力和信息透明度，而这又必须以推进信息化服务进程、切实提高信息服务质量和水平为基础条件。由此看，政务信息服务改革与创新也是政府改革与发展的内在需要。政务微信信息服务就是政府在新媒体环境下的积极探索与创新应用。

（4）政府信息服务的利益牵引。政府信息服务利益是指政府通过信息服务活动满足各方面的信息需求而获得的各种效益，它不仅包括广大公众和各种社会组织通过政府信息服务活动获得的各种经济效益、社会效益、公共利益等，还包括政府通过信息服务获得社会对政府的信任度和满意感以及行政组织成员获得的个人全面发展等。政府、社会、公众等各个主体利益的获得和满足是推动政府信息服务发展的又一重要动力来源。各种政府信息资源是政府行政管理的基础、科学决策的依据、联系公众的纽带、宏观调控的手段。高效的政府信息服务不仅有助于加快推动政府职能转变、提高政府管理和服务效率、推进社会信息化发展进程，而且有利于保障公民的信息利用权利、满足广大公众的各种信息需求、缩小数字鸿沟，进而促进社会的全面进步。因此，政府信息服务利益会诱导和激励政府信息服务职能的改革与转变，进而成为推动政府信息服务不断探索并创新发展的内驱动力。

2. 外部动力因素

（1）信息技术的推动。信息服务是信息技术的实现方式，信息技术的发展变革不断地催生了新的信息服务内容和服务模式，信息技术对信息服务的内容、质量、模式及安全等方面起着重要的推动作用，可以说信息技术是推动政府信息服务发展最重要的外部动因。由多媒体、数字通信、人工智能、移动互联网、物联网等技术带来的社会网络化、信息数字化、交互实时化已经成为当前普遍而又真实的生存方式。信息技术对政务微信信息服务起着重要的支撑和推动作用。微信是技术更新最快的新媒体，短短几年间，已经从只有简单社交功能的 1. 0 版本，迅速发展到具有多种功能的 6. 3 版本。借助微信技术，传统的政民关系在政务微信平台上得以反映，并得到拓展与延伸。数字媒介技术的进步和社交媒体的迅速崛起不仅极大地刺激了人们的信息需求，同时也对信息服务提出了更高的要求。这些都促使政府要不断地提高政务信息服务能力和水平。

（2）社会信息化环境的推动。信息环境是政府信息服务活动存在的空间，是与信息交流和信息活动有关的各种要素的总和，包括政治、经济、科技、文化、教育等各个方面。社会信息化是指在全社会包括经济、政治、文化、生活等各个方面广泛地应用现代信息技术，有效地开发和利用信息与信息资源，促进经济发展和社会进步的过程。它的出现意味着人们对信息资源的依赖程度越来越高。社会信息化为政府信息服务活动创造了有利的环境，提供了更加丰富的信息资源和更好的信息服务系统及设施，成为促进政府信息服务工作创新发展的外在动力。特别是 20 世纪 90 年代以来，我国电子政务的迅猛发展为政府信息服务提供了前所未有的契机和条件，成为推动政府信息服务的强大推力①。针对政务微信等新媒体的迅速发展，政府及时出台的各种政策、法律、法规、制度等，也极大地推动了政府信息服务的快速发展，为政府信息服务工作营造了一个良好、健康、开放的社会环境。

政务微信信息服务的内在动力和外部推力共同构成了政府信息服务工作发展前进的驱动力系统，推动着政府不断地提高政务信息服务的能力和水平。

---

① 梁新华，颜佳华．政府信息服务流程创新探讨 [J]．情报杂志，2011（04）：161-164.

3.2.3 政务微信信息服务的内容与过程

1. 政务微信信息服务的内容

微信平台可以实现内容丰富、形式多样、目标精准的信息推送与传播，能为用户提供基于场景的、个性化的、全流程的功能服务；微信平台的私密性、封闭性，则有利于开展针对性强的、点对点的交流沟通互动。政务微信能将政府信息及时传导至社会“末梢”，可以与市民直接连接互动，为广大公众提供优质高效的公共服务，并为政府提供第一手的社情民意，其已经成为政府发布信息、提供公共服务、开展政民互动的新平台。各地政府部门通过政务微信平台将信息直接推送到市民手中，将公共服务直接递送到市民生活与工作的场景中，并随时随地与市民进行互动沟通，有利于塑造公开透明、服务导向、以人为本的政府形象。政务微信信息服务的内容是政务微信功能和定位的具体呈现，而不同的用户就会有不同的功能定位视角。政务微信平台上的用户主要有政府部门本身和广大社会公众，从政府视角看，政务微信主要发挥着政府信息公开、提供公共服务、开放政府、社会危机处理、政治动员等功能；从公众视角看，政务微信主要发挥着舆论监督和公益互助等功能；从政民互动视角看，政务微信主要发挥着沟通回应与协商参与等功能。基于政务微信的传播特点和实际运用情况，当前我国政务微信主要发挥着精准化的信息传播载体、移动化的民生服务平台、零距离的官民互动频道、创新型的公共服务空间四种功能。很多政务微信公众号在实际运行中兼具信息发布、提供服务、双向互动等功能。因此，本书将从这三个方面详细阐述政务微信信息服务的主要内容。

（1）信息发布。目前很多政务微信的信息发布内容贴近民生、丰富全面，概括起来，主要有以下几个方面。①重要时政信息，主要包括党和政府出台的各种重要方针、政策以及本地发生的重大政治、经济、科技、文化新闻等。②宣传性信息，主要包括宣传马克思主义先进思想、弘扬社会主义核心价值观、发动和组织广大公众积极参与投身各种公益活动，如环境保护、福利慈善、志愿服务等以及节水、禁烟、防火、防艾、拒毒等各种宣传性信息。③民生服务信息，主要包括与人们生活、工作、学习等密切相关的交通、气象、医疗、教育、就业、文化、旅游、社保、水电气、物价等各种民生信息。④突发事件或热点事件信息，主要包括各种重大突发事件、自然灾难等信息以及近期广大公众关注的社会热点信息。⑤动态提醒类信息，如各种预警信息、道路限行、地铁限流、节假日出行提醒等。

（2）办事服务。很多政府部门都在政务微信公众平台上推出了多项便民服务事项，主要有信息搜索查询、办事服务功能等。①信息搜索查询服务主要包括各种民生信息查询，如路况信息、公交实时到站、交通卡余额、旅游出行、驾照违法记分、电子监控违法、出入境办理预约、天气预报、空气质量、医疗保险、养老保险、结婚登记预约、公积金、个税等信息查询①。同时，根据用户的需求和反馈，越来越多具有公共服务的政府部门在政务微信平台上推出了更多的办事查询服务事项，为广大用户带来了更多便利。②办事服务功能。由于具有公共服务职能的政府部门较多且目前各地的政务微信发展水平层次不齐，因此，各类各层次的政务微信公众号上的在线办事服务项目差别较大。总结起来，政务微信在线办事服务项目和功能主要通过三种方式实施。一是在政务微信平台上构建“微信办事大厅”，用户可以通过微信平台入口办理包括生育、收养、户籍、教育、兵役、就业、纳税、社保、出入境、社会救助、住房、司法公正、职业资格、消费维权、文化体育等各种个人事项。二是建立“微信矩阵”，在微信矩阵里将所属政府的所有开通微信公众账号的行政辖区、局委办公室以及其他重要机构进行集中的模块化展示出来，为用户提供一键查询账号，让用户根据自身需求到相应的机构去办理相关事务。三是“回复关键词”方式，政务微信平台通过对过去一段时间里积累的各个领域的便民服务信息进行全面的梳理、分析，建立涉及便民服务的高频关键词词库。让用户通过“回复关键词查询”功能实现最为直接、快速、有效的便民信息查询和办事服务。

（3）政民互动。政府公共服务涉及民众生活的方方面面，公众在处理很多事情的时候都需要和政府的一些职能部门打交道。由于信息的不对称，公众并不一定了解在办理某些事项的时候应该去哪些部门以及需要哪些个人材料。政务微信则可以在很大程度上减少信息传递的不对称现象，公众可以及时与相关职能部门沟通，对一些疑难问题进行提问，通过政府有效的回答，使公众能够对相关信息进行及时全面的了解。互动交流是微信的突出优势，很多政务微信公众号也十分重视用户的诉求和意见，注重与用户开展双向交流，努力成为市民愿意倾听和倾诉的对象。他们耐心查阅分析网友在微信平台上作出的评论和留言，并保持宽容的态度，将其视为了解公众需求和社情民意的渠道。对于用户反映的确切真实问题，提出的虽具体但具有普遍意义的诉求，都会及时予以

① 施锦凤．政务微信服务质量评估模型构建研究——以“上海发布”为例［D］．上海：华东理工大学，2015：18.

回复。虽然因此担负了大量的网上咨询压力，但都会尽量给用户回复，让公众真切感受到政府服务的温暖。在互动方式上，主要通过平台自动回复和人工回复两种方式与用户互动。政务微信运维团队根据用户常用服务事项提前构建好的关键词词库，关键词与用户惯常需求高度匹配且内容会定期更新以保持时效性，用户只需输入相关数字或关键词即可收到后台的自动回复。对于用户提出的个性化问题，后台也尽量做到人工回复，力求解决用户的各类“疑难杂症”。最终通过人机结合的方式努力做到让用户当天得到回复。此外，不少政务微信公众号还不定期组织丰富的线上线下互动活动，如活动报名、奖励赠送、投票调查、直播访谈、趣味游戏等，提升与用户的互动水平，拉近政府与公众之间的距离，增加政民之间的感情。

2. 政务微信信息服务过程

行政程序是指行政主体的行政行为在时间和空间上的表现形式，即行政行为所遵循的方式、步骤、顺序以及时限的总和①。政务微信信息服务也必须遵循相应的行政程序，并有计划、有步骤地科学、规范、有序开展。科学规范政务微信信息服务程序是保障公民知情权得以实现的重要途径，也是监督政府改善信息服务的必要手段。结合我国政务微信等社交媒体的信息服务实践，笔者认为，政务微信信息服务的基本过程应该包括准备、推出、利用和反馈四个阶段，如图 3.4 所示。

①信息服务准备阶段。政府部门微信运营维护人员要在对广大公众对政府信息服务需求调查分析的基础上，结合微信公众平台的特点和优势以及政府部门的工作目标，做好政务微信信息的采集、加工、整理和审核工作以及服务项目的梳理、整合、设计与创新工作。②信息服务推出阶段。要做好政务微信信息的发布、推送工作和政务服务的推出与拓展工作。③信息服务利用及实施阶段。要做好用户的阅读、采纳、利用工作以及服务实施过程中的沟通互动工作等。④信息服务反馈阶段。要做好用户利用信息服务之后的回复、评论、转发、分享、收藏等反馈工作，并要分析反馈数据，及时地进行评估、总结，不断地调整、优化、拓展政务微信信息服务的空间，提高信息服务的质量和水平。

① 易臣何．政府信息服务失范与制度安排［J］．情报资料工作，2008（02）：12-14+35.

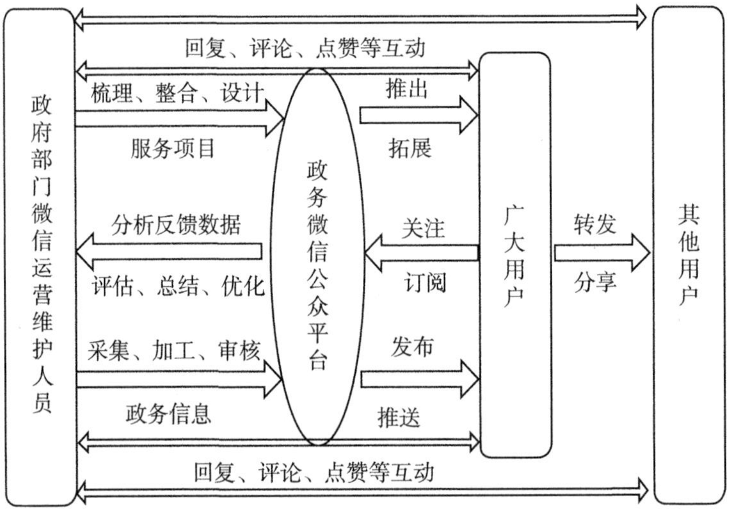

图3.4　政务微信信息服务过程

3.3　政务微信信息服务的信息生态系统模型

3.3.1　政务微信信息服务信息生态系统的概念与特征

目前，学术界对信息生态系统还没有形成一个统一的概念。笔者总结学者们的观点，认为信息生态系统是在一定的信息时空中，由信息人和信息环境之间相互联系、相互作用而形成的，具有一定结构并能发挥信息流转和信息共享功能的有机整体。它是一个具有一定自我调节功能的社会人工系统，具有一定的时空结构。借鉴信息生态系统的概念，结合政务微信信息服务活动的特点，笔者把政务微信信息生态系统定义为：政务微信信息生态系统是由于政务微信信息服务活动而形成的，由政务微信平台上的各种信息人和政务微信环境组成的，具有政务信息传递、交流、共享等功能的有机整体。其中，政务微信平台上的各类信息人包括政府部门及微信平台的运营维护人员、广大关注或订阅用户以及他们的亲朋好友等，他们构成了政务微信信息的生产者、传递者、消费者和监管者等；政务微信信息环境包括政务微信平台上的各种信息资源、微信技术、政务信息法律法规制度、政务信息伦理、信息文化等。政务微信信息人之间以及他们与政务微信信息环境之间相互联系、相互作用、相互影响。作为一个有机整体，政务微信信息生态系统具有政务微信信息生产、传递、利用等基本功能，能够及时地为广大公众提供各种准确、权威、规范的政务信息和便捷、高效的政务服务，从而推动着政务信息生态系统乃至整个社会信息生态系统朝着良性、互动、高效的方向发展。

由于政务微信信息传播的独特性和政府信息服务活动的广泛性，政务微信信息生态系统具有与一般信息生态系统不同的特点。①政务微信信息生态系统的信息服务活动具有正式性和规范性。虽然微信具有很强的亲民性和互动性，但政府毕竟是政务信息最重要、最权威的发布者，是社会公共事务的主要承担者，因此，政务微信信息服务活动具有比较规范的程序和正式的渠道，具有很强的规范性和正式性。②政务微信信息生态系统的信息服务活动具有一定的开放性和相对的封闭性。政府信息和公共服务均要面向社会广大公众，凡是有政务信息需求的公众，均可通过添加关注相应的政务微信公众号成为其用户，并得到相应的信息服务，因此政务微信的信息服务活动具有一定的开放性。但同时由于微信的平台属性限制，即只有添加了政务微信公众号的用户才能得到其服务。此外，政务信息服务只能在政务微信用户的朋友圈、好友圈中相互转发、传递和分享，呈现出相对封闭的特征。③政务微信信息生态系统的信息服务活动具有较强的地方性。政务微信公众号推出的信息和服务大多是与所属地民众生活息息相关的，具有很强的地方人文特色。立足本地，关注地方民生需求，做好本土化服务，既是政务微信信息服务的普遍现状，也是未来发展的方向和趋势。④互动性和服务性。开放、平等、互动、协同与共融是微信公众平台的根本特征，互动性强是微信平台的突出属性；而强互动性则非常有利于政民之间的全方位交流沟通、有助于提高政府信息服务的深度和质量。

3.3.2 政务微信信息服务信息生态系统的组成要素及相互关系

笔者根据信息生态系统构成的“四要素”观点，认为政务微信信息生态系统由政务微信信息人、政务微信信息、信息技术和政务微信信息环境四个要素组成。

1. 政务微信信息人及其相互关系

政务微信信息人是政务微信信息生态系统中的主体，包括所有参与政务微信信息服务活动的个人和组织，如政府部门及其微信运维人员、广大政务微信用户和他们的朋友、各类社会组织机构等。政务微信信息人按照各自承担的功能可以划分成政务微信信息生产者、政务微信信息传递者、政务微信信息消费者和政务微信信息监管者四种类型。每一种信息人中又包含了一定数量的机构和个人等，因此相应地形成了四种不同的政务微信信息人种群。

（1）政务微信信息生产者是采集、整理、加工、生成政务微信信息的个人或组织。政务微信信息生产者主要是政府部门中运营政务微信的相关机构及其工作人员，他们根据广大用户的政务信息服务需求，结合所属机构的职能、工作目标和微信公众号的特点，按照一定的程序和方法，搜索、采集、整理、加工成各种符合微信公众平台传播的信息产品并及时发布出去。这一过程包括构思决策、信息采集、信息整理、信息分析研究、信息成果物化等环节。但是由于政务微信公众平台具有开放性、平等性和互动性以及政务信息活动和公共服务具有大众性、广泛性和非营利性等特征，同时政府机构也需要开门立法、问计于民、吸收民智，广大公民也会随着民主政治的发展和技术的进步积极行使政治参与权和监督权等，因此导致政务微信信息生产者的范围也在不断扩大，广大用户通过回复、反馈、提供线索等也可以成为政务微信信息的生产者，参与并支持着政府的信息服务活动。

（2）政务微信信息传递者是将信息生产者产出的各种政务信息向社会进行传递、传播的个人或组织，他们在政务微信信息生产者和信息利用者之间起着桥梁和中介作用，推动着政务微信信息的流转进程。在政务微信信息服务活动过程中，不仅政务微信运维部门和人员可以传递政务信息，而且广大用户以及他们的朋友等也可以通过转发、分享等进一步扩大政务信息的传递、传播范围。同时，用户还可以通过回复、评论、反馈等方式将他们的意见、建议或搜集到的信息反映、提交、传达给政务微信运维部门。随着微信技术的发展和微信互动功能的完善，政务微信信息传递者种群的数量和范围还会进一步拓宽，政务微信信息传递方式和路径也将更加丰富、多元。

（3）政务微信信息消费者，即政务微信用户，包括一切具有政务信息服务需求的人和机构。政府微信信息消费者的范围十分广泛，具体包括政府内部机构及其工作人员、广大社会公众和他们的朋友以及各种社会组织机构等。政务微信信息消费者是信息生产者和传递者的服务对象，也是政务微信生存和发展的源泉。信息消费者涉及面广、类型多样，其政务信息需求十分广泛，涉及政府信息服务工作的方方面面。

（4）政务微信信息监管者是为了保证政务微信信息服务活动的规范、有序开展，依法依规对政务微信信息服务活动进行监督、管理和控制的个人或组织。信息监管者的任务是通过制定和执行规范政务微信信息服务活动的政策和法律等，通过开展信息行政管理和信息安全管理等对信息生态系统中的不良信息进行清除，对信息服务活动中的不法行为进行阻止等。政府机构是政务微信信源的出处，同时兼有信息发布“把关人”的身份，不仅要保证发布内容的准确、权威、及时，而且还要确保整个信息服务过程中的各种信息行为规范、合法。

（5）政务微信信息人之间的关系。各个政务微信信息人基于自身政务信息需求和政府公共服务需要而积极参与到政务微信信息服务活动当中，通过政务微信信息的流转、使用、分享与反馈等，使得彼此之间相互联系、相互影响、相互制约。政务信息在生产者、传递者和消费者之间不断地流动、传递、使用和反馈，形成了多维、互动、双向的政务信息流转和循环。三种信息人的角色并不固定，在不同的场合或阶段可能会相互转化。如信息生产者生产新的信息需要利用既有信息，因此在信息生产阶段，信息生产者首先是信息消费者；政务微信用户如果把他利用的信息进行转发、分享等，那么他就兼有消费者和传递者的双重角色。信息监管者对生产者、传递者和消费者的政务微信信息活动行为进行监督和管理，确保政务微信信息服务活动的规范、有序进行。大多数情况下，政务微信信息生产者和微信公众平台承担了信息监管者的身份和角色。

政务微信信息生产、传递和利用是政务微信信息服务过程中的三个基本环节，它们之间的影响和制约关系决定了政务微信信息生产者、传递者、消费者和监管者之间也有着错综复杂的关系。首先是信息人种群内之间的关系，生产者与生产者之间、传递者与传递者之间、监管者与监管者之间大多是一种合作与共享关系，可能在某些少数领域或场合存在着弱竞争关系；消费者相互之间更多的是一种传递与分享关系。其次是不同信息人之间的关系，生产者、传递者、消费者和监管者之间相互联系、相互影响、相互制约。消费者的政务信息需求是政务微信信息生产和传递的根本动力，信息消费者信息需求的扩大和信息素质的提高要求政府提供更多更高的政务信息服务，从而会对政务微信信息生产者和传递者提出更高的要求。反过来，高素质的信息生产者和传递者可以激发、诱导消费者更多的政务信息服务需求。信息监管者合理、有效的引导、规范、监督和管理行为有助于提高生产者的信息产出质量、传递者的信息流转效率、消费者的信息利用效益，但是不当的监管则会约束、限制甚至伤害他们的信息行为，进而不利于政务微信信息服务工作的发展和提高。政务微信信息人之间的关系如图 3.5 所示。

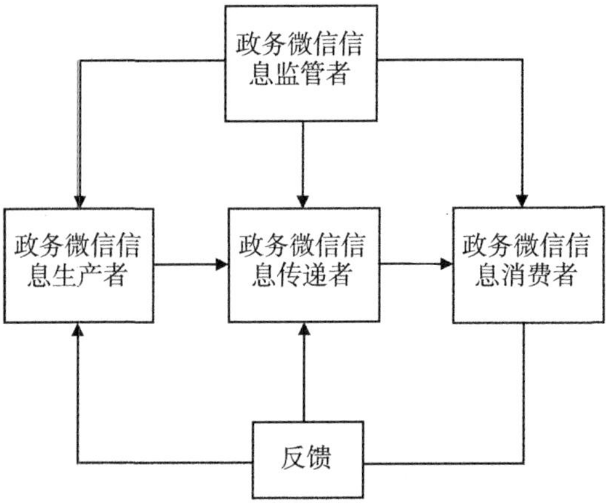

图 3.5　政务微信信息人之间的关系

2. 政务微信信息本体

政务微信信息本体，即政务微信信息或政务信息资源本身。政务微信信息资源是经过政务微信运维部门和人员选取、组织、加工、序化、审核了的有价值的政务信息集合，适合在政务微信公众平台上发布、使用、传播和扩散等。它是一切政务信息服务活动的前提和基础，是政务微信信息生态系统存在、运行和发展的基本要素，同时又是政务微信信息生态系统获取、开发、加工和利用的对象，没有政务微信信息就不可能有政务微信信息主体与政务微信信息环境之间的相互作用与联系。

政务微信信息生态系统中的各个信息人之间通过政务微信信息的流转、使用建立起各种联系，政务微信信息是联系各个信息人的纽带。如果没有政务微信信息，信息人之间的各种联系就不复存在，政务微信信息服务活动也就失去了存在的意义。政务微信信息是政务微信信息生态因子的黏合剂，它把各种信息技术、信息法律法规制度、信息伦理等因素联系起来，并维持各因子之间相互作用，形成一个较为完整的政务微信信息生态环境。信息技术是指对信息进行采集、传输、存储、加工、表达的各种技术之和，信息是信息技术处理的对象，一切信息活动都离不开信息技术的支持。政务微信信息法律法规制度和政务微信信息伦理是以法律、规定、机制形式来调整政务微信信息活动的规范集合，政务微信信息时空为政务微信信息活动提供了时间和空间领域。正是由于政务微信信息与上述各个因子之间的密切关系，才把它们紧紧地黏合在一起，使之相互联系、相互作用、相互影响，共同推动着政务微信信息服务活动。

此外，政务微信信息也是联系政务微信信息人和其他因子的中介和桥梁。如果没有政务微信信息，政务微信信息人与其他各个因子之间的联系就不可能存在。正是借助政务微信信息这个本体和基础，政务微信信息生态系统才实现了信息人和信息环境之间的交流与互动，政务微信信息本体维系了二者之间的密切联系。

3. 信息技术

信息技术是关于收集、处理、传递、存储信息的设备、设施、方法、方式的总称，它是信息生态系统得以运行和发展的工具和手段。信息的收集、加工、传递和存储都离不开信息技术的支持，信息人的各种信息活动总是会受到信息技术发展水平的影响。人类的信息交流史同时也是一部信息技术发展史。当前，信息技术飞速发展，信息检索技术、处理技术、传播技术、安全技术等都取得了重大突破，不仅极大地改变着信息的生产、传播和利用方式，而且对信息人及其活动、信息环境等都产生了更加广泛而又深远的影响①。微信正是基于移动互联网技术、数字技术、网络技术等信息技术的革新而发展起来的，微信公众平台在政府信息服务领域中的应用催生了政务微信信息服务。微信是技术更新最快的新媒体，从微信的技术发展看，其产品研发路径主要体现了三个特征：①技术更新非常快，产品的使用周期短；②更加强调融媒体属性，致力于将微信打造为集社交与商业于一体的综合媒体平台；③更加注重用户体验，强化线上与线下沟通的“社会同在感”②。政务微信信息服务的能力与质量与微信技术的发展息息相关。随着微信技术的不断发展和完善，政务微信信息服务的范围不断扩大、功能不断完善、服务能力和质量都得到了极大提升。

4. 政务微信信息环境

政务微信信息环境是政务微信信息生态系统中各个信息生态因子运行和发展所需要的全部要素之和，根据环境范围大小以及环境因素对政务微信信息主

---

① 赵云合．政务信息生态系统理论及其应用研究［D］．武汉：华中师范大学，2011：24.

② 唐绪军．中国新媒体发展报告 No.6［M］．北京：社会科学文献出版社，2015：222-223.

体的影响关系，可以把政务微信信息生态环境划分为政务微信内环境和政务微信外环境（或称为小环境和大环境）。政务微信内环境就是空间上离政务微信信息主体较近，并对信息主体产生直接影响的环境因素的集合，它是影响信息生态系统运行和发展的基本要素，包括政务微信信息资源（信息本体）、微信技术、有关政务微信的方针政策、法律法规制度、政务微信信息活动时空、信息伦理与信息文化等。外环境就是空间上离政务微信信息主体较远，对信息主体产生间接影响的环境因素集合，包括政治、经济、法律、科技、社会、文化、历史等各种宏观环境要素①。政务微信信息环境各要素之间的关系如图 3.6 所示。

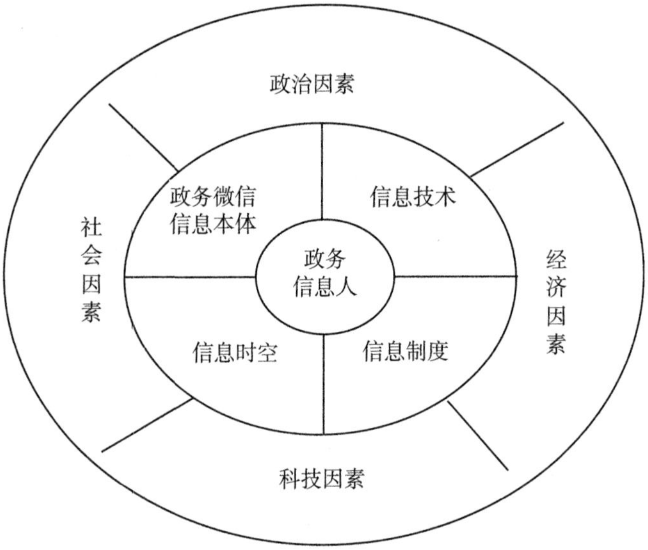

图 3.6　政务微信信息环境各要素关系示意图

政务微信信息法律法规制度是为了保障政务微信信息服务活动规范、有序开展而由立法机关制定的各种政务微信信息行为规范的总称，具体包括政务微信信息收集、处理、传递、存储、利用等方面的程序、标准与规章制度等，其基本功能就是规范政务微信信息服务活动过程中的各种行为并协调政务微信信息生态系统中各个要素之间的关系。为引导微信等新媒体的健康、有序发展，

① 赵云合．政务信息生态系统理论及其应用研究［D］．武汉：华中师范大学，2011：17.

国家不仅加强了互联网管理的顶层设计，加快了网络空间法治化的进程，还联合一些地方陆续出台了一系列的方针政策、法律法规条例等，这些都会对政务微信平台的健康运行和持续发展产生直接或间接的影响。政务微信信息时空就是开展政务微信信息服务活动所涉及的时间因素和空间因素。整个政务微信信息服务活动过程分为准备、实施和反馈几个阶段，信息服务活动有着固定的周期，在不同的阶段和时间周期内有着不同的特点和规律。政务微信信息空间是开展政务微信信息活动的场所和范围，既有现实的政务微信信息活动空间，也有虚拟的政务微信信息活动空间，虚拟空间是信息活动中各种现实关系在网络中的真实映射。信息伦理是指涉及信息开发、信息传播、信息管理和利用等方面的伦理要求、伦理准则、伦理约束，以及在此基础上形成的新型伦理关系，它贯穿于整个信息活动过程。信息伦理是信息技术和信息行为的价值导向，它为信息技术的运用设定完善的价值坐标。伦理在形式上的特征是自律，信息伦理的自律性，意味着信息主体即使在没有任何外部规范的情况下，也能够凭借内在的良心机制、依据自身的道德信念，自觉地选择正确的道德行为①。

政务微信的方针政策有助于推动政务微信信息服务的发展进步，有关政务微信的法律法规制度等是规范、协调、引导信息行为的硬规范，它以政府的强制力作为后盾，具有强制性。而政务微信信息伦理则是协调信息行为的软规范，它以社会舆论为监督，以政务信息人内心的道德反省为自律，来调整政务微信信息人的各种信息行为。政务微信信息生态系统的健康运行和持续发展，既需要国家相关政策的支持和引导，也需要相关的法律法规制度等对政务微信信息服务活动进行及时、有效的监管，更需要政务微信信息人遵循相应的信息伦理进行道德自律。

5. 政务微信信息生态系统各组成要素之间的相互关系

政务微信信息生态系统的各个组成要素之间相互联系、相互作用、相互影响，但它们之间究竟是如何影响和作用的，需要深入探讨。由于政务微信信息本体是整个信息生态系统的基础要素，政务微信信息人是核心要素，因此笔者以这两个要素为中心，探讨它们与其他各个要素之间的具体关系。

（1）政务微信信息本体与其他各个组成要素之间的关系。政务微信信息的数量和质量以及政务微信信息服务的能力和水平，深刻地影响着政务微信信

---

① 赵云合．政务信息生态系统理论及其应用研究［D］．武汉：华中师范大学，2011：17-22.

息人的各种信息行为，进而影响着政务微信信息服务活动的开展。反过来，政务微信信息人的信息素质和信息能力不仅深刻影响着政务微信信息的采集、处理、加工、传递和利用等，而且会对政务微信信息管理以及政务微信信息作用和价值的发挥都有重要影响。信息素质包括信息观念、信息道德、信息文化等方面的素质，信息能力包括对信息技术的掌握和运用能力以及信息收集、鉴别、分析、处理、传递等多方面的能力①。如果政务微信信息生态系统中的各个信息人的信息素质较高、信息能力较强，那么就会有较为丰富的信息资源，其作用和价值也比较容易得到发挥。

信息技术的发展进步可以有效提高信息生产效率、扩大信息的传播范围，促进信息利用，提升信息的价值和利用效益。同时，政务微信信息生产、传递、利用等信息需求的增加，也会促进信息技术的发展。政务微信运维部门、公众平台以及广大用户生产、传递、利用什么内容的政务信息，并以哪种方式生产、传递、利用，在一定程度上都要受政务微信信息相关制度的规范和制约。反过来，政务微信信息服务质量和效益的提高也有助于相关制度的制定、完善和执行。政务微信信息资源的增长和价值的提升要求政务信息能够在更大的信息空间里传播、保存更长的时间，从而会大大地扩展政务微信信息时空，相应地，信息空间的扩展则可以促进信息内容在更广泛的领域里得到有效传播和利用，信息价值会得到充分的发挥。政务微信相关制度的制定者加深对立法问题的认识会制定出更符合实际需要的规章制度，促进政务微信信息服务的发展。政务微信信息内容的生产、传递、利用除了受信息需求的驱动和信息政策的强制性约束外，还会受到信息伦理的影响。同样，如果在信息生态系统中生产、传递、利用的是优良的信息内容，也将有利于良好信息伦理规范的形成，有利于信息人良好信息习惯和信息道德的养成。信息制度的具体内容将严重影响信息技术的发展速度、应用程度和应用领域，合理的信息制度将有助于信息技术的发展和创新，不合理的信息制度将阻碍信息技术的发展和应用。随着科技的发展，信息政策制度的最终执行对信息技术的依赖程度越来越大，比如监控网络违法行为必须要充分利用网络技术等。信息技术对信息时空有着直接而又巨大的影响，信息技术拓展了信息空间；信息时空的扩展反过来又不断地推动着信息技术的发展，特别是信息存储技术和信息传播技术的发展。科技的发展与道德的进步是相互促进的，信息技术对信息伦理的影响同样是巨大的；信

① 赵云合．政务信息生态系统理论及其应用研究［D］．武汉：华中师范大学，2011：17-35.

息伦理对信息技术的发展与应用有着重要影响，它为信息技术的研发和应用提供了价值导向，为信息技术的应用提供了规范，引导着信息技术朝着正确的方向发展。信息制度制约着信息时空，信息时空的变化反过来要求制定新的信息制度或修改原有的信息制度，以规范新时空中的信息行为。信息制度的制定必须以相关的信息伦理为背景，以信息伦理标准为参考，二者发展方向大致相同；虽然信息制度与信息伦理的作用机制不同，协调的关系和规范的行为也不同，但在保障信息活动正常开展的过程中，二者相互补充、相互促进。信息时空的扩展，特别是虚拟空间的出现，给传统的信息伦理带来挑战，反过来信息伦理对信息时空也有一定的影响。政务微信信息本体与其他各个组成要素之间的关系如图 3.7 所示。

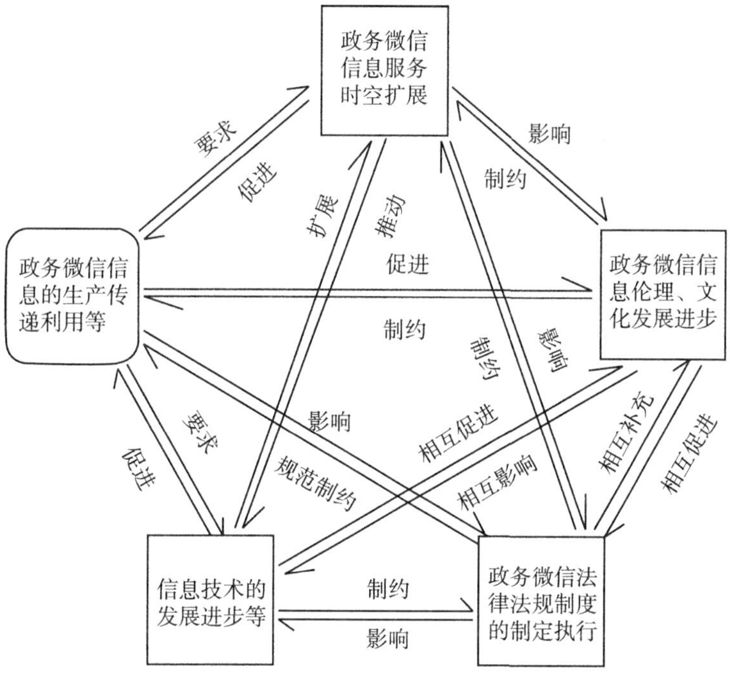

图 3.7 政务微信信息本体与其他各个组成要素之间的关系

（2）政务微信信息人与其他各个组成要素之间的关系。信息技术对信息人的信息观念、信息行为模式和信息能力会产生深刻的影响。信息人的信息交流活动离不开信息技术的支持，信息交流总是要受到信息技术发展程度的影响。信息技术的发展，可以扩展信息空间、提高信息人的信息能力、改变信息人的信息观念甚至改变人与人之间的关系。信息技术的发展给信息人带来许多积极影响的同时，也会对信息人产生一些消极影响。同时由于人的主观能动性，信息人也有主动研究、改进信息技术、促进信息技术发展的一面。信息人为了提高信息交流活动的效率和质量，必须不断地开发新的信息技术、改进原有信息技术，探索信息交流活动的模式与方法。信息人的信息观念和信息能力对信息技术的使用也有重要影响。信息时空限制信息人的信息活动，信息人又可以主动改变信息时空。政务信息制度是由政务信息人制定，反过来又会约束、规范信息人的行为活动。首先政务信息人能够制定、调整和完善政务信息制度。其次，政务信息人必须遵守信息制度，在信息制度允许的范围内开展信息活动，这是政务信息人被动适应政务信息制度的一方面。第三，政务信息制度协调和规范政务信息人的行为。信息伦理的形成与发展，都离不开信息人的参与和努力。同时，在政务信息环境里，政务信息人的信息意识、信息关系和信息行为都要受到政务信息伦理的规范和约束。政务信息伦理除了具备一般信息伦理的基本特征外，还特别强调政务信息活动的公共利益导向，为政务信息活动提供了特殊的价值判断标准。政务信息人的信息道德实践和信息道德研究会促进政务信息伦理的发展，同样，良好的政务信息伦理环境则可以促进信息人提高其信息素质。政务微信信息人与其他各个组成要素之间的关系如图3.8所示。

3.3.3　政务微信信息服务的信息生态系统模型构建

政务微信信息生态系统的结构是指系统内部各个组成要素相互联系、相互作用的方式或秩序，即各个要素在时间或空间上排列和组合的具体形式，它是政务微信信息生态系统存在的基础和前提。由于各个要素的搭配与安排方式不同，再加上其相互关系的差异，便组成了不同的结构，进而形成了不同的系统。结构保持了系统的稳定性，反过来，系统的稳定性又可以维持要素的有序性以及结构和功能的完整性。政务微信信息生态系统的结构可以从构成要素结构、时空结构和功能结构三个方面进行分析。

1. 政务微信信息生态系统的要素结构模型

政务微信信息生态系统的要素结构就是政务微信信息生态系统中的各个组成要素以及要素之间的相互关系的总和。根据上文分析可知，政务微信信息生态系统由政务微信信息人和政务微信信息环境组成，信息人包括政务微信信息生产者、传递者、消费者和监管者。政务微信信息环境既包括由政务微信信息

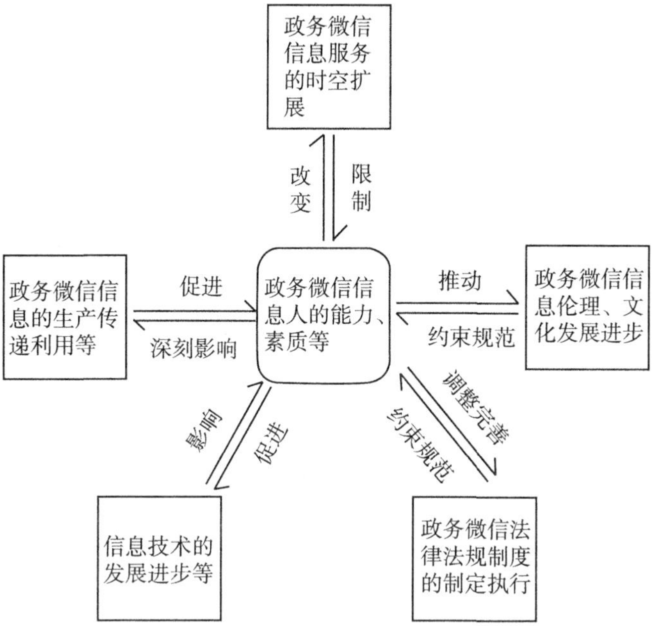

图 3.8 政务微信信息人与其他各个组成要素之间的关系

本体、信息技术、信息法律法规制度、政务微信信息时空、信息伦理等因素组成的内部微观环境，又包括由政治、经济、科技、法律、文化、历史等各种社会因素组成的外部宏观环境。据此笔者构建了政务微信信息生态系统的组成要素结构模型如图 3.9 所示。该模型中，核心圈是政务微信信息生态主体，即各类信息人，可称为信息生态核，他们以政务微信公众平台为中心，时刻进行着信息的生产、流转、消费与反馈等活动。第二圈是与信息生态主体生存和发展直接相关的内部微观环境，即各类信息生态因子，可称为信息生态基，它们提供了政务微信信息生态系统建立、运行、发展与演化的内部环境（或称为小环境）。第三圈是政务微信信息生态系统的外部宏观环境，即对政务微信信息生态系统有着间接影响的其他社会环境和自然环境等，称为信息生态库。

2. 政务微信信息生态系统的时空结构模型

政务微信信息生态系统的时空结构包括时间结构和空间结构，是政务微信各个信息主体开展政务微信信息服务活动所在的时间范围和空间领域。

（1）政务信息生态系统的时间结构。政务微信信息生态系统的时间结构

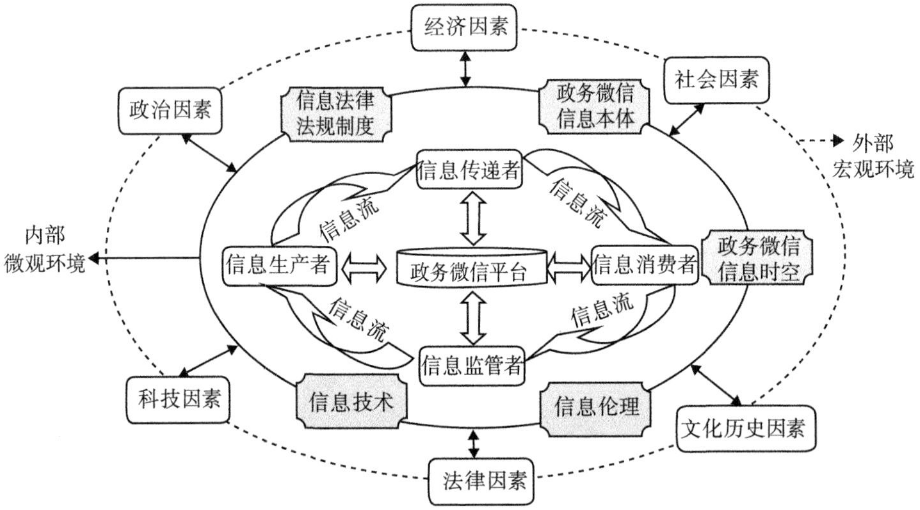

图 3.9　政务微信信息生态系统的要素结构模型

是通过时间轴考察系统随时间推进而变化的情况，它反映了政务微信信息生态系统建立→发展→成熟→进化→跃升的整个过程。政务微信信息生态系统的建立是根据政务微信信息服务活动的需要，由政府机构作出的一种权威性安排，包括政务微信信息服务机构设置、机构职能设定、政务微信信息活动规则制定以及人员、资金、技术、设施设备等物质条件的提供与配备等。它的建立是由政府部门作出的一种人为的制度性安排。系统建立后各个信息人之间以及信息人与信息环境各个要素之间不断的磨合、调整、协调，使每个信息人的信息生态位不断优化、信息生态链不断完善，推动着信息生态系统不断发展演化，直至达到一种系统结构优化、功能良好、保持相对稳定的平衡状态。当政务微信信息生态系统通过内在的自我调节作用和外在的人工调节推动，使系统达到一种理想的平衡状态时，系统就拥有了较强的自我调节能力，进而使系统能够发挥出良好的信息生态效应。政务微信信息生态系统的进化则是在一个较长的时间段内，系统从一个层次较低的平衡状态跃升到另一个较高层次的平衡状态的发展演变过程，从而使系统的结构和功能得到进一步的优化和提升。

（2）政务微信信息生态系统的空间结构。政务微信信息生态系统的空间结构就是政务微信信息人开展各种政务微信信息活动所在的物理空间和虚拟空间范围。虚拟空间就是在数字环境中，通过计算机网络进行政务信息交流而形成的信息空间。政务微信信息生态系统的空间范围主要是一种政务信息服务需求引导而人为划定的虚拟空间，它是现实生活中广大公众的政府信息服务活动在网络空间上的投射与反映。政府机构的层级性决定了不同层级的政府具有不同的信息空间范围，最终导致政务微信信息生态系统呈现出不同的层次结构。政务微信信息空间有纵向空间和横向空间两个维度，纵向信息空间是由不同层级政府机构之间上传下达的信息交流活动而形成的，横向信息空间是由平级政府职能部门之间横向的信息交流活动而形成的，其主要目的是协调和维护各种工作关系①。

政务微信信息生态系统的发展演化过程就是其在时间维度上不断地演化和在空间范围上不断扩大的过程。政务微信信息生态系统的时空结构模型如图3.10所示。

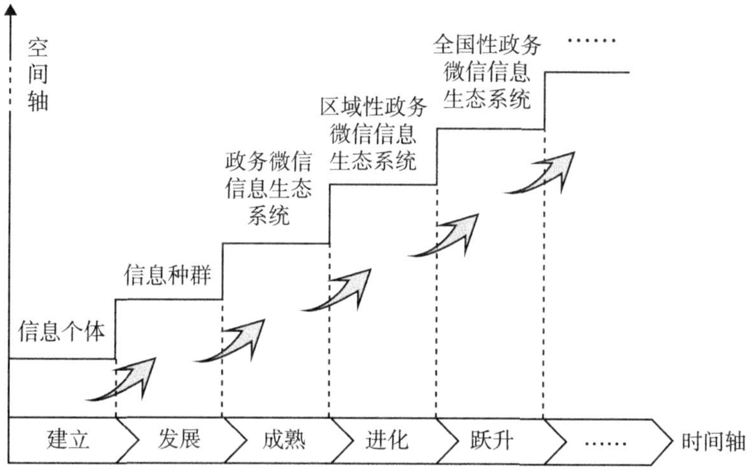

图3.10　政务微信信息生态系统的时空结构模型

3. 政务信息生态系统的功能结构模型

信息消费者的各种信息服务需求是驱动信息生态系统发展的根本动力。政务微信信息服务过程的本质是各种政府信息通过微信公众平台在不同的信息主体之间不停地传递、流动、运转的过程，由于各个信息主体的信息活动行为的目标、动力和能力不同，从而在各个信息人之间产生了大小不一、质量有高有

① 赵云合．政务信息生态系统理论及其应用研究［D］．武汉：华中师范大学，2011：19-37.

低的信息流，并最终发挥着不同的功能和作用。政务微信信息生态系统是整个政务信息生态系统中的重要组成部分，作为一种新建的人工信息生态系统，它不仅具有一般信息生态系统所共有的信息流转、信息共享等社会功能，而且具有强烈的"人工干预色彩"，即作为一种由政府机构建立的权威的公益性综合信息服务系统，为了提升政府信息服务的精度和准度、提高政务信息服务的能力和质量，更好地满足广大公众的政府信息服务需求，除了具备基本的信息生产、组织、流转、利用和监管等功能外，还要根据广大用户的本土化、个性化、差异化信息需求，精准发力，科学谋划政务微信信息服务工作、主动策划信息服务主题、积极创新信息服务项目与内容，并充分利用微信的互动优势与用户等各类信息主体积极沟通，及时反馈交流，从而不断优化政务微信信息服务项目，不断改进政务微信信息服务工作，最终实现政务微信更好地服务公众的建设目标。此外，为确保政府信息服务的公平性、权威性、有效性以及服务质量，还需要对政务微信信息服务的全部过程进行实时监测、管理和把控等。据此，笔者构建了政务微信信息生态系统的功能结构模型，如图 3. 11 所示。

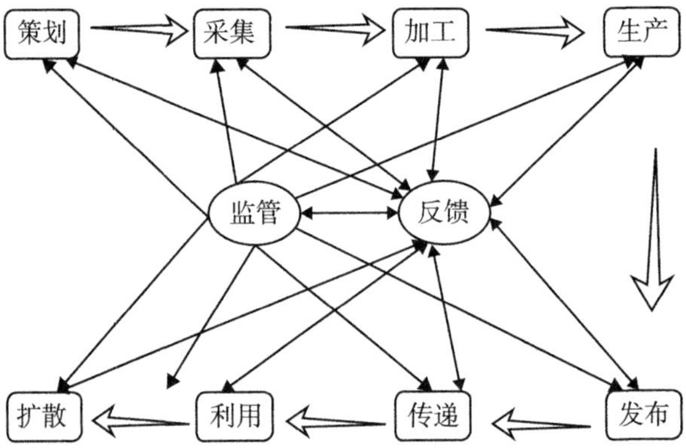

图 3. 11　政务微信信息生态系统的功能结构模型

3. 3. 4　政务微信信息服务信息生态系统的功能

系统功能是指具有特定结构的事物，在其内部与外部的联系与关系中，表现出来的特性和能力。系统功能是系统内部固有的效能，由系统内部要素的结构决定，是一种内在于系统的相对稳定的独立机制。系统的结构决定着系统的功能，但是功能对结构具有反作用；系统的结构与功能是相对应的，有什么样的结构就有什么样的功能。研究系统结构与功能的意义就在于认识结构、掌握功能，构建结构、获得功能，改善结构、提高功能①。政务微信信息生态系统的功能与其结构相互依存、相互制约、相互转化。结构是功能的基础和内在依据，起着决定作用；功能是结构的外在表现，反映了结构的特性与能力。系统结构改变必将导致系统功能发生变化，但系统功能具有相对独立性而且能够对系统结构产生反作用。

总体来讲，政务微信信息生态系统具有信息流转、信息共享等社会功能。具体来说，政务微信信息生态系统不仅具有政务微信信息生产、组织、传递、利用、共享、监管、反馈等基本功能，而且还具有保持平衡、协同进化、提高效益等生态服务功能。

1. 政务微信信息生态系统的基本功能

政务微信信息生产是政务微信信息生态系统的首要功能，也是其他功能得以发挥的基础。信息生产就是以政务微信运维部门中的信息生产者的知识结构、经验、判断力、洞察力和分析力等因素为基础，根据广大政务微信用户的信息需求，有针对性地搜索采集信息并以此为原料，结合政务微信平台上信息传递的特点，采用各种技术工具和方法，发挥自身的智慧，通过大脑思维活动最后产生出新的信息或信息产品的过程。大数据时代政务信息的生产更需要信息技术，尤其是人工智能技术、数据挖掘技术等新技术的支持。政务微信信息生态系统的信息组织功能是指对收集到的杂乱无序的信息进行加工整理、组织成序，以便存储与利用的过程。具体说来，就是根据用户的需求目的和使用习惯，采用科学的方法和手段，按照规范的程序，对采集到的各种原始政务信息资料进行判断、选择、比较、分类和编写等工作，去伪存真、去粗取精、由表及里、高度概括，把信息资料加工成主题集中、观点明确、结构严谨、语言精练的且带有规律性的各种政务微信信息资料或产品的过程。政务微信信息流转就是政务信息在不同信息人之间流动与转换，通过流转实现政务信息传递、利用和共享等目的。政务微信信息流转是通过信息生态链和信息生态网完成的，在流转过程中往往被浓缩、提炼、解释等，从而实现了政务信息质量的提升。政务微信信息生态链上的信息流转是双向的，既有从信息生产者到信息传递者再到信息消费者的正向信息流动，也有从信息消费者到信息传递者再到信息生产者的反馈信息流动。通过信息流转，不仅实现了政府信息的利用与共享，而

① 赵云合．政务信息生态系统理论及其应用研究［D］．武汉：华中师范大学，2011：27-30.

且在不同种类的信息人之间、信息人与信息生态因子之间以及信息生态因子之间等都建立起了密切的联系，使政务微信信息生态系统具有了稳定性和丰富性。政府信息主题涉及整个社会的方方面面，政务信息资源的应用范围十分广泛，所有的公众和社会组织都有利用政务信息的需求，他们出于生产、生活、工作、学习等各种活动的需要而通过了解、参与、表达、沟通、协调、监督等方式利用政务信息、生产其他信息等。信息共享就是以广大公众利益为中心，为信息主体搭建生态化、智能化的政务信息共享平台。它是在信息标准化和规范化的基础上，按照法律法规，依据信息系统的技术和传输技术，使各种政务信息和信息产品在不同层次、不同部门信息系统间实现交流与共享的活动。其目的是将政府信息资源与其他人最大限度地共同分享，更加优化政府资源配置，节约社会成本，提高政府信息资源的利用率，共同创造更多的财富①。

2. 政务微信信息生态系统的生态服务功能

政务微信信息生态系统为社会广大公众提供了权威而又规范的政府信息产品和服务，有力地推动了政府信息生态系统乃至整个社会信息生态系统的发展。政务微信信息生态系统具有保持平衡、协同进化、提高效益等生态服务功能。

政务微信信息生态平衡是指政务微信信息生态系统内各组成部分相互协调、相互补充，系统结构优化、功能良好的一种相对稳定状态。或者说，政务微信信息生态平衡是指政务微信信息生态系统中政务信息人的种类和数量等合理匹配、政务微信信息生态环境因子相互协调、政务信息人与政务微信信息生态环境高度适应、政务信息能够在系统内畅通、高效地流转的相对稳定状态②。信息生态系统平衡不仅是社会生态平衡的重要方面，而且是信息生态系统有序运行的重要标志，更是实施信息生态系统管理的主要目标。维护政务微信信息生态系统平衡对于充分发挥政务信息生态效应、促进政府信息有效利用、提升政府信息服务水平和社会文明程度等都具有重要的意义。保持政务微信信息生态系统的平衡就是要使系统内的各个组成要素、比例、输入输出数量都处于稳定畅通的状态，使整个系统能够稳定、有序、高效、可控、健康、持

① 张艳伟. 微信平台中信息共享行为的影响因素研究［D］. 北京：北京邮电大学，2015.

② 赵云合. 政务信息生态系统理论及其应用研究［D］. 武汉：华中师范大学，2011：82-83.

续发展。协同进化功能是指政务微信信息生态系统各成员通过相互间的合作与竞争实现共同进化，进而推动整个信息生态系统进化发展。政务微信信息生态系统中的共同进化是通过系统各成员或子系统之间协同作用，使相互依存的各子系统交互运动、自我调节、协同进化，最后导致新的有序结构，这种新的有序结构即生态系统各成员共同进化的结果。构建政务微信信息生态系统就是要追求政府信息服务收益的最大化。引入生态学的理念，就是要强调信息生态链各构成要素之间共生共变的关系和相互适应的过程，通过对政务微信信息生态系统的分析和管理，可以使政务微信信息生态链处于持续的动态平衡状态，最大限度地发挥各个构成要素的作用。

总体说来，政务微信信息生态系统的终极目标是促进政府信息资源的普及应用与共享创新，避免信息浪费，把现存的政务信息环境改变成一个生态的、均衡的信息生态环境，让政府信息资源的获取变得更加容易，加快内部和外部的信息流动，确保政府信息能在最大限度、最广范围的条件下充分使用，从而促使政务微信信息生态系统中的信息创新能力提高。

3.4 政务微信信息生态链

3.4.1 政务微信信息生态链的概念与构成要素

娄策群等认为网络信息生态链形成的主要标志是有一定数量的并具有不同功能的网络信息主体，并且网络信息主体间的关系已具雏形、能实现基本的信息流转；其发育过程包括简单网络信息流转链的形成、网络信息流转链的扩展延伸、链式依存关系的建立以及信息流转功能的完备四个阶段①。政务微信已经有了政府、关注用户、订阅用户及其好友群、朋友圈等诸多承担不同功能的信息主体，他们之间的相互关系密切并能实现基本的信息流转。因此，可以判定政务微信信息生态链已经初步形成并处于不断发展的过程中。政务微信平台上的各个信息主体与外部环境共同构成了一个相对独立的信息生态系统，即政务微信信息生态系统，它是政务信息生态系统的一个子系统。政务微信信息生态链就是指在政务微信信息生态系统中，不同信息主体之间政务信息流转的链式依存关系。它是政务网络信息生态链在微信平台上发展演化出的一种具体形

① 娄策群. 网络信息生态链形成的主要标志与发育过程 [J]. 情报理论与实践, 2015, 38 (6): 1-5.

态，其构成要素包括信息主体、政务微信信息和政务微信环境。

1. 政务微信信息主体

政务微信信息主体是指在政务微信环境中，参与信息活动的政府部门、机构或个人，他们可以抽象为政务微信信息生态链上的各个节点。根据信息主体在政务微信信息活动中的角色和功能，可以将政务微信的信息主体划分为信息生产者、信息传递者、信息消费者和信息监管者。①政务微信信息生产者是指撰写并发布微信信息的政府部门或代表政府机构的公务人员，这是政务微信信息生态链的起点，是政务微信信息产生的源头，它可以是政府部门或机构、或代表政府组织的公务人员或经认证的可以代表政府机构的媒体等。②政务微信信息传递者是关注或订阅政务微信的用户，他们在朋友圈或者熟人圈中对感兴趣的政务微信内容进行转发、分享，他们在传递信息的同时也可能转换为信息生产者。为了更好地满足用户需求，吸引用户关注，提升用户体验，需要在准确把握用户信息需求的基础上，及时推送政务信息并进行定向、精准传递，这是影响政务微信信息生态链形成和发展的关键因素。③政务微信信息消费者是“关注”“订阅”“转发”或“分享”了政务信息的微信用户，它是政务微信信息生态链的终点，是政务信息流转的归宿，用户的信息需求从根本上推动着政务微信信息生态链的形成与发展。④政务微信信息监管者是对政务微信平台上的信息活动进行引导与管理的政府组织或公务人员，他们通过制定政务微信管理政策、标准、法律法规等来规范和约束政务信息活动，对无用、有害、低俗及反动信息、谣言等及时进行监管与处理，净化政务微信环境，保障信息生态链健康发展。大多数情况下，这一角色由政府部门，即政务微信信息生产者兼任。

没有绝对意义上的信息生产者、传递者和消费者，随着时间的推移、环境的变化，各个信息主体的角色可能会转换。同时，在不同的场合或者政务微信信息生态链的不同发展阶段，同一个信息主体可能身兼数职，同时扮演几个角色，如政府部门既要承担起政务信息生产者职责，进行信息整理与汇集工作，同时为确保政务信息的严肃性和权威性，也要扮演信息监管者的角色，对信息进行精选和有效监管；又如政务微信的订阅者或关注用户既可以是信息消费者，又可以是信息的传递者。因此，在政务微信信息生态链中，不能仅从用户的单一角度来区分信息主体的属性，而要根据信息人在特定环境中从事的具体信息活动来区分其主体属性。

2. 政务微信信息

政务微信信息包括信息主题和信息发布形式两个方面。由 3.1 的章节分析可知政务微信信息主题涉及的内容大致可以划分为 8 种类型：政务类信息、政策宣传类信息、公共服务类信息、新闻报道类信息、文化历史类信息、动员推广类信息、突发性信息和综合类信息。其中，政务类信息主要是指有关政府内部工作事宜以及按照法律法规需要向社会公众公开的信息；政策宣传类信息是指宣传、传达国家或所在地区发布的重要法律、法规、政策、方针等信息；公共服务类信息主要指便民利民的实用信息，例如天气预报、医疗、卫生、教育、交通等咨询性服务以及与公众日常生活密切相关的各类公共服务性信息；新闻报道类信息是指近期发生的重大政治、经济、社会、文化、科技等新闻或公共事件以及某些引起公众热议的新闻解读信息等；文化历史类信息是指有关该地区独特文化、历史、风土人情的信息；动员推广类信息是指动员社会公众参加某些社会活动以及推广该账号或该账号对应的微博、客户端、网站等公共性、公益性信息；突发性信息是指有关各种突发性自然灾害、事故灾难、公共卫生事件和社会安全事件以及防灾减灾预警、应急处理等信息；综合类信息是指内容涵盖了两个以上主题的信息。由于微信公众账号“发言权”被限制的特点，即普通公共账号 24 小时内只能发布一次信息，这使得政务微信在传播突发信息和即时信息时并不具备明显优势，但由于政务微信发布信息的容量较大，因此，对时间要求不是很高的公共服务类信息、民生类信息、文化历史类信息等成为政务微信的重要主题，也很受公众的欢迎和支持。

政务微信信息的发布形式主要包括纯文本、图文结合、视频、语音四种类型。微信内容的传播方式主要是图文影音的整合创新，最大特点在于沟通不同的传播组合形式，填补了随着技术进步而最新出现的服务空白。微信公众账号发布的信息一般分为三级阅读界面：第一级是矩阵式标题，大多由文字、图片组成；第二级界面则是信息全文，微信内容几乎不受容量限制，可以承载图、文、影、音等多媒体格式信息；第三级界面是对微信内容的扩展，往往在内容下方添加“阅读全文”的超链接，链接到外部信息内容，对微信内容进行补充①。政务微信平台上各种主题和形式信息的组合交替应用，形成了政务信息独特的传播路径。

---

① 郭泽德. 政务微信的内容特征与传播策略——以“上海发布”政务微信为例 [J]. 青年记者，2014（11）：17-18.

3. 政务微信环境

政务微信信息生态链形成于微信移动服务平台的网络环境中，因此微信平台是其形成的基础。在此基础上，各个信息主体因为某些需求和动力，逐步演化和分工，最终形成一条稳定、动态平衡的信息生态链。良好的政务微信平台为信息生态链上的各个信息主体提供了生产、组织、传递、分解和消费信息的通道。政务微信平台环境的好坏，极大地影响着政务微信信息生态链上信息流转的效率。

政务微信信息生态链的发展和演化会受到内外部环境的共同影响，一是政务微信平台上所有信息主体都需要面对的一般环境，即政务微信信息生态系统所处的政治、经济、文化等外部宏观环境，包括政治因素、经济因素、社会因素、科技因素、法律因素、文化历史因素等；二是对政务微信发展具有直接影响的特定环境，即内部微观环境，主要包括微信技术、政务信息资源、信息主体的价值取向、目标定位与发展策略、信息公平与伦理、竞争对手等因素，它们相互联系、相互作用形成政务微信发展的微观环境，它对政务微信信息生态链的发展有着直接而又重要的影响。内、外环境之间密切互动、相互影响。微信技术的发展和功能的提升大大地提高了信息的流转效率，国家及时出台的微信发展政策和法规对微信平台上的各种信息行为进行及时的约束和监管，保障了政务微信的健康发展，广大政务微信关注用户或订阅者的信息需求引导着发展方向，政务微博、政务易信、政务飞信等其他“微政务”媒体竞争对手的发展情况也会影响着政务微信的发展定位与战略选择等。内部微观环境对每个信息主体的发展都有着不同的影响，并会随着一般环境的变化而变化。信息主体要获得良好的发展，必须与内外环境保持良好的适应性。

政务微信信息生态链是由信息主体、信息及信息环境相互依赖、相互制约、相互影响、协同进化而形成的一种复杂链式依存关系，三个构成要素的生成和发育以及它们之间的互动关系决定了政务微信信息生态链的形成与发展，并直接影响着信息生态链的形成过程和内在演化。

3.4.2　政务微信信息生态链的形成机理

1. 政务微信信息生态链形成的驱动因素

通过前文 3.2 节政务微信信息服务的动力分析得知，驱动政务微信信息生态链形成的不仅有内部动力因素，还有外部推力因素，二者共同构成了政府信息服务工作发展前进的驱动力系统，推动着政府不断地提高政务信息服务的能力和水平。内部动力包括社会广大公众对政务信息服务的大量需求、政府服务价值观的转变、政府自身发展的内在需要以及政府信息服务效益最大化的利益要求。外部推力包括信息技术的推动和社会整体环境，尤其是政策环境的推动。

政务微信发展的内在动力和外部推力共同构成信息生态链发展、演化的驱动力系统，促使各个信息主体在政务微信平台上不断地进行着信息的选择、加工、处理、整合、发布、推送与传递，最终实现了政务信息的生产、组织、监管、传递、消费、分解等基本活动，从而形成政务微信信息生态链有序运行的主要过程。

2. 政务微信信息生态链的形成机理模型

政务微信信息生态链的功能实质是在不同种类的信息主体之间实现信息流转，其链状结构则主要表达了政务信息在微信平台上产生和传递的形态和路径。这种链状结构必须依赖三个基本条件才能形成：①信息生产者在微信平台发布各种政务信息，这是政务微信信息生态链的信息源头，是其形成的前提。没有丰富多彩、高质量、高价值的微信信息，政务微信信息生态链就无法形成，后续的微信信息生态系统及微信网络等也就无从谈起。②信息主体之间的各种关注关系，这种关注关系本质上是传统的公众与政府之间各种关系在微信环境下的抽象概括与映射，政府和微信用户之间的信息供需状况决定着关注关系的丰富程度。只有建立起关注关系，才会形成一种类似信息自动推送形式的微信信息传递与流转。因此，关注关系是政务微信信息生态链得以形成的基础。③微信用户的回应与反馈，它包括关注用户或订阅用户对微信信息的点赞、评论、回复、分享与转发等。回应与反馈是建立在关注关系的基础上的，当政府提供的信息服务满足了用户的需求并让用户感到有让信息价值得以扩大的必要时，就会以类似“接力”的形式，主动进行分享与转发，进而完成了信息的二次及多次传播，它在加强关注关系的同时，拓展并延伸了政务微信信息生态链。只有具备了这三个基本条件，政务微信信息生态链才能够基本成型并得以发展。

探究政务微信信息生态链的形成机理，关键是研究三个核心环节形成的环境和条件。显然，政务微信信息生态链形成的内在动力和外部推力是促成三个基本条件形成的关键，它们直接驱动着三个基本条件的形成。此外，不同信息主体的某些主观、客观因素，也会起到间接的促进作用。首先，提高政府工作效率、满足公众信息需求、加强政民沟通、提升政府服务水平和质量、实现网络问政等内在动力是政务微信信息生产者生产信息的动力来源，它直接促成了第一个关键环节的产生。其次，政府与民众之间各种现实社会关系网络的广泛数字化，直接激发了第二个关键环节——政务微信关注关系链及网络的形成；政民关系是网络社会中网民关系中的重要组成部分，是政务微信用户建立各种关注关系的基础。再次，由于对政府信息和服务有着共同的需求和期待，广大政务微信关注用户或订阅用户积极地评论、回复、转发或分享信息，使政务微信信息得到充分的关注与转发，进而形成了各种各样的传播路径。最后，微信技术的快速发展与广泛应用为政务微信信息生态链的形成与发展提供了坚实的基础和有力的支撑，使三个关键环节在技术上得以实现并正常运行。

政务微信信息生态链初步形成之后，其后续的发展与演化则会受到政务微信内、外环境等诸多因素的共同影响。从政务微信信息生态链发展的内部环境看，其形成和发展演进受不同信息主体的价值取向、目标定位、权利与责任意识、信息资源、发展策略等各种因素影响；从外部环境看，受微信技术、政策标准、法律法规、竞争对手等因素影响。当广大关注用户、订阅用户的信息服务需求得到充分的满足之后，促使政务微信加快发展的内在动力就会得到强化；而当政府部门利用政务微信等实现了网络办公、在线服务、提高效率等诸多目标之后，又会有效地提升政务微信发展的外部推力；内在动力的强化和外部推力的提升共同推动着政务微信的良性、快速发展，而这又为更好的便民服务提供了可能，最终政民关系在政务微信平台上得到了良好的改善与发展。此外，不同类型的政务信息内容和服务项目能否及时满足用户的需求，传播路径是否丰富优化等都会影响政务微信信息生态链的扩展与延伸。根据上述分析，笔者构建了政务微信信息生态链的形成机理模型，如图 3. 12 所示。

3. 4. 3　政务微信信息生态链的结构

1. 政务微信信息生态链的基本结构

在政务微信信息生态链的信息传播链路结构中，节点和传播路径是最基本的构成元素。节点由各个信息主体抽象而成，由于信息主体对信息内容的关注、评论、消费、分享、转发等而使信息在不同节点之间产生了有向流动，进而形成信息的传播路径。再加上各个节点对政务信息的作用差异，就会形成许多不同的传播路径，各种各样的传播路径相互联系，最终形成了庞大、复杂的政务微信信息生态链。

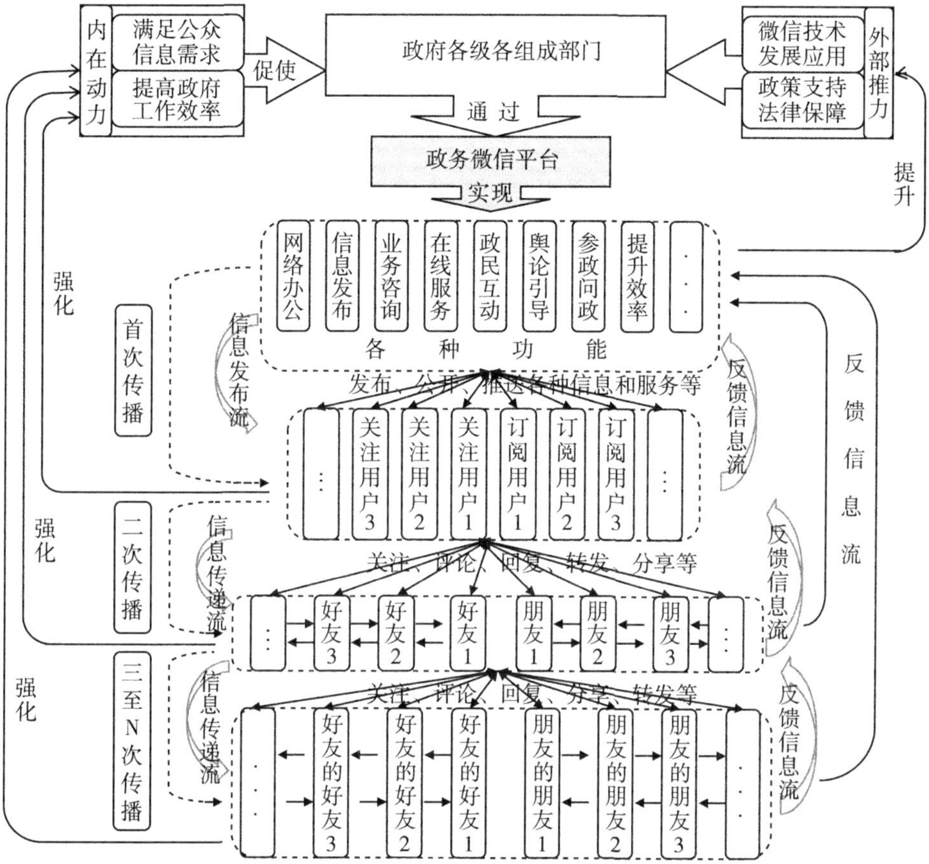

图 3.12 政务微信信息生态链的形成机理模型

政务微信信息的传播分为以下几步：首次传播是政府单向定时定量给关注用户或订阅用户发送信息或服务，它具有“一对多”发布、“端对端”主动服务等特点；关注用户或订阅用户通过政务微信平台提供的“关注”“点赞”“评论”“发送给朋友”“分享到朋友圈”“分享到手机 QQ”“复制链接”“收藏”等功能在朋友圈或好友群中实现二次传播，它具有“一对一”私密沟通和“点对点”精准传播等特点；信息可以在朋友圈或好友群等相对封闭的圈子里实现“一对一”“一对多”“多对一”“多对多”等实时传递与交流。依次类推，朋友或同事又在他们各自的好友圈中进行三次及多次传播，由此构成了政务微信信息生态链的基本结构，如图 3.13 所示。在首次传播中，关注或订阅用户可以对政务微信平台发布的信息进行评论反馈等；在二次及以后的多次传播中，好友皆可对上一级转发者或分享者以及首次发布者进行评论反馈等。

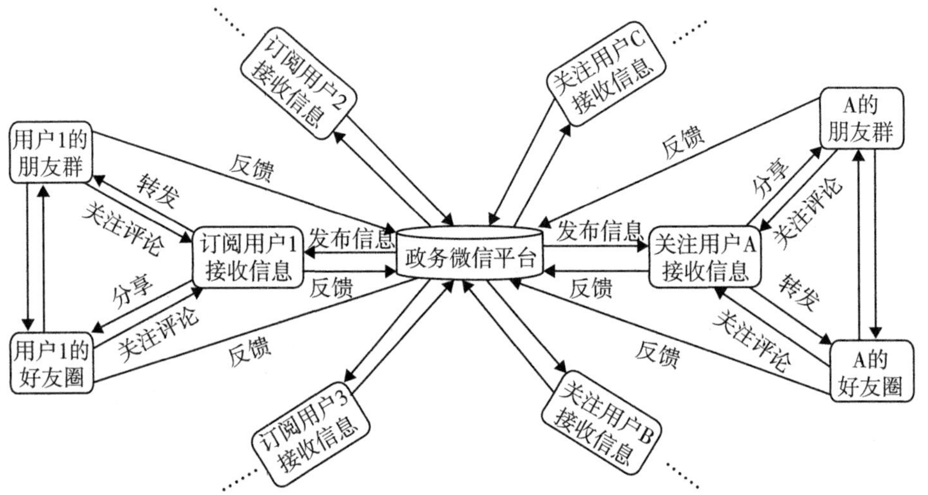

图 3.13　政务微信信息生态链的基本结构

2. 政务微信信息生态链的具体结构

从整体上看，政务微信信息生态链是链网式结构，其基本结构相似，但在不同的时空范围、不同的子系统以及具体的实践活动中，会以各种不同的具体形式呈现出来，进而使信息生态链系统功能有所差异，并最终影响政务微信信息生态链的整体效能①。Wang Kun 等使用社会网络分析方法揭示了微信的信息传输关系网络，包括点对点的拓扑结构、网状拓扑结构和星型拓扑结构②，笔者在此基础上结合政务微信的实际情况提出自己的理解。

（1）星型结构。星型链式结构主要是在政府某一部门内部或者几个部门之间为了实现信息交流、业务沟通、情况通报等目的，利用方便、快捷的微信

① 栾春玉，霍明奎，卢才．网络信息生态链组成要素及相互关系［J］. 情报科学，2014，32（11）：30-35.

② W Kun，S Duoyong. Research on the WeChat Information Transmission Topology Based on Social Network Analysis［J］. Open Cybernetics & Systemics Journal，2015，9（1）：121-130.

平台实现所有相关人员或部门之间的全方位信息沟通模式，如图 3.14 所示。这是一种非等级式的信息沟通模式，其沟通速度快、信息失真度低，能使各节点之间在一定的规模控制下达到较高的满意度。

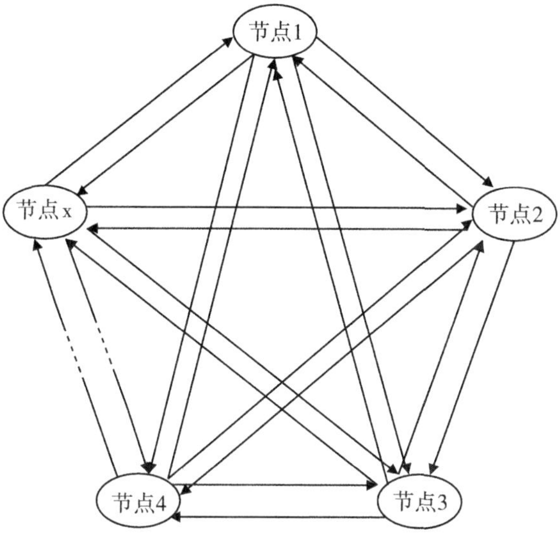

图 3.14　星型结构

（2）中心型结构。中心型链式结构，即整个信息生态链的形成和发展主要依赖政府或某一部门这个信息主体。他们控制着政务微信平台上信息的发布与传播，提供了生态链发展过程中的生产、组织、监管、发布等关键信息活动，成为链上的中心信息主体，形成了以他们为中心的政务微信信息生态链，如图 3.15 所示。各种政务信息或服务通过政务微信平台向广大关注用户或订阅用户（即各个节点）定时定量发送，用户通过点赞、评论、回复等功能与中心主体进行互动，同时将感兴趣的信息在好友群或朋友圈中进行转发、分享等，实现了信息的二次传播与利用，以此类推，完成了信息生态链的拓展与延伸。

（3）哑铃型结构。在哑铃型的链网中（如图 3.16 所示），一些用户或者出于关注某类问题或事件，或者希望政府对某些网络、社会谣言、讹传予以澄清、公布事实真相等而发起话题，当用户达到一定的规模和数量并将关注话题反馈、提交给政府时，就需要政府有关部门及时查清事实真相并回应民意关切。此外，在重大突发事件或紧急状态下，政府需要在及时告知事件中相关人

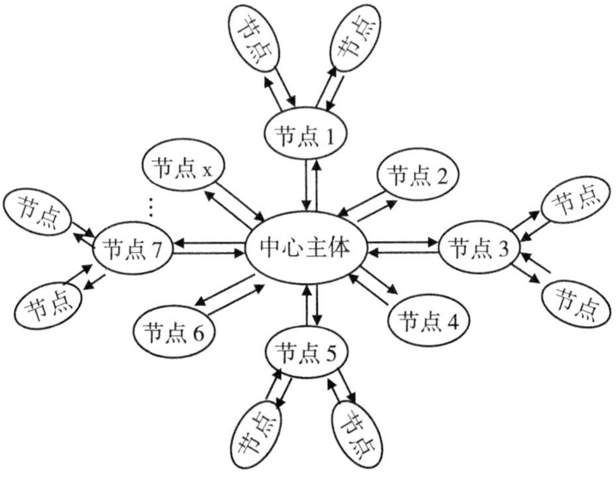

图 3.15　中心型结构

员的同时，还要及时告知关注这个事件的其他人员，做好应急管理和舆论引导等工作。事实上，我国首个政务微信“广州应急-白云”开通的第二天就及时发布了河源地震的消息，成为全国第一个成功运作的政务微信案例。在图 3.16 中，左边的众多节点作为话题发起者或事件关注者逐级把信息传播给节点 1、2…x，当他们达到一定的规模和数量并将相关话题通过实线反馈给政府部门时，就需要政府相关部门及时调查事实真相并通过虚线（因为用户不一定都能及时得到回应）回应他们，同时通过实线告知关注此事的其他用户，即节点 A、B…N 等，但不一定会得到他们的反馈（故用虚线表示），而他们可能会把相关信息继续转发、分享给更多好友等。

（4）复合型结构。由于目前我国大多数政务微信平台同时发挥着信息发布、政民沟通、在线服务、应急管理、舆情引导、回应民意关切等多种功能，因此，复合型结构是实践中最常见的一种结构，它是将中心型和哑铃型整合而形成的一种复合结构，如图 3.17 所示。

3.4.4　政务微信信息生态链的类型

1. 按照政府工作角度划分

从政府工作角度可以将政务微信分为对内和对外两种，对内主要指政府机关工作人员使用微信工具开展各项工作，例如进行微信视频会议、微信群聊

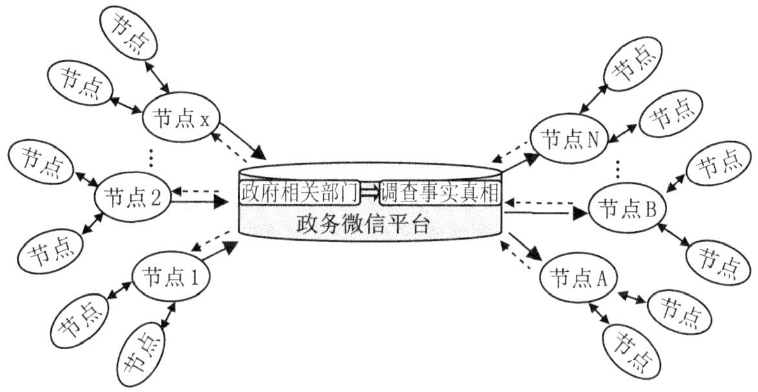

图 3.16 哑铃型结构

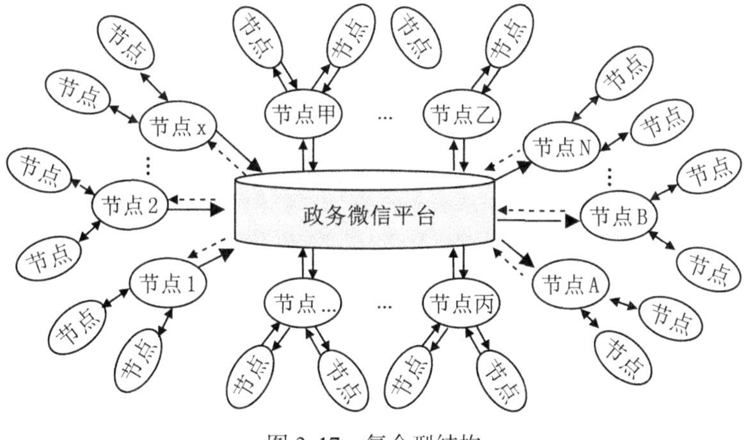

图 3.17 复合型结构

等，政府机关内工作人员通过微信传达工作情况、进行业务沟通、公示人员调用、解读各种政策等，保证政府工作高速高效运行；对外主要是指政府部门利用政务微信平台为老百姓提供各种信息利用服务。由此形成了两种不同类型的信息生态链。

2. 按照政务微信的功能划分

按照政务微信的功能可以将政务微信信息生态链划分为信息发布型、服务功能型和互动沟通型三种类型。信息发布型政务微信信息生态链主要是政府通过微信公共平台主动定时向公众发布图片、声音、视频和链接等官方信息，解析政府工作活动或者发布相关的法律法规等服务公众的社会信息而产生的信息生态链；服务功能型政务微信信息生态链是指一般具有“按钮”功能、后端已经设置好信息反馈，用户可以通过发送信息、收到自动回复，主动查询自己所需要的信息而生成的信息生态链；互动沟通型政务微信信息生态链主要指能提供即时点对点服务的政务微信号，公众报案、举报可以得到即时回复，专门的政府工作人员将在线为公众提供服务，能够起到类似客户服务功能而生成的信息生态链。

3. 按照信息主体在链中的主导程度划分

按照信息主体对政务信息活动的主导程度差异，可以将政务微信信息生态链划分为信息生产者主导、信息传递者主导、信息消费者主导三种类型。如由政府部门主导的信息生态链主要发挥信息发布、业务咨询、应急管理、舆论引导和服务等功能，由传递者主导的信息生态链主要发挥信息扩散传播等功能，由一部分消费者关注或发起话题而需要政府及时回应的信息生态链主要发挥澄清事实、政民互动沟通等功能。这其中，由政府部门主导的信息生态链占据主体地位。

此外，还可以从信息主题内容、信息主体与信息之间的关系等角度进行划分。

3.5　本章小结

本章主要从信息生态视角对政务微信信息服务进行深入分析，为后面各个章节的深入研究奠定理论基础。

首先，分析了政务微信信息服务过程中的信息传播内容、方式和过程，介绍了政务微信信息服务的概念与内涵，分析了政务微信信息服务的动力、内容和过程。其次，介绍了政务微信信息服务信息生态系统的概念与特征，分析了政务微信信息服务信息生态系统的组成要素及其相互关系，构建了政务微信信息服务信息生态系统的结构模型，并探讨了它的功能。再次，分析了政务微信信息生态链的概念与构成要素，探讨了政务微信信息生态链的形成机理，研究了政务微信信息生态链的结构与类型。本章是整篇研究的理论基础，为后面章节的分析研究提供理论支撑。

第4章 政务微信信息服务运行机制分析

政务微信对各级政府推进政务公开、舆论引导、民意通达、在线服务、管理创新、政府形象塑造与维护等都发挥了积极的促进作用，已经成为推动政务改革的重要力量。为了使政府部门更好地利用政务微信提供信息服务，确保信息服务活动有效运行，构建一套科学、合理的运行机制十分必要。在前述章节分析政务微信信息服务活动过程的基础上，本章旨在探讨政务微信信息服务的运行机制，分析各个机制的内容、特征，并构建其模型，以期为政务微信各个信息服务模式的顺利实施提供保障。

4.1 政务微信信息服务运行机制的内涵与概念模型

4.1.1 政务微信信息服务运行机制的内涵

平等、开放、互动、共享是政务微信公众平台的根本特征，作为新兴的互动交流平台，政务微信等政务新媒体的运行机制和信息流动特点都给政府的管理服务提出了新的更高的要求：政府既要充分合理利用政务微信等社会化媒体来提高其管理和公共事务的能力水平，又要切实提高其公共服务的能力和质量，做到真正的服务为民。运行机制指的是事物运动变化的内在联系。政务微信信息服务的运行机制是指政务微信信息服务活动过程中的各个组成要素在相互影响作用下制约、维持、激励、促进政务微信信息服务主体形成—运行—发展—提高的协调管理过程，从而产生一系列有助于政务微信信息服务系统和模式形成与发展的工作方式。政务微信信息服务运行机制是新媒体环境下电子政务理论研究的核心内容之一，研究政务微信信息服务活动的运行规律能够引导政务微信运维部门及其服务人员及时发现政务微信公众平台在运营维护过程中存在的缺陷与不足，从而有的放矢地对其内部运行活动进行逐步调整、完善，最终解决政务微信公众平台信息服务系统失衡或模式失效等问题。

4.1.2　政务微信信息服务运行机制的概念模型

为社会广大公众提供便捷、优质、高效的公共信息服务是政府机构的应尽之责，不断提高政府部门的管理效率和公共服务水平是其内在需要与外部需求的共同要求。政务新媒体的快速发展不仅拓展了公民参与民主政治的渠道，也为政府提高公共服务效率提供了新的途径。政府公共服务具有广泛性、公益性、公平性和共享性等特征，政务微信信息服务具有移动网络化、全天候、跨地域、深度互动、公开透明、优化整合、综合高效等诸多优势。政务微信等政务新媒体改变了政民之间信息不对称的状况，为政府和公众提供了一个开放、平等、共融、共享的信息交流平台，不仅能够及时、精准地发布各种政务信息，防止信息在多级传播中失实，也为公众表达意愿提供了新的渠道，使得政府能够及时回应民众的各种诉求，认真吸取批评建议，进而增加政民之间的互动，让政府真正了解到社情民意，建立良好的政民关系。在网络信息社会，用户反馈对网络工具和服务产品的应用开发与改进起到了至关重要的作用。从某种意义上说，公众就是政府的客户，公共服务就是政府提供的产品，政府部门不能继续以被动需求的心态来提供服务，而应该从质量保证的观念着眼，努力提高公众的满意度。公众满意度是衡量政府公共服务绩效的一项重要指标，政府利用社会化媒体让公众享受网络带来的便捷公共服务的同时，还要让公众能够轻松及时地对其进行评价。社会化媒体的口碑传播效应很强，公众的反馈不仅推动着政民互动、公众参政议政、协同治理和监督等，届时也会成为政府创新公共服务、不断提高服务质量的强大动力。在政务微信信息服务系统和模式运行过程中，政府各个部门、企事业组织、社会广大公众等诸多信息主体之间便捷地获取、利用、分享各种政务信息资源。同时为了扩大其利用范围，增加政府公共服务的价值与效用，需要各个信息主体加强协同合作，并按照某种模式相互依存、相互作用地联结在一起，从而形成共同生存、协同进化的依存模式。由此，政务微信信息服务的运行机制包括：动力机制、协同机制、共享机制、评价机制、反馈机制，各个运行机制的概念模型如图 4.1 所示。

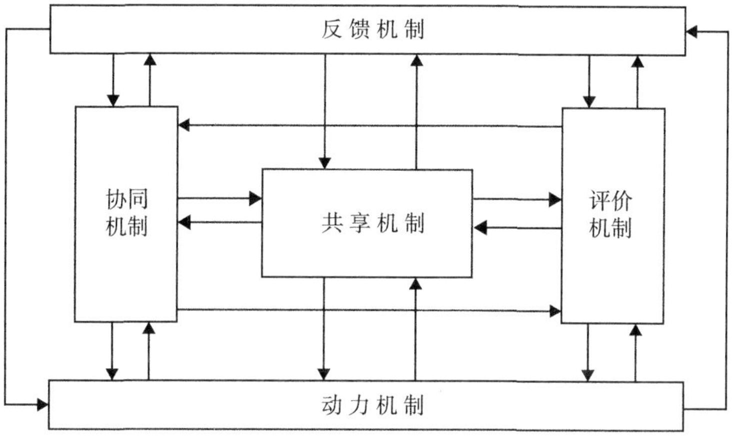

图 4.1 政务微信信息服务运行机制的概念模型

4.2 政务微信信息服务动力机制

4.2.1 政务微信信息服务动力机制的内涵

目前我国从中央到地方各级政府都在大力推进数字化政府建设，推动政府充分利用微博、微信等新媒体平台积极开展政务信息服务活动。但在实际发展过程中，政务微信等政务新媒体仍然存在着定位不明确、发展不平衡、栏目设置不完善、内容整合程度低、服务意识欠缺、政民沟通效果不佳、在线办事能力不高、应急体系建设不足、缺乏统一完善的长效管理组织机制等诸多问题。不少政务微信公众号成了“僵尸账号”，甚至沦落为一些政府部门的网上政绩工程或面子工程等，这些问题不仅与一些部门对新媒体环境下政府信息服务的发展规律缺乏了解有关，也与当前部分政府机构利用新媒体开展信息服务的发展动力不足密切相关。政务微信信息服务活动的开展、运作是在一定动力的推动下完成的。动力是促成政务微信信息服务活动得以进行的直接原因，对政务微信信息服务运行机制的研究是以其成长动力为主要出发点而展开的。因此，必须首先研究我国政务微信信息服务发展的动力问题。

动力，即推动事物发展的力量，包括推动事物运动、变化、发展的一切主客观因素。机制是指有机体的构造、功能和相互关系，泛指一个工作系统的组织或部分之间相互作用的过程和方式。动力机制，即“源动力建设”，或者说是推动事物运动、变化、发展的动力要素建设，多种推动事物运动、变化、发展的主客观动力因素的有机组合就形成了某一事物运动发展的动力系统①。新媒体环境下政务微信信息服务动力机制，是指政府机构在利用政务微信公众平台开展信息服务活动的过程中，以满足用户的政务信息需求、解决用户的现实问题为目标，发展、重组、优化政务微信信息服务的各种动力因素，从而形成一种推动政府部门在移动互联网环境中的信息服务能力和服务水平持续不断提高的内外因素的有机组合方式。信息技术和移动互联网的高速发展给政府信息资源的生产方式和利用形式等都带来了巨大挑战，导致当前的政务信息服务环境发生了巨大变化，从而迫使政府机构必须尽快构建适应新媒体环境要求的信息服务动力机制。因此，创新、发展政务微信信息服务动力机制，不仅是社会广大公众信息需求快速增长的要求，也是政府信息服务环境急剧变化的要求，更是政府部门提高自身管理服务水平和质量的必然要求。

4.2.2 政务微信信息服务动力机制分析

在政务微信信息服务活动过程中，来自政务微信运维部门内部和外部的各种力量共同推动着政务微信信息服务活动的发展和运行，这些对政务微信信息服务活动产生促进、影响、制约等作用的因素共同组成了政务微信信息服务的动力源系统。通过第3章的分析可知，政务微信信息服务发展的内部动力因素包括社会广大公众对政务信息服务的大量需求、政府服务价值观的转变、政府自身发展的内在需要以及政府信息服务效益最大化的利益要求；外部推力包括科学技术，尤其是信息技术的推动、社会整体环境，尤其是国家政策制度的支持与激励、国内外其他政务新媒体的先进经验以及社会竞争、市场竞争压力等。在这些内外部动力因素中，一些因素如信息技术的发展、国家政策制度的支持激励、政府自身管理服务职能发展进步要求等推动着各级政府部门不断地开拓、创新、优化为民服务的途径和渠道，不断提高其信息服务的水平和质量，成为政务微信信息服务发展的重要推力；也有一些因素如社会广大公众的政务信息需求、国内外其他政务新媒体的先进经验等则对政务微信信息服务的发展起着重要的引领、牵引、拉动作用，成为政

① 郭海明．数字环境下图书馆信息服务的动力机制研究［J］．情报杂志，2008(10)：141-143+150.

务微信信息服务发展的重要拉力。此外，还有社会竞争、市场竞争、政府自身可持续发展的压力等因素相互联系、相互影响，共同作用构成了政务微信信息服务发展运行的动力源系统。政务微信信息服务活动就是在一定的内部和外部动力共同刺激和作用下，以一种持续、均衡、动态的方式源源不断地为政务微信信息服务的运行和发展提供能量，推动着政务微信信息服务水平不断进步提高的过程。

4.2.3 政务微信信息服务动力机制模型构建

1. 动力机制的要素结构

构建政务微信信息服务动力机制的模型需要首先清楚动力机制的组成要素，政务微信信息服务运行动力机制的结构包括动力源、动力存贮体、动力方向和服务行动四个要素。动力源是推动政务微信信息服务活动开展的内外因素的有效组合，包括国家权力与制度、社会公众需求、科学技术、社会利益、其他新媒体先进经验、市场竞争及政府自身发展等多方面因素，是推动政府积极转型、促进自身发展、提高公共服务水平的根本动力源泉。动力存贮体是指政务微信信息服务的合力要通过什么存贮体发挥哪些具体的作用，这是形成政务微信信息服务核心竞争力的来源。动力方向是指推动政务微信信息服务开展的所有动力源与政务微信信息服务运行目标一致而形成的一种合力方向或趋势。服务行动是运行动力在政务微信信息服务过程中的直接表达，只有把动力转化为实实在在的信息服务行动，各种动力才能真正体现出它的推动作用。政务微信信息服务动力机制的要素结构模型如图 4.2 所示。

2. 政务微信信息服务动力机制的运行过程

①动力开发。动力开发就是对能够推动或促进政务微信信息服务发展的各种动力因素进行发现、分析、整合、优化、创新的综合过程。发现并分析支持政务微信信息服务的各种动力因素，使其为政务微信信息服务提供充足的内外部动力支持。动力发现与分析是动力整合、优化、创新的前提和基础。动力开发创新要遵循适度动力原则，并且要与政务微信信息服务的运行目标和发展方向保持一致。可以根据不同的动力源采取多种动力创新开发手段，如利益激励、政策制度支持、监督考核、技术支持等。②动力方向选择。动力方向是指推动政务微信信息服务活动开展的所有动力的运行作用方向。构建政务微信信息服务动力机制的目的就是要把这种合力引导到政务微信信息服务先前设定的

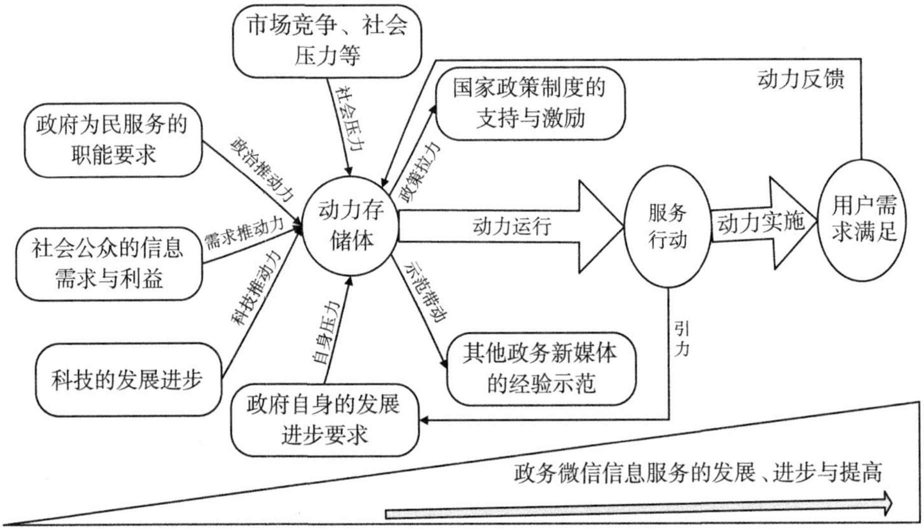

图 4.2　政务微信信息服务动力机制模型

发展方向和运行目标上，动力方向与政务微信信息服务的运行目标和发展方向是否一致将直接关系到政务微信信息服务的兴衰成败。因此在动力的转化过程中，必须要为这些动力源的作用选择一个正确的运行轨迹和方向。只有让动力源的合力与政务微信信息服务的运行目标始终保持一致，才能够发挥出这些动力因素的应有作用。而政务微信信息服务的运行目标和发展方向则需要政务微信运维部门根据本组织的职责、功能、发展目标、定位和公众的信息需求并紧密结合政务微信公众平台的特征等各种因素综合考虑、科学设定。③动力转化。严格来说，动力源还只能是动力的一种潜在动力形态，只有将这种潜在形态的动力源转化为现实动力，才能使其真正发挥作用。从动力源到政务微信信息服务行动，它们之间有一个复杂的转换过程。用户信息需求动力的转化链条为：需求→欲望→动机→目标→信息服务行动。在这个链条中，用户的政务信息需要是起点，欲望是用户对自身内在信息需要的自觉意识，用户基于信息需要和欲望而形成的利用政务微信的念头或想法就是动机。动机需要转化为现实的目标，有了明确的目标且当用户的动机强化到一定的程度时，就开始产生利用政务微信的现实行动，最后再通过政务微信信息服务人员的服务活动才真正转化为政务微信信息服务行动。④动力分配。政务微信信息服务动力机制主要是为政务微信信息服务运行提供足够动力而存在，它不仅要开发、培育、转化出适度动力，而且还要将这种适度动力科学地分配给政务微信信息服务活动的各个主体、阶段和领域中去，以保证运行动力成为推动政务微信信息服务发展的实际行动。动力分配一方面是指给政务微信信息服务运行的另外几种机制，即协同机制、共享机制、评价机制和反馈机制供给动力的过程；另一方面是指给政务微信信息服务运行动力机制涉及的政府部门本身、政务微信公众平台和用户三个层次主体供给、调配动力的过程。⑤动力运行。动力运行，即动力实施，是政务微信信息服务行动的开展运行，它是运行动力在政务微信信息服务活动过程中的直接、最终表达。只有将动力转化为实实在在的服务行动，动力才能够真正体现出它的推动作用。动力运行是通过动力存贮体，即政务微信公众平台的核心服务能力来实现的，动力源经过开发、转化、方向选择与分配后就会形成一种政务微信信息服务的核心动力合力，进而推动政务微信信息服务的持续运行和发展。⑥动力反馈。反馈环节是指整个政务微信信息服务动力机制输出的结果对动力机制运作产生影响的过程。检查、评估动力机制是否给政务微信信息服务工作的正常运行提供了适度的动力、运行中每个环节的状态如何、整个动力机制是否能够良性运转，等等。通过动力反馈，检验动力机制、发现问题，为动力主体及时调整、优化、完善动力机制提供依据和参考①。

4.3　政务微信信息服务协同机制

4.3.1　政务微信信息服务协同机制的内涵

政府信息资源的共享程度不高、政务信息资源涉及的利益主体之间缺乏协调是当前我国电子政务信息服务体系建设面临的主要问题之一，因此要促进电子政务信息服务体系的健康发展、提高政务微信信息服务水平与效益，就应该本着政府主导、社会多方共建的原则，积极协调各方力量，加快政府信息资源的整合与优化，尽早建立政务微信信息服务协同体系。

一个系统从无序转化成有序的关键就在于组成该系统的各个子系统在一定的条件下，通过非线性的相互作用产生相关效应和协同作用，并通过这种作用产生出有序的结构和功能，这就是协同运动的有序体现。政务微信信息服务活

① 郭海明．数字环境下图书馆信息服务的动力机制研究［J］．情报杂志，2008（10）：141-143+150.

动过程中的跨组织信息资源共享和服务整合可以划分成信息资源积聚和利用资源对外提供服务两个子过程。政府信息资源积聚，即通过政务微信信息服务系统积聚来自多个相关部门或单位的各种政务信息资源，为信息资源共享和协同服务奠定基础。利用资源提供信息服务，即政务微信运维服务人员根据用户的需求运用相关的政务信息资源为之服务，实现政府信息资源价值的转化。由此，可以把政务微信信息服务的协同机制定义为：政务微信信息服务活动过程中的各个子系统及其组成要素通过互动、合作、整合等有机配合的方式，并按照某种规则形成一定的结构或功能，从而为政务微信公众平台上的各类用户随时随地提供无缝的政府信息资源积聚共享和服务应用集成的工作模式，使政务微信信息服务系统呈现出特有的有序结构和稳定功能，最终实现政府信息资源和信息获取能力协同与整合的目标，协同机制让政务微信公众平台的各个子系统和协同各方之间相互配合、相互支持、密切协作并形成一种良性循环态势，它是政务微信公众平台为实现政务信息服务总体目标而在行政机制和市场机制的共同作用下，建立在计算机和网络技术等基础上的协同。政务微信信息服务协同就是让政府信息服务的提供者与使用者、主体与客体以及管理者与实施者等各个组成部分之间建立紧密联系，形成相互协调、配合、合作共享的整体工作机制，使协同各方和各个子系统的功能在协同、耦合的过程中发挥出全新的整体乘数效应，从而最大化地提高政府信息资源的功效，最终实现各个相关主体利益的最大化。

对政务微信信息服务体系进行协同管理的目的，就是要对政务微信信息服务体系中的各个子系统及相关各方进行有效协调，让整个系统产生全局一致服务的整体功效，从而实现系统随时随地高效服务公众的预期目标。实现科学的协同管理首先要选择并确定协同机制，该机制应具备以下 2 个特点：①适合于实现全局一致性服务功能目标，即不仅要对系统的演化轨迹进行协同，使系统的演化趋向全局一致性，还要对系统的演化目标进行协同，使系统的演化实现全局一致性或较为满意地接近全局一致性目标①。②能够反映服务体系中各个子系统之间存在的本质联系和作用，即满足系统的初始条件和有关约束，进而在协同机制的引导下，找到从无序发展演变为有序过程中起主导作用的调控变量，从而为系统协同管理运行奠定基础。

---

① 余迎新．地方高校科技创新协同管理机制研究［D］．天津：河北工业大学，2007：31.

4.3.2 政务微信信息服务协同机制的目标

政务微信信息服务协同体系的开发和运作是单个的政务微信信息服务机构难以完成的，建立政务微信信息服务协同机制，就是要在政府信息资源整合与共享以及信息服务的开发集成与创新等方面带来协同效用。社会广大公众既是政府信息资源的主要创造者，也是政府信息资源的重要利用者。政府信息资源的高效流动和充分利用能够极大地促进各行各业的进步与创新。但由于目前我国政府信息管理服务体制中存在的彼此分割、相互脱节的问题仍未得到根本解决且仍然缺乏强有力的统一协调机构，导致各部门之间依然缺乏有效的统筹及战略协同，致使政府信息资源分散、重复甚至缺乏控制等问题仍大量存在，这在一定程度上限制了社会公众的及时利用和政府信息资源价值的有效发挥。长期以来，由于种种原因导致政府信息服务体系各个组成部分之间的协同不足，而公众对政府信息服务的要求不断提高，使得政府信息服务体系的协同机制建设显得尤为迫切。建立良好的协同机制不仅可以加快各个部门信息资源整合步伐，为政府信息资源共享提供有力的组织保障，扩大政府信息共享的范围和效果，还将有力地推动政府信息服务协同体系的建设与完善。由此分析可以确定政务微信信息服务协同机制应实现以下目标。

（1）政务微信信息服务协同机制首先要使政务微信公众平台在服务运行过程中体现出 1+1>2 的良好协同效应。协同机制就是要让各个相关部门之间通过不断地相互协调适应，使它们保持战略上的协同，让政务微信公众平台根据内外部环境进行整体性战略目标调整的同时，各个部门之间也要在各自的战略目标层面相互协调，即通过协商制定出共赢的目标，实现宏观层次的战略协同。

（2）通过政务微信信息服务协同机制的有效调控，应使政务微信公众平台的整体服务能力得到提升，核心竞争力得到强化。协同机制应通过有效的协同方式将各个部门的核心能力进行优化、整合，从而提升其整体服务能力和核心竞争力。同时，协同机制应使协同各方所获价值达到最大化。参与政务微信协同信息服务活动的各方不再把自己看成一个相对独立的个体，而是将自己看作整个服务体系中彼此联系紧密的一部分，相互之间需要紧密合作才能共同生存和发展。为了追求信息价值和收益最大化，协同各方不得不在服务过程中时刻保持协同。

（3）对外形成集成化的服务能力。即政务微信信息服务协同体系成为公众政务信息需求全程化的服务代理，能够让公众按照按需服务的思想和目标来为用户提供一体化的综合服务。协同机制应使用户在需要相关政务信息服务时，只需要对政务微信公众平台的接收端描述自己的目的和需求，政务微信信息服务协同体系的各个子系统和协同各方即开始根据用户的需求，统一调配所需的各类信息资源，并通过对应的子系统进行加工汇总，并最终提供给用户。在整个协同服务的过程中，用户不必穿行于各个部门，也无须关注平台内部各个子系统如何协调整合，就可以在统一的平台端口得到优质高效的政务信息服务。

(4) 对内具备协作感应能力。即协同机制要使参与政务微信信息服务的协同各方和各个子系统具备环境感知能力，不仅可以使之及时感知用户的信息需求，还可以主动感知其他各方及子系统对自身的服务要求，在本系统内及时调配所需的信息资源，并通过一定的协同渠道和业务流程协作起来，在为用户提供并行和连续服务的同时，自觉发挥本部门应尽的职能。

4.3.3　政务微信信息服务协同机制模型构建

根据信息服务协同原理和政务微信信息服务协同机制模型的构建思路，本书构建了政务微信信息服务协同机制的模型框架，如图 4.3 所示。

社会广大公众对政务信息需求的预期和要求与政务微信信息服务现状之间的巨大差距促使政务微信运维团队要通过协同合作等多种途径实现政府信息服务增效。政务微信信息服务协同机制形成的动因生成协同服务的形成机制，信息服务的目标生成协同服务的实现机制，影响信息服务发展的各种瓶颈形成协同服务的约束机制，而政务微信信息服务协同机制就是一个由形成机制、实现机制和约束机制有机整合而形成的可供操作的协同管理模型，它既反映了政务服务集成演化的自组织规律，又包含了保障性的被组织策略。

(1) 信息服务协同增效过程。政务微信信息服务协同的形成机制、实现机制和约束机制在发挥着各自功能和效应的同时，彼此之间相互联系、相互作用，最终促使信息服务协同效应目标的实现。形成机制反映了各个政府部门之间以及社会其他组织和公众之间形成协同服务体系的动机，即通过协同合作能够为政府和公众等创造价值增量，从而实现单独政府部门无法完成的服务目标；形成机制并由此确立了政务微信信息服务协同的价值空间范围。实现机制提出了信息服务协同实现的具体操作过程和方法，即政务微信信息服务协同效应实现的基本过程主要应包括用户需求评估、服务部门选择、协同合作服务、反馈评价控制和适时调整完善五个环节。信息服务协同实现过程是由一系列相互联系的管理活动构成，各项活动协同发挥作用形成合力，最终使协同服务体

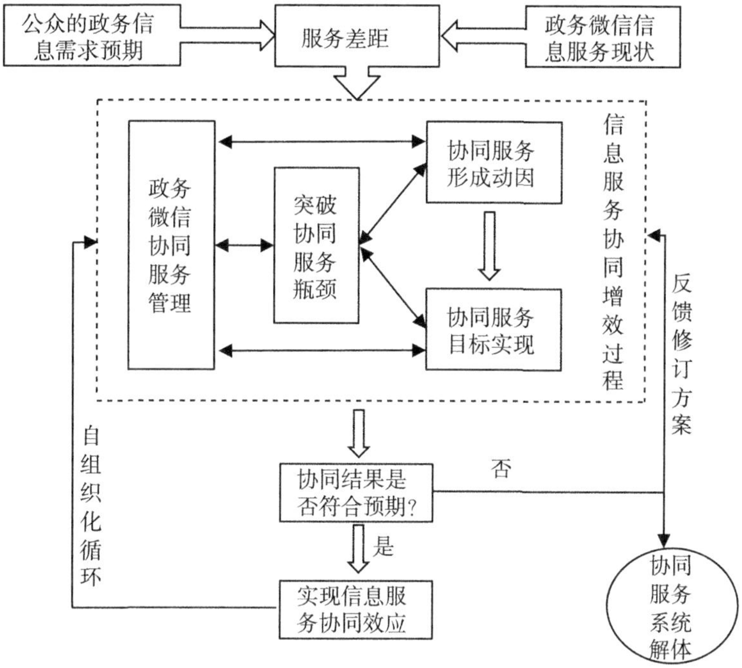

图 4.3　政务微信信息服务协同机制模型

系实现协同效应。约束机制表明了制约信息服务协同效应实现的关键因素，即影响协同行为发生和协同效应实现的诸多瓶颈。这些具体体现在形成机制和实现机制中的制约瓶颈如果不能被有效突破，就会阻碍政务微信信息服务协同运作的顺利进行，信息服务增效目标自然无法实现。

（2）协同服务管理，即政务微信信息服务协同体系的序化参量选择与管理。序化参量是协同服务系统宏观有序程度的度量，它主宰着系统从无序走向有序、从低序走向高序。在信息服务协同增效的全过程中，协同服务系统管理者都要进行序化参量及其系统的选择与管理，并且只要能够合理确定协同服务系统的序化参量体系，就能够采取相应的管理策略和方法促使系统朝着协同各方的共同目标演化。协同各方的合作动机是信息服务协同体系形成期序化参量的重要依据，实现过程中的五个环节是确立不同阶段序化参量的依据，约束机制中的诸多瓶颈会阻碍良性序化参量的形成，进而会限制协同各方之间难以形成真正有效的协同关系。可以运用探索图法确定协同服务体系的序化参量，确定了影响信息服务协同效应实现的序化参量以后，协同服务系统管理者就可以遵循系统的自组织规律，采取相应的被组织策略来消除瓶颈并适时调整完善，营造一个有利于良性序化参量发挥效应的良好环境。

(3) 达成预期结果。信息服务协同增效过程完成以后，必须要对最终的协同服务结果进行客观评价。毕竟政务微信信息服务内外环境之间的协同，不仅受限于政治、经济、技术、法律等宏观环境，而且还受限于协同各方自身的运营和服务能力，政务微信信息服务协同体系需要根据内外部环境的变化不断地对自身的功能结构、运营策略及战略目标等适时进行调整。可以运用定性和定量相结合的方法，结合信息服务功能倍增性条件和价值性原则对服务协同系统的运作结果进行科学评价。客观的评价不仅有助于协同服务系统管理者判断系统的自组织化发展程度，而且会促使管理者及时采取适宜的被组织策略对协同服务系统序化参量进行管理。最后协同服务系统管理者将根据评价结果作出是通过修订合作协同方案以改善协同运作效率还是让协同服务系统解体的决策。

4.4　政务微信信息服务共享机制

4.4.1　政务微信信息服务共享机制的内涵

政务微信信息服务共享机制是指各个政府部门通过政务微信公众平台上的密切合作，实现政府信息资源共建共享、共同为公众服务的内在方式与途径。共享机制既是一个过程，也是一种调控方法和手段。随着政府服务观念的逐步转变和政府职能的加快转型，为减少传统行政体制上条块分割、各自为政的不利影响，加快提高政府公共服务的质量和水平，政府部门之间的合作共享意识和能力逐渐增强，部门之间从先前相对独立的状态逐渐向合作共享、共建共赢的目标迈进。网络信息时代的电子政务信息生态环境是一个各个政府部门之间平等开放、协调发展、共同进步的平衡环境，政务微信信息服务环境正是电子政务在新媒体时代的一种典型代表。具体来说，政务微信信息服务的共享机制是指在政务微信信息服务系统内部，各个组成要素之间以及其与外部环境中其他因素之间为了实现公共服务的共同目标而开展的一系列合作、共享的方式与方法。合作共享需要靠各个机制共同完成，是在同一个环境中的机制框架内进行的。各个机制的建设状况直接影响着共享机制的最终成效，机制的作用不仅要保证政府信息的公开、透明与畅通，而且还要保证政府信息服务的广泛公平、效率与质量等。为了有效开发各种政府信息资源、实现政务信息资源效益最大化，最大限度地满足公众的信息需求，需要各个政府部门之间相互合作，互帮互助，共享交叉资源，一起创新。政务微信公众平台对内为各种政府信息资源的高效流动搭建了共享的最佳平台、对外为了更好地服务公众建立了一站式的集约服务平台，不仅极大地方便了政府部门内部及各个部门之间共享信息，而且也大大地提高了政府服务公众的水平和质量，提高了公共服务的效率与效益。

政务微信信息服务合作共享机制与其他运行机制是合作、同步、协同运作的。各个运行机制看到了问题的不同方面，建设性地探索它们的不同点，同步进行各自能力解决方案的相关分析，并将结果汇总，通过合作共享、实现互补共赢。这样，整个政务微信信息服务系统的运作才会从无序到有序，并发挥其整体性的功能。

4.4.2 政务微信信息服务共享机制分析

越来越多的政务微信公众号开通并运行起来，拓宽了政府为民服务的渠道、满足了公众的政务信息需求，提高了政府信息公开和服务的效率与质量。但众多零散、繁杂的政务微信公众号在增加了用户解决问题复杂性的同时，也过度地占用了用户的手机空间、影响着用户的利用体验和效果。于是一些整合了部门内部以及地方线上线下各种资源和功能的综合性的共享服务平台、更多兼容零散区域而具有多职能的服务账号微信整合性平台开始出现，实现了政府资源的最优化配置与政务服务价值的最大化。

1. 政务微信信息服务共享的主体与基础

政府信息资源共建共享不仅是社会进步的重要标志，也是社会发展的必然结果，政府部门在政府信息资源共建共享过程中起着重要作用。政务微信信息服务共享的主体主要是政府各个部门，但也包括社会上的各种企事业组织、第三方机构和广大公众等。首先，政府部门有责任也有义务对各种政府信息资源、各种公共服务功能、各类政务微信公众账号以及其他第三方机构等进行有效合作、整合与共享，以实现提高政府机构工作效率和服务效能的目标。政府在政务信息资源的共建共享运行机制中发挥着领导作用，关系着政务微信信息服务共建共享系统和运行机制的成败。其次，社会广大公众对政府公共服务的能力和水平提出了更高要求，他们期望通过政务微信公众平台获得更加优质、便捷、高效的政府信息服务，这些要求迫使政府机构不断优化政务微信公众号的各种服务功能，并要加强合作、及时整合、共建共享，不断提高其公共服务的能力与水平。再次，信息技术的发展尤其是移动互联网、宽带网络和远程通信技术的进步为政务信息资源的共建共享、政务微信信息服务的共享与提高提供了强大的技术支持。基于公众对政府公共服务更多便捷、更高质量的迫切需求和政府各个部门出于应为公众提供更加公正、优质、高效公共服务的职能目标和共同意愿，使得政务微信信息服务的整合与共享有了强大的动力和基础。

2. 政务微信信息服务共享的内容与特征

政务微信信息服务共享的内容主要包括政府信息资源共享、政务微信信息服务平台与系统的共享、相关信息技术以及其他资源的共享。政府部门生产并掌握了社会上大量的权威信息资源，如何利用相关的技术和手段通过协同、合作、整合、优化等方式在政务微信公众平台上最大限度地共享这些信息资源，并把其价值充分地发挥出来是政务微信运维部门的重要目标和责任。政务微信信息资源共享是在政务媒体环境中，政务微信信息服务机构通过各种合作形式实现对不同政府信息资源的共同利用，以物尽其用，让有限的信息资源最大限度地发挥其效率和效益，尽可能地满足公众的需求。政务微信信息服务共享具有以下特征：①共享环境的复杂性。新媒体环境下的政府信息来源非常广泛、类型更加多样，不同类型信息的格式、表述、流动速度、使用方法等都存在着较大差异，要把这些不同类型的政府信息资源进行有效的整合与共享，就需要对各类信息资源深入研究，并对其统筹安排进行合理开发与利用。②共享主体的多元性。在当前科学技术突飞猛进、经济全球化和信息时代的大背景下，电子政务服务早已打破了部门之间的壁垒、组织之间的界限、时空的限制和诸多因素的制约，通过数字化、网络化、智能化的技术和手段能够使政府信息资源在更大范围内实现合作与共享，使得多种利益主体都能够积极参与到政府信息资源的共享与利用中来。政务微信信息服务的共享主体主要有政府各个部门、社会上的各种企事业组织、第三方机构和广大公众等。③共享客体的“两权”分离性，即政府信息资源所有权与使用权的分离。政府在管理国家、社会事务过程中产生了大量信息，这些信息资源的所有权属于全体人民，但由各个政府机构保存并行使所有权，政府部门有责任和义务依法依规公开这些信息资源并使之为公众服务，即政府应当充分保证公众的政府信息资源使用权，让更多公众随时随地都能够获取到需要的信息和服务，使固定数量的信息资源可以被更多的利益主体使用，让其成倍地发挥作用，从而最大限度地发挥出政府信息资源的共享价值。④共享方式的合作性。在政务微信信息服务过程中，共享各方出于提供并获得更高质量的政务信息服务的共同利益目标，在各方互信的基础上，秉承开放、平等的态度与理念，采取多样化的合作方式，谋求最大的统一和协调，促使共享行为可持续地进行①。

3. 政务微信信息服务共享的影响因素

在政务微信信息服务的整个共享过程中，有一些因素在不同阶段、不同程度地影响着共享的作用和效果。①共享意愿。一方面由于各个地区、各个部门的信息化发展水平和服务意识、能力等存在着较大差异，另一方面掌握着大量信息资源的政府部门之间以及与社会企事业、第三方机构和公众之间存在的一些行政壁垒、政策脱节、法律缺失甚至利益冲突等，都会影响彼此之间的合作共享意愿，并对政务微信信息服务的实际共享程度和效果产生不同程度的影响。②风险程度。在政务微信信息服务共享环境中，由于在合作共享的过程中，需要付出一定的人力、物力、资金、技术、时间等成本，而合作共享之后的收益又存在一定的不确定性和模糊性，如果一些共享主体担心成本太大而收益较小甚至无法弥补成本，就会在一定程度上影响共享各方的积极性。③技术因素。经过这些年的实践探索，尽管我国电子政务信息服务共享取得了很大成就，但政府信息资源共享发展，特别是跨层级、跨部门、跨机构的信息共享服务，尤其是深层次、高质量的信息共享发展仍然受到技术、语义、标准和概念等多种因素的约束和限制。④利益因素。信息资源共享背后隐藏的是利益调整。与其他各种因素相比，利益层面的约束是影响、制约政府信息服务共享工作深入开展最主要、最复杂和最难解决的瓶颈。从本质讲，政府信息资源共享是对政府信息资源这一特殊无形物品产权的重新安排，把原来为少部分人掌握的信息特权归还给社会广大公众，因此不可避免地会剥夺部分政府官员的政治或经济利益，进而会促使他们以各种理由和手段来阻碍政府信息资源共享的进程②。

4. 政务微信信息服务共享机制模型

根据以上分析，笔者构建出了政务微信信息服务共享机制的模型，如图4.4所示。

---

① 齐志．基于电子商务信用信息服务体系建设与运行机制研究［D］．长春：吉林大学，2008：19.

② 关键．论我国政府信息共享机制的构建［J］．行政论坛，2011（03）：28-32.

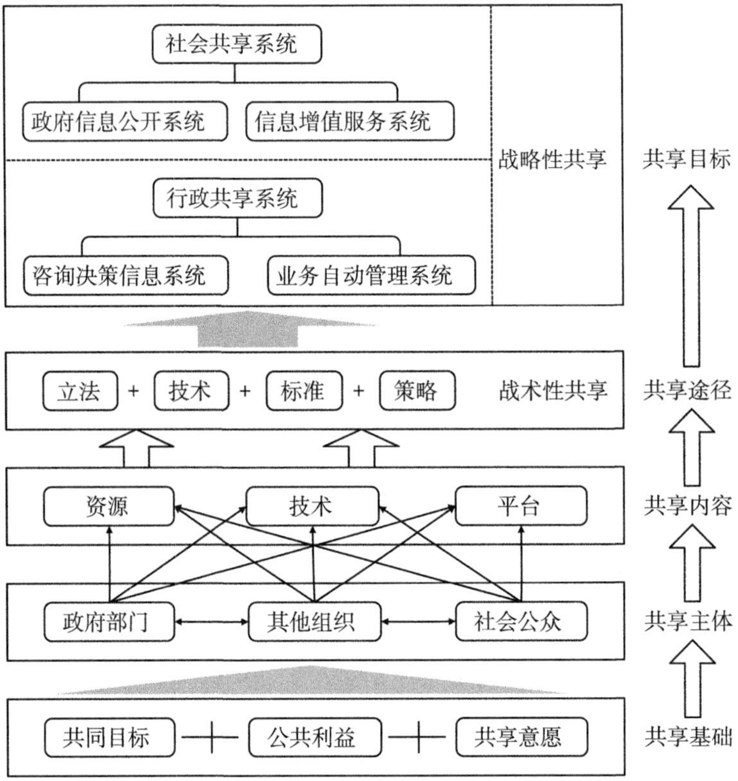

图 4.4　政务微信信息服务共享机制模型

基于公众的公共利益、为民服务的共同目标以及政务微信运维服务部门之间的强烈共享意愿共同构成了政务微信信息服务的共享基础。各个政府部门、社会企事业组织、第三方机构和社会广大公众等组成的共享主体按照一定的共享协议和相关的法律法规政策等通过立法、技术、标准和各种策略合作共建、共享着彼此的资源、系统技术和平台等，最终短期内在政府机构内部实现建立政务微信信息服务的行政共享系统，以此在各个政府部门内部实现行政咨询决策辅助和业务信息自动管理的目标；长期内在政府与社会其他各种组织和公众之间建立基于公众政务信息需求的政务微信信息服务开放式社会共享系统和体系，以实现政府信息公开和服务增值的战略目标。

4.4.3　政务微信信息服务共享机制的构建与优化

政务微信信息服务共享机制的建设与优化是一个长期的过程，我国电子政务信息服务合作共享的机制和体系建设正处于起步阶段，完善政务微信信息服务共享机制需要从以下四个方面入手。

（1）加快政府信息资源共建共享机制的法律法规建设工作。当前我国电子政务信息服务共享机制中存在的主要问题之一就在于缺乏一整套关于政府相关信息资源如何公开、协同流动和共享使用的法律法规，从而造成政府信息资源共建共享的法律依据不足，缺乏相应的法律保障。政府信息共享法律法规的缺失必然制约共享工作，特别是跨部门间层级共享和深层次共享工作的规范化开展。政府信息资源的共建共享不仅是一个制度问题，更是一个法律问题。因此，构建共享机制的法律保障就成为政务微信信息服务体系建设的首要任务，立法部门应尽快出台并完善电子政务信息服务共享机制的法律法规，并确保能与现有法律顺利接轨相容。此外，加快制定一系列完备的有关政府信息资源共建共享的方案、制度、规定、条例等，明确政府信息共享各相关主体的责任、权利和义务，为政务微信信息服务共享营造一个良好的法律和政策环境。对于政务微信信息服务共享机制建设来说，相关的法律法规至少应包括四个方面的内容：①法律明确政府数据信息开放、共享的范围，即界定哪些信息资源数据可以开放，哪些必须保密；②法律应强制性规定掌握政府信息资源数据的部门必须向社会开放其基础数据，当其拒绝开放时，申请人可以向法院请求司法救济，政府部门对之负有举证责任，必须提供拒绝的理由；③法律要对政府基础信息资源数据的传播范围和使用目的作出明确的规定；④对不按法律规定提供政府基础信息资源数据的部门应当明确其法律责任。

（2）明确政务微信信息服务共享机制的组织形式和管理方式。由于政府信息资源的基础数据源涉及多个政府部门以及其他组织和个人等，因此除了立法之外，还需要对政务微信信息资源共享机制的组织形式和管理方式进行深入的研究并作出科学的筹划安排。由于由政府部门直接主导建立共享机制可能会存在垄断和寻租现象，由社会其他机构主导建立的共享机制可能会存在单纯逐利和不公等现象，而在直接单独建立共享机构的模式下，共享机构往往由于缺乏足够的联合、合作等而很难独立地运作。因此，根据我国电子政务信息服务的现状和当前的法律法规状况，建立由政府部门主导、联合社会其他组织及第三方机构、广大公众积极参与的政府信息服务共享中心或平台更符合我国的实际情况。

（3）提供必要的政策和资金支持，解决各部门的利益驱动机制。各个政府部门出于其自身的经济利益需求，或由于人财物缺乏、技术落后、信息化水平参差不齐等原因，可能不太愿意公开、共享政府信息资源基础数据。而仅仅依靠政府部门的行政干预来实现政府信息资源和服务共享也并非完全有效。因此，有必要探索解决各部门内在的利益驱动机制问题，变被动提供信息为主动提供信息。从目前来看，对政府信息资源基础数据源单位来说，其承担的责任和义务大于享受的权利，因此国家有必要给予其适当的政策、资金、技术支持以解决其利益驱动机制问题①。

(4) 加快突破技术、语义层面的瓶颈。技术是实现政务微信信息服务共享的基础和前提，目前技术层面的瓶颈主要体现在政府信息资源共享的基础建设，信息资源共享平台的研究和搭建，共享系统的应用与开发、数据的采集、存储与互操作过程中存在技术性难题等方面。而语义层面的瓶颈主要体现在当前我国政府信息资源共建共享缺乏统一的标准、规范和兼容性。各个政府信息资源系统之间缺乏统一的标准、规范和兼容性，导致形成了众多分散、异构、相互封闭的信息资源系统，难以有效地实现政府信息资源共享②。因此，构建政务微信信息服务共享机制就必须加快突破技术、语义层面的瓶颈，尽快采用先进的技术、建立标准的转换体系，为实现各个部门之间以及与其他机构信息资源的有效转换、对接与共享提供强有力的技术和标准规范保障。

4.5 政务微信信息服务评估机制

政务微信信息服务的效果如何，需要一定的考核机制作出客观公正的评价，这就涉及谁来评、怎么评、采取怎样的奖惩机制等问题。公共服务改革创新的根本目的在于构建全新的现代服务型政府，因此，建立保障服务高效的机制，特别是探索出一套适合现代政务管理原则的公共服务评估机制，不仅有利于改善政府公共服务的提供过程，也有助于政务新媒体的健康持续发展。公共服务在社会化媒体上的表现已经被很多政府机构纳入部门考核内容当中。2013年11月28日，在第十二届（2013）中国政府网站绩效评估结果发布会暨电子政务高峰论坛上，已将政务微信作为与政府新闻发言人制度、政府网站并列的第三种政务公开途径，并将政务微信开通和使用情况作为政府网站绩效评估的重要一环。但在相关机构对政务微信等政务新媒体优化政府公共服务创新模式认可和重视的同时，由于社会化媒体在政府公共服务领域中运行时间并不长，

---

① 齐志．基于电子商务信用信息服务体系建设与运行机制研究［D］．长春：吉林大学，2008：26.

② 关键．论我国政府信息共享机制的构建［J］．行政论坛，2011（03）：28-32.

加之各个地方和行业对流程、评估、奖惩制度等重视程度的差异，关于政府运用社会化媒体开展公共服务的评价还处于探讨研究阶段。因此，确立一套自评、公众评价及第三方评估“三管齐下”的政务微信信息服务评估机制，是不断提高其整体服务质量，缩小地区间、行业间差距，促进政务微信等政务新媒体健康、持续、长久发展的必然要求。

4.5.1 政务微信信息服务评估机制的内涵

通过客观公正、及时科学的评估推动政务微信信息服务水平的持续提升，是政务新媒体建设的重要环节。政务微信信息服务评估以政务微信信息服务质量持续提升为目标，是政府部门联合第三方机构在社会公众广泛参与的基础上，明确自身定位、确定服务理念和职能目标以及与之协调配套的政策、计划、项目和事务体系等，科学设定相关目标数值并及时对外公布，开展定期检查并接受公众反馈，根据评估结果继续完善或及时调整现行政策、计划、项目等。简要地说，评估就是检查“做了什么样的事情”以及“获得了什么样的效果”，评估机制则是以评估结构为基础，是评估系统的内在联系、功能及运行原理。而政务微信信息服务评估机制就是有关上述过程的一整套制度安排，可以简要地解释为为实现“以评价提升政务微信信息服务水平”目标而设计的组织与制度安排，具体包括“谁组织、谁评价、评价过程主体间如何互动以及评价结果怎么用”四个方面。其中，前两者解决信息服务评估的组织方、组织载体与评价主体问题，主体间的互动反映的是政务信息服务评价体系的结构关系和动态过程，评价结果如何用则是理顺主体间关系并使其朝向评价目标的关键制度安排。评估系统的结构则由评估环境、评估主体、评估对象、评估方法、评估标准、评估结果等要素组成，这些要素的有机结合构成了多元评估机制，即评估协调机制、评估信息沟通机制、评估运行机制、评估激励机制、评估动力机制、评估约束机制和评估反馈机制等，其中评估运行机制、评估动力机制、评估约束机制最为关键①。评估指标体系运用、评估程序设计与评估方法选择是政务微信信息服务评估运作机制的基本要素，评估运行机制是实现评估的关键，受到评估动力机制与约束机制的影响。

政务微信信息服务评估是一个带有价值和技术导向性的综合评加过程，是政府部门根据社会公众的政务信息服务需求设定的目标和评估指标，对政务微

① 范栩含．政府购买公共服务绩效评估体系构建研究：基于上海经验［D］．上海：上海师范大学，2015：23.

信信息服务工作的执行过程、结果及社会影响进行综合评价并提出改进建议的一系列过程。政务微信信息服务评估机制就是为了确保政府利用社会化媒体提供公共服务的质量和效果构建的一整套制度体系、法律法规及相关制度流程、评价体系与评价指标、策略措施等。它在运用传统的制约型机制与保障型机制的基础上，更加注重激励机制的运用。同时在机制的运行过程中更加注重社会公众的参与和监督，以使机制良好地运转。此外，它更加注重评估结果的运用，以使政务微信信息服务质量和水平得到更好的改进与提升。

4.5.2　政务微信信息服务评估机制的理论基础与内容

1. 政务微信信息服务评估机制的理论基础

政务微信信息服务评估机制本质上是一种政府公共服务管理的制度体系，其理论基础主要来源于我国为人民服务的服务型政府理论和西方新公共管理理论中的一系列理论，主要包括责任机制理论、绩效管理理论、公众需求导向理论和结果导向理论等。

（1）责任机制理论。政府机构作为社会公众的代言人，掌握着全体公民共有的大量的公共资源，代表人民行使公民赋予的公共权力，必须以人民群众的公共利益作为自己的价值取向，把追求、维护和实现好公众利益作为自己的目标，服务公众是政府部门的应尽之责。为了实现好公共利益，就需要一种精心设计的责任结构确保以公民名义行事的人为了公民的利益付出最大的努力。而政府部门责任机制就是实现政府公共责任的保障，目的在于监督政府机关和公务人员权力的正确行使以实现其公共责任。因此，政府部门责任机制就是政府机关主体通过设计、运用一系列的制度规则程序等，防止政府部门滥用权力以确保责任的实现，并对不良公共行政机构和人员予以相应惩罚，以体现自己的身份并实现对公众的承诺。服务型政府的本质是责任政府，因此责任机制理论也适用于服务型政府的绩效评估，并且它在清晰划分政府管理服务责任方面更具合法性与公开性。在责任机制理论的指导下，监督政府各个部门不断增强为民服务的责任和意识，切实履行好其公共服务的职责，不断提高其信息服务的质量和水平。从本质上说，信息服务评估的责任机制不仅将管理服务的任务分配给了政府，同时明确了服务责任考核的目标与标准、资源配置与工作职责、激励机制与监督职能等。

（2）绩效管理理论。新公共管理理论以业绩评估和效率为焦点，强调职业化管理，有着明确的绩效标准和绩效评估，保证绩效、控制与责任感等。绩效管理作为一种成熟的管理工具，已经在发达国家的政府改革发展过程中得到了广泛的传播与应用。绩效管理理论不仅指导了服务型政府的改革目标和建设进程，而且也为政府绩效评估奠定了坚实的理论基础。政务微信信息服务绩效管理就是相关部门为了提高政务微信信息服务目标设定与完成效果的目标达成率，通过一系列的技术手段、辅助设备与指标评价，运用定量、定性等方法，对政府部门利用微信公众平台为用户服务的过程进行监督，对其服务效果进行科学评价，从而达到改善并提高政务微信信息服务水平和质量的目的。在政务微信信息服务绩效评估的实践过程中，不仅要充分考虑政务微信部门的战略与目标、团队成员结构、服务项目等，而且还要考虑到新技术的应用、公众需求情况、整体社会时代背景等，并要将各个要素透彻分析、合理安排、充分整合，以达到充分发挥系统整体功能的目的。

（3）公众需求导向理论。服务型政府的建设理念和要求对政府部门与公众之间的关系做了重新定位，即管理就是服务、公众就是客户，并且对公众的政务信息需求、质疑、投诉和要求等必须以服务的态度和方式作出及时、良好的回应。政务微信信息服务对象的需求程度直接决定了政府提供政务微信服务的动力和意愿，公众多样化的信息需求推动了政府提供良好的政务微信信息服务。政府为公众提供公共服务，公众是政府社会化媒体终端的使用者，因此政府与公众之间的关系可以看成服务端与客户端之间的关系。在社会化媒体时代，公众可以借助政务微信、政务微博等社会化媒体渠道，更加广泛地参与政府公共事务，表达更多的需求和提供建议。现代服务理念的转变和建立要求政务微信等政务新媒体必须真正树立以公众需求为中心的服务理念，否则很难实现服务型政府的建设目标。因此，对于政务微信运维部门来说，彻底转变传统思维观念和服务理念，以公众需求为导向，充分考虑公众的切身利益，最大化地利用政务微信等社会化媒体，才可以使政府公共服务的质量得到真正的改善与提升。以公众需求为导向的信息服务绩效评估，从评估主体、客体、方式、内容、指标选取以及结果运用等方面来体现政务微信信息服务绩效评估的意义与价值，从而以更好的服务水平满足公众的需求。让用户满意是公众需求导向的最终目标，政务微信运维部门需要做的就是虚心接受用户提出的合理意见，保证与公众的良好沟通与正确回应，进一步提升政务微信的服务能力和水平，让公众满意，并鼓励公众积极关注、参与政府改革，共同实现移动型服务政府的建设目标。

（4）结果导向理论。结果导向是 ISO 质量管理体系、绩效管理理论中的基本概念和核心思想之一，它强调经营管理和服务工作的结果，即经济与社会效益和客户满意度等，要求经营管理和日常工作中表现出来的能力、态度均要符合目标结果的要求，否则便没有价值和意义。基于第三方和公众满意结果导向的政务微信信息服务效果评价既是用户对政务微信信息服务表现的综合评价，其过程也承担着社会民意表达的功能，其结果必将成为我国民主政治发展和行政体制改革的内在动力。政务微信信息服务绩效评价强调“以人为本、以公民为中心、以公众满意度为尺度”，从逻辑上讲，其评价结果是公民对政务微信服务意愿和能力的综合反映。而公众民意价值的最高体现就在于公众对服务结果的满意程度，而这恰恰是评价政务微信信息服务绩效最具综合性且最为深刻的终极性指标。政务微信信息服务评价结果直接或间接地反映了公众的满意程度，不仅可以通过以公众满意的评价结果来实现反映民意进而凝聚民意的目标，还可以通过运用和反馈评价结果来实现民意的释放与表达，乃至于实现与政府政策关切的有效对接。因此，为了满足公众日益增长的多样化政务信息需求，政务微信运维部门必须把服务工作的重点转移到服务结果上来，建立一种既对过程负责，又对结果负责的新型评价机制。通过建立以服务结果为导向的政务微信信息服务评价机制，促使政务微信信息服务工作明确目标、准确定位、清晰方向，不断提高自身的服务能力和水平，并通过扎扎实实的服务活动，获得社会广大公众的认同。

2. 政务微信信息服务评估机制的内容

一般来说，一个完整的绩效评估体系包括评估原则、评估方法、评估指标、评估程序等组成部分。对于政务微信信息服务，其评估机制的内容具体包括评价主体、评价客体、评价指标内容、评价过程及评价结果应用等方面。

（1）评价主体。政务微信信息服务的评价主体应由政府部门、独立的第三方机构和社会公众等共同构成。政务微信等政务新媒体是政府部门利用移动新媒体着力建设的为民服务的新平台，已经投入了相当的人力、物力、资金、技术和时间等，自然就应该对其运行状况、服务效果等进行准确的评估、考核，以发现问题、及时改进完善。首先是政府部门本身对政务微信信息服务的自评，自评机制是一套自我规定、自我管理、自我评估的制度，它们通过对政务微信信息服务的效果以及投入产出效益等进行评价，以绩效评估考核为抓手，充分发挥以评促建、以评促改的激励引导和督促作用。其次是学术界或媒体机构作为独立的第三方机构进行综合评价，政府将这些复杂的绩效评估分析交给更专业的团队去做，能够得到更加客观、公正、科学的评估结果和改进建议。这样既可以避免政府自评价机制惯常的监督执行不力而导致的失效问题，又可以避免因政府部门自身的信息技术门槛限制和数据分析能力有限而导致的评估质量不高等问题。最后是作为政务信息服务受众的广大民众和企事业等各种组织，也应成为政务微信信息服务质量评价的重要主体。公众满意度是衡量其服务绩效的一项重要指标，公众的评价和反馈是政务微信不断创新服务、持续发展提高的强大动力。

（2）评价客体。即评估对象的问题，目前国内较有代表性的调研机构对政务微信等微政务评估对象的分类差异较大。这些机构的评估对象既有按微政务区域分布评估的，也有按机关部门、政务资讯类型评估的，又有按照行业系统、专业系统等进行分类评估的，还有从微政务用户行为进行考察分析的。但不管哪种类型的评估，至少都要对微政务服务的总体目标、服务流程、服务环节和服务效果，以及政务微信运维团队中各种人力、物力、财力、技术等资源进行考察评估。需要注意的是，由于微信不仅具有媒体属性，更具有社交和服务属性，因此，对于政务微信公众号的评估，除了阅读数、点赞数之外，还应通过适当方式对其媒体属性和互动社交属性等从多方面和多维度进行综合全面考察评估。此外，评估时要注意政务微信公众账号之间的布局和关联，避免仅对单个政务微信账号进行孤立的评估而造成账号之间各自为政、条块分割的碎片化布局和架构，从而不利于政务微信信息服务的协同关联与整体发展。

（3）评价指标内容。随着政务微信、政务微博等微政务越来越受到政府和公众的关注与重视，许多研究机构或官方媒体开始对微政务评估进行关注并实施。但由于政务微信等政务新媒体是国内外近几年才兴起的一种新兴电子政务服务方式，关于其服务质量和绩效方面的评估研究与实践几近空白。因此对政务微信信息服务绩效评估指标的研究，需要在广泛地开展实地调查和深入文献调研的基础上，广泛收集并充分借鉴国内外政务社交媒体信息服务绩效评估的有关资料和素材，为我国的政务微信信息服务和资源建设提供一个参照系统和方向指引，为我们构建一个科学、全面、切合实际的政务新媒体服务评估体系打下基础。纵观现有的关于政务微信等在内的微政务的各种评估报告发现，都不同程度地存在着评估指标体系不统一、互相之间没有可比性等问题。当前社会上公开发布的主要评估指标体系中，既有由阅读数、点赞数等组成的指标体系，也有由传播度、覆盖度、成熟度和影响力等指标构成的体系，还有根据微政务用户、互动、传播、成长、集群等指标进行考察，各个指标体系之间很难进行横向比较，各级政务也很难根据相关指标排名的同一性进行考核。因此，从规范考核的角度看，很有必要建立和完善一套适合我国政务微信普遍发展状况的评估指标体系。

（4）评价过程。尤其是要注意评价过程中主体之间的互动。政务微信信息服务评价过程中相关主体之间的互动主要包括评价组织方与政务微信运维部门、专家与公众之间的互动以及运维部门与评价主体之间的互动等。评价组织方的重要任务是开发出科学合理的评价指标体系和实施方案，这就需要评价组织方既要和政务微信运维部门保持充分互动以准确了解其服务的总体目标、服务项目的质量标准、服务流程、技术规范和运行现状等，也需要和专家、学者等保持互动以获取专业经验，同时还需要和广大用户保持互动以掌握受众对服务项目直接的最终感知。强调政务微信运维部门、专家、学者、受众和第三方部门等评价主体之间的互动，并不仅仅是简单地评价打分，还需要由此建立起政务微信运维部门对受众评价的反馈回应机制。从评价和反馈回应中及时了解社情民意，在为政务微信运维部门因客观原因造成服务质量问题提供解释机会的同时，寻找后续改进完善的方向和重点。

（5）评价结果应用。评价结果的正确合理应用是保障政务微信信息服务质量评价机制得以顺畅运行的关键，更是政府部门重视评价结果的动力所在。政府机构应将政务微信信息服务绩效评估的结果作为政府绩效评估的一部分，纳入绩效考核制度中，并将之作为奖惩考核的依据之一，从而起到督促激励作用。然而，评价并不是最终和最高目标，通过评估及时总结经验、寻找不足、弥补差距，并积极寻求解决之道，以评促建、以评促改，不断完善服务功能、提高服务水平，最终实现政务微信信息服务质量的持续提升才是核心和关键所在。作为一种外驱动力的评价机制，如何将之转化为政府部门持续改进公共服务质量的内驱动力，除了从利益角度以赏罚分明的激励机制实现二者的转换之外，关键是要充分发挥政府部门的控制机制，即通过内外部的及时、公开、有效监督，促使其持续改进完善政务新媒体的服务质量。

4.5.3　政务微信信息服务评估机制的系统构成及工作流程

1. 政务微信信息服务评估机制的系统构成

政务微信信息服务评估机制系统主要由指标评价机制、需求反馈机制、评价反馈机制、评价回复机制、评价分析机制、评价处理机制、矫正纠偏机制等构成，是一个连接政府各个相关部门、服务对象、评价实施单位、第三方机构、企业等组织的有机整体。该系统以政务微信信息服务的对象（包括广大社会公众、企事业组织以及政府内部机构和人员等）为中心，由评估实施单位（包括政府相关考评机构、独立评价机构和公众等）主导，以政府相关部门（包括政府监管部门、第三方机构、非政府组织、媒体机构、社会团体和公众等）为监督，政府相关考评部门对整个系统运行进行组织评价、监管和矫正纠偏等，评估实施单位在整个系统运行过程中起到执行实施的作用。整个评价机制系统构成如图4.5所示。

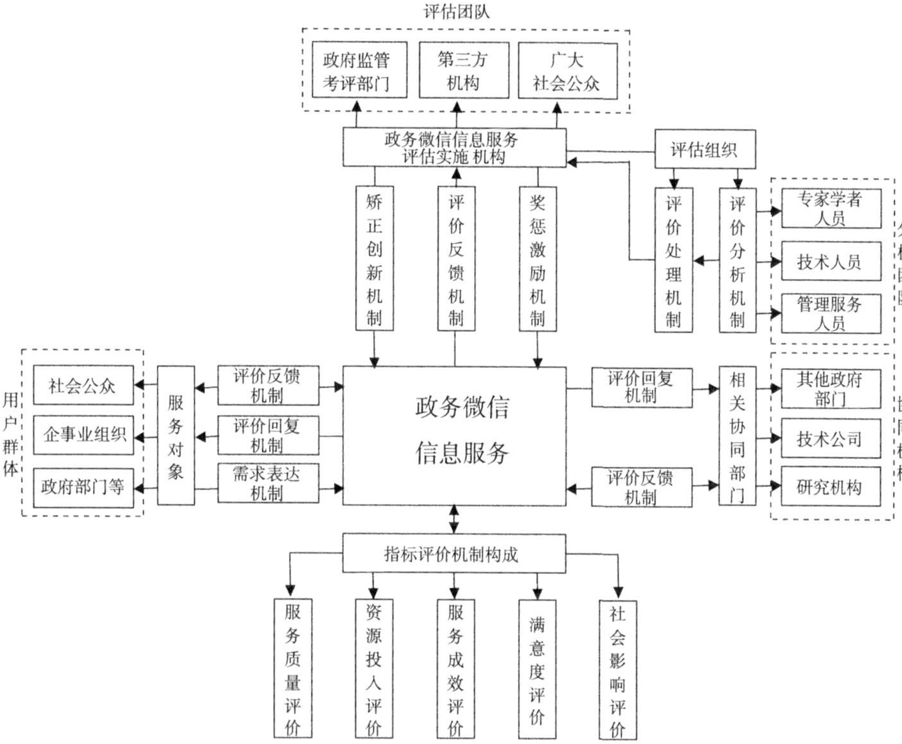

图4.5 政务微信信息服务评估机制的系统构成

实施者通过指标评价机制，将政务微信信息服务的各项评价指数统计公布，在与服务对象、相关部门的服务活动中充分交流、互动协调，并通过各种方式和手段广泛征集有关服务的评价与需求反馈信息，将评价信息反馈给相关部门，由其成立评价机制运行系统内的各界专家小组，组织分析评价，并建立公众需求反馈路径与评价工作程序，制定评价处理标准，形成矫正纠偏的服务规范和建议，在此基础上，不断提升政务微信信息服务的质量和效率，引导政务微信信息服务不断地向更高层面发展和推进。

2. 政务微信信息服务评估机制的工作流程

(1) 以信息发布为导向，创建指标评价机制。政务微信信息服务评价的过程本质上是一个沟通互动的过程，因此要坚持公开透明的原则，以信息发布为导向，将政务微信信息服务的总体目标、评价指标等信息通过各种方式公之于众，公开交流，取得公众支持，接受用户的检验和评议，用户对政务微信的服务供给、服务项目、服务模式、服务质量的要求、看法、观点、建议和意见等都要反馈发布，在政府部门、政务微信公众号以及广大公众之间形成良好的互动氛围，以便构建多元化、开放式、公正性的指标评价机制。

(2) 以公众政务信息需求为核心，建立需求表达机制。作为社会各种公共产品和服务的主要提供者，政府必须承担起这份责任和义务。同时，在移动互联网与各种微应用日益普及的今天，政府更应该积极抓住信息科技带来的契机，深入了解社会广大公众政务信息需求的重点、热点、难点和痛点等，准确把握新媒体环境下用户的需求规律、利用习惯和方式，及时满足公众的各种政务信息需求，充分保障公民的信息消费权益。当今社会，公众的政务信息需求日益多元化、个性化，对政府信息服务的能力和质量要求越来越高，只有坚持以公众需求为导向的原则，让人们充分自由地表达自己的需求，政务微信信息服务才有可能真正做到有的放矢、以人为本，提供的服务才能更具针对性和准确性，才有可能提高服务效率和效益，从而避免陷入“供需错位、供不适求”的怪圈。

(3) 以用户的满意度为基础，充分发挥评价反馈机制的重要作用。评价反馈是政务微信运维部门与公众之间的双向多维互动行为，评价反馈的内容包括政务服务需求信息以及发布的各项指标的初期值、末期值信息等。评价反馈在整个评价机制中具有重要的作用，对政务微信信息服务的供需双方而言，通过及时充分的评价反馈，使双方更加认清彼此应承担的责任与义务。在以用户满意度为基础的反馈评价中，实施者可以公开政务微信信息服务的总体规划目标、具体服务项目等，承诺提供怎样的服务、如何服务等，从而激发用户对政务微信公众平台投入更多的关注，激励他们以主体身份积极参与并融入政务信息服务的运行和建设当中。由于用户对政务微信信息服务供给持有一定的期望和要求，并通过他们的实际体验来感受最终的服务质量和效果，如果服务效果与用户期望一致，用户可能会产生满意感，从而促使他们自觉地参与到政务微信信息服务评价中，并积极地反馈需求信息；反之，如果实际效果达不到用户的满意程度，就可能出现投诉情况，用户会降低期望、减少使用甚至弃用政务微信公众服务平台。

（4）以专业、独立的评价组织为后盾，形成科学、合理的分析评议机制。分析评议机制是整个评价机制实施运行中最难实现的环节，需要考虑诸多因素并进行平衡、协调。不仅要把握主观评价与客观评价之间的平衡，政府评价与第三方评价、公众评价之间的平衡，还要注意把握评价对象中的政务微信运维部门、服务产品与公众之间的平衡，以及权威性与服务性、政务信息服务目标与公众满意之间的平衡等。因此，为了充分发挥政务微信信息服务的评价机制作用，有必要建立专业的、独立的第三方评价小组，定期组织多方力量对公众反馈需求进行广泛和深入的讨论、分析、评议、处理等，并形成评价性报告。为了确保评价的公正性和客观性，评价小组成员要涉及面广、来源广泛，既要有政府信息化专家、相关领域研究学者、政务微信信息服务的运营管理服务人员和信息科技公司技术人员等，还应考虑到社会广大公众、企事业组织、社会团体等主体的各方参与，形成评价成员多元化、评价方式多样化、评价目标一致化的分析评议机制。

（5）注重评价实效，推动矫正纠偏机制运行。矫正纠偏机制是政务微信运维部门通过各种渠道收集公众需求信息，并对各项服务初末期的评价反馈信息以及评价小组的评价报告，研究部署，对偏离公众政务信息需求的服务活动加以矫正、服务范围项目进行调整、服务流程进行优化等，对满足不了公众需求的服务及时进行改进完善①。同时，要把公众需求表达和反馈中的重要意见、建议纳入政务微信信息服务发展建设的规划设计当中，提高政务微信信息服务建设的实际成效，以最大限度地满足公众的政务信息需求，保障公众的信息消费权益。

（6）以便捷畅通的回复渠道为保障，推行评价回复机制。评价回复机制是实施者将经过评估机构组织评议、分析、处理的信息反馈回复给服务对象和政务微信信息服务相关协同部门的过程和制度。为了顺利推行评价回复机制，各个政府机构和政务微信运维部门不仅要设立便捷畅通的回复渠道，还应设置专兼职人员相结合的队伍通过各种形式和渠道负责受理公众政务服务需求信息和评价反馈信息，并通过各种媒体平台及时公布处理结果、实施意见等，切实保障公众的需求、反馈信息得到及时的处理并付诸于行动，以此激发公众反映、表达、反馈各种需求的强烈愿望，进而促使整个评价机制系统的正常运

① 张萍，孙红艳，李楠．浅谈图书馆公共服务评价机制之构建——以宁夏地区为例[J]．内蒙古科技与经济，2014（13）：111-113.

行。

4.6　政务微信信息服务反馈机制

健全完善的政务微信信息服务反馈机制是政府部门和社会广大公众之间畅通的桥梁，通过良好的反馈机制，公众可以及时获得真正需要的政务信息服务，政务微信运维部门可以及时地调整、完善服务内容与方式，不断地提升自身的服务能力和水平。良好的反馈机制不仅有利于满足公众基本的政务信息需求，保障公众的基本信息消费权益，改善政民之间的关系，而且将有效提高政府信息服务的能力和水平，有助于政府民主、科学地制定决策。然而当前尚不健全的反馈机制，导致了政务微服务建设缺乏系统性、规范性和可持续性，从而制约了自身的健康、持续发展。因此，加强对政务微信信息服务反馈机制的深入研究，深入探索建立、健全科学的政务微信信息服务反馈机制已成为政务微信信息服务体系建设中需要迫切解决的重要问题。

4.6.1　政务微信信息服务反馈机制的内涵

探讨政务微信信息服务的反馈机制问题，即着力探讨政务信息服务供给方和广大用户之间如何建立一个科学、合理的信息流动与循环机制，通过垂直流动或水平联动等方式，及时传播、获取有效信息。反馈机制是政务微信信息服务体系中的一个重要环节，若缺少或不健全，供给方与受众之间循环有序的互动就会中断，政务信息传播效果、服务效益就会大大削弱。在新媒体时代，构建合理的反馈回应机制，促进政务信息资源的自由、充分、合理流动是增强政府信息服务活力和创新的重要前提与条件。政务微信信息服务的本质决定了该项活动运行的动力机制是在根本上满足公众的政务信息需求。没有需求或者满足不了用户的需求，政务微信信息服务便没有存在的必要，自然难以长期存在和发展。可以说，用户的政务信息需求是政务微信信息服务得以发展的外在促动力，是政务微信信息服务系统发展获得外部资源的前提条件。政务微信公众平台正是由政府信息资源、社会广大公众和运维服务人员三方共同构成的有机结合体，而政务微信信息服务中的反馈机制正是其生存和发展的基本需要，与它自身的功能定位相一致。

政务微信信息服务活动作为一个新型的电子政务信息服务系统，有着独特的运行机制和规律，即只有在政务微信信息服务系统内外多方面充分结合、协同的基础上，才能形成良性的循环，进而促进系统的的高效运行。这一切内外因素的相互作用以及所表现出来的耦合关系共同构成了政务微信信息服务系统的反馈回应机制，只有遵循这样内在机制的政府信息服务系统才具有长久、持续发展的生命活力和动力。政务微信信息服务反馈机制是将广大受众、专家、第三方机构等各方关于政务信息服务的反馈与政务微信运维部门的信息服务活动联系起来的桥梁，它是体现政务信息服务传播双向性和互动性的重要机制。通过反馈，用户、专家、评价机构等表达他们对政务微信信息服务运维部门有讯息的意见和感受，运维部门借之检验服务效果是否理想、服务目标是否达到以及用户是否满意等，并实时了解受众的政务信息需求等，及时改进、优化自己的服务项目与内容。政务微信信息服务系统就是在运维部门与受众、第三方机构之间的持续互动中逐渐趋于合理，并不断地得到优化和提升。

政务信息服务的范围很广、内容丰富、项目众多、对象广泛，这就决定了政务微信信息服务不能搞一刀切，而要以用户需求为导向，以人为本提供多样化、个性化的服务，而这就必须依赖于反馈机制的正常运行，由此才能真正了解用户的所想、所需和所求。政务微信要实现主动式、立体化、个性化的服务目标，就必须建立面向用户多元化、个性化需求的服务反馈机制，从而为用户及时、便捷、高效地获取利用政务信息服务、真正满足用户需求创造条件。政务微信公众平台作为一个新兴的政务信息服务平台，它与广大用户之间的关系是平等的、独立的。反馈机制的存在与运行，保障了政务微信公众平台与外界之间的能量交换、信息交流、服务供给，是政务微信公众平台持续稳定发展的必要条件。政务微信运维部门利用微信公众平台的精准发布和深度互动优势，根据自身所提供服务的特点，将反馈控制原理有效地结合起来，拓宽并畅通了政民之间的信息沟通与反馈互动渠道。通过持续、有效的反馈机制，把公众政务信息需求和服务结果进行对比分析，找出差距与不足，及时调整、完善，并最终达到服务最佳、公众满意的效果。

4.6.2 政务微信信息服务反馈机制分析

1. 政务微信信息服务反馈机制中的反馈对象

政务微信信息服务是各级各地政府部门在国务院等有关部门的鼓励、推动、要求、监督之下，积极采用微信公众平台等社会化媒体，并联合其他政府部门或服务机构主动开展各种政务信息服务活动以满足社会公众政务信息需求的过程。因此，政务微信信息服务反馈机制中的反馈对象不仅有作为政务信息服务最终消费者的广大用户，还有作为监督考核评价方的有关政府部门、独立评价机构、社会媒体等，同时又有作为技术支持的信息技术公司、进行协同服务的其他政府部门和第三方机构等组织。但在众多的反馈对象中，用户是政务信息需求服务和评价体验反馈的中心和主体。以用户需求为导向的政务信息服务不仅要求其动力机制、协同机制等均要以用户需求为中心，而且要求其反馈机制、评估机制等也要以用户为中心。以用户为中心的政务微信信息服务反馈机制是指政务微信运维部门与广大用户之间围绕政务信息需求的提出与满足而形成的综合性协调互动机制，它既包含用户对政务微信信息服务的评价和监督，又包含公众对政务信息服务建设过程的关注和参与。只有全面、客观、准确迅速地了解并获取了广大公众的政务信息需求，政务微信运维部门才有可能为用户及时提供准确、有效的信息，推送多元化、个性化的政务服务，从而为政府信息资源的供给有效性和及时性提供强有力的保障。

反馈机制也对反馈对象尤其是用户提出了一定的要求和期望。首先需要有良好的沟通意愿，愿意向政务微信运维部门提供反馈信息以帮助他们持续改进其服务；其次需要具备一定的表达能力，能够完整、清晰地描述自身的需求、感受并准确客观地评价体验过的服务；再次是愿意接受政务微信公众平台上的全类型服务；最后，作为国家公民的用户，不仅是政务公共服务的消费者，同时也应是公共服务的支持者和参与者，甚至是生产者和提供者。前两项标准定义了用户作为反馈对象提供反馈信息的意愿与能力，后两项则反映了用户接受政务微信信息服务的广度与深度，直接关系到用户反馈的质量和数量。综合以上标准，根据用户向政务微信运维部门提供反馈信息的显露程度及其接受服务的充分程度，用户反馈可以划分为直接充分反馈与间接充分反馈、直接非充分反馈与间接非充分非馈等多种类型。将不同群体的用户置入反馈类型矩阵后，就可以准确地把握特定用户群的服务反馈类型，从而为全面深入地了解其服务需求并有针对性地改进完善服务提供了依据和可能。

2. 政务微信信息服务的反馈内容与方式

(1) 反馈内容。主要有用户需求反馈和评价反馈。政务微信信息服务的覆盖面广、涉及民众生活的方方面面，用户类型及需求多种多样。因此，为了准确把握公众的真实需求，基于用户完全背景需求的反馈内容不仅包括用户政务信息需求的范围、重点、难点，还包括服务的具体内容、项目、程序与形式以及用户的需求方式、使用习惯和行为规律等。政务微信信息服务评价的目的不是单纯地评出名次及优劣程度，更重要的是引导和鼓励被评价对象向正确的方向和目标发展。评价能否达到考核、改进、提高、完善的预期目的，关键取决于评价结果的反馈实施情况。用户评价反馈的内容不仅包括信息服务的数量与质量、服务活动的效益与效果，还包括用户利用服务时的感受和体验以及他们对服务改进的建议与对策等。此外，政务微信运维部门还要及时获取包括政府其他部门、第三方机构、社会公众等协同服务机构的反馈情况，在开发或改进服务项目时及时获取信息科技公司、研究机构等组织的反馈情况。

（2）反馈方式。任何信息服务要想取得较好的效果与反响，其基本前提就是要及时准确地了解其受众接受信息的基本需求及获得服务后的反应，并据此不断地改进完善其信息的提供与服务模式。从政务微信信息服务工作的实践来看，反馈主要是指用户对政务微信运维部门提供的信息服务模式、内容、效果以及信息服务态度所产生的评价性反应。根据方式、时效等差异，用户反馈可以划分为三大类型：①被动反馈与主动反馈。被动反馈是指政务微信运维部门主动向用户进行调查；主动反馈是指用户主动通过各种途径向政务微信运维部门提供自身的需求信息以及使用后的体验与感受等。②事前反馈与事后反馈。事前反馈是指在实际工作开始之前进行的反馈，是未来导向的，它比较适合于探索及创新服务项目、开发新的服务等方面。事后反馈就是通常意义上的反馈，是指服务活动发生及完成之后作出的反应。③单一反馈与系统反馈。单一反馈是指对服务活动的某一方面或少数几个方面的反馈；系统反馈则是指对服务活动多个方面或全方位进行相对系统、较为复杂的反馈。

由于我国政务微信信息服务的用户群体主要是年轻人，与传统的政务信息服务用户群体不同，他们普遍受过良好的教育，职业稳定、收入较高，乐于接受新的信息技术产品与服务等，他们对政务微信公众账号的内容关注较多、服务要求较高，这些特点决定了接受政务微信信息服务活动的用户反馈主要是以被动反馈、事后反馈和单一反馈为主，而以主动反馈、事前反馈与系统反馈为辅。但由于微信公众平台具有开放、平等、互动等诸多先天优势，如果运维部门需要用户进行主动性的、事前性的、全面性的反馈，完全可以通过适当的途径和措施实现这一目的。针对政务微信用户反馈的类型与特点，要想及时准确获得用户的政务信息需求及其对政务微信信息服务满意度的基本信息，就需要政务微信运维部门及时建立科学有效的双向反馈沟通互动机制，一方面需要政务微信运维部门主动地调查了解用户的真实需求及其满意度，即被动的信息反馈调查；另一方面当用户主动反馈的时候，不仅要重视用户的反馈，更要能够找到与相关部门直接沟通的渠道，主动收集反馈信息并及时解决用户的诉求。由于每种反馈类型各有其优势与不足，因此必须根据政务微信信息服务活动的目标和具体的用户群体及其需求特征等，采用合适的反馈类型与策略并将其有机地结合，才能构建起一个完整、系统而又科学的反馈系统，借此将政务微信信息服务活动与用户紧密地联系起来，使之在持续良好的沟通互动过程中相互促进、相互提高。

3. 影响政务微信信息服务反馈机制的因素

建立科学完善的政务微信信息服务反馈机制，必须首先认清影响公众信息反馈的重要因素，然后立足于此，着力提高信息传播与处理能力，提高互动沟通的质量和效率，进而保障政务微信信息服务反馈机制的有效运行。

（1）政务微信信息服务模式。政府信息服务模式决定了政务信息传播模式。分析政务微信服务过程中的信息传播模式有助于我们了解并发现微信朋友圈里面出现的各种传播问题，特别是在相对封闭的微信圈子里关于大众传播者及媒介组织的问题，所以政务信息的传播模式在健全信息反馈机制中非常关键。利用传播模式，可以进一步关注服务过程中的反馈及信息传播情景的影响，从而在传播实践中加以调节和控制，进一步为信息传播提供有益的指导，进而保证信息反馈能够给服务供给方提供更多的信息来源，以及反馈信息的直接性、即时性和可靠性①。注意到政务微信的信息服务模式及信息传播模式，充分了解政务微信信息传播过程，努力提高信息传播效率，才能有效地提高政务微信信息服务的质量和能力。

（2）政务微信信息传播渠道的长度。在信息传播过程中，传播渠道的长短和信息经过的组织层级多少严重影响着信息传播的效率和传播内容的真实性和准确性。渠道越长、层级越多，信息接受过滤的环节就越多，到达最终接收者的时间就越长，不确定性因素就越多，信息异化的可能性也就越大。传播渠道长短是影响公众信息反馈的一个重要因素。而微信公众平台上的圈子比较封闭、沟通管道信噪很小，用户可以与政府相关部门直接进行沟通互动，再加上平等、开放、便捷的传播空间就更有利于信息的传播和各媒介系统之间的充分互动，而微信的私密性则有利于开展平行双向的点对点互动。政务微信公众平台的平等、开放、共享属性打破了传统特权制度或人为设置的各种障碍，在政府与民众之间搭建了一个直接沟通互动的平台，拓宽了公众表达权益、反映诉求、监督参与的渠道，公众可以将各种信息及时反馈给政府，从而有效地改善了政民之间的信息传播活动，增强了公众对政府的认同感。

---

① 吴漫．论公共文化服务需求反馈机制的构建［J］．淮北师范大学学报（哲学社会科学版），2013（05）：50-53.

（3）政务微信信息服务传播渠道及方式的多元化。传播渠道是否多元、传播方式是否丰富直接影响着公众信息的反馈效果。随着公众多元化、个性化政务信息需求的日益增长，加之用户对政务微信信息服务的要求不断提高，因此根据公众所需积极开拓多元、系统且具有特色的传播渠道和途径，越发成为今后公众信息反馈机制建设的重心。伴随着移动互联网和社交媒体的迅速发展与广泛普及，公众对政务信息服务反馈的渠道越来越倾向于选择网络及微博、微信、客户端等各种政务社交媒体和社区。除了拓宽传播渠道之外，微信还应不断丰富自身的信息传播方式，积极设置议题，通过各种活动、投票调查、社群建设、奖励互动、趣味游戏、众包合作、线下活动等多种活动形式，提升政民互动的广度和深度，拉近政民之间的距离，实现一对一、一对多、多对多的线上线下互动沟通，提高反馈的质量和效率。

4.6.3 政务微信信息服务反馈机制的建立与运行

1. 政务微信信息服务反馈机制模型构建

根据以上分析和阐述，笔者构建了政务微信信息服务反馈机制的模型，如图 4.6 所示。上级政府中的相关监督考核机构按照国家有关政策规定对政务微信信息服务进行考核监督，并将考核结果及时反馈给政务微信运维部门，起到监督激励的作用；政务微信运维部门同其他政务微信公众号、政府网站以及其他政务新媒体等联合、协同服务，这些机构将协同服务的效果反馈回来，根据公众的需求相互协调、相互促进，共同提高政府公共信息服务能力；社会上的各种评估组织和研究机构通过独立的第三方评估并将评估结果适时反馈过来，起到督促提高的作用；政务微信运维部门根据广大用户反馈的政务信息需求，通过各种方式和手段及时满足公众的诉求；为了满足公众多样化、个性化的信息需求，政务微信运维部门需要同信息科技公司密切合作，进行定向或个性化的项目开发。最后，政务微信运维部门将以上所有相关各方的各种反馈情况及时转达给政府相关部门，并对反馈结果及时进行处理，制定并实施整改完善方案，进而不断地提高政务微信信息服务的水平和能力。

政务微信公众平台根据自身所提供服务的特点，将反馈控制原理有效地结合起来，拓宽并畅通了政府部门与广大公众、企事业组织、第三方机构等组织之间的信息服务通道和信息传递渠道，建立起以公众需求为中心的服务及质量跟踪与评价体系，有效地提高了政府公共信息服务的能力，及时地满足了公众的政务信息需求，积极地发挥了政务信息资源的效用，一定程度上缓解了政民

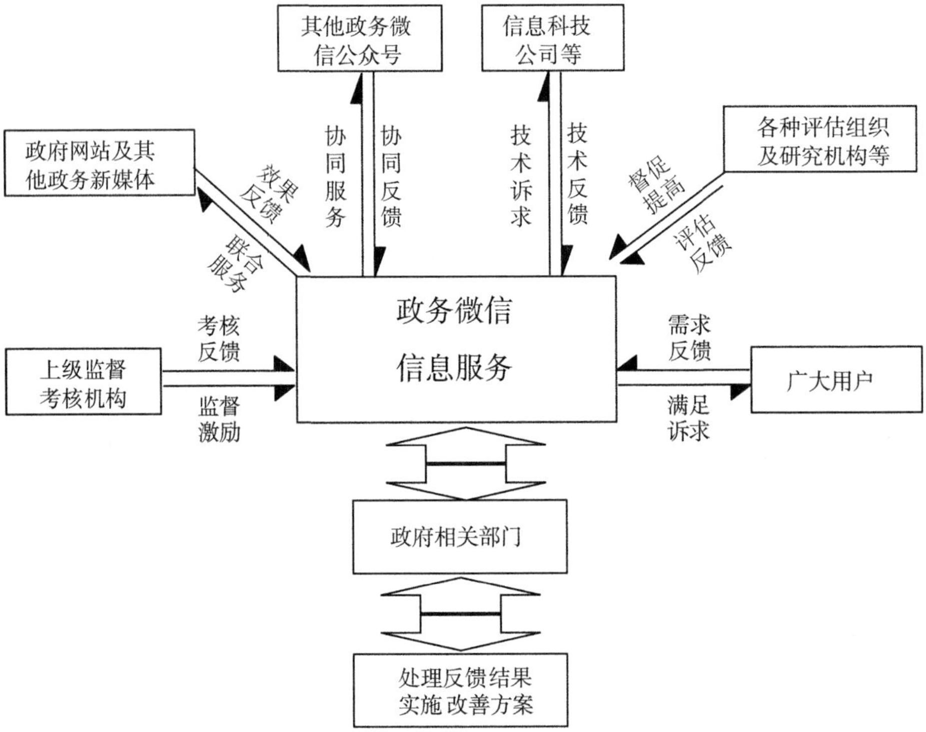

图 4.6　政务微信信息服务反馈机制模型

之间信息不对称的问题。政务微信运维部门通过反馈机制，把用户需求和服务结果进行对比分析，找出不足和差距，及时调整、主动完善服务项目和内容，努力达到公众满意的最佳服务效果，实现更好地为民服务的目标。

2. 政务微信信息服务反馈机制的运行

（1）构建完整高效的需求反馈体系。首先，应明确政府投入的主导作用，重视政务微信信息服务反馈机制的构建，将其作为重要的民生工程来扎实推进。其次，做好顶层设计，科学制定、合理规划政务微信信息服务设施布局机制，打破传统的条块分割、部门壁垒限制，实现关联式的整体布局设计，优化政府信息资源配置，实现政府服务职能的全覆盖。再次，应重视从各个渠道收集公众的政务信息需求、评价反馈，并构筑一个集收集、分析、处理、回应等于一体的完整的反馈信息处理系统。第四，要加强宣传、扩大政务微信公众平台的影响力，增强公众的参与意识，及时地将公众诉求、需求反馈等处理事项及结果通过微信公众平台、微博、网站等各种媒介予以公布，保证反馈处理结果切实落实。同时还应做好用户回访，维护、培育和激发公众表达需求、积极参与的意愿，提高用户的满意度。

(2) 建立专业的职能部门，加强人才建设，提升反馈机制效能。政务微信信息服务反馈机制的建立和运行，必须要有相关各方的反馈信息源源不断地输入反馈体系中才能使之正常运行。很多政务微信公众平台都很重视用户的意见和建议，也在平台上设置了一定的栏目或活动等，及时收集用户对政务微信各项信息服务的意见和建议。但这些只是被动的收集，相对整个政务微信信息服务体系来说远远不够，政务微信公众平台应建立专门的职能部门，主动收集、分析、处理用户提出的各种意见或建议，并把处理结果及时反馈给用户。同时，要让政务微信公众平台形成工作合力，使之更加积极主动地为公众服务，就必须进一步加强人才队伍建设，抓紧培养一批既熟练掌握新媒体运作技巧，又熟悉政府工作方式和公众需求，既能保持多元的关注视角，又可以利用多方信息来源的专业服务人才。反馈机制的运转需要能够适应政务微信运营要求的优秀团队和成员，只有做好每个用户群体的沟通与协调工作，才能保证公众反馈信息得到及时收集并有效处理。此外，加强培训教育，努力提高政务微信信息服务人员的新媒体素养、沟通协调能力和对政府政策的敏感度，促进服务人员知识体系全面化和服务技能专业化也是反馈机制建设的必然要求，更是政务微信信息服务人才建设的未来趋势。

(3) 采取合理激励措施，激发反馈机制活力。社会公众是政务微信信息服务需求反馈的不竭源泉。在政务微信公众平台推出的各种信息服务内容和项目中，要突出信息服务活动的针对性与实用性，纵向上提高信息内容主题的深度和广度，横向上打破同一服务项目在不同政府部门之间的界限，为政府信息资源的充分利用和反馈信息的获取拓展空间。扩大公众积极参与政务微信信息服务活动的互动、反馈范围，对政务微信信息服务建设提出高质量建议性意见或建议、长期积极参与监督政务微信信息服务质量并给予建议的用户，指出现行服务体系或模式中重大问题与疏失的用户或机构等，政务微信运维部门都应予以适当奖励，奖励形式既可以以荣誉，又可以以物质等形式实现。同时通过奖励赠送、优秀用户、荣誉市民等方式加强互动，吸引公众，建立活跃的互动氛围，努力提升公众对政务信息服务需求的意识与表达能力，这对于政务微信公众平台打造新的服务品牌，塑造新的形象，提高平台服务效能将起积极的推动作用。此外，要积极推动和完善政策保障建设，研究制定一批免税、免费、优惠、奖惩等相关激励政策，营造有利于政务微信协同服务网络体系建设的政策环境，形成政府主导、企事业组织、非政府组织、第三方机构、社区和公众个人等社会各方力量共同参与、协商和对话的理性互动制度与框架，通过一系列的责任联动和组织保障机制、经济补偿和典型激励机制，激发社会各方积极参与到政务微信信息服务的建设和发展中。

(4) 健全完善反馈制度。政务微信信息服务反馈机制运行的常态化，必须要有一系列的规范制度使其规范化、系统化、持续化。政务微信公众平台要想获得健康、长久持续的发展和进步，必须通过良好的反馈机制不断地调整、完善服务中的各种缺点和不足，努力提高平台的服务能力和水平，最大限度地满足用户的信息需求。在反馈机制的运行过程中，用户和政务微信公众平台是相互促进、相互成长的，公众的反馈不仅会督促政务微信公众平台及时提高其服务质量，同时公众反馈的及时解决也会提高公众对政务微信信息服务的满意程度。反馈制度的建立和完善是至关重要的，虽然有些用户反馈意见或建议的处理、实施需要多方协同改进才能产生作用，但完善的反馈机制的运作使得政务微信运维部门和公众共同努力，促进政务微信信息服务水平不断提高。

4.7　政务微信信息服务运行机制总体关系图

政务微信信息服务系统作为一个包含诸多不同种类、不同层次要素的复杂系统，应当参照复杂系统的处理办法，利用整体论和还原论相结合的方法对其进行综合分析，即应该根据政务微信信息服务系统所处的环境和服务活动的整体过程两个方面来构建各个运行机制之间的整体关系图，据此本书构建了政务微信信息服务运行机制的总体关系图，如图 4.7 所示。

在图 4.7 中，动力机制位于底层，是整个运行机制的基础和前提，它在为其他各个机制提供动力的同时，还要根据不同政务微信公众平台的发展目标和阶段、信息服务能力和要求等科学、合理地协调、配置人、财、物、信息、技术等各种资源，从而形成不同的动力配置和动力合力，以支持并推动政务微信信息服务工作的平稳、健康发展。协同机制、共享机制、评估机制位于中间层，政务微信公众平台本质上是一个政务信息传递、沟通、交流、互动、分享的信息集合中心，是政府为了更好地满足公众的政务信息需求，积极采用社会化媒体主动搭建的为民服务的新型高效平台。为了最大化地发挥政府信息资源的最佳效益和最大价值，取得公众满意的服务效果，政务微信公众平台需要与政府其他部门、企事业组织、第三方机构和社会广大公众等紧密协同、密切配合，形成一体化、立体式的综合服务能力。同时，要对政务微信信息服务活动

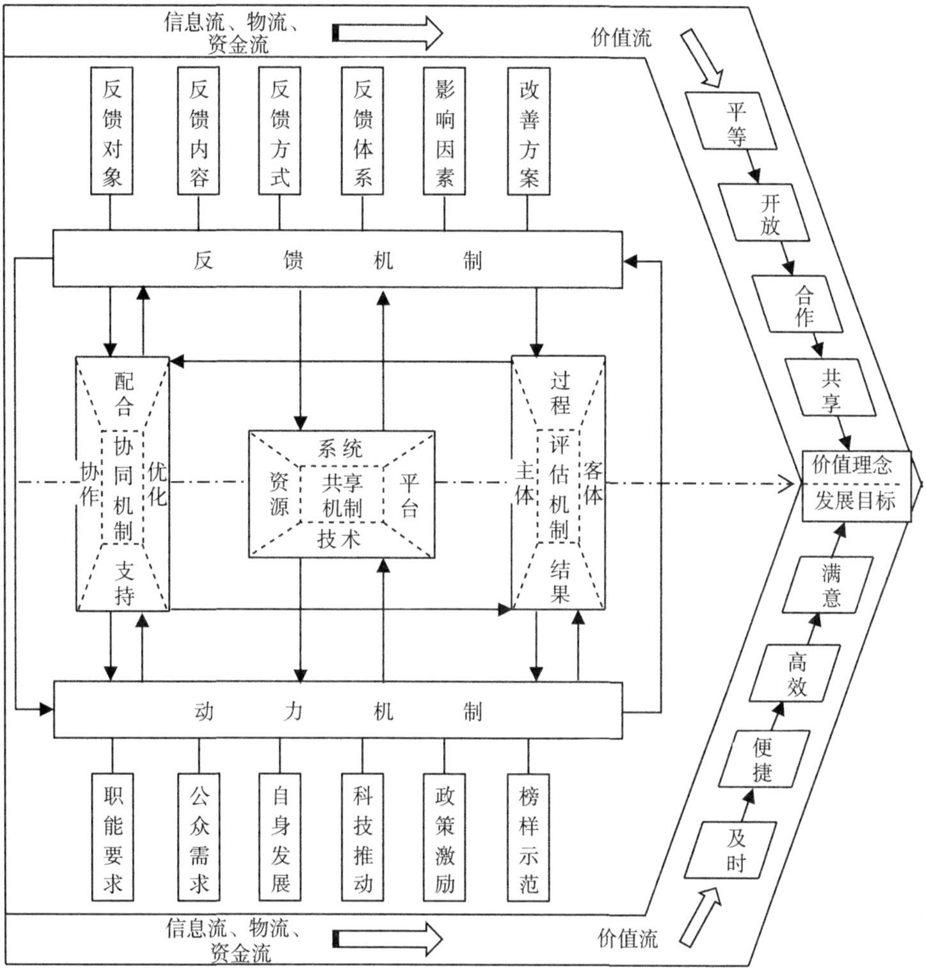

图 4.7 政务微信信息服务运行机制总体关系图

的效果及时进行科学、客观的评价，实时跟踪、收集、分析公众的政务信息需求反馈与变化，主动改善信息服务的质量，不断提高信息服务的能力和水平。反馈机制位于顶层，是整个运行机制的中枢神经，监测着整个信息服务活动的全过程；它不仅对动力机制的分配与调控状况进行监测反馈，同时也对服务的整体协同程度和效果进行实时的反馈，更要对整个服务活动的评估结果、共享效益等进行有效地反馈回应。各个机制之间通过影响、约束、激励、调节、推动、促进等运行关系紧密地联系在一起，并相互配合、相互适应而不断地提高系统的整体性效能。整个政务微信信息服务系统的各个运行机制都为实现政务微信公众平台的整体服务目标和价值最大化而发挥着各自的作用，它们之间在信息流、资金流和技术流的作用下相互联系、相互影响、相互制约，构成一个综合的复杂有机整体，共同推动着政务微信信息服务系统的健康运行和持续发展，真正地实现了政务微信公众平台“以人为本、用户至上、注重服务、突出互动”的价值理念和发展目标。

4.8　本章小结

本章在前述章节分析的基础上，重点研究了政务微信信息服务的 5 种运行机制。分别阐述了动力机制、协同机制、共享机制、评价机制、反馈机制的概念和内涵，分析了各个运行机制的内容和特征，构建了每种机制的模型。重点分析了动力机制的动力来源、要素结构、运行过程，研究了协同机制要实现的目标和策略，分析了共享的主体、基础、内容、特征、影响因素和共享机制的建设与优化，阐述了评估机制的理论基础和内容、系统构成及工作流程，介绍了政务微信信息服务反馈的对象、内容、方式、影响因素和反馈机制的运行策略等，最后基于系统和价值角度分析并构建了政务微信信息服务各个运行机制之间的总体关系图。

本章起着承上启下的重要作用，运行机制既是政务微信各种信息服务模式顺利实施的重要保障，又是研究政务微信信息服务质量影响因素及其评估的重要理论基础。

第5章　基于信息生态因子的政务微信信息服务模式分析

政务微信作为一种新兴的政府信息传播工具和政民互动平台，对政府信息服务工作产生了巨大的推动作用和深远影响，对政府信息服务工作提出了更高要求，给政府信息服务模式带来了新的变革。这些都要求政府机构必须紧跟新媒体发展的时代潮流，加强顶层设计和整体布局，加快政府信息服务工作的转型与变革，创新信息服务工作机制和方式，不断探索创新政府信息服务的新模式，努力开创数字化时代政府公共服务的新格局。本章旨在探讨政务微信信息服务模式，从信息生态因子视角提出四种信息服务模式，对之深入分析并以实例进行研究，以期为政务微信信息服务活动提供可行的模式与框架。

5.1　政务微信信息服务模式的提出

随着政务微信的快速发展，以政务微信、政务微博等为代表的微政务集群模式逐渐成形，它们更多地代表政府发声，日益成为政府信息服务和公共服务管理的有效模式。借助微信，政府部门可以更好地开展政务信息公开、政府公共服务、政民互动、舆情引导与监控等信息服务工作，从而使之成为继政府门户网站、政务微博等之后的又一新兴重要信息服务平台。政务信息具有政治性、权威性、综合性和层次性等特征，政府公共服务具有广泛性、公益性、非盈利性和共享性等特征。与传统的政府公共服务相比，政务微信信息服务具有移动网络化、全天候、跨地域、深度互动、公开透明、优化整合、综合高效等诸多优势。但由于不同地区经济社会发展水平差异和不同政府机构的职能差异等导致公众对政府信息需求重点会有所侧重，他们对政府信息服务质量和水平要求也会有所不同，这就要求政务微信信息服务机构要根据不同用户群体的信息需求重点和利用习惯差异等，提供不同层次、不同形式的信息产品和公共信息服务，由此就会形成不同的信息服务模式。深入探讨政务微信的信息服务模式，不仅有助于提高政府信息服务的质量和水平，更好地满足公众多样化、差异化、个性化的信息需求，而且有助于提高政务微信信息服务工作的效率、效益和价值等。

以提升公共服务能力为目标的政务微信信息服务是一个较为复杂的过程，它不仅涉及服务供应主体，更关乎广大微信用户；它不仅重视公共信息产品及服务内容，更在乎服务过程中的沟通与互动；它不仅要促进各个信息人更好地生存发展，也要促进各个信息生态因子协同发展；它不仅需要先进的信息技术的支撑，更需要有一个良好的政务信息生态环境的支持；其服务质量不仅体现在过程中，更体现在结果中。政务微信具有精准化的信息推送功能和精细化的办事服务功能，各个政务微信公众平台根据自己的职能定位和用户群体开发并呈现出不同的功能。各个信息主体对政务微信信息服务活动过程中各个要素的重视程度不同，就会形成不同的信息服务模式。它们根据自身的组织结构、职能范围，用户信息需求特点和信息素养等，结合拥有的信息资源，充分利用先进的信息技术和政务微信公众平台的优势，有针对性地选择适合自身功能发挥的信息服务方式和途径，从而选择适合自己的具体的信息服务模式。在当前的政务微信信息服务活动实践中，既有不少政府部门基于其主要服务对象，即用户的个性和共性需求而在政务微信公众平台上开展各类政务信息服务活动，又有一些政府部门基于公众日益增长的综合性政务信息服务要求而加强与之相关或相近部门政务信息资源的共建共享力度，在政务微信公众平台上为用户提供综合性的一体化服务，从而提高政府信息资源利用效率。还有一些部门综合利用各种新兴的信息智能技术，尝试通过政务微信公众平台为公众提供智慧化的信息服务等。据此，笔者在对政务微信信息服务信息生态系统和新媒体环境下政府信息服务模式研究成果进行深入分析的基础上，结合政务微信信息服务活动的实践调研和访谈情况，从信息生态四要素出发，即从信息用户个性化需求、政务信息资源共建共享要求、信息智能技术推动和政务信息服务生态环境协同发展视角，分别以各个信息生态要素为基点，提出了政务微信信息服务活动的四种模式，即基于政务微信用户个性化需求的定制式信息服务模式、基于政务信息资源共建共享要求的一站式信息服务模式、基于信息智能技术的智慧型信息服务模式和基于政务信息生态环境协调发展的协同式信息服务模式。

5.2　基于政务微信用户个性化需求的定制式信息服务模式

长期以来，多方面的因素制约了我国政府信息服务的发展和进步。这里面既有政府自身的原因，又有用户方面的问题，还有一些是由公共服务基础设施薄弱等原因造成的。首先，政府信息资源分布广泛、数量庞大、内容丰富、形式多样、异构性强、有序性差、质量参差不齐，政府公共服务涉及社会的方方面面且与公众的生活密切相关；由于针对性不足，传统的政府信息服务既不能有效满足公众个性化、差异化的信息需求，又面临着严重的质量与效率问题，整体服务能力和质量都无法有效满足公众的信息需求。其次，公众对政府信息服务的要求越来越高，多样化、个性化、特色化需求日益凸显，但同时又由于用户自身信息素养和信息能力的差异，很容易出现信息迷失、信息迷航等情况而难以获得他们需要的信息服务。最后，由于社会信息化整体程度与公众信息需求仍有差距，再加上公共服务基础设施薄弱等种种原因都在一定程度上影响和制约了我国政府信息服务工作的发展。

然而，随着我国信息化进程的加快、公共服务设施的逐步完善，特别是移动互联网技术、信息传递技术、数字技术等信息技术的发展与变革，给政府信息服务工作带来了新的契机。以微博、微信等为代表的新媒体广泛地应用于政府信息服务工作，为用户个性化定制服务在政府信息服务中的推广与使用提供了便利条件。个性化定制服务是信息化时代的一个基本特征。社会经济的进步催生了社会广大公众更多的信息需求，导致用户对政府个性化信息产品与服务的需求大增，而信息技术的进步则极大地降低了政府机构生产个性化、差异化的信息产品和提供特色化、个性化信息服务的成本。因此，在当今的大数据时代，在政府信息服务活动中，积极利用政务微信等政务社交媒体大力发展推广个性化定制信息服务十分重要。个性化定制政务信息服务是建立在对用户细分和政府数字信息内容分类及定制的基础上，深入研究用户的行为和习惯，针对用户的特定需求选择最重要的信息资源，为用户提供一对一和多对一的特色、专属服务，真正地体现了“以人为本”、尊重用户。政府个性化定制信息服务真正贯彻了以用户需求为中心的服务理念，能够有效满足用户的个性化、差异化需求，为用户提供了最大限度的方便快捷，是政府信息服务工作未来发展的重要趋势。

5.2.1 政务微信用户定制式信息服务模式的内涵

政务微信信息传播具有精准性、信息服务具有精细化特征，微信的信噪很小、信息达到率很高；政务微信的地方化属性很强，部门职能性导向突出。此外，政务微信以同事、亲朋好友为代表的“强关系网络”社交为主，以陌生人关系为代表的“弱关系网络”社交为辅，再加上政务微信公众平台强大的互动功能，使得政务微信运维部门发展和推广用户个性化定制的信息服务模式具有天然优势。

邱宗国认为定制化信息服务是指信息服务商为了满足企业对信息服务的特殊需求，通过对企业当前及潜在的信息需求进行研究，运用多种信息搜索技术、数据挖掘技术、分类技术等，对互联网环境下的信息资源进行检索和分类，从而为企业提供个性化信息服务的一种服务方式①。胡昌平等认为信息定制服务方式是通过搜集用户的学科、研究方向、使用习惯和兴趣等特征，以用户定制为前提，以网络通信为手段，并利用智能代理、信息推送、信息挖掘等新兴技术，为用户提供针对性极强的个性化信息服务②。根据以上定义，结合政务微信信息服务的实践和特点，笔者将政务微信用户定制式信息服务模式定义为政务微信运维部门及工作人员为了满足用户对政府信息服务的特殊需求，通过对用户当前及潜在信息需求研究，结合用户的使用习惯和政务微信信息传播的特点与规律，运用各种技术和方法策划、组织、生产出符合用户特定需求并适合微信公众平台传播的政府信息产品或服务项目，从而为用户提供一种具有较强针对性的个性化信息服务。

这个定义包含三层内容：①深入分析用户当前的政府信息需求、努力挖掘潜在政务信息需求，这是开展政府个性化定制信息服务的前提和基础，只有真正搞清楚用户的真实需求并预测到用户以后可能的信息需求，才能有目的、有针对性地开展后续工作。这是定制式信息服务成功的关键。②根据用户需求，结合本部门的职责范围和功能，策划、设计、整合、创新适合政务微信公众平台传播的信息服务项目与内容，将搜集和保存的各种政务信息资源按照用户的利用习惯和规律进行整理、加工。③微信本身是基于信息技术进步而发展起来的，政务微信个性化定制信息服务更离不开各种信息技术的支撑。因此不仅要借助各种方法和技术科学分析、深入挖掘用户的各种信息需求，并对搜集到的各种信息资源进行再编辑、再加工，而且还要采取各种服务策略和方式将符合用户特定需求目标和习惯的信息产品推送给用户。

综合以上分析，可以看出政务微信用户个性化定制信息服务是以用户需求为中心，依据用户需求建设政府网络信息资源，努力实现政务微信信息产品与用户特定信息需求之间的精确匹配和有效供给。

---

① 邱宗国．互联网环境下中小型企业定制化信息服务模式研究［D］．武汉：华中科技大学，2012：9.

② 胡昌平，张晓唯．基于潜在需求的定制信息服务推进［J］．情报资料工作，2008（3）：90-93.

5.2.2 政务微信用户定制式信息服务的过程与特征

1. 政务微信用户定制式信息服务的过程

定制式信息服务简单地说就是预先准备很多服务项目，用户可以自由选择部分或者全部服务，进而满足其特定或定制需求的目标。因此，适宜的信息服务项目是定制式信息服务模式成功运行的基础和关键。基于微信用户个性化需求的定制式信息服务项目流程设计可以使政务微信运维部门的内部管理通过流程的规范和不断改造，不断适应微信用户的多样化、个性化信息需求。定制式信息服务模式“始于用户、终于用户”，即先从深入了解用户需要、准确把握用户特定需求开始，按照用户自身需求或定制要求，通过实施内部质量控制，为用户提供适合其特定需求的，同时也是用户满意的服务。为此，在流程设计时要掌握几个基本原则。①以用户为导向。定制式信息服务的关键是以用户为中心，最大限度地满足用户特定的政务信息需求。所以以用户为导向是定制式信息服务流程设计要遵循的基本原则。②以流程为中心。坚持以流程为中心的原则就是政务微信运维部门的管理方式要从以任务为中心改造成以流程为中心，将原来的一个个孤立的职能任务连接成能够满足用户特定需求的表示任务之间关系的流程。③以人为本的团队。整个流程需要政务微信运维团队的全体人员来完成，因此在流程的设计中，要贯彻以人为本的团队式管理精神，注重团队的整体作用，注重团队成员的配合。

定制式信息服务项目设计流程分为三个阶段：信息服务项目与内容的创设阶段、服务项目的调整和完善阶段、服务项目的固定和优化阶段。第一，在政务微信信息服务项目与内容创设阶段，需要完成区别用户群体和明确服务建设目标工作。在区分并明确用户群体的基础上，深入分析用户的需求情况和使用特征，根据本部门承担的社会职能任务，结合政务微信公众平台的功能和特点，开发、设计、创新个性化的信息服务项目和内容。第二，通过试运行，了解用户反馈情况，检验创设项目是否能够满足用户的特定需求；若无法满足，则需要进行职能反思，修改或重新设计服务项目，尝试、探索满足用户特定需求的服务内容与项目，并不断改进完善。第三，当用户需要内容或习惯发生改变以及政府部门职能出现调整或转型时，信息服务项目和内容也要随之进行调整和完善；最后在用户持续不断的反复反馈和效果评估的基础上，固定服务项目并不断优化服务内容。具体的项目设计流程如图 5.1 所示。

从政务微信运维部门的角度看，有了一定数量的、切合用户特定需求且运

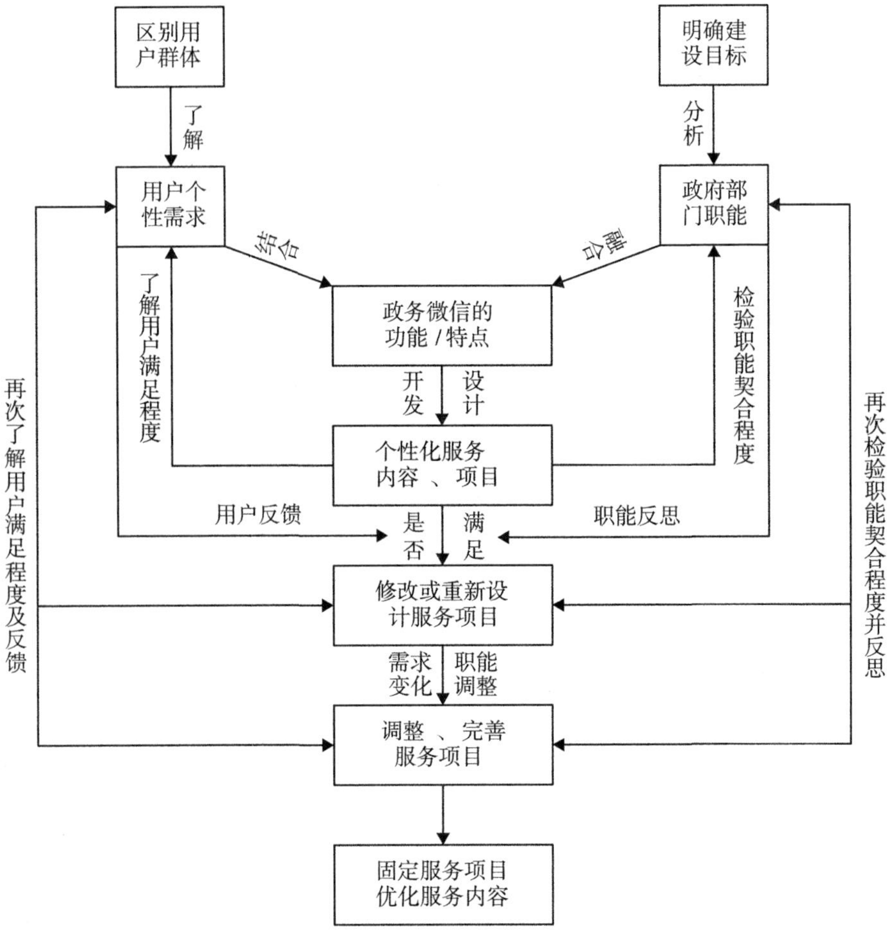

图 5.1　政务微信用户个性化需求的定制服务项目设计流程

行稳定的信息服务项目之后，就具备了开展定制式信息服务工作的基础。首先深入分析用户的信息需求，根据用户的特定或定制要求，结合本部门推出的政务微信信息服务项目，有针对性地搜索、采集、加工、整理信息，并以用户乐于接受的形式且便于微信公众平台传播的方式，把与用户特定需求相匹配的信息内容或信息产品提供给用户。整个服务过程分为用户需求分析、信息准备、交互与信息整合、信息产品交付与反馈四个阶段。首先是对用户的特定或定制要求分析。这个阶段要加强对微信用户的研究。用户研究既是一项重要的、长期的任务，又是一个基础和前提性的工作。要深入调查研究用户的信息需求情况，切实从用户的角度去感受体验，挖掘出真正适合各类用户需要的信息。用户研究主要包括用户类型研究、用户信息需求调查分析、用户获取信息研究、用户吸收信息的机理研究、用户信息心理研究、用户信息保证研究、信息培训研究、用户研究方法论以及社会因素对用户的影响研究等。为了准确把握用户的真实、特定需求，需要对用户的信息需求作完整背景的理解分析。当用户没有能力或无法清楚、准确地表达出自己的真实需求意愿时，就需要信息服务人员结合用户的个人实际情况从专业的角度提出建设性的、有利于用户特定需求的个性化方案；同时，用户要对该方案作出详细的评估，通过双方的互动沟通，直到方案能够完全满足用户的特定信息需求。其次是信息准备。通过搜集、整理、编辑、加工等手段和措施，获得并生产新的信息，这些信息可以作为初版产品交付给用户。初版信息不一定能完全匹配、满足用户的特定需求，但可能会引导用户作更进一步的信息探索。信息准备阶段的目标就是在一定存储量的条件下，使加工、处理的信息对用户特定需求的总体价值最大。再次是交互与信息整合阶段，包括用户交互或理解特定用户需求，用户获得与需求匹配的信息，判断用户是否满意三个步骤。这一阶段是一个循环过程，其中第一个步骤最为关键，即通过与用户的充分互动、准确地理解用户的真实特定需求，以便后续工作的目标明确。第二个步骤是根据用户的特定需要，利用信息准备过程中获得的信息进行必要的再搜集、再整合、再编辑、再加工，以获得与用户特定需求尽可能匹配的信息产品并进行预交付，信息再生产过程需要在已有信息存储之外进行额外的搜集和整合工作。第三个步骤是要判断用户对提交的信息成果是否满意，用户满意就结束这个过程；如果不满意，则进入本阶段的下一次循环，再次开始需求交互过程。这一阶段的工作目标是使最终整合所得的信息对用户的特定需求价值最大，并使用户满意。最后是信息交付与反馈阶段，包括按照用户要求交付信息和引导用户反馈信息。前者是按照用户希望的形式将用户认可的信息产品交付给用户；后者是引导用户对获得的信息及交互过程及时进行反馈，以便提高信息一次生产过程的质量，并改善定制式信息服务的质量。整个服务过程如图 5.2 所示。

2. 政务微信用户定制式信息服务模式的特征

了解并掌握定制式信息服务模式的特征，可以提高政务微信定制式信息服务的多样性和针对性，从而提高用户对政务微信信息服务的满意度。政务微信用户定制式信息服务模式具有以下四个基本特征。

（1）以微信用户的现实政务信息需求和潜在信息需求为中心，以解决用

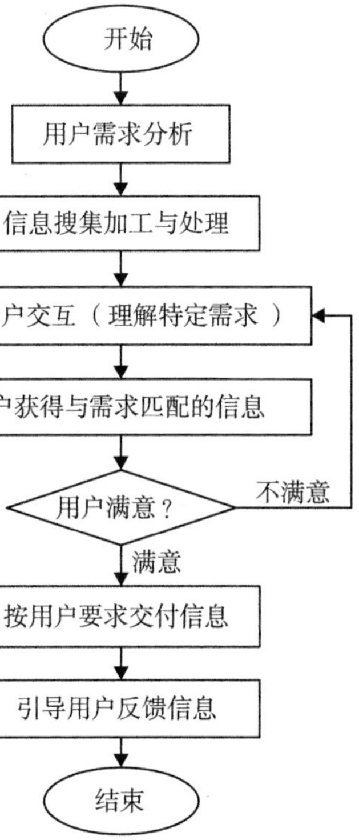

图5.2　政务微信用户个性化定制信息服务过程

户的特定问题为目标，能为用户提供个性化、特色化、多样化的政府信息服务，能随时随地满足用户的特定信息需求。政务微信运维部门重视信息服务产品及项目的开发与创新工作，要能够根据特定用户群体的特殊需求对政务信息服务项目、产品和内容等进行定制化生产。

(2) 它是一种基于微信公众平台应用的服务模式，微信软件的深度互动和精准发布功能是其关键所在。通过政民之间的深度互动不仅可以了解用户的特定信息需求，还可以就信息服务过程中的各种情况和问题进行及时反馈、调整和完善等；利用精准发布功能可以准确收到用户的信息需求并可以将加工好的信息产品准确地推送给用户。两种功能极大地提高了政府信息服务的针对性和质量。

(3) 可以为用户提供多种服务方式，让用户拥有更多的选择权。定制式信息服务模式是一种量身打造、有需有供的服务活动，能够给用户带来个性化的、独特的体验和感受，并且用户可以将这种美好的感受与他人分享，即积极地转发、扩散、传播，进而产生放大效应。

（4）定制式信息服务是一种高水平、高智能的专业劳动。它需要政务微信运维团队成员具有较高的媒体素养、较强的沟通协调能力、丰富的专业知识和技能、对政府政策具有较高的敏感度以及强烈的服务与奉献精神等。这种劳动比有形的生产劳动和无形的服务具有更大的价值和更高的要求。

5.2.3　定制式信息服务的内容与技术基础

1. 政务微信用户定制式信息服务的内容

根据政务微信公众平台的特点和目前我国政务微信信息服务的实践，可以将定制式信息服务的内容分为以下三个方面。

（1）政务信息资源定制。传统的政府信息服务系统界面如政府门户网站等为社会所有公众用户都提供了大量、丰富、统一的信息资源和服务等，几乎很少考虑用户的地域、专业、层次、具体需求等个体特征，而基于用户个性化需求的定制信息服务模式则可以根据不同地域、不同层次用户的具体需求情况和个体特征，为他们量身定做，推送符合用户个性化需求的政务信息资源，如关于政府某各部门业务、主题或功能方面的方针政策、文件资料、要求流程、网络链接、数据资源等，从而实现个性化、精细化的定制政务信息服务。政务微信运维团队可以在后台通过用户管理分析，根据性别、地域、习惯等人口属性对用户进行分类，对共性需求与个性要求进行有效分类，推动整合平台实现共性需求，通过一对一互动实现个性化要求。最终通过提供精准化的信息推送，提高政府信息的传递效率和服务效果。

（2）政务微信信息服务项目定制。个性化服务项目定制是指政务微信用户根据自身需求在政务微信公众平台上选择和定制不同的政务信息服务项目或产品。政务微信平台的开放、平等、互动、共融属性完全可以实现满足用户个性化需求的信息服务项目定制功能。例如政务微信运维团队可以将信息服务过程中用户经常碰到的一些问题或困惑进行归类，或者将这些问题和解决方法汇集到一起生成“常见问题解答服务”（即 Frequently Asked Questions，简称 FAQ 服务）；或者是提炼出这些问题的关键词形成关键词库，让用户提供回复关键词或关键词代码即可获得相应服务。例如今日要闻解读，这是政务微信平台根据用户关心或需求的有关最新发生的要闻大事或近段民众关心或热议的话题等搜集、选择、汇集、整合相关信息资源及链接等提供给用户。又如政务微信专题定题服务等，用户可以定制政务信息资源内容、信息服务时间、信息发布形式等。通过个性化服务定制，让用户在适宜的时间得到其所需要的特定信息服务。

（3）政务微信信息服务功能定制。比如微信公众平台上的检索功能定制、用户生产内容等。个性化的检索定制服务是指用户将自己的需求提供给政务微信公众平台，进而使用平台上的检索功能，对用户所需的信息或服务进行搜集、检索的活动。用户生产内容是将用户 DIY 的内容通过政务微信公众平台进行展示或提供给其他用户。

此外，随着微信技术的进一步发展和政务微信“项目引导、众包协作”工作机制的建立与完善等，还可以尝试针对政务微信某些特定用户群体的信息服务页面定制、系统界面定制等。

2. 政务微信用户定制化信息服务模式的技术基础

个性化定制服务是基于现代网络技术、通信技术、计算机技术等信息技术而建立起来的。基于用户个性化需求的定制信息服务必须借助一定的技术手段来实现，个性化定制信息服务的内容和形式也会随着技术的发展而不断变化。目前支持政务微信用户个性化需求的定制信息服务技术已经基本成熟，其中主要包括智能代理技术、数据挖掘技术、信息推送技术和信息过滤技术等。

（1）智能代理技术。智能代理源于人工智能领域，其本质是由程序员根据用户的信息需求编写的指令代码，这些程序一经写出就被发布到互联网上自动执行，需要用户的干预和指导。在当前信息环境下，智能代理是一种能够根据用户定义从互联网信息资源库中寻找用户所需要的信息，从而完成委托任务的一个计算机系统，它是用户和网络信息资源之间的媒介。它能主动根据用户的定义和兴趣从网络中寻找信息，代替信息服务者检索信息的工作，并引导、代替用户访问信息资源和自动反馈①。智能代理技术应用涉及用户信息需求分析、归类、存储、网络信息检索以及需求结果的匹配和发送等信息服务的各个方面。将智能代理技术运用到政务微信信息服务领域将会大大提高政府信息搜索的自主性、灵活性和精确性。

（2）数据挖掘技术。数据挖掘源于知识发现，是指利用各种数据库技术、人工智能、统计等技术在专业人员的协作下从大量的、不精准的、随机的、模

① 邱宗国．互联网环境下中小型企业定制化信息服务模式研究［D］．武汉：华中科技大学，2012：17.

糊的数据中提取人们感兴趣的、具有潜在价值的信息和知识的过程①。政务微信信息服务过程中利用数据挖掘技术可以挖掘用户特定的信息需求，建立用户信息模型。数据挖掘以其强大的数据分析功能，将在政务微信定制式信息服务过程中，对政府各种信息进行有效的整合处理，可以为政府管理决策提供一定的科学依据、为广大公众提供优质高效的信息服务。

（3）信息推送技术。信息推送技术的目的是为了提高互联网环境下的信息获取效率，从而更有效地为用户提供快速的信息服务。简而言之，信息推送技术就是信息服务提供者通过一定的技术标准或协议，从互联网上的信息资源或信息加工者那里获取信息，然后通过某种方式或策略向用户发送信息的一种新型信息传播技术。其关键是能够根据用户的需求，主动地将最新的信息根据用户的定制分门别类地传送到用户的计算机中，有效地改变用户获取信息的方式，从而较大幅度地提高了互联网信息的使用效率②。

（4）信息过滤技术。信息过滤技术是指系统按照一定的标准，筛选出不相干的信息单元，仅保存个性化信息，一般根据用户的关键字段，提取权重比较大的关键词作为筛选条件，每个筛选条件描述一个方面的信息需求。它是一种系统化的方法，将用户需求与动态信息流进行匹配计算，从信息流中抽取出符合用户个性化需求的信息并将其传送给用户③。

此外，还有垂直搜索引擎技术、RSS 信息聚合技术、过程跟踪技术、安全身份认证技术、数据加密技术等。

5.2.4 “广东天气”定制式信息服务模式分析

“广东天气”微信公众号在策划和运营过程中别出心裁，将天气信息服务实现了定制化服务要求，告别了微信内容“图片+文字”的单调形式，推出了多项紧贴用户需求的订阅服务，见图 5.3 所示。

天气状况时刻都在发生着变化，导致天气类信息对时效性有着极高的要求。在同一时间段内，天气状况也会随着地域的变化而有很大的不同。此外，随着社会的发展，人们的活动范围越来越大，空间转移所需的时间越来越短，

---

① 邱宗国．互联网环境下中小型企业定制化信息服务模式研究［D］．武汉：华中科技大学，2012：18.

② 邱宗国．互联网环境下中小型企业定制化信息服务模式研究［D］．武汉：华中科技大学，2012：18.

③ 李东林．中文信息过滤技术的研究与应用［D］．鞍山：辽宁科技大学，2006：20.

图 5.3　“广东天气”微信公众号

受众对天气类信息的要求也越来越高，以往以地级市或者省会城市作为播报对象的天气预报，已经远远无法满足广大受众的需要。天气信息的精确化、实时性播报成了天气预报服务的新趋势。凭借微信公众平台可以实时互动的先天优势，站在受众的角度，“广东天气”微信公众号开通了信息精确化定制服务，用户通过输入城市名称或者城市电话区号，另外还可以语音输入城市名称，私人定制该地的天气信息，用户可以随时获取该地一周内的气温、降水、舒适度等各项数据，为用户的衣食住行安排提供了参考信息。此外，该公众号虽然为广东省气象中心的官方微信且名称也限定为“广东天气”，但借助广东省气象中心强大的技术和资源优势，该公众号的服务范围并不只局限于广东省内，上述的定制服务可以覆盖全国 2000 多个县级以上城市和世界上其他的主要城市。

此外，2014 年年初，“广东天气”全新打造“缤纷微天气”，一改传统的微信平台按钮式菜单和自动应答式服务，从用户的感知出发，强化用户界面美工设计，制造炫酷的崭新体验，带给用户强烈的视觉冲击。同时将所有功能模块集成于一个页面展示，实现了各个功能模块的高度集约和协同运作，在全国气象部门尚属首创。在“缤纷微天气”界面中，除了基本的气温、降水信息外，还有天气趋势、卫星云图、雷达图、防御指数、台风路径等，实现了信息聚合的同时，一定程度上还起到了普及气象知识的作用，让广大受众不仅知道“是什么”，还进一步了解了“为什么”。此外，整个界面作为一个结构单元，用户可以通过微信的分析功能，把整块信息分享到朋友圈，或者直接发送给微信好友。用户也成了该公众号的推广者，不仅扩大了服务的范围，而且也可以通过酷炫的界面吸引更多的订阅用户，增强自身的影响力。除了上述个性化、可视化服务外，“广东天气”微信平台还推出了各种微信订阅、定制服务，用户可以查天气、查预警；可以通过“生活助手”栏目，订阅天气短信；也可以通过“微谈天气”栏目获取图文并茂的温馨提示和人文关怀，包括出行、健康、饮食、养生、运动、休闲、穿衣、洗晒等各式各样、丰富便利、生动有趣的信息。

可以看出，“广东天气”微信公众号紧紧抓住了当前微信公众号众多、信息繁杂的特点，从受众的角度出发，把受众由原来的信息被动接受者，逐渐转化成信息的主动获取者，用户不再需要在众多的公众号中找寻自身所需，而是主动找到特定公众号，获取私人定制的服务内容。“广东天气”真正从公众的个性化需求出发，努力将专业性很强的气象知识变得更通俗化，让用户听得懂、用得着，真正成为百姓生活的好参考、好帮手。

5.3 基于政务信息资源共建共享的一站式信息服务模式

5.3.1 政务微信一站式信息服务模式的内涵

政府部门一站式服务产生于英国，其实质是对政府服务内容的集成、服务过程的整合以及服务流程的再造。政府一站式服务的前提是与公共权力相关的公共事务服务必须由政府最大限度地有效提供，但必须借助计算机、互联网等现代信息技术通过网上办公与服务才能得以实现。为此，需要对政府的现有组织结构、各种服务功能、运行方式、行政流程等进行重组、整合、优化与创新，使其满足公众对政府一站式服务的需求，适应经济与社会发展的要求。因此，政府一站式服务的实质不仅仅是对政府管理运作与服务功能的电子化，更是通过对政府传统管理服务模式的改造与发展。

以政务微博、政务微信等为代表的政务新媒体推动电子政务发展到了一个全新的阶段。政务微信的快速发展与广泛应用，不仅使政府部门之间的信息沟通与资源共享更加及时、便利、高效，而且使政府随时、随地、为任何人服务变成现实，为民众更加广泛地了解、参与、获取政府信息资源及服务工作提供了非常便捷、有效的渠道，从而对政府信息服务的深化和提高起着强有力的推动和促进作用。根据政府一站式服务的内涵，结合政务微信信息服务的特点，笔者将政务微信一站式信息服务定义为政府将各个部门的行政审批项目、各种便民服务业务等经过联合、整合、创新等，统一集中到政务微信公众平台上，简化管理服务程序，实行一个平台受理、一个窗口对外、一条龙服务、限时完成，使公众能够在微信公众平台上得到所需的全部服务。其目标是凡是有政务需求的用户，只要他进入某个政务微信公众平台，所需服务都可以在该微信公众平台上全部办理完毕。其实质是政务信息服务在微信公众平台上的集成与整合，通过阳光、透明、快速、高效、规范化的服务，实现了用户与政府部门"一对一"精准化服务的目标。事实上，不少省市县区已经利用政务微信公众号虚拟现实和虚拟空间的特性，进一步打破时空限制、突破政府部门传统的组织边界，将那些与公众生活密切相关的户籍、教育、兵役、就业、生育、收养、纳税、社保、医疗、卫生、出入境、社会救助、住房等各种民生公共服务整合、汇集到综合性的政务微信公众平台上，使公众足不出户，通过政务微信平台就可以办理之前需要到多个部门且耗时又费力的诸多个人事项，获得了用户的高度认可和积极参与。整合性的政务微信综合平台为广大公众提供了一站式的服务功能，账号整合与功能整合也成了政务微信公众号发展的大方向。

2015 年以来，随着政务微信公众号的进一步整合以及服务功能的逐步完善，越来越多的综合性政务微信平台开始不断涌现，基于用户需求构建的综合性服务平台迅速增多，越来越多地为广大公众提供了综合性的一站式、一体化服务。政务微信一站式信息服务改变了原来等待群众上门服务的工作方式，拉近了政民之间的关系和距离，极大地提高了政府信息服务的水平和质量。政务微信通过挖掘用户共性需求与个性需求、通过整合功能和综合服务，更加贴近公众，服务更加及时、高效，一个互动的、友好的、精简的、高效的、透明的、廉洁的、综合性的"移动服务型政府"在微信公众平台上已经隐然初现，政务微信一站式信息服务模式逐渐成熟。

5.3.2　政务微信一站式信息服务的内容与特征

1. 政务微信一站式信息服务的内容

依据政府与公众之间的关系以及服务成熟程度，笔者将政务微信一站式信息服务模式的内容划分为信息发布服务、信息指引服务、在线办事服务以及沟通互动服务四种。

（1）信息发布服务。政务微信的主要功能之一就是政务信息发布，也是政府通过微信公众平台为用户提供的最基本的服务。政务微信具有传统的纸质媒介、电视、广播、政府网站等无法相比的诸多优势，使它几乎可以不受时间、空间、发送形式、容量、成本等限制，能够将包括国家的大政方针、政策文件规定、时政新闻、政府信息等在内的全部政务信息采集起来并向特定的用户群体精准推送，通过微信能够使公众获得其真正关心的各种政务信息，实现了政务信息发布的实时性、针对性、广泛性和易获取等目标。

（2）政务信息指引服务。由于我国条块分割的行政管理体制造成政府信息发布或公开往往在部门与部门之间是相对分开的，这种现象在政府部门的管理、服务方面尤为突出。这种情况常常会使公众由于不清楚政府部门设置及功能而导致其难以得到自己所需的信息或服务。正因为如此，政务微信一站式信息服务模式中的政务信息或服务指引就会显得格外重要，由于它把原本分散的部门和职能重新集成、整合到一个平台上，使用户可以方便地了解获取其需要的信息和服务。其中，主题树和微信矩阵是运营实践中两种比较典型的指引导航方式。①主题树方式。这种方式是将政务信息按照一定的规则进行排列，形似一棵树，用户可以从头至尾逐个浏览以查找自己想要的信息，然后通过主题树上的链接到达自己所要前往的网页或部门。②微信矩阵模块。目前国内大多数一站式综合性的政务微信公众平台采用微信矩阵方式，即将该行政辖区下的所有开通了政务微信公众号的政府、局委办、重要机构等集中展示在平台界面上。每个账号又采用抽屉式导航为用户指引其发布的信息或服务，通常是在窗口界面顶端或底部设置三或四个一级栏目，每个一级栏目再通过抽屉式导航又设置了数目不等的二级栏目，二级栏目里面又通过宫格式导航设置了若干个三级栏目等。

（3）办事服务。信息技术的发展使公众对政府的在线服务数量和质量有了更高的要求，他们希望随时随地都能获取到所需的政务服务。政务微信平台上可以提供的办事服务主要有办事指南和在线办理两类服务。①办事指南服务。政务微信运维团队将各个政府部门的机构设置、功能职责、为民办事服务的各种规章、制度、政策、法规、程序以及注意事项等办事指南按照服务项目、类别分类展现在政务微信公众平台上，为公众主动、自主获取政务服务提供指导和帮助等。②在线办理服务。政府职能的网上平移和创新催生了在线办理这种电子化、移动化的办公服务，政务微信在线办理内容包括交通、就业、社保、医疗、教育、卫生、婚姻、个税、住房等诸多服务事项，几乎涵盖了民众生活的所有方面。此外，还有企事业等机构网上咨询、申报、审批以及采购等诸多内容。总之，所有用户都可以在政务微信平台上就自己关心的事项向政府有关部门咨询相关的政策、法律、法规、程序等，及时了解相关的信息、获取需要的政府服务。

（4）沟通互动服务。微信的强互动属性不仅可以让政府部门及时获取公众的信息反馈，实现公众对政府事务的参与和监督，而且可以通过个性化的深度沟通，为用户提供一对一的精准化服务，提高政务服务的针对性和有效性，从而改善政民之间的关系。政务微信平台上政民沟通互动的方式主要有自动回复和人工回复两种，用户不仅可以直接通过相关栏目咨询相关部门、与之沟通互动，而且可以通过微信平台上的专门互动栏目。如大众论坛、活动报名、投票调查、领导信箱、公众参与、百姓评议、网上投诉、直播访谈、奖励赠送、趣味游戏等途径及时反馈沟通，还可以利用微信的添加、转发、收藏、分享等功能与亲朋好友互动交流。

2. 政务微信一站式信息服务模式的特征

政务微信一站式服务将关注的重点从政府服务提供方转向用户需求方，即服务中心节点从政府及其职能部门转向了公众。为了使用户获得更多更好的服务，不断提高公众的满意度，其服务方式更加灵活、便捷，服务项目更具个性化、人性化。其特点主要体现在以下四个方面。

（1）坚持以用户需求为导向。政务微信一站式信息服务的目的就是最大限度地从用户需求出发，以公众利益为中心设计微信办事服务功能，减少公众在不同部门之间来回奔波的劳累，从而提高办事服务效率、降低运营成本、改善服务质量，最大限度地提高政务服务效益。

（2）高度的整合化和智能化。高度的整合化表现在政务微信一站式信息服务平台集中并整合了多个政府部门的不同职能，让公众享受到政府提供的一站式“打包”服务。此外，一站式服务与现代信息技术的紧密结合为构建智能化的政府一站式服务创造了契机。智能化服务可减少整个过程中人为因素的影响，智能引导使政务微信信息服务更加公开透明、科学合理。高度智能化的服务对压缩管理环节、优化服务流程、提高服务质量、提升政府形象等都发挥了重要作用。

（3）打破时空限制。政务微信一站式信息服务充分利用各种现代信息技术的先进成果，使政府服务不再受到时空的限制，让公众可以通过任何一种上网终端随时随地访问政务微信公众账号，搜索服务事项，享受政府实时服务，即每天 24 小时，全年 365 天，只要能接入互联网或移动终端，都可以随时随地获取到政府服务。

（4）提供个性化定制服务。在政务微信一站式信息服务模式下，政府的服务意识、服务能力和水平都有了显著提升，不仅能够为公众提供“一对一”

“多对一”的个性化服务，还可以根据用户的个人情况或服务需求主动提供特色化的定制服务，从而极大地提高了政府信息服务的针对性和用户的满意度。

5.3.3 政务微信一站式信息服务模式的基本框架与结构

1. 政务微信一站式信息服务模式的基本框架

政务微信一站式信息服务方式是建立在微信公众平台前台+后台、单窗口+一站式服务模式的基础之上，充分利用微信等信息技术成果，使政府以社会公众的政务信息需求为导向、随时随地为用户提供各种政务服务，具有显著的集成化、智能化、个性化、自助化等特征，因此研究政务微信一站式信息服务模式离不开一站式服务框架。政务微信一站式信息服务模式将政务微信平台分为前台和后台两部分，前台直接面向用户承接服务请求和返回处理结果，后台是实际执行部门对各种服务需求、任务的处理。政务微信一站式服务是按照一定的集约手段重组并整合前台（服务事项）、后台（流程处理）和渠道建设等方面，进而努力提升政府信息服务水平，提高工作效率。

政务微信一站式信息服务是建立在信息资源共建共享的基础之上，不仅要求前台具有较强的信息沟通共享能力，包括前台对用户信息需求数据的收集、整理、分析、归类、存储等，还需要后台政府信息资源数据库与用户所需信息数据的搜索、定位、匹配、输出等。为此，政务微信运维部门要通过服务流程设计与再造使微信公众平台的前台能够接受更加多样化、大量的信息，增加服务项目、扩大业务办理范围，降低成本、提高效率。同时通过政府部门之间的信息共享，减少各部门后台之间的信息交换量，提高信息交换速度和共享效益，提高沟通管理效率；通过打破部门之间壁垒、简化业务流程，提高服务能力和质量；通过营造良好的公共服务环境，与公众建立良好的关系，为公众提供更具综合性、整体性和个性化的一站式服务。

政务微信一站式信息服务的前台表现形式是政务微信公众平台。政务微信公众平台的规划和设计直接影响到一站式信息服务的效果。其规划布局是否科学、栏目设置是否合理、服务事项是否易于操作、查询功能是否便捷、信息量是否充足丰富、互动功能是否亲民等都关系到一站式服务的效果与质量。一站式信息服务后台管理主要是政务信息服务流程的设计与再造问题。政务微信一站式信息服务流程再造原则上要求政府管理服务者围绕着用户、服务项目和过程等实施再造，而不再以传统上的组织职能为导向。政务微信公众平台提供统一入口，实现一次性获取用户需求信息，然后在后台按照业务归属对信息进行分类处理并反馈结果，用户可以在微信公众平台前台窗口查阅处理情况。政务信息服务流程再造实质上是一个创新的过程，因此需要在开始之前作深入细致的分析并进行彻底的梳理，如再造流程的选择、服务功能的整合、业务项目的集成、人员技能的培训、内外部条件的准备等。然后再根据用户服务要求和技术条件科学评估具体服务，确定流程再造的范围与项目；最后利用信息系统获取关键数据，分析流程再造是否达到了预期目标。流程设计与再造是否成功的关键就是在小范围内、试点再造项目，通过试运营并收集试点数据进行分析，确定设计再造的绩效并及时改进、完善结果。整个政务微信一站式信息服务模式的基本框架如图 5.4 所示。

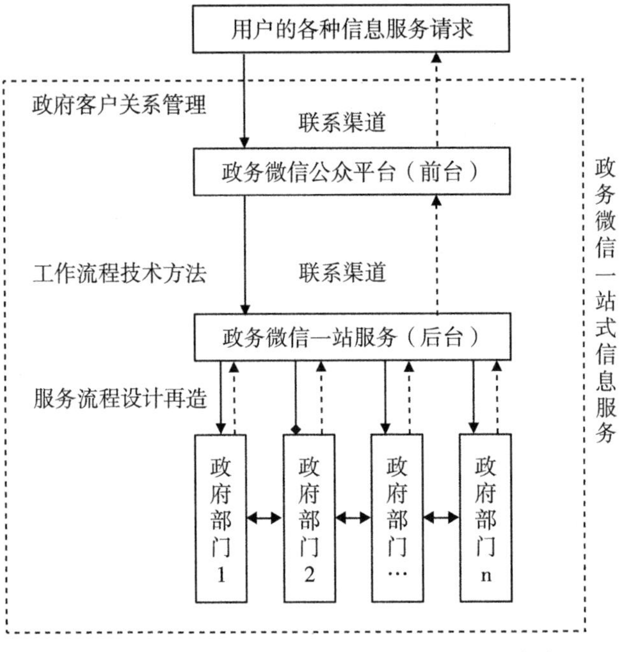

图 5.4　政务微信一站式信息服务模式的基本框架

在图 5.4 中，实线箭头方向表示广大用户的各种信息服务请求流向，虚线箭头表示政务微信平台响应用户信息需求的流向；用户通过政务微信公众平台向政府提出服务请求，政务微信平台将服务请求传递至后台，各个政府部门在后台共建共享信息并及时进行公共事务处理，然后将处理结果返回至前台以响应用户的服务请求。

2. 政务微信一站式信息服务模式的结构

目前，国内综合性的政务微信公众号推出的一站式、一体化信息服务模式主要有微信矩阵模块结构和问政树模块结构两种形式。

(1) 政务微信矩阵模块结构。微信矩阵模块结构是指将某一地区所有相关的政务微信公众号集中展示到一个综合性的政务微信公众平台上，微信矩阵模块不仅包含所属行政辖区、各个局委办公室、一些重要机构，而且还包括其他一些承担有民生服务功能的微信公众号。这样就可以极大地减少用户在微信平台上搜索该地区其他政务微信公众号时由于账号名称输入不准或者不了解而导致查询失败的麻烦，提供一键查询账号、查看账号历史消息的功能等，用户甚至可以直接进入所查询的账号进行关注，如图 5.5 所示。具体来说，用户只需点击主页面的“微信矩阵”，便能看见“区县”“委办局”“重要机构”等模块下对应的微信公众号。用户可以点击其中的任何一个微信公众号的图标，便可以快捷地进入到该公众账号的历史消息页面，并在打开任意一则消息、点击账号名称，就可以即刻对其进行关注。

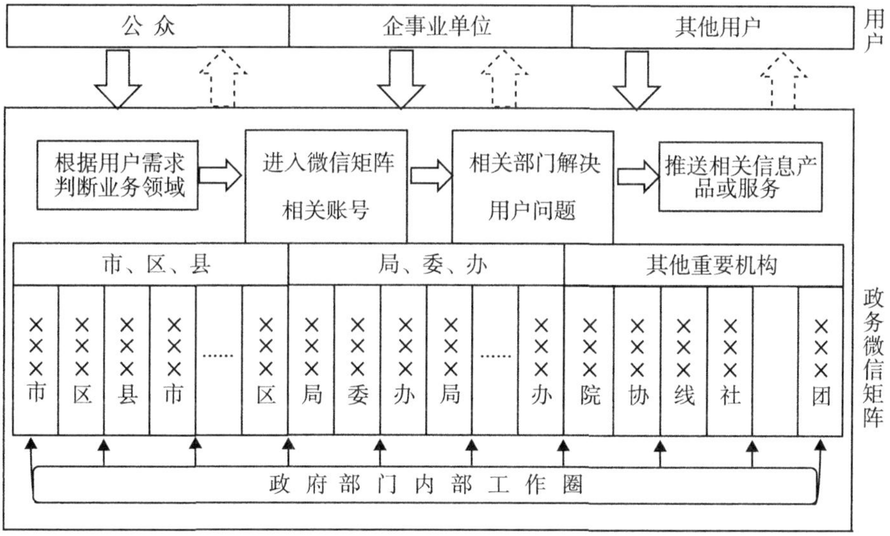

图 5.5 政务微信矩阵模块结构

(2) 政务微信问政树模块结构。问政树模块结构是针对具有多种公共服务职能的政府部门而形成的一种一站式、一体化服务模式，它将用户办理业务时可能会遇到的各种情况设置成一个个子模块，再根据业务种类或用户利用频率等进行分类，最后以树形形式形成一个业务指引图。比如以某地公安局的出入境业务为例，其政务微信问政树模块结构如图 5.6 所示。

5.3.4　“广东发布”一站式信息服务模式分析

2014 年 7 月 10 日，广东省人民政府新闻办公室的官方微信账号“广东发布”正式上线。依托广东省人民政府网和“网上办事大厅”功能，“广东发布”开设了全国首个全省“微信办事大厅”，在全国率先实现全省微信办事，可办理 21 项个人业务。该功能一经推出，便获得了网友们的高度认可和参与，当日粉丝上涨近 700 倍。

“广东发布”除了常见的信息发布、意见征集、活动参与等功能外，在微信基础功能上进行了二次开发，积极开展平台创新服务应用。“广东发布”设置有“微办事”“微发布”“微活动”三大板块，在“微办事”板块下面设置有“广东省网上办事大厅”“微信办事”“政务微信大厅”“政务微博大厅”等栏目，在“微发布”板块下面设置有“广仔问不倒”“民生问答”“你不知道的广东”“创+专题”“微视睇广东”等栏目，在“微活动”板块下面设置有“书信征集”“2016 泛珠大会”“两会聚焦”“我想要的广东发布”“电子会员卡”等栏目。如图 5.7 所示。

进入“广东发布”的“政务微信大厅”，便可以看到广东政务微信矩阵里面为用户推荐了“订阅号推荐”“服务号推荐”“我的朋友圈”三大类政务微信公众号。在“订阅号推荐”里面，不分先后共集中展示了“广东发布”“广州地铁”“广东地税”“广东旅游”“平安南粤”“广州消防”“广东番禺发布”“广州南沙发布”“江门交警”“清远旅游”“深圳卫生监督”“深圳教育”“幸福福田”13 个订阅号。在“服务号推荐”里面，共集中展示了“广东电网”“广东天气”“粤国资清风”“广货网上行”“广东联网售票”“广州教育”“广州公安”“廉洁广州”“广州图书馆”“深圳司法”“深圳国税纳税服务”“深圳公安”“宜停车”“东莞 12355”“清远市人民医院”“佛山水业”16 个服务号。在“我的朋友圈”里面，共集中展示了“中国广州发布”“深圳发布”“珠海发布”“佛山发布”“河源发布”“梅州发布”“惠州发布”“掌上汕尾”“莞香花开”“中山发布”“江门发布”“美丽肇庆”“清远发布”“揭阳发布”14 个地方人民政府的政务微信公众号以及“广东禁毒”“广东教育”“广东共青团”“广东青年之声”“广东妇联”“广东药检”“广州健康通”“健康深圳”“行讯通”“广州慈善”“肇庆市旅游局”“广东邮政微邮局”“南方人才网”

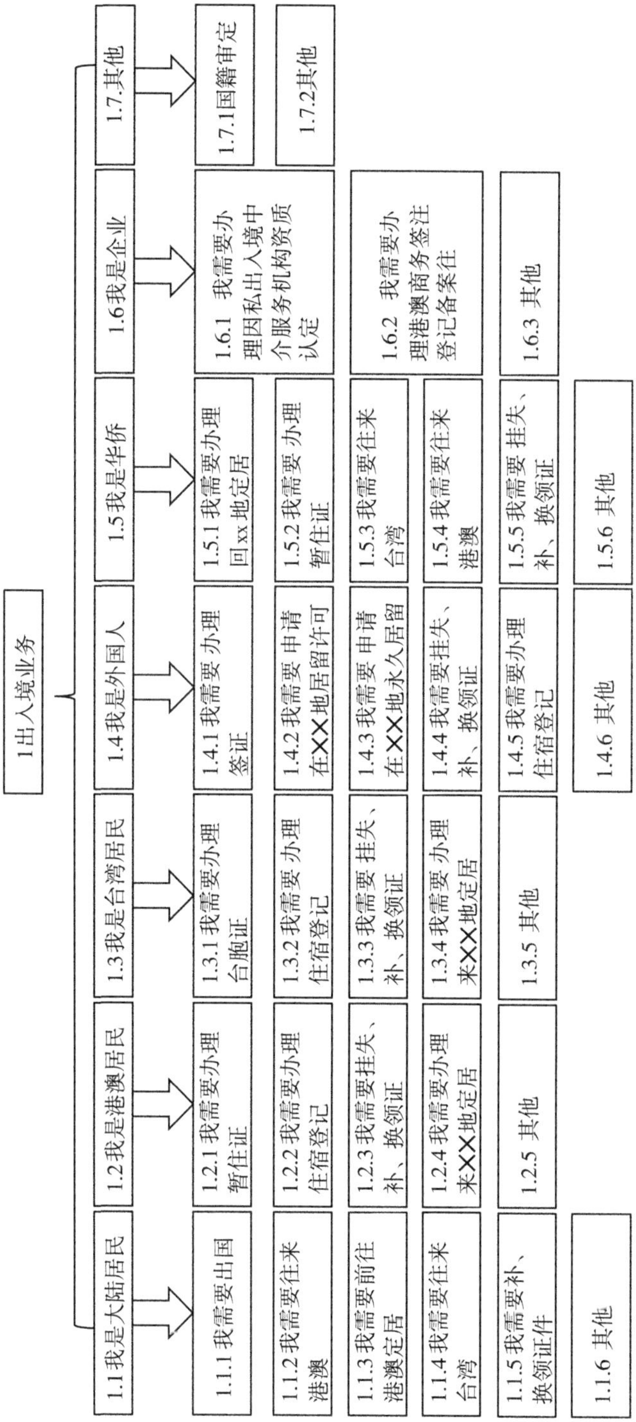

图5.6 政务微信问政树模块结构

图 5.7　“广东发布”界面及栏目设置

“绿色出行部落”“广州市少年宫”15 个承担一定公共服务职能的政务微信公众号。如图 5.8 所示。

图 5.8　“广东政务微信矩阵”

“广东发布”加大政务微信功能创新，把民众生活密切相关的生育、收养、户籍、教育、兵役、就业、纳税、社保、出入境、社会救助、住房、司法公正、职业资格、消费维权、文化体育、知识产权、民族宗教、医疗、死亡殡葬、交通以及其他服务事项集中起来，使用户通过广东省网上办事大厅微信接口这个入口就可以办理21项个人事项，用户足不出户，通过政务微信就可以办理之前耗时又费力的诸多个人事项。“广东发布”不仅创新政府公共服务模式，同时也是重要的权威信息发布渠道，其内容侧重于重大时事热点、民生新闻、便民信息、趣事乐事分享等。它承载着传播广东省全省重大政务消息的任务，因此“广东发布”尽力在第一时间将重大时事热点推送给网友，民生新闻主要偏向于交通、健康、教育、就业、招考等内容，便民信息偏重于气象、交通、出行、生活等提醒消息，趣闻乐事分享则将精心筛选、制作的图文及音频等内容推送给网友。政务消息、民生新闻、互动分享内容相结合的内容运营，既可以让公众及时获取广东省内第一手的权威资讯，又可以通过其政务信息一站式公开平台了解最新的生活信息；不仅保持了“广东发布”政务微信平台的高度，而且也很接地气，有利于保证推送内容的传达率和接受度。

“广东发布”在秉持为用户提供贴心实用信息的同时，正在逐步拓展办事查询功能，努力提升用户体验，进一步升级服务，助力移动服务型政府建设，更好地服务于广大公众。

5.4 基于信息智能技术的智慧型信息服务模式

智慧政务是在智慧城市和智慧社会的基础上提出来的，是依托大数据、云计算、物联网、人工智能等信息技术，为企业、公众等提供各种公共服务，它标志着更高阶段的电子治理和服务模式的产生，是政府服务方式向智慧服务型转变的要求和结果。智慧政务的主要特点在于通过统一的工作平台，通过智慧办公、智慧决策、智慧服务、智慧监管等为社会公众提供智慧的政府公共服务。智慧政务能够实现微政务效率最大化，为智慧城市和智慧社会的发展提供动力。通过更加开放、广阔的合作治理，智慧政务实现了政府工作部门的协同与整合，使被动的、有限的公共服务逐渐扩展为主动的、边界模糊的、泛在的公共服务。自2010年以来，政务微博、政务微信等政务新媒体顺应了政务服务的时代要求和大势所趋，全方位发力，和传统的政府综合办事服务大厅、政府门户网站等一起与政府各项工作深度结合，积极发挥其优势，推动电子政务换代升级，在智慧政务、智慧城市建设中取得了新的突破。

5.4.1　政务微信智慧型信息服务的背景与内涵

1. 政务微信智慧型信息服务的背景

以政务微博、政务微信等为代表的政务新媒体是智慧政务建设的重要推手和组成部分，它们的快速发展和广泛应用有着深刻的技术背景、城市化基础和政策基础等。

（1）技术基础。智慧政务建立在网络基础建设、大数据分析、云计算、数据挖掘、物联网、人工智能等一系列先进信息技术基础之上。在智慧政务的建设过程中，大数据分析技术成为智慧政务的重要技术基础。大数据对电子政务产生了深刻影响，政府可以利用大数据更好地保护和服务人民，从而推动电子政务向智慧政务方向发展。云计算为海量数据处理提供了强大的存储能力和计算能力，把人类带入移动互联网和物联网时代。基于云计算的智慧政务建设将使政务数据存储、数据挖掘和数据分析的能力大大提升，使政府信息资源的处理分析更加高效便捷，进一步提高政务微博、政务微信等微政务的服务质量和效率。

（2）城市化基础。目前我国信息技术产业快速发展，经济稳健运行，产业结构加速升级，进入了城市化、工业化和信息化深度融合的发展阶段。工业化、城市化的发展在给人们带来丰富的物质享受、极大地改变人们生活方式的同时，也带来了一系列的城市病。为了实现城市的可持续快速发展，提高城市居民生活质量，实现宜居城市，在可持续发展理念与计算机技术相结合的基础上，智慧城市建设成为大势所趋。据不完全统计，截至 2013 年年底，我国智慧城市试点已经达到 409 个。在当前中国，从中央到地方、从政府到企业，智慧城市已逐步成为城市发展的潮流，这些都为政务微信等微政务的发展及其在智慧城市建设中的作用提供了巨大的潜能①。

（3）政策基础。智慧政务的发展离不开国家政策与制度的强力支持。2012 年 4 月，国家信息中心与中国产学研合作促进会签署《关于联合组建"中国智慧城市发展研究中心"的合作框架协议》，联合组建了中国智慧城市发展研究中心。2013 年 1 月，国家智慧城市试点创建工作会议举行，工信部公布了首批智慧城市试点城市名单 90 个。2014 年 3 月，出台的《国家新型城

① 石婧．"微政务"公共服务模式研究［M］．武汉：武汉大学出版社，2015：220-221.

镇化规划2014—2020》中专门提到智慧城市的建设方向，其中包括“建立跨部门跨地区业务协同、共建共享的公共服务信息服务体系。利用信息技术，创新发展城市教育、就业、社保、养老、医疗和文化的服务模式”。2015年8月，国务院出台了《促进大数据发展行动纲要》，指出大数据已经成为提升政府治理能力的新途径，要求建立“用数据说话、用数据决策、用数据管理、用数据创新”的管理机制，实现基于数据的科学决策，推动政府管理理念和社会治理模式进步，加快建设法治政府、创新政府、廉洁政府和服务型政府，逐步实现政府治理能力现代化。2016年9月，国务院印发了《关于加快推进“互联网+政务服务”工作的指导意见》，要求政府各部门优化服务流程、创新服务方式、推进数据共享、打通信息孤岛，推行公开透明服务，共享“互联网+政务服务”发展成果。要运用互联网思维，创新服务模式，拓展服务渠道，开放服务资源，分级分类推进新型智慧城市建设，构建政府、公众、企业共同参与、优势互补的政务服务新格局。要积极开展政务服务大数据分析，把握和预判公众办事需求，提供智能化、个性化服务，变被动服务为主动服务。

在信息技术日新月异、城市化进程快速发展、国家政策日益重视等各种因素的共同支持下，政务微信等政务新媒体开启了电子政务升级、智慧政务发展的新格局。

2. 政务微信智慧型信息服务的内涵

智慧政务是在电子政务的基础上以提高政府整体办公、办事服务效率、效能为目标，充分利用各种先进信息技术并通过数据复用和分析为政府服务社会提供决策智慧、解决方案的一种活动。从本质上说，电子政务解决的是效率问题，智慧政务解决的是效能问题；与传统电子政务相比，智慧政务具有透彻感知、快速反应、主动服务、科学决策、以人为本等特征。作为电子政务更高阶段的智慧政务，其目标就是要实现政府经济调节、市场监管、社会管理和公共服务等主要职能的数字化、网络化、智能化、精细化和社会化。结合智慧政务以及政务微信信息服务的特点，笔者将政务微信智慧型信息服务定义为政府部门以公众个性化、场景化、私人化、智能化等完整背景需求为导向，以提高政府管理、服务效率、效能为目标，充分利用各种信息技术手段在政务微信公众平台上实现智慧办公、智慧管理，为用户提供智慧决策解决方案以及智慧服务的过程和模式。政务微信智慧型信息服务就是要以用户“更透彻的感知体验、更全面的互联互通、更深入的智能应用”为目标，树立“公民本位、社会本位”的服务意识，坚持发展为了人民、发展依靠人民的执政理念，广泛汇集民智民意，强化主动作为，善于用科学的、智慧的方法，整合行政服务对象、工作人员、服务事项、办事环境等信息资源，充分利用物联网、移动互联网等现代信息技术和通信技术，通过开发智能空间、信息共享等功能，搭建智能化的政务微信信息服务平台、完善政务微信服务环境；通过开发智能数据、统计分析、可视环境、辅助支持等功能，实现政府部门智慧决策；通过建立科学组织、关系管理、数据共享、高效协同、绩效评价、全程监控等办法，实现政府智慧治理和监管等；通过实施身份识别、智能流程、服务前置、全程引导、统一标准等手段，切实为广大用户提供智慧的咨询、智慧的引导、智慧的预约、智慧的场景、智慧的受理、智慧的沟通和智慧的回应①，使公众通过政务微信享受到人本化、便捷性的智慧服务与生活。

5.4.2　政务微信智慧型信息服务的内容与特征

1. 政务微信智慧型信息服务的内容

（1）智慧数据。开放政务数据资源是政府推动智慧型信息服务、智慧政务的必然要求。开放政府数据从根本上讲是一个充分利用资源、提高公共服务能力的过程。它对可持续发展影响深远，能有效推动政府职能转型、改革创新，促进政府公开透明与责任担当，提高广大公民参政议政意识和决策水平，实现经济增长和社会发展。美国自 2009 年就率先开通了政府数据服务。联合国 2014 年电子政务调查报告中总结了世界各国政府开放数据的特征，涵盖了政府开放数据的内容、发布平台、获取手段、获取地域、提供主体和数据提供建议，这些都为发展中的政务微信、政务微博等微政务数据开放提供了参考的依据和范畴。政府收集的数据已经呈现出几何级数增长，为有效发挥数据公开的真正作用，该报告建议政府或许应该考虑在保护隐私权和提高安全性的前提下，及时改进法律和制度框架的审查来促进数据公开的持续快速发展。政府数据资源的不断开放，各类法规、文件、政策、审批事项、公共服务内容和项目等内容的逐步公开，在一定程度上保障了公众的知情权，极大地激发了社会公众参与社会事务的热情。用户提供政务微博、政务微信等移动端查询政务信息，享受到优质快捷的政府公共服务。随着科学技术尤其是信息技术的进步与

① 张定安．以改革创新精神推动智慧政务发展［J］．传媒，2015（05）：16-17.

发展，用户参与社会共治、享受公共服务，查询政务的渠道将会有更大的选择①。

（2）智慧决策。政务微信运维部门采用数据仓库、数据挖掘、知识库系统等技术手段建立政府信息资源库和智能决策系统，该系统能够根据领导的需要自动生成统计报表；开发用于辅助政府领导干部决策的“仪表盘”系统，把经济运行情况、社会管理情况、政府公共服务情况等形象地呈现在政府领导干部面前，使他们可以像开汽车一样驾驭所赋予的本地区、本部门职责②。通过广泛采集和整合资源，逐步建设城市大数据中心，使政府具有更强的决策力、洞察力和流程优化能力。在对信息和数据资源进行多维分析时，通过深入的知识挖掘，开发和整合相关应用系统，洞察并挖掘用户信息需求特征和行为特征，不仅为用户提供个性化、针对性服务，而且根据用户历史需求自动生成统计报表，精准预测未来一段时间内用户可能感兴趣或用得到的政务服务③。政务微信运维团队掌握有丰富的政府信息资源，并具有专业的信息服务能力，能够为用户提供决策支持的智慧信息服务。如专题服务，即根据用户的特定需求，通过对特定信息内容、知识的挖掘、分析、加工形成专业的知识产品，包括专题政务信息服务、专题产业政策分析报告、专题行业资讯等，从而为用户的决策提供智力支持或辅助。政务微信的专题政务信息服务就是政务微信运维团队根据用户需求而开展的针对某一时期工作或某一项目工作的重点、热点、难点等问题，有针对性地收集、分析、筛选、加工相关信息，以专题报道、简报、内参等形式提供给相关用户决策，为其决策充当参谋和助手。

（3）智慧服务。政务微信智慧信息服务就是在以人为本的基础上，尊重和理解人性，给予用户以人文关怀，使用户能够通过政务微信公众平台更方便快捷地获得政府公共服务，获取自己需要的信息资源，从而有效地提高公众对政府的满意度和信任。在智能服务方面，能够自动感知、预测用户所需的服务，为用户提供个性化的服务。智慧服务还可以通过政务微信平台为用户提供场景式服务，虚拟网上政府部门办事服务大厅，引导公众办理有关事项。通过建设基于云计算的一体化公共服务平台，精简政府工作部门，优化政府工作流

---

① 石婧．“微政务”公共服务模式研究［M］．武汉：武汉大学出版社，2015：218-219.

② 金江军．智慧政府：电子政务发展的新阶段［J］．信息化建设，2011（11）：16-17.

③ 石婧．“微政务”公共服务模式研究［M］．武汉：武汉大学出版社，2015：217.

程，促进各部门政务协同合作，加快完善集行政审批、便民服务、政务公开等功能于一体的政务服务信息系统，实现办事流程精简化、标准化以及政务信息资源共享。当前很多政务微信公众号除了使用户能够在政务微信公众平台上享受包括医疗、卫生、交通、户政、出入境、缴费、教育、公积金等各种民生服务之外，还可以让用户通过 QQ、微博、网站等途径与政务微信等平台资源互通共享，积聚丰富的数据基础，通过成熟的云计算能力为智慧政务提供强有力的服务。如“智慧政务管理”可以通过微信公众号的管理体系，依托微信实现移动 OA 的日常管理，并能实现双向反馈、互动交流、执行情况等多功能智慧办公体系；“智慧交通”可以通过城市客运智能云平台的大数据分析和应用，提升城市交通管理、市政管理的效率和能力；基于“智慧生活”的微信公众号，渗透在学校、景区、娱乐、餐饮、酒店、票务、便利店、百货等多元化的智慧生活解决方案中，能够促进城市商业繁荣，提升居民的消费水平等①。

2. 政务微信智慧型信息服务的特征

政务微信公众平台之所以可以开展智慧型信息服务，是因为它能够通过深度互动及时发现、实时感知并极力满足用户的个性化信息需求，其显著特征就是对政府信息资源的综合运用、促进知识的发现，核心是运用政府各种信息资源解决用户的问题，其本质在于知识的创造，充分利用并调动政务微信运维团队人员的智慧对特定问题进行分析、诊断、解决，并以灵活的服务模式启迪用户思维、为用户提供智力支持。总体说来，政务微信智慧型信息服务具有资源智慧化、服务智慧化和技术智慧化等特征。①资源智慧化。政务微信信息资源的智慧化更多地体现在政府信息资源的数字化和网络化。随着政府信息资源和社会公众信息需求的急剧增长，以及用户需求倾向的逐渐转变，各种形式的数字资源将逐渐成为政府信息资源库的主要资源载体，传统的政府办事服务大厅将逐渐转变为网络虚拟平台上的综合管理与服务账号。政务信息资源的数字化发展方向为政府智慧化信息服务提供了基础和可能。②服务智慧化。为公众提供优质高效的公共服务是政府的应尽之责。各个政务微信运维团队每天都在源源不断地生产、利用、管理、储存着大量的政府信息资源，同时又肩负着政务信息公开、为社会广大公众服务的使命和职责，他们为用户承担着信息需求服

① 方刚．微信让城市生活更美好——智慧政务建设案例分析［J］．传媒，2015(05)：27-28.

务的责任，为社会承担着管理、服务发展等责任，这是一种既具体又抽象的、生动的公共服务。③技术智能化。政府信息服务必须与时俱进，需要及时采用先进的技术不断提高信息服务的质量和水平。纵观电子政务的发展史，政府信息服务的每一次发展与进步，无不是借助于各种技术和智能，尤其是信息技术的发展。在当前的大数据、全媒体环境下，政府已经完全发展成了网上虚拟政府，因此更要充分利用各种先进技术、智慧技术，让公众获取到更加方便快捷、优质高效的信息服务。

政务微信智慧型信息服务的目的在于对政府信息资源的再整合、再加工、再创造，将信息资源转化成生产力，进而实现信息资源的升值与增值效应，这个过程体现了政务微信智慧型信息服务的创造性特征。但要实现此目标，就需要政务微信运维团队不断创新管理服务模式，积极搭建集数字化、网络化、智能化等于一体的智慧服务平台，并将各种政府信息资源纳入政务微信智慧服务平台管理，以便为广大公众随时随地提供智慧化的信息服务活动。

5.4.3　政务微信智慧型信息服务的模型与结构

1. 政务微信智慧型信息服务系统框架

目前，已经有不少地方的政务微信公众号尝试开展了基于用户需求的智慧型信息服务活动，如湖北省黄石市构建的智慧政务服务平台，采用了“一三三一”模式，即一个统一平台，可以无缝添加新功能；三个办事大厅分别为智能化办事大厅、网上办事大厅、掌上大厅；三大系统分别为政府权力清单动态管理平台、智能化政务服务系统、综合电子监察系统；一个数据中心，包括建立统一的证照存储库、办理事项资料信息库以及监管信息库①。市民可以在黄石智慧政务平台上，通过网上预约、微信排队等方式，灵活安排时间办理业务，真正实现即到即办。此外，很多地方构建了“一体两翼”的电子政务服务模式，即打造 PC 端网站、APP 客户端、微信公众服务号三端无缝集成、同步展现的智慧政务服务模式，通过打造统一架构、多级联动的集约型数据开放共享平台实现提升政府网站、政务微信公众平台等政务服务能力的目标。根据智慧型信息服务的含义和内容，结合当前政务微信提供智慧型信息服务活动的实践，本书提出了政务微信公众号智慧型信息服务的系统架构，如图 5.9 所示。

---

① 黄石启动智慧政务服务平台建设［J］. 计算机与网络，2016（20）：6.

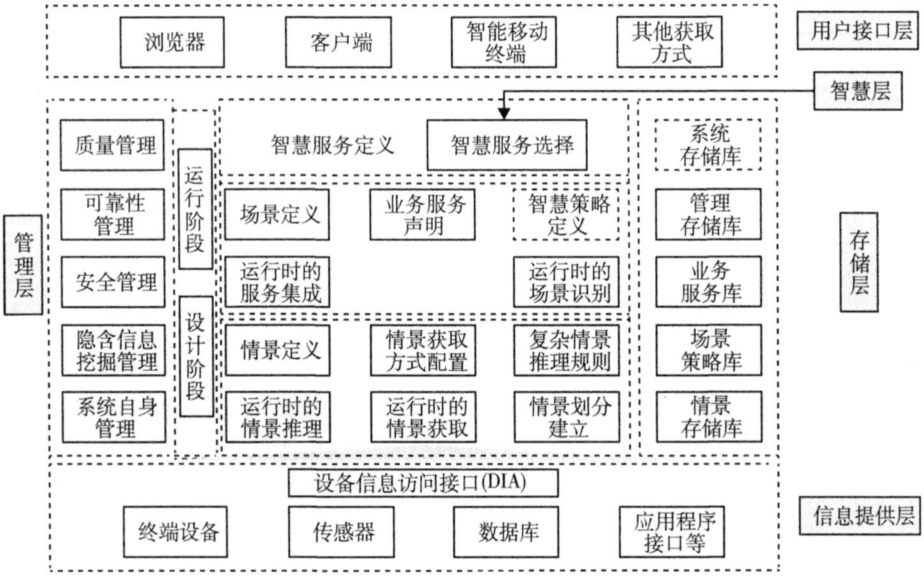

图5.9　政务微信智慧型信息服务系统框架

该系统架构包括信息提供层、智慧层、管理层、存储层和用户接口层五个层面。信息提供层负责采集用户情境信息，用户情境信息的数据来源既可以是终端设备、传感器等硬件，又可以是数据库、应用程序接口或WebService等软件。为了便于上层应用，我们设置了设备信息访问接口（DIA）屏蔽下层访问环境，DIA向上层提供统一的情境数据访问接口。智慧层是整个服务系统的核心，包括情境、场景、内容和智慧服务四个模块，每个模块都包含着设计和运行两个阶段。情境模块负责建立智慧服务的底层情境信息，包括情境定义、情境获取方式配置、复杂情境的推理规则定义、情境划分建立以及在运行时对情境进行获取和推理。场景模块负责定义智慧服务的智慧逻辑，包括场景定义、业务服务声明、智慧策略定义以及在运行时对场景进行识别和服务集成。内容模块负责描述用户感知智慧服务的方式，包括内容感知定义和运行时的内容提供。智慧服务模块负责定义和选择智慧服务。管理层对参与智慧服务的情境感知部分、业务服务部分以及智慧服务本身进行管理，包括质量管理、可靠性管理、安全管理、隐含信息挖掘以及架构本身的系统管理。存储层负责存储智慧服务的相关数据，分为情境库，负责存储情境的定义、配置以及采集的数据；场景策略库负责存储场景定义、智慧策略和用户的当前场景；业务服务库负责存储业务服务的声明信息；管理库负责存储管理相关的质量、可靠性、安全隐私以及挖掘结果等；系统库负责存储系统日志等；用户接口层负责定义用户使用智慧服务的方式，如浏览器、客户端、智能移动终端以及其他可能的方式等①。

2. 政务微信智慧型信息服务模式结构

智慧政务是一项长期性、系统性工程，要消除部门之间、行业之间、地区之间的各种壁垒和数字鸿沟，必须通过基础设施智能化、政府运行感知化、政务管理网格化、政府公共服务精细化和高端产业融合化等路径逐步、全面推进智慧政务建设。政务微信智慧服务建设必须在以人为本的理念指导下，把用户需求、民生服务作为重点内容。政务微信智慧型信息服务模式包括用户群和政务微信公众平台两个部分，总体框架包括政策标准、基础设施、技术支撑、运行管理及智慧应用五个层面，如图 5.10 所示。

总体框架中的五个层次分别为：①法律法规政策制度标准体系。政务微信智慧型信息服务的统一网络、公共平台和各类应用系统建设与运行维护，需要一系列符合智慧政务要求的政策制度标准和法律法规等予以规范、支持和保障。其中不仅有规范标准、技术标准、数据标准、接口标准、流程标准、平台标准、操作标准、管理标准、服务标准等主要标准；还要有一系列符合国家相关法律法规的智慧政务服务的资金政策、人才政策、市场机制、共享机制、协同机制、运作模式、管理规定、行业政策、地方产业政策等。②智慧基础设施。政务微信开展智慧型政务服务的基础设施主要是通信网络，包括无线网络、固定网络、移动智能终端设备等，以及借助网络进行数据传输的传感设备、数据中心等。当前高速宽带和移动互联网传输速度越来越快，WiFi 的覆盖面不断扩大、渗透率不断提高，一体化的综合性政务信息服务平台功能不断加强，政务微信公众号运维团队的能力不断提高，也更加成熟，等等，使得大规模政府信息处理的普遍应用、智慧化信息服务的开展成为可能，通过云计算、政务云服务模式等可以支撑政务微信等新媒体平台尝试开展具有一定智慧性的政府信息服务工作。③技术支撑体系。大数据、云计算、物联网和人工智能等技术为构建智慧政务信息服务系统提供技术支撑和保障，它们在宽带通信基础网络的支撑下构成智慧政务信息服务系统的信息感知端和信息处理端。如

① 莫同，李伟平，吴中海，褚伟杰．基于情境感知的智慧服务系统架构［A］//第一届全国服务计算学术会议（CCF NCSC 2010）论文集［C］. 2010：133-140.

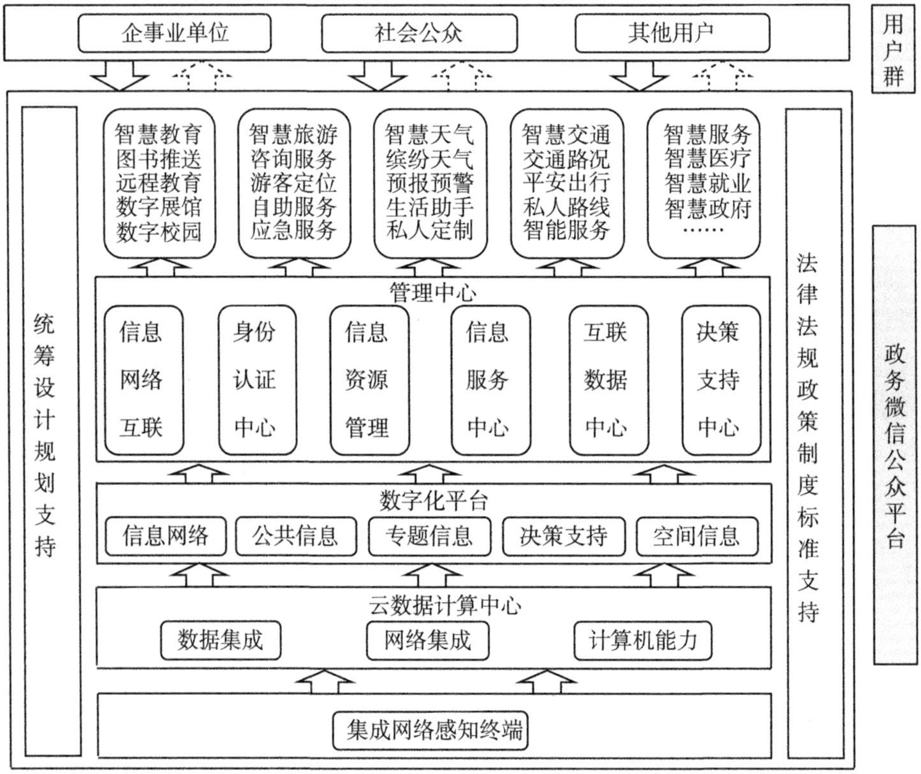

图5.10　政务微信智慧型信息服务模式总体框架

今互联网、物联网等已经深入地渗透到各个行业的发展之中，为其提供了全面的信息感知和控制网络；而大数据、云计算数据中心等又提供了面向各个行业应用的数据集成、信息集成，出现了能够为用户和终端提供智慧型信息服务的综合性政务服务应用平台。④运行管理。政务微信智慧信息服务是通过移动互联网、大数据、云计算等信息技术手段在政府信息服务运行中的应用，实现智慧政务运行监测和智能安保应急，提高政府精细管理和精准服务能力，使政府在大数据背景下更加安全高效运行的重要目标。⑤智慧应用。通过政务微信公众平台在多领域、多层面推广应用政府的公共服务，实现智慧交通、智慧医疗、智慧教育、智慧旅游、智能金融、智能家庭等一系列的智慧应用产品和服务，最大限度地为用户服务、惠及大众，并最终推动智慧政务、智慧城市发展。

在以标准和法规的完善和全局统筹规范的有力保障体系下，整个智慧政务的总体框架涵盖了集成网络感知和控制层、云计算数据中心、数字化平台、管理中心和服务应用层五个层次，构架相对稳定，保证了政务微信智慧信息服务的建设和运营，是政务微信平台具有真正的智慧服务应用能力。

5.4.4 “乐行南昌”智慧型信息服务模式分析

2012年11月28日，南昌市公安局交通管理局的官方微信——“乐行南昌”（当时名为“南昌交警便民网”）微信公众平台正式开通，是全国范围内最早开启微信“警务革命”的重要践行者和推动者之一。在国内诸多具有可读、可听、可借鉴意义的优秀政务微信中，“乐行南昌”微信受到了越来越多的关注，成为“全国政务微信的优秀先行者”之一，被列入警务微信推荐的目录之中①。

“乐行南昌”微信在创建之初，民警们提出了搭建这一平台的梦想，即让网民们只要一想到有涉及交通管理方面的疑难问题，一问“乐行南昌”就明白了；民警们致力于将其打造成交通管理业务知识的“搜索引擎”。2013年8月1日，“乐行南昌”正式推出了全天候24小时的自助查询服务，让市民拿起手机就可以随时随地查询车辆违法情况。除此之外，还推出了微信交通违法查询、驾驶证查询、交通违法代码查询、记分规定查询、泊位查询等五项自助查询服务。各项查询功能设置非常智能且赋予人性化，如在关注“乐行南昌”微信公众号，第一次查询成功后，平台就自动绑定此车辆信息，之后只需输入相应关键字“1”，平台就会自动将车辆违法信息发送到用户的手机；在规定的时间内，对着“乐行南昌”报出自己查询的相关车辆身份信息，交警很快就通过人工查询并回复；遇到交通问题，市民只需要用微信“对讲”公众号“乐行南昌”，交警就会立即出现在现场协调疏通；发现套牌车，警方迅速查扣；发现停车难、假车位，交警微信协助查询泊车位等，推开了公安交警微信职能智能化信息服务的大门。随后，公安政务微信上演了一场“你追我赶”式的基于平台智能化开发、智慧化服务的“微信服务竞赛”。为进一步丰富便民服务功能，提升用户的使用体验，“乐行南昌”的3.0版随后又正式对外发布。“乐行南昌”3.0新增加了图文实时路况、路线定制、违法图片查询、车辆年审预约、办事指南等服务功能，用户绑定车辆或驾驶证之后，系统会自动推送各类车驾管告知提醒信息。其中，图文实时路况、路线定制等微信功能为

① 李欢．小微信，搭建交通管理服务大舞台［EB/OL］．［2014-01-08］．http：//special.cpd.com.cn/n30804579/n30856530/content.html.

全国首创，违法图片查询、车辆年审预约、车驾管信息推送等微信功能属江西省首创。

近年来，公安交警持续进行着基于微信技术革新的服务应用，使民众从琐碎繁杂的传统查询事务中解放出来，简政放权、创新服务、便捷高效，使得政民双向受益。以南昌交警为代表的公安警务微信运营者，倾注了不断满足社会公众需求的责任意识和服务意识，通过对微信功能的不断创新开发，努力提高其智能化、智慧化信息服务水平，不断地提高了为民服务的质量和水平。

5.5 基于信息生态环境协调发展的协同式信息服务模式

长期以来，政府机构及其功能由于深受传统公共管理模式的影响，各个部门及其领导人均在自己的部门范围内工作，仅对自己职责领域负责，而不是以一种合作、协同的视角去解决问题。然而，社会广大公众和众多组织更需要一种开放、透明、负责、高效的管理服务方式。信息技术的变革与发展不仅促进了地区之间、国家内部以及政府各部门和各国政府之间的合作与经验分享，也为解决这一矛盾提供了有效途径。目前我国正在推进的“互联网+政务服务”行动，不仅有助于促进政府各个部门之间实现信息共享，而且有利于推动部门间政务服务相互衔接、协同联动，打破信息孤岛，变“群众跑腿”为“信息跑路”，变“群众来回跑”为“部门协同办”，变被动服务为主动服务，从而不断优化政府服务功能、提高政府公共服务质量。

5.5.1 政务微信协同式信息服务模式的产生背景与内涵

1. 政务微信协同式信息服务模式的产生背景

政府积极采纳协同式信息服务模式不仅是政府职能转变的必然要求，也是公众积极参与政治及社会治理的需要，更是应对全球化、信息化挑战的需要。尽管我国政府职能转变已经取得了一定的成就，但目前政府部门职能重复交叉、行政效率有待提高、透明度低、政府公共服务总体质量不高等问题依然亟待解决。政府掌握了大量的信息资源，但由于政府部门之间、政府与公众之间的信息流通不畅，跨部门政府合作与协同仍然面临着较大挑战，不仅制约了公众参与的效果，也影响了政府公共服务的质量。协同治理服务不仅成为电子政务，尤其是微政务的发展趋势，也是我国政府职能转换的需要。

经济全球化发展给世界各国带来了巨大挑战，由此推动了各国的政治改革。为了应对挑战并与国际接轨，发展中国家需要对其公共机构及时进行改革，由此改善国家和政府形象，提高国际竞争力。通过协作方式应对复杂问题的“一站式政府”，实现了公共行政管理从独立办事的方式向协同治理、网络治理方式的转变。政府各个部门、各个系统利用互通性技术相互交流和沟通，通过运用共同的标准分享和整合信息，不仅使公共部门之间的互通协同变得更加迫切，而且有助于推动政府综合服务建设。国外政府先进的管理服务体制、运行模式给我国政府改革提供了宝贵的经验，我国政府也朝着科学民主决策、提高政策透明度、改善政府工作效率、提高公共服务质量的方向快速发展。鼓励全体社会成员都积极参与公共治理服务的协同治理，使他们更多地以国家主人翁的姿态为经济发展、社会进步、国家繁荣贡献力量，同时也为我国全面应对全球化、信息化挑战探索有效路径。

2. 政务微信协同式信息服务模式的内涵

政府信息资源生产的广泛性与存储的分散性、政府公共信息服务主体的多元性以及政府公共服务过程中大量存在的“信息壁垒”“信息孤岛”“信息鸿沟”等现象，使得政府信息服务协同非常必要。移动互联网、大数据、云计算等信息技术的发展推动着电子政务的换代升级，政务微博、政务微信等政务新媒体的广泛应用丰富了政府公共服务的渠道和途径，为政府管理和公共服务协同提供了难得的发展机遇。电子政府公共服务协同是指通过科学的管理思想和相关技术实现政府业务流程的重组优化和规范化，综合利用各种信息网络技术实现交互式网上办公，并最终使电子政府公共服务能以公众需求为驱动，各职能部门之间能高效协同工作，政府与公众有效地互动，从而有效提升电子政府的公共服务水平①。根据这个定义，结合政务微信信息服务的特点，笔者认为政务微信协同式信息服务就是政务微信公众平台及其运维人员以用户的政务信息需求为导向，以政府各个部门及其工作人员的协作为核心，在政府信息资源共建共享的基础上，通过优化微信公众平台上的政府信息工作和服务流程，统筹协调各个部门的信息资源并对政府信息服务系统应用进行整合集成，从而减少服务成本，满足广大公众多样化、个性化政务信息需求的目标。

政务微信协同信息服务的核心目标是通过整合各个相互独立部门的服务功能和信息资源以实现政府最大限度地满足公众政务信息需求的目标，其基本理

① 朱虹，许承光，罗宁．试论电子政府协同公共服务思想［J］．武汉工程大学学报，2009（11）：53-56.

念是政府公共信息服务目标的实现既不能单独依靠相对独立的政府某一部门，也不能依靠设立新的超级部门来解决，唯一可行的办法就是围绕公众需求的特定目标，在不取消政府部门边界的前提下实行跨部门的协同合作。政务微信协同信息服务可以概括为政务微信平台内、外、上、下等各个方面的合作，即政府部门内部、部门之间、上下级政府之间的政务微信公众号以及用户等都可以介入的、以满足公众信息需要为宗旨的综合信息服务过程。政务微信协同式信息服务体系就是建立以综合性的政务微信公众平台为主导，与政府门户网站、政务微博、第三方组织、其他机构以及公众等能够提供政府信息服务的主体密切协作，以为社会广大公众提供优质、高效的政府公共信息服务为目标，通过战略、管理、服务、技术等方面的协同，最大限度地满足社会广大公众的政务信息需求。

5.5.2　政务微信协同式信息服务的体系与特征

1. 政务微信协同式信息服务体系

政务微信协同式信息服务体系是以政府为主导，并与企业、第三方部门以及社会广大公众密切协作，以为用户提供优质高效的政府信息服务为目标，通过战略、管理、服务、技术等方面协同，满足社会大众的政务信息需求。

（1）战略协同。在政务微信协同式信息服务体系中，需要政府、企业等组织和社会公众三方协同将为用户提供优质高效的公共信息服务纳入统一的愿景之中，将为公众服务作为其使命和核心价值观，并将其落实到具体的实施方案中。同时，政府要协调各方在公共服务职能中的交叉面，使战略方案在实施中能够有效衔接，这就需要各方在制定和实施战略规划的过程中加强沟通，以实现政务微信信息服务过程中的任务整合和要素整合。

（2）管理协同。管理协同需要从以下三个方面实现。①建立政府主导的协同管理机构，负责监督各类机构和协调冲突，这种机构可以设在政府机构内，也可以由独立的第三方机构承担，它要从宏观层面对政府公共服务机构进行权力和职责分配，确保其履行公共服务职责。②政府需要调整相关业务部门，并优化其整体服务功能，以完善政府公共服务体系。③引入并完善协同治理服务机制，使政府部门和非政府部门、私营部门、第三方机构或公民个人等多元合法治理主体在一个既定的范围内，利用公共权威、协同规则、治理机制和治理方式，共同合作、共同管理公共事务。协同服务强调各种社会组织和个人都可以成为政府公共服务的合法主体，通过利益协调、自愿平等与协作，使得各种要素能够有机地组合在一起，进而达到政务微信信息服务效率和效益的最大化。

（3）服务协同。具体包括：①服务内容协同。各类机构和个人均有其熟悉和专长的服务内容，由政府主导的政务微信协同式信息服务体系要将系统内各类机构的服务范围和内容进行有效协调，既要避免出现政府信息服务盲区，又要防止出现重复交叉等情况。②服务流程协同。各类机构各有其相对固定的服务流程，协同服务的各方需要将自己与他方的服务流程有效衔接，避免因流程衔接不畅而导致信息服务失效。③服务资源协同，具体包括协同服务需要的信息资源和人力资源。信息资源协调需要由中心协调机构负责建设统一的中心数据库以实现有效的跨组织的信息资源共享。此外，服务人员不仅要熟悉本部门的信息服务工作，还要对与本部门相关的协同单位的信息服务工作有一定了解，并加强沟通，必要时通过组建临时跨部门工作小组以解决某些相对困难的公共信息服务问题。

（4）技术协同。其核心是构建跨部门协同的政务微信信息服务平台，该平台由支撑环境层、信息资源层、信息服务层和协同服务层四个功能层构成。支撑环境层是政务微信协同信息服务平台存在和发展的基础，主要包括网络基础设施、法律法规、技术标准、管理机制及其他方面等。信息资源层是政务微信协同信息服务得以实现的必要条件，其核心是建设统一的政务信息资源共享平台，因此需要政府各个部门以及其他提供公共服务的组织和个人等将其相关的信息资源按照统一的标准进行建设，并进行统一收集、整理，建立互通共享的信息资源中心，供各个协作主体有效利用。信息服务层是协同各方将其服务过程进行规范，将服务内容、形式、方法、流程等进行优化，为政务微信公众平台开展协同信息服务奠定基础。协同服务层则是通过协同服务组织部门将各个服务主体的服务内容、形式、方法、流程等通过统一规范、认证、调度实现各方相互配合、协调一致，最终实现整体政务微信协同信息服务效率和效益的最大化。

2. 政务微信协同式信息服务的特征

政务微信协同式信息服务是面向用户需求（即广大公众需求）的协同服务，它是以政府公共服务信息集成和共享为核心，其协同服务关系建立的基础是各个政府部门之间信任而不是竞争，因此它不仅仅局限于政府部门内部的广泛的协同，而且也包括不同级别政府之间、政府与社会其他组织、政府与公众等之间的广泛协同。

政务微信公众平台能够随时随地为任何用户提供服务，它的核心价值就是通过其开放、平等、互动、协同、共融与透明度等根本特征和优势，实现政府治理与社会民众互动的有机统一，其基本目标是改善政府公共服务、更好地满足公众政务信息需求，因此政务微信信息服务协同必须以维护和提高公众利益为出发点和归宿，并以此作为各种协同服务关系建立的导向和依据。移动互联网、数字通信等信息技术的发展使得各种政务信息资源跨部门、跨地域、跨时空流动日益普遍，用户的信息需求以数字化的形式传输，而政府为公众提供的服务信息也以数字化的形式传递，从而把整个政府公共服务过程变成了一个信息持续流动转化的过程，最终使政府信息协同服务得以实现。因此，政务微信信息服务过程实质上就是一个信息不断流转的过程，而政府公共服务信息的集成与共享就成为协同服务过程中要解决的核心问题。高效的政府协同信息服务来自各个部门之间的良好合作，它们在相互信任的基础上，进行良好的协作与配合，因此信任是政府协同信息服务的基础与核心机制。为了发挥政务微信协同信息服务的最大效应，必须要联合政府公共服务的所有参与方，不仅有政府部门之间的横向整合，还包括不同级别政府纵向部门之间的协同、政府与社会其他管理主体以及政府与广大公众之间的协同，即重新整合政府内外可利用的全部资源，进行最广泛的协同，努力发挥出最大的效应。

概括起来，政务微信协同式信息服务具有以下五个显著特征。①目标性。政务微信协同式信息服务的目标是最大限度地满足用户的政务信息需求，为了实现该目标，政务微信信息服务系统内部的各个子系统或部门必须相互配合、支持、协作，各个部门在履行各自职责时都要以满足用户需求、提供优质公共服务为根本目标。②集成性。这是指整个政务微信信息服务系统的各个部分有机协调运作，以发挥最大效益。集成是优化的基础，各个子系统在横向之间互相合作、无缝衔接，构成一个整体，实现信息的互通与共享；在纵向之间实现自上而下和自下而上的集成，同时工作流程也需要集成优化、节省成本。政务微信协同式信息服务就是要整合政府、企业、公众等资源以实现解决各个问题、提供公共服务的目标。在实践上，政务微信信息服务协同的集成性打破主体、地域、政府部门间的限制，纵横联合实现政府信息资源共享和最有效利用，从而提供全面优质的公共服务。③开放性。政务微信协同式信息服务的开放性主要表现在，除了政府工作人员以外，企业、公众等都能通过政务微信公众平台获得自己需要的信息，即政务微信服务系统开放范围变大，对涉及政府公共服务的所有人都是开放的；当用户提出新的信息需求时，政务微信信息服务系统中的信息流随之发生变化，各要素根据该目标进行协调，从而使整个服务系统产生协同效应；其开放性还表现在时间上的开放，即政务微信信息服务是指电子政务的升级发展，具有承前启后、更加高效的特点。④主体多维性。与传统电子政务相比，政务微信信息服务协同最突出的特点是参与主体的多元化，既包括政府，也有企业、社会公众等，它们之间互相合作，参与并享受社会共治的结果，以弥补政府单向治理服务的不足。不同的主体在政府公共服务中的作用不同，并且具有各自明显的优势。不过，虽然服务主体多元，但政府在整个公共服务中仍处于中心位置，仍是社会政策的制定者、社会公共服务的主要提供者。同时政府还必须引导各参与主体进行互相沟通，为其参与社会治理和服务提供条件和支持。但最终决策的出台不再是政府单方的意见，而是在整合各参与主体利益诉求的基础上统筹考虑的结果。⑤界限模糊性。政务微信协同式信息服务系统对政府部门进行优化整合，模糊了部门之间的界限，在网络上构建了立体的电子式虚拟政府，使用户可以通过一个平台随时随地获取政府所有部门的信息和服务，省时省力。政府各部门之间以及与企业、公众之间也可以进行互动沟通、交流，并根据用户反馈改进完善工作，提高了效率和服务质量。

5.5.3 政务微信协同式信息服务模式的实现途径

1. 政务微信协同式信息服务模式

云计算、大数据、移动互联网等信息技术的不断发展，为政务移动协同服务的发展带来了新的契机。它们不仅为政府各个部门分散的政务信息资源提供了集成整合的可能，促进了政务数据资源的交换与共享，而且云计算的分布式处理优势促使传统的金字塔式政府组织结构走向扁平化的、灵活机动的网络化组织结构，这为实现政府部门之间的协同信息服务提供了技术基础。基于此，笔者构建出政务微信协同式信息服务模式的结构，如图 5. 11 所示。

①以公众需求为中心。政务微信协同式信息服务模式以公众的政务信息需求为中心，主要体现在以各种方式了解公众需求，并据此及时调整政务微信信息服务的内容和方式，以服务对象分类提供各种政务服务，方便用户获取政务信息、享受公共服务的便捷性；根据服务对象的应用反馈情况，将有关数据集中到相应的数据库中，运用数据挖掘技术深入了解公众需求，并向其推送个性化的服务内容。②政务信息服务标准化。为了实现政务微信信息服务协同的目标，政府各个部门的信息服务必须要进行标准化处理，以便于业务逻辑模块的标准化。政务微信信息服务标准化建设，就是各个政府部门建立统一的业务标

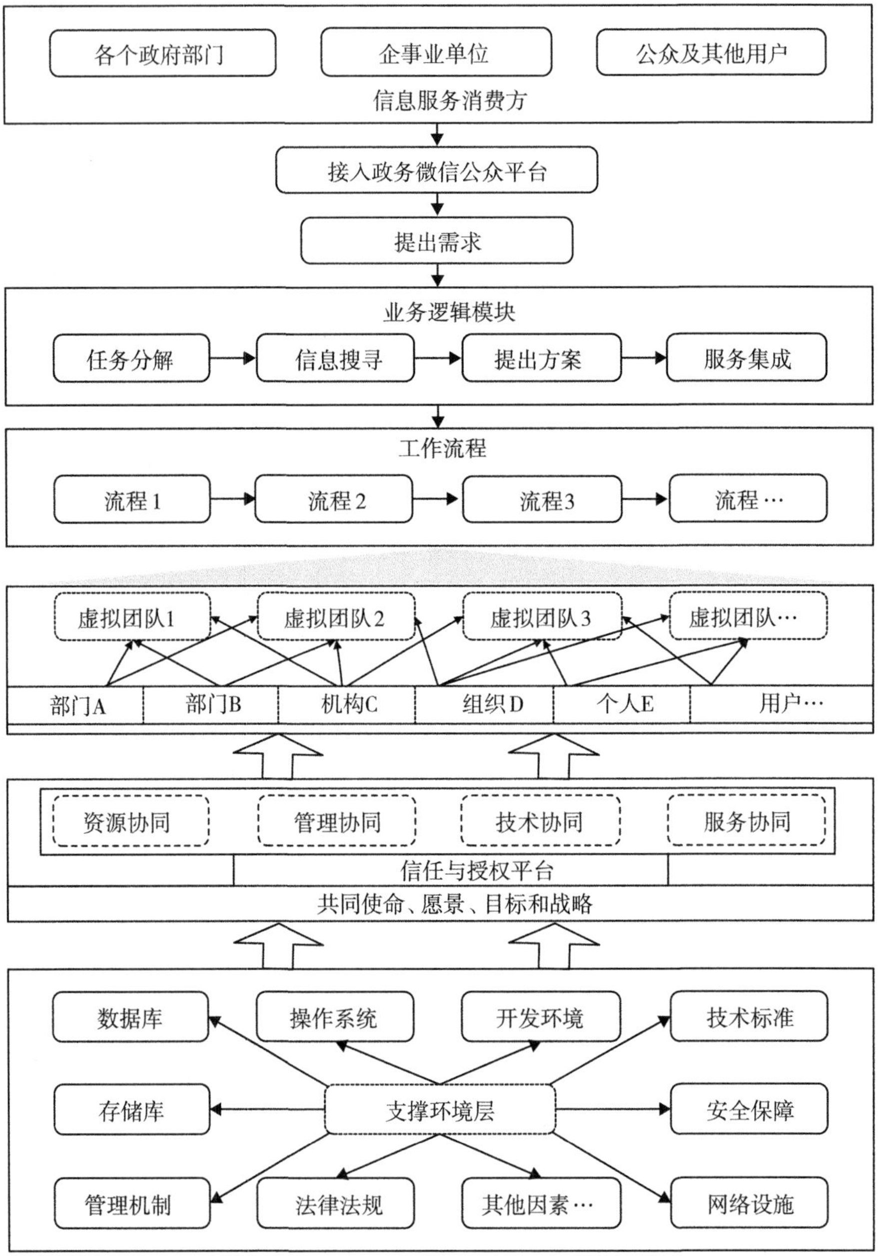

图 5. 11　政务微信协同式信息服务模式的结构

准、管理工作实现标准、技术规范、数据标准、安全标准和服务标准等，以打破传统政府部门之间条块分割的现状。③基于信息流的政府公共服务工作流程。政务微信协同式信息服务模式是针对公众的政务信息需求，推动政府信息资源在相关部门流动进而协调这些部门为用户提供信息服务，主要体现在对政府部门内部及跨部门之间工作服务流程优化。政府部门内部工作服务流程优化要尽量整合不同职能部门的职能，减少中间环节，提高工作效率；跨政府部门的工作服务流程优化主要是在政务微信信息服务系统中打破政府部门之间的严格界限，尽量做到政府部门信息资源一体化，减少用户为办一件事而在多个政府部门之间辗转的现状，缩短办事周期、提高服务效率。④根据用户需求任务形成流动的虚拟团队。政务微信协同式信息服务模式是在用户特定需求任务的基础上，将涉及该任务的各个政府部门形成一个虚拟的任务团队，团队成员依照工作任务和信息流以共同协商的方式完成任务。随着问题的解决，该虚拟团队也自动消失；当出现新的任务，便围绕该问题组成新的虚拟团队。⑤信任与授权平台。政府各个部门与社会上的企事业单位、其他组织机构或个人等基于共同的使命、愿景、协同治理服务的目标和战略等建立可信与授权服务平台，并在此平台上通过资源协同、管理协同、技术协同、服务协同等途径模糊了不同部门、机构、组织、个人之间的传统界限，为组建虚拟团队奠定基础。⑥支持环境层。政务微信协同式信息服务模式需要相应的基础设备设施、数据库、信息技术、操作系统、标准规范、管理机制体制、政策法规、开发环境等条件和因素作坚强有力的支撑和保障，以支持政务微信协同信息服务可信与授权平台的建立和完善。

2. 政务微信协同式信息服务模式的实现途径

（1）资源协同。政务微信协同式信息服务首先需要对政府各个部门掌握的人、财、物、信息等各种资源进行科学调配和优化，突破各种资源壁垒和现实障碍，让社会其他各类组织和公众分享这些资源，在政府统一管理和协调下为实现共同的目标而服务。这包括在信息资源的采集、获取、处理、开发和应用等方面保持一致，使信息采集、存储等不重复操作，为此就需要采取多种措施保证实现数据资源的协同共享。①完善信息公开的相关法律法规。应尽快推进政府信息公开的相关立法及其修订完善工作，确定政府数据开放的边界和标准，维护用户个人信息的安全和隐私，为政府数据开放提供法规层面上的支持。②增加政府数据开放的广度和深度。要实现政府数字资源的协同共享，就必须不断增加数据开放的广度和深度，可以尝试通过建立整合性的数据开放网站或统一的政府数据共享中心等方式实现。在数据开放的过程中，政府应当以用户需求为导向，通过用户迫切需求和感兴趣的信息，提高数据的实用性，满足公众需要。此外，还应将数据以分类的形式呈现，涵盖各个部门、覆盖各个主题，方便公众方便快捷地查找所需数据。③加强体制保障。政府应加强数据开放的制度建设，建立具有综合协调能力的管理机构，实现开放流程的标准化、规范化，培养并不断提高管理的服务人员的专业技能和服务水平。为此，各级政府部门之间必须加强协作，实现数据跨部门、跨地域的无缝衔接、互通共享。同时在遵守法律规定、保证数据使用安全的基础上，最大限度地实现信息资源共享，提高数据的使用效率与效益。

（2）体制协同。在新媒体环境下开展协同式信息服务，首先需要政府变革传统的条块分割、各自为政、彼此缺乏有效沟通和交流的分割式观念和体制，树立整体政府观，及时地对政府进行机构改革，重组政府机构，合理调整部门分工，改造优化工作服务流程，重构政府各部门之间的关系，打造一体化政务服务平台，实现政府跨部门联合办公。其次，要调整好跨部门协同纵向和横向结构之间的关系，在跨界协同治理服务中灵活选择纵横结合的方法，分层建立立体交叉的整体性政府跨部门协同机制。同时综合运用跨部门协同辅助工具，尽力发挥整体政府跨界协同治理服务的最大效用。“十三五”规划纲要已经提出了坚持多方参与、共同治理、统筹兼顾、动态协调的原则，完善政府负责、社会协同、公众参与的社会管理服务格局，形成社会管理和服务合力。推进政府机构改革、建立职能统一的大部门体制已经成为当前我国政府改革的重要目标。因此，政府要遵循协作治理服务理念，从多方面创设有利条件，构建参与式社会管理服务格局，建立社会多元主体合作提供公共服务、政府与其他社会主体共同参与社会管理服务机制；广泛动员并引导各类社会组织和公众积极参与社会管理服务，通过吸纳和整合社会资源，不断扩大社会组织和公众参与政府公共服务的空间，积极培育和提升社会组织的参与能力和自我管理能力，使政府公共管理服务成为一种更具建设性、包容性和合作性的民主管理服务形式。

（3）决策协同。决策协同是建立在公众广泛参与社会治理服务的基础上，树立有限政府的理念，通过政府适当放权，依法明确培育和扶持社会组织承接政府剥离的部分职能，从而降低行政成本，优化行政行为，提高管理服务效率，使政府更好地履行社会管理服务决策者、协调者、主要提供者的职能。政务微信协同式信息服务是通过微信公众平台为广大公众提供政府公共服务的新型管理服务方式，要发挥好协同服务功能，就必须发挥好第三方在政府与公众之间在沟通过程中的桥梁作用，使各种第三方部门及时地把公众对政府的要求、愿望、建议和批评等集中起来转达给政府，同时又要把政府的政策意图和对相关问题的处理意见及时地转达给公众，提高公众参与的程度并形成共同治理的目标。要实现政府决策的科学化、民主化，就必须完善深入了解民情、充分反映民意、广泛集中民智、切实珍惜民力的决策机制，保障公众参与决策的科学性。政府就应当主动提供制度化、程序化的途径，让各个社会组织和公众合法地享有社会管理服务的权利。这就要求政府要根据实际情况，及时制定政务微信公开制度、微政务参与制度、微政务协商对话制度等，通过这些机制使公众能够实际参与讨论和决定与他们切身利益直接相关的各种公共事务，并充分行使公众参政议政的权力。

以政务微信、政务微博等为代表的微政务公共服务沿着数字化的发展路径，跨越传统的公共管理、新公共管理、新公共服务，从电子政务向微政务快速发展，一步步走向移动型公共服务政府的目标。尤其是随着移动互联网的普及应用，政务微信等将传统政府与公民之间的时空距离模糊化，让随时随地的公共事务沟通和服务成为可能，广大公众也切实感受到了移动网络信息社会的关系改变与重构。

5.5.4　“广州公安”协同式信息服务模式分析

2012 年 12 月，继在新浪微博上积累了巨大人气，成为坐拥 235 万粉丝的广州第一大政务微博之后，广州市公安局开通了官方微信公众号“广州公安”，尝试以“指尖上的互动”进一步拓展政民交流的空间、拓宽为民服务的通道。运用好政务微信的关键，首先是考虑好定位，然后从用户角度出发，把服务功能充分发挥出来，不断提升用户体验，才会有长久的生命力和活力。由于政务微博更注重信息的发布和传播，而政务微信更侧重于互动及其服务性、功能性方面的内容，二者相互补充、互不影响。基于此，“广州公安”运营人员将之定位于公众日常生活的信息咨询台、综合服务站、协同服务点、联合信息服务网。

“广州公安”在栏目设置时首先考虑能在微信公众平台上为用户提供什么样的服务，哪些服务事项是成熟的且可以设置的；如在所有的服务功能中，交通违章和出入境再次签注的查询量最大，这两个是群众使用最多的，也是最方便、最快捷的。其次从用户的角度考虑他们需要什么样的服务，并对其进行可行性评估。在提供的服务事项上，“广州公安”囊括了交警、治安、消防、户政、出入境等业务，可谓是综合性的服务一步到位，有的甚至比交警的探索更快一步。目前，“广州公安”下设“服务事项”“警务信息”“更多+”3 个板块。“服务事项”板块下设有“监管业务”“交管业务”“出入境业务”“户政业务”“快撤理赔”5 个栏目；“警务信息”板块下设“警方新闻”“广州金盾网”“平安地图”“防骗专区”“平安宝典”5 个栏目；“更多+”板块下设“养犬须知”“举报或报警”“诈骗电话查询”“业务指南”“《警视》”5 个栏目，同时该板块下用户可以绑定手机号，进行举报或报警，查看并关注“@广州公安”微博等。其栏目设置页面如图 5. 12 所示。

图 5. 12　“广州公安”栏目设置页面

“广州公安”的日常运营工作主要是与用户互动和回复用户问题，一般需要 2—3 个人。对于回复速度，“广州公安”的标准是在一个工作日内给予回复，运营人员一天中大概有 10 个小时在进行问题回复。如果民众的问题较为复杂，需要相关业务部门查证，运营人员会告知用户问题已经转达稍后将给答复。当需要开发新功能和新板块时，其他同事将给予技术支持。在考核机制方面，“广州公安”不是以用户转评数量或粉丝数量为考核依据，而是主要通过综合各个方面来评价，基层的负责人也会亲手投入微信公众平台的运营维护中，深入、准确掌握微信运营人员的工作情况。此外，回复速度、回答质量、群众反映问题的后续跟进情况等都在考核范围之内。除了提供以上服务之外，“广州公安”每月还推送 4 条新闻信息。总结消息推送的运营经验，其负责人认为两种信息最受公众关注。首先是对微信平台功能改进的通报；其次是重大突发事件新闻。

在运营过程中，“广州公安”也遇到过一些技术上的困难。腾讯公司为政府部门提供了9大接口，它们的标准是一样的，如果想要设置个性化的服务则比较难以实现。同时，公安部门有一定的特殊性，群众办业务的需求量很大，但由于内外网物理隔离的问题，在新的服务功能开发上需要更多的时间。未来，“广州公安”仍将努力在用户体验方面和互动服务方面不断提升，要充分利用这个平台，用到极尽，争取把服务越做越好，实现公众想通过它做任何需要做的事情的目标。

5.6 四种模式对比分析

现实中，政务微信信息服务活动已经呈现出了不同的服务模式，并且每种模式都有各自独特的属性，都为新媒体环境下政府与公众之间沟通和政府信息服务带来了新的变革，促进了政府公共服务质量和水平的提高。但各个模式也呈现出了一些共同的特征，主要体现在以下五个方面。

5.6.1 相同点分析

（1）目的相同。移动互联网日益融入社会公众生活的同时，正逐渐影响和改变着政府的治理理念和服务模式。政务微博、政务微信等政务新媒体的广泛应用使得政府传统的“指令导向”式公共管理模式和“供给导向”式公共服务模式日益向“需求导向”和“服务导向”的社会治理与服务新模式转变。政府利用新媒体平台为公众提供公共服务的同时，也在接受新媒体发展所带来的变革，无论哪种信息服务模式，只有充分激发政务信息服务的活力，发挥政府信息资源的可共享性，使得政府各个部门能够适应政务微信等新媒体平台共享功能，及时满足公众的政府公共服务需求，不断提升新媒体环境下政府信息服务的质量和效果，才能得以生存并继续发展。从这个意义上说，4种服务模式虽有差异，但其目的都是相同的，即都是以用户的政务信息需求为导向，充分发挥政务微信公众平台的各种优势，积极开发政府信息资源，创新政府公共服务产品和形式，努力满足人民群众日益增长的、高质量的政务信息需求。

（2）重视互动沟通。深度互动是微信的突出属性。政务微信信息服务的4种模式都很重视供需双方，即政府与公众之间的信息交流与沟通，并且由于这种交互具有双向性，使得政务信息服务不再是传统的政府单向信息提供和公众被动接受，而是在双向深入交流的基础上，政府准确地把握了公众的政务信息需求，主动为民服务，并逐渐形成了具有个性化和特色化信息服务模式。由此不仅政府部门提高了信息服务的针对性和实效性，提升了政务信息服务的水平和质量，而且公众也能够主动选择、积极参与到其中，并得到了更加优质、便捷、高效的政务信息服务，其政务信息需求得到了更好的满足，充分体现了深入交互的价值和作用。

（3）开放性和共享性。开放、平等、互动、协同和共融是微信公众平台的根本特征。作为新媒体环境下政府信息服务重要平台的政务微信，在移动互联网环境下拥有大规模的用户群体和粉丝数量，政府公共服务的公益性和公平性使得基于新媒体技术的政务信息服务活动更具开放性和共享性。当前政务微信公众平台上流转的信息、提供的服务日益呈现出来源多元化的特征，并且当信息或服务在政务微信公众平台上发布并被用户关注后，不仅可能会被用户向更大范围内转发、分享、扩散，而且也可能会被多样性的新媒体族群二次乃至多次加工、呈现和传播等。此外，由于政务微博、政务微信等新媒体平台集成了多媒体和超文本等信息技术，并且与政府的信息资源数据库相连，从而使政府信息资源得到了充分的挖掘和利用，并在政务微信公众平台上以丰富的形式和简便的操作过程呈现给用户，使得政务微信信息服务的利用及共享效果更加显著。

（4）即时性与个性化。政务微信等政务新媒体打破了传统媒体定时传播的规律和限制，真正实现了跨地域和全时空的传播与扩散。在政务微信信息服务的过程中，政务微信运维部门能够随时倾听来自民众的各种声音，用户能够通过手机、电脑或其他智能终端随时随地接收信息和获取服务。政务微信等新媒体在信息服务和共享方面支持用户的个性化表达，能够与用户随时随地进行深入的互动交流，满足个人的多样化需求，从而使公众使用政务微信等政务新媒体的目的性与选择的主动性更强。

（5）侧重于信息服务。虽然大部分政务微信公众号兼具信息发布和办事服务功能，但在当前的实际运行过程中，绝大多数政务微信公众号都侧重于信息服务，办事服务或自助服务仍显不足。即使一些开通了办事服务功能的政务微信公众号，也是偏重于公共服务事项的查询工作。事实上，基于强互动属性的办事服务才是政务微信区别于政务微博以及其他电子政务平台的最大优势，人们之所以关注并持续使用政务微信，就是因为政务微信公众号能够为用户提供帮助、解疑纾难。因此政务微信公众号要想吸引更多的用户关注并留住微信好友，就必须在服务性上下工夫，要尽可能地提供真正贴合用户需求的服务功能；就需要在已有服务功能的基础上，根据用户反馈进一步完善功能，继续与涉及公共服务的政府部门紧密协调，推出更多优质、高效的服务项目，为公众的工作生活带来更多便利。

5.6.2 不同点分析

（1）各个模式交互对象侧重有所差异。定制式信息服务模式建立在对用户需求背景完整意义上的获取和解读，因此政务微信运维团队交互的主要对象是用户，为了满足用户的个性化、特色化、私人化信息需求，该模式更侧重于政务微信信息服务人员与用户进行深度的沟通交流。一站式信息服务模式需要对政府组织中具有公共服务职能的部门进行功能整合、服务流程重组和优化等，因此侧重于在各个部门之间进行充分的沟通协调。智慧型信息服务模式旨在提高政府整体办公、办事的服务效率、效能，要为用户提供智慧决策解决方案以及智慧服务，需要信息服务人员根据用户的需求精选信息资源，并对其进行智慧型归纳和总结，使之精炼化，因此对信息服务团队及成员有着更高的要求，需要在与用户充分沟通的基础上，更加侧重于团队成员之间的交互。协同式信息服务模式中交互对象的范围比一站式模式更为广泛，除了政府各个部门之间的充分沟通之外，还需要与社会上的企事业单位、第三方部门等其他组织以及社会广大公众沟通交流。

（2）各个模式的视角不同。政务微信信息服务活动不仅涉及服务的供需双方，即政府和公众，还涉及政府信息资源、微信公众平台、信息技术以及相关的法律法规制度、标准、规范等多种因素。不同的政务微信公众号基于本部门职能和实际运行情况等，在政务微信信息服务功能的开发和运营过程中扬长避短，对某些因素有所侧重，因而形成了各种不同的服务模式。笔者在文中总结分析现实中运行的 4 种模式就是由于政务微信运维部门考虑的视角不同以及有所侧重而形成的。定制式信息服务模式主要是从用户的角度出发，尝试通过用户定制形式，努力满足公众的个性化需求。一站式信息服务模式主要是从政府信息资源共建共享的视角出发，通过整合政府部门服务功能、集成服务项目、优化服务流程，为用户提供一体化的综合服务。智慧型信息服务模式主要是在充分利用相关信息技术的基础上，对政府信息进行深加工、再创造，努力为用户提供智慧解决方案或服务等，通过智慧办公、智慧监管、智慧服务等辅助用户决策，进而提高政府办公效率、服务效能。协同式信息服务模式是基于社会多元主体的民主价值以及政务信息生态环境协调发展等理念，探讨政府公共服务多元化的路径和渠道。因此，政务微信 4 种信息服务模式的目的基本相同，但各个模式的建立和发展的视角则各不相同。

（3）发展阶段不同。政务微信信息服务的 4 种模式在实践运行中同时存在，但各个模式的发展阶段及成熟程度有所差异。总体来说，目前政务微信一站式信息服务模式发展较早，整体发展较为成熟；定制式信息服务模式发展很快，很多定制功能在不断地完善；智慧型信息服务模式和协同式信息服务模式虽然发展较晚，仍处于起步阶段，但却是未来的重要趋势。随着物联网、人工智能等信息技术的日新月异，各种服务模式必将会得以快速发展。可以预见的是，各个模式发展不平衡的现象将来也将继续存在。

5.7 本章小结

本章从信息生态要素出发，基于信息用户个性化需求、政务信息资源共建共享、信息智能技术和政务信息生态环境协同发展视角，将政务微信信息服务模式划分为定制式信息服务模式、一站式信息服务模式、智慧型信息服务模式和协同式信息服务模式。分别介绍了 4 种模式的概念与内涵，分析了各个模式的内容和特征，构建了每种模式的模型与框架，介绍了定制式信息服务模式的过程和技术基础、智慧型信息服务模式的背景、协同式信息服务的体系和实现途径等。选择了“广东天气”“广东发布”“乐行南昌”“广州公安”4 个政务微信公众号作为实例进行研究分析。最后对比分析了政务微信 4 种信息服务模式的相同点和不同点。

第6章　政务微信信息服务质量影响因素分析

我国政务微信公众号发展已经进入整合深化提升、优胜劣汰的关键阶段，政务微信公众号的服务质量不仅关乎政务微信能否健康、持续、长久发展，而且成为政务微信公众号兴废成败的关键。在这个“服务为王、用户至上”的体验经济时代，准确识别并深入分析影响政务微信公众号信息服务质量的关键因素不仅是对政务微信服务绩效科学评价的关键切入点，也是提高政务微信信息服务质量和水平、真正建立以公众服务为中心的电子政务的必然要求。本章以服务质量差距理论为基础，结合政务微信信息服务过程，从信息生态视角构建政务微信信息服务质量影响因素体系，运用结构方程进行实证检验分析，以期为政务微信信息服务质量的优化提升和政务微信的长远发展提供理论指导。

6.1　政务微信信息服务质量影响因素模型构建

以公共服务能力提升为目标的政务微信公众号服务是一个较为复杂的过程，它以广大用户的政务信息利用服务需求为导向，在政策引导、法律保障、标准规范、风险可控的情况下，利用政务微信公众平台，采用各种先进技术、方法和手段为广大订阅用户、关注用户等推送各种政务性信息并在微信平台上为用户办理各种便民服务，这一过程涉及诸多因素。它不仅涉及政务信息服务供应主体，更关乎广大政务微信用户；其服务质量不仅体现在过程中，更体现在结果中；它不仅重视政府公共信息产品及其服务内容，更需要各种先进信息技术的支撑。因此，政务微信公众号服务质量影响因素研究需要从一个更加宏观、系统的视角来综合考察。信息生态系统是在特定的信息空间中，由人、组织和环境之间交流所形成的统一整体。政务微信平台上的各个信息主体与外部环境共同构成了一个相对独立的信息生态系统，即政务微信信息生态系统。

政务微信信息服务本质上是各种政务信息资源在政务微信公众平台上不停地流动、传递、转移和分享的过程，在此过程中，各种政务信息在各个信息主体之间以信息流的形式进行流转、扩散。而政务微信信息服务活动包括政务信息资源、信息服务手段与方式、信息服务运维部门、广大政务微信用户、信息服务环境等基本内容，这与信息生态系统中的信息、信息技术、信息人和信息环境等要素一一对应，因此笔者拟引入信息生态学理论，从信息生态因子——信息人、信息、信息技术和信息环境的综合视角出发，对政务微信信息服务质量的影响因素进行分析。本章以服务质量差距理论（GAP Theory）为模型蓝本，结合四个信息生态因子，建立研究模型并提出相应的研究假设，在收集数据和处理分析的基础上，对研究模型和假设进行实证检验。

本章的概念模型来源于服务质量差距理论（GAP Theory）。1982 年，芬兰学者格罗鲁斯首次提出顾客感知服务质量概念，认为服务质量取决于顾客对服务质量的期望与其实际感知之间的差距比较，即顾客期望服务质量与其感受到的服务质量之间的差距比较。1985 年，美国服务营销管理研究组合 PZB（Parasuraman、Zeithaml、Berry）建立了服务质量差距理论，提出服务质量差距是由沟通或认知带来的五个层面的服务偏差构成：即企业认知与顾客期望的差距 1、企业认知与服务标准的差距 2、服务标准与服务传递的差距 3、服务传递与外部沟通的差距 4、顾客期望与感知服务质量的差距 5①，其中，前四个差距来自于服务者，差距 5 来自于顾客，即用户对服务的实际感知与理想期望之间的差距。服务质量差距模型如图 6.1 所示。

他们将服务质量看作用户对服务的期望与对实际服务的感知之间差距的函数，服务质量（SQ）= 用户的感知（P）-用户的期望（E），即：$SQ=P-E$。其中，SQ 表示用户对服务者提供的服务质量的评价，P 表示用户对服务的实际感知水平，E 表示用户对想要获得服务的理想期望水平。此模型的核心是用户的感知，即其主观判断是评价服务质量的唯一标准，若 $SQ=0$，则表明用户的实际感受等于用户的理想期望，即对服务质量满意；若 $SQ>0$，则表明用户的实际感受大于用户的理想期望，即对服务质量非常满意，SQ 越大，服务质量越好；若 $SQ<0$，则表明用户的实际感受小于用户的理想期望，即对服务质量不满意，SQ 越小，服务质量越差。其中顾客差距是服务质量差距模型的核心，是用户期望与感知差距的直观体现。顾客的期望是服务传递的信念，这些信念是评估服务绩效的标准和参考。当顾客直观评价服务质量时，他们会把实际对服务的感知与之前对服务的期望相比较。顾客感知是顾客在接受服务过程

① Parasuraman A.，Zeithamal. V. A.，Berry L. L. A Conceptual Model of Service Quality and Its Implications for Future Research ［J］. Journal of Marketing，1985（49）：41-50.

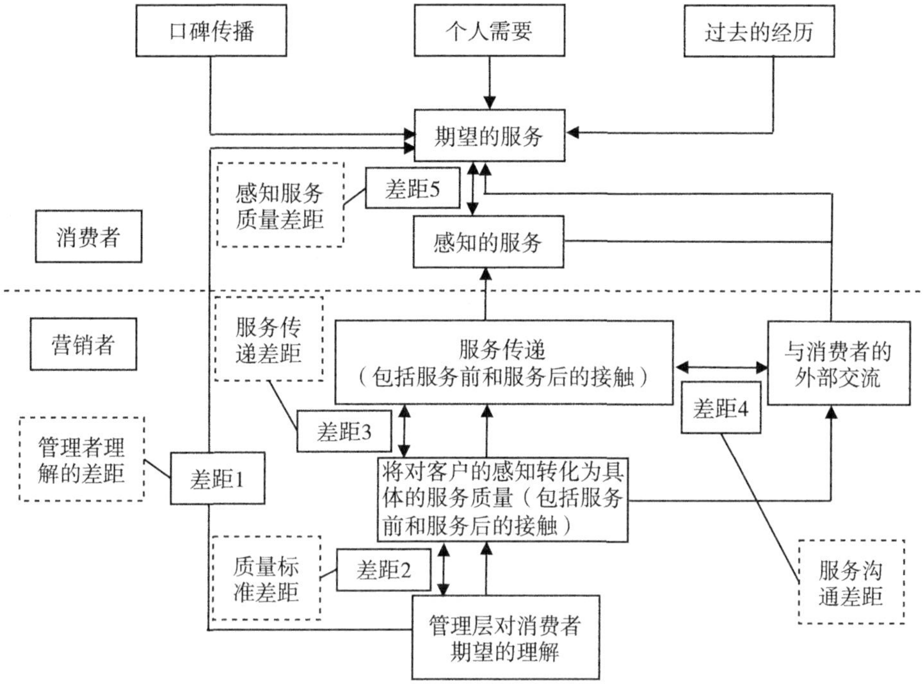

图 6.1　PZB 服务质量差距模型

中所产生的对服务的综合评价，是顾客满意与否以及满意或不满程度的主观反应。二者之间的用户主观感知形成了顾客差距。服务企业差距 1 到差距 4 的弥合共同构成了顾客差距的弥合，为弥合这一极其重要的顾客差距，该模型要求其他 4 个服务企业差距也要进行弥合①。

政务微信公众号用户的信息消费行为符合服务质量差距理论模型，如果用户对政务微信信息服务的实际感受高于他们的期望或要求，就会对服务质量感到非常满意，那么就会强化他们继续使用政务微信公众平台获取政务信息服务的意愿。本书基于服务质量差距理论，勾勒出不同影响因素对政务微信信息服务质量差距和用户利用行为的作用途径以及服务质量差距所扮演的“中介效应”。在文献梳理、总结归纳国内外有关政务微信信息服务质量影响因素的研究成果的基础上，综合前人对政务微信信息服务环境、信息人、

① 郭笑．政务微信公众平台信息服务及其质量评价研究［D］．合肥：安徽大学，2016：14.

信息技术、政务信息资源特点等影响因素的研究成果，结合政务微信信息服务的特征，借鉴信息生态理论把各个影响因素归到各个信息生态因子中，从信息生态因子视角，把影响政务微信信息服务质量的因素分为信息人、政务信息服务、信息技术、政务微信服务环境四个方面，构建了概念模型简图，如图 6.2 所示。

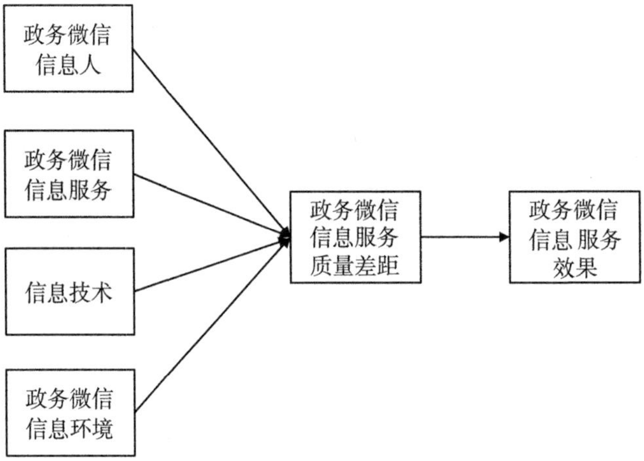

图 6.2　政务微信信息服务生态因子模型

由于不同的信息人在政务微信公众平台上发挥着不同的功能和作用，因此本书把信息人属性具体划分为政务微信运维服务人员和政务微信用户两个部分。政府部门看到了微信在信息发布、政民互动、网上办事、在线服务等方面的便利性，便努力把政务微信打造成一个集微发布、微办公、微交流、微办事、微服务等于一体的综合性政务服务平台，因此本书把政务微信信息服务属性的影响因素具体划分为信息服务因素、办事服务因素以及整个服务过程中涉及的因素，即过程因素三个部分。信息技术尤其是微信技术是政务微信公众平台开展服务的基础和前提，与政务微信信息服务的质量密切相关。政务微信信息服务效果不仅会受到政务微信公众平台及运维部门微观环境的直接影响，还会受到整个国家政策、法律法规制度以及社会经济发展的宏观环境的间接影响，因此本书把政务微信信息环境属性具体划分为政务微信内部微环境和外部大环境两个方面。本书拟采用结构方程模型方法，将以上八个方面设置为潜在变量，并经过相关文献综述，提出了各个潜在变量隶属的相关观察变量。

政务微信信息服务质量的影响因素模型拥有 28 个观察变量，1 个内生潜在变量。28 个观察变量是依据相关文献的查阅和综述得到的，其中 4 个信息生态因子、8 个外生潜在变量及其 28 个观察变量对内外潜在变量的影响关系主要包括：①信息人中的政务微信运维服务人员对政务微信信息服务质量的影响观察变量包括服务人员的服务意识、动力与能力因素，对用户需求内容、方式、习惯、特点、规律等了解与把握程度，与其他机构、平台的协同服务能力，服务方式与手段四个方面；信息人中的政务微信用户对政务微信信息服务质量的影响观察变量包括用户利用政务微信的能力和素养以及互动交流的期望和意愿两个方面。②信息服务与办事服务中的信息服务属性对政务微信信息服务质量的影响观察变量包括信息的内容质量、有用性、时效性、可获取性和易用性五个方面，办事服务属性对政务微信信息服务质量的影响观察变量包括服务的实用性、便捷性、有效性和个性化服务四个方面；政务微信信息及办事服

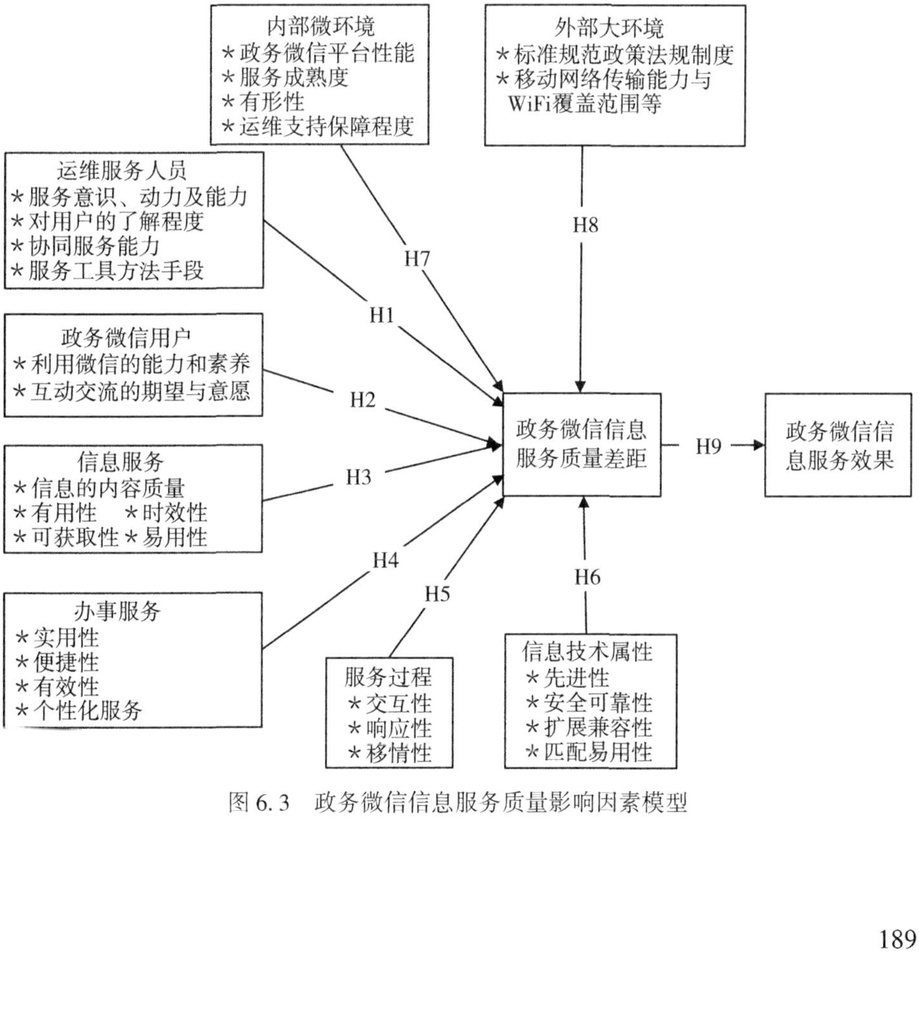

图 6.3 政务微信信息服务质量影响因素模型

务过程因素包括服务过程的交互性、响应性和移情性三个方面。③政务微信信息技术属性对政务微信信息服务质量的影响观察变量包括微信技术的先进性、安全可靠性、扩展兼容性以及其匹配易用性四个方面。④政务微信信息环境中的内部微环境对政务微信信息服务质量的影响观察变量包括政务微信平台因素、服务成熟度、有形性和政务微信运维支持保障能力四个方面，政务微信环境中的外部大环境对政务微信信息服务质量的影响观察变量包括政务微信运营的标准规范政策法律法规制度和移动通信网络传输能力与覆盖范围以及整个社会的信息化服务水平两个方面。最终构建的政务微信信息服务质量影响因素模型如图 6.3 所示。

6.2 政务微信信息服务质量影响因素研究假设

6.2.1 政务微信信息人因素

1. 政务微信运维服务人员因素

政务微信信息服务人员因素包括运维服务人员的服务意识、动力与能力因素，对用户需求的内容、方式、习惯、特点、规律等了解与把握的程度，与其他机构、平台的协同服务能力，服务方式与手段四个方面。

微信为政府服务公众提供了新的平台和渠道，但微信平台发挥作用的大小还要取决于政府部门及其工作人员的服务意识、服务动力和服务能力等因素。自 2013 年起，中央政府和各个国家机关以及各级各地省市县区的政府部门纷纷开通应用政务微信公众号，目前我国政务微信公众账号早已超过 10 万个①，他们在微信公众平台上积极地开展为民服务，已经成为政府发布信息、提供公共服务、开展政民互动的新平台。政务微信的“井喷式”发展，表明了政府部门及其工作人员积极拥抱新媒体、主动为民服务的意识和强大动力，但最终的服务效果和质量如何，还需要政务微信运维部门及其服务人员根据广大公众的政务信息需求情况并结合政务微信公众平台的特点和优势，不断提高管理服务人员的专业素养及其服务水平。

当前，政府传统的“指令导向”式公共管理模式和“供给导向”式公共

① 国家网信办．政务新媒体获空前发展“两微一端”成为新模式［EB/OL］．［2018-7-19］．http：//www.cac.gov.cn/2015-02/07/c_1114291869.htm.

服务模式已经日渐式微，正在加快向公众“需求导向”和“服务导向”的社会治理服务新模式转变，公众日益成为政务信息服务的中心和重点。因此，在这个“服务为王、用户至上”的体验经济时代，政务微信公众号服务功能的设计和管理，必须从政府部门视角转向用户视角，加强用户需求研究，及时了解用户期许、深入体察用户体验情绪，准确把握用户需求内容与方式、全面深刻理解用户的利用行为和规律，真正把用户的关心作为标尺，及时掌握公众需求的重点、准确把握用户需要的痛点，时刻牢守用户情境体验底线、坚持用户体验和服务为王，只有这样才有可能提供更好的公共服务，进而不断地获取用户、留住用户。

同时，随着政府门户网站功能的不断完善和政务微博、政府新闻客户端、政务 APP 等其他政务新平台的不断涌现，以及公众“一体化”“一站式”政务信息服务需求的增加，政务微信公众平台与政府其他部门、社会第三方机构以及政府门户网站、政务微博、政务移动客户端等其他平台的联合协同服务能力越发重要。为此，政务微信公众平台应尽快打通“线上”与“线下”公共服务通道，与政府相关部门无缝衔接，进一步整合服务平台，完善平台服务功能，能够实现随时随地为用户提供方便、快捷的服务内容和项目，最终为公众提供综合性的一体化政务信息服务。

此外，政务微信运维部门及其服务人员应积极采用各种先进的服务工具和方法，不断丰富完善政务微信信息服务的方式和手段，及早建立并完善政务信息服务的工具方法体系，实现政务微信公众平台信息服务的精细化和特色化，并提供精准的信息推送服务和精细的政务办事服务，最终为满足用户的多样化、个性化政务信息需求提供方法基础和工具支持。

基于上述分析，本书提出以下假设：

H1：政务微信运维服务人员的相关因素对政务微信信息服务质量具有正向影响作用，即服务人员的服务意识越强、动力越大、综合服务能力及联合协同服务能力越强，对公众的需求越了解、掌握的服务工具手段越丰富，信息服务质量差距就越小，最终的综合服务质量和效果就越好，用户就越满意。

2. 政务微信用户因素

政务微信用户因素包括用户利用政务微信的能力和素养以及互动交流的期望和意愿两个方面。广大公众关注并添加政务微信公众号就是期望政务微信能够满足他们工作、学习、生活、社交、心理等方面的某些需求，然而他们能否获得自己所需要的政务信息服务，不仅与政务微信信息服务人员的能力和素质有关，也与用户自身利用政务微信公众平台的能力和素养密切相关。他们是否愿意接受政务微信服务方式，能否熟练地使用政务微信的各种功能，是否能够准确、清楚、完整地表达他们的真实需求，以及能否承担起使用政务微信公众平台时的各种费用支出、流量、精力时间耗费和转换成本等都会在一定程度上影响政务微信信息服务的质量和效果。事实上，政务微信的用户并非是全年龄段，而是主要集中在 18—45 岁青年人群中，这类人群普遍受过良好的教育、有着较好的收入和稳定的职业，喜欢尝试新的事物，乐于接受新的信息技术，对政务微信等新媒体应用秉持开放、欢迎、接受的态度，再加上他们对政府信息服务更高要求的期望和自身利益的诉求，即期望政府部门能够提供更加及时、便捷、优质、高效的信息服务，使得他们很快成为政务微信公众平台的用户。但政务微信运维部门能否将他们变成长久持续使用的长期忠实“粉丝”，就要看政务微信公众平台能否给予他们以长久持续的利益关注和诉求，以及在利用过程中感受到的综合体验是否满意，而这又会影响到用户的忠诚度和持续使用意愿，进而会对政务微信的总体服务质量产生一定的影响。基于此，本书提出以下假设：

H2：政务微信用户的利用能力和素养以及使用意愿和期望对政务微信信息服务质量具有正向影响作用，即用户的信息素养越高、利用意愿越强，政务微信信息服务质量的差距就越小，最终的服务效果就越好。

6.2.2　政务微信信息服务与办事服务因素

1. 政务信息服务因素

政务微信信息服务因素包括信息的内容质量、有用性、时效性、可获取性和易用性五个方面。

信息的内容质量是指政务微信公众平台上发布的信息数量适中、种类齐全、结构合理，内容丰富、全面、系统、完整、规范、准确、权威、可靠、清晰明了。虽然政务信息的内容相对比较严肃、严谨，但没有人喜欢冷冰冰的说教面孔，如果政务微信公众平台仍然把信息原封不动地推送给网友，传播服务效果可能会大打折扣。为了让用户更容易接受、更好地理解，政务微信运维服务团队必须根据新媒体的网络传播趋势，不断地创新政务信息的表现形式，力求在推送信息的语气上和与用户互动的措辞上做到平易近人和风趣幽默，尽量不使用生硬的语言，而保持平等姿态和亲和力，从而把严肃的政府面孔“人性化”“朋友化”①。

政务微信信息的有用性。政务微信运维服务部门必须立足本部门的服务职责和功能，充分结合政务微信公众平台的特点和优势，以公众需求为导向、以用户的关心为标尺，从公众的切身利益、真实需求出发，选择、推送与用户的关注点密切相关的信息，力求能够提高公众的工作、学习、生活、社交等业绩或效率，对其有所帮助或者能够解决公众的实际问题，即对用户来说，政务微信公众平台发布的信息有价值、作用大，并时刻保持信息内容与用户需求的一致性，这样才能具有较强的吸引力。

政务微信信息的时效性。时效性是新媒体的生命力，微信具有随时随地发布信息的功能和优势，政务微信信息服务必须注重时效和现场效应。政务微信信息的时效性要求不仅信息发布、更新、反馈、回复要及时，而且发布、更新频率的要稳定适当，发布重大时政信息时更需要强调时效性，以最快的速度、透明的态度实时传递权威信息，这样可以帮助政务微信在用户中建立起良好的口碑和公信力，更好地承担起政务信息发布的功能。政务微信对突发事件的应对具有优势，可以迅速介入，实时跟进追踪，力争走在时效性的最前沿。它可以在突发事件发生的第一时间迅速作出反应，在舆论还在酝酿的第一时间发布准确及时的消息，在用户最需要的第一时间出来发声。

政务微信信息的可获取性。可获取性主要是指用户添加和关注政务微信公众号是否快捷方便，用户是否能够便捷地获取自己需要的信息以及政务微信公众平台是否能够能提供稳定的信息服务等②。

政务微信信息的易用性。信息的易用程度是指政务微信信息是否容易被用户利用的程度，首先要求政务微信公众平台的操作界面设计友好、导航设置清晰、操作使用起来简单方便且平台上提供的信息很容易使用；具体要求信息发布更新及时、内容分类合理、查询功能简捷易用，用户获取、利用、转发、分享、传播扩散等方便、快捷。政务微信公众平台要坚持文字信息的易解读和可视化表达，努力使信息易于理解、“接地气”，尽量做到信息内容长短适宜，用公众喜闻乐见的形式表达，使用户能够快速知晓和解读信息。尤其是在解读重大活动和重要政策时，更要注意让用户易读易懂。

---

① 上海发布办公室．微信大号是如何炼成的——“上海发布”政务微信运营手册［M］．上海：上海人民出版社，2015：261.

② 郭笑．政务微信公众平台信息服务及其质量评价研究［D］．合肥：安徽大学，2016：19.

基于以上分析，本书提出以下假设：

H3：政务微信信息属性对政务微信信息服务质量具有正向影响作用，即信息内容质量越高、价值越大、时效性越强、用户越容易获取和利用，政务微信信息服务质量的差距就越小，最终的服务效果就越好。

2. 办事服务因素

政务微信办事服务因素包括服务的实用性、便捷性、有效性和个性化服务四个方面。

办事服务的实用性首先是指政务微信公众平台设置的服务功能充分完备且具有一定的扩展性，即功能设置能够满足本部门服务公众的基本需要；其次要求提供的各种服务项目与内容科学合理、功能齐全，具有很强的目的性和针对性，能够满足用户的各种实际需求并能产生积极的效果。政府公共服务涉及民众生活的方方面面，但有 83.6%的用户提到他们更关注自身周边发生的事情①。为了提高办事服务的实用性，就必须立足地方人文特征，根植本地、服务本地，关注地方民生需求，将本土化服务做到位，实现用户切身利益的直接给予。

便捷性是衡量政务微信作为新型信息服务载体的便利程度，需要从服务载体、导航功能、搜索功能及其操作是否简便，服务内容说明是否清楚明确以及服务项目使用是否便捷等方面衡量。具体是指政务微信公众平台推出的各项服务功能方便易用、服务程序和步骤简洁高效、操作界面简洁流畅、服务层级设置合理、导航清晰、服务方式与类型多样化等，符合用户的使用习惯和规律，并且具有智能化的自助服务功能、个性化的定制服务功能、“一体化”“一站式”服务功能以及精准化的推送服务功能等。总之，便捷性最终要求服务具有人性化，即能够为用户提供各种方便、快捷、舒适和无障碍的办事服务。

有效性是对服务结果的测度，主要体现在政务微信办事服务的效率、效益和公平等方面。用户使用政务微信获得的实际效益与其花费的各种费用支出、流量、精力时间耗费和转换成本对比后产生的对服务主体及整体服务质量的评价会直接影响到政务微信公众号功能的有效发挥乃至整个平台的持续发展。有调查显示，只有 37.2%的政务微信用户认为省级以上政务微信公众号提供的信息与服务对自己的生活起到了实际作用，仅有 18.9%的用户认为政务微信

① 唐绪军．中国新媒体发展报告 No.6［M］．北京：社会科学文献出版社，2015：223.

每天都可以给自己的生活带来有价值的信息和服务①。因此政务微信只有通过提供有价值的信息，构建便民渠道以及提供微信平台的实时陪伴，扎实解决公众的实际问题，切实提高他们的工作、生活、学习、社交等效率和效益，才能逐步赢得用户的认可和接受。

个性化服务。个性化是衡量政务微信是否具有针对不同用户的特点和需求提供适当或特定服务的能力和水平。互联网服务都旨在以用户为中心，提供个性化的定制服务。个性化服务与实用性、便捷性一样，对政务微信信息服务质量和用户的满意度都具有重要影响，因此政务微信公众平台服务质量的提升必须重视用户的个性化需求，使用户能够根据个人的需求和特点，请求政务微信运维部门提供特色化、差异化甚至是特殊化的服务，能够选择不同的服务方式或互动方式以迅速、便捷地获取自己需要的服务，同时能够应用用户生产内容、活动参与、好友评价、转发分享等功能或项目，使他们不再只是单纯地利用信息、获取服务，而是主动参与、生成到政务微信公众平台的各种服务当中，进而丰富用户的个性化体验。

基于以上分析，本书提出以下假设：

H4：政务微信办事服务功能的相关因素对政务微信信息服务质量具有正向影响作用，即办事服务内容针对性越强、项目越实用、便捷、有效性越强，用户的服务收益就越大，政务微信信息服务质量的差距就越小，用户就越满意。

3. 服务过程因素

政务微信信息及办事服务过程因素包括服务过程的交互性、响应性和移情性三个方面。

交互性。交流互动属性是微信的突出特点，政务微信服务主体与用户之间以及用户相互之间的交流互动体验及满意程度对政务微信服务质量有着重要影响。政务微信公众平台是否愿意成为广大公众倾听和倾诉的对象，是否耐心查阅分析用户在微信平台上的评论和留言并将其视为了解公众需求和社情民意的渠道将直接影响着最终的服务质量和水平。交互性的要求主要体现在交互品质上，首先交互具有友好性，即对用户的沟通交流互动秉持开放、平等、包容、宽容的态度且交流互动方式符合用户的习惯和需求；其次是交互具有易用性和

① 唐绪军．中国新媒体发展报告 No.6［M］．北京：社会科学文献出版社，2015：222.

流畅性，即平台提供的沟通交流方式方便易用，使交互过程没有任何障碍，能够顺利进行；再次要求交互具有实时性、反馈具有及时性，即对用户各类需求和意见反馈能够适时、快速回复，与用户问题交流、意见反馈能够达到实时同步的程度；最后要求交互具有有效性，即能够满足用户交互需求并达到沟通的预期效果。除了要重视平台上的交流互动之外，加强线上线下、用户之间的互动也非常重要。此外，借助一些舆论焦点、民生热点、重大节点等开辟话题、组织互动活动供用户参与讨论，既可以提升与用户的互动水平、拉近政民之间的距离，又可以丰富互动的内容与方式，在提升用户活跃度的同时，扩大政务微信的社会影响和知名度。

服务及反馈的响应性。响应性主要衡量政务微信公众平台信息服务的及时性、政民之间沟通交流互动的态度和能力，首先要求平台对用户的服务请求具有快速响应和及时解决的能力，然后遵循相关的反馈回应程序和标准，通过建立适宜的沟通互动机制使双方能够进行迅速准确的信息交换，确保政务微信运维服务人员在信息服务过程中对用户的服务请求能够及时、有效地解决。良好的响应性能不仅要有适宜的响应效率，即平台帮助用户提供快速服务及反馈的意愿和能力，更需要与政府网站、政务微博、政务移动客户端等其他服务平台密切配合、协同服务，通过线上线下的无缝融合，能够随时随地为用户提供方便、快捷、高效的服务和反馈等。

移情性是对用户给予关切和个别的关注，影响着用户对服务过程和结果的直接最终体验。移情性主要是通过政务微信公众平台是否能够及时解决用户反馈的各种问题，以及能否使用户及时得到更好的信息服务体验等方面进行衡量。即政务微信公众平台是否根据用户反馈的问题及时予以答复，政务微信公众平台设置的用户反馈、投诉、建议等相关栏目是否有用，政务微信公众平台是否提供了其他平台没有的信息服务模式等。

基于以上分析，本书提出以下假设：

H5：政务微信信息服务过程中的交互程度、响应情况等相关因素对政务微信服务质量具有正向影响作用，即交互越充分、响应越及时，政务微信服务质量就越高，用户的体验就越好。

6.2.3　政务微信信息技术因素

信息技术是信息资源与服务的载体，其先进性、安全性、快捷性和易用性等都直接影响着用户获取信息和服务的质量与速度，进而影响着信息服务的质量和水平。信息技术属性包括微信技术的先进性、安全可靠性、扩展兼容性以及其匹配易用性四个方面。

微信技术的先进性。信息技术的飞速变革为微信的横空出世和迅猛发展奠定了坚实的基础。微信作为新型移动社交工具，具有使用率高、影响范围广、私密性强、点对点传播等特点，天然的技术优势为政府借助后台支持功能提供公共服务、打造移动服务型政府提供了有力支撑。政务微信就是政府部门基于先进的信息技术建立起来的新型公共服务平台，拓宽了为民服务的渠道和途径，提高了政府公共服务的能力和水平。先进的微信技术不仅能够给用户带来良好的利用体验，而且也有助于提高政务微信信息服务质量。作为所有媒体中发展最快的新媒体，微信的技术更新非常快，版本更迭加速，其产品的使用周期越来越短，它更加强调融媒体属性，也更注重用户体验，强化线上线下沟通的“社会同在感”。信息技术的日臻成熟和微信功能的日益完善为政务微信信息服务质量的不断提高提供了有力的保障。

微信技术的安全可靠性。安全可靠是政务微信公众平台正常运转的重要因素。微信是技术更新最快的新媒体，微信技术的快速更新和创新影响着微信的安全与可靠程度，进而直接影响着政务微信信息服务的水平和质量。政务微信的安全可靠不仅要求平台自身和平台上的各种政务信息及服务安全可靠，而且还需要对用户的信息需求权利和自身权益进行保护等，即微信技术不仅要有效保证服务供应主体在数据存储、传输利用等方面的防控风险，同时还要保证用户的个人信息等隐私不被泄露。具体来说，安全性首先要求政务微信公众平台提供的信息不会被篡改、破坏或转移，保证服务过程中信息资源的完整性以及提供的信息服务遵循相应的安全标准；其次要求政务微信公众平台能够保护用户个人账号等隐私信息安全以及免受其他安全危险，如病毒和木马侵害等。可靠性是指微信技术及政务微信公众平台具有可靠、稳定、准确地开展承诺的服务的能力，首先要求平台确保在任何情况下都能够提供信息服务、保证用户能够及时并正常使用平台提供的各种信息和服务；其次要求平台具有持续稳定地提供符合规范标准的信息服务能力。

扩展兼容性。扩展性是衡量政务微信公众平台为用户提供的开放接口的应用情况，包括平台功能扩展、服务内容扩展、用户应用个性化扩展等多个方面，可以从使用界面、好友推荐方式、应用种类、应用兼容性以及应用开发等多个角度衡量。政务微信有其固有优势，但也需要政府网站、政务微博、政务移动客户端、政务直达号等其他政务服务平台密切协作，合力打造成一个功能互补、相互兼容、能够共融共享的综合性的移动政务服务平台，这就需要微信技术和平台具有良好的兼容性，并且能够支持苹果、安卓等客户移动终端的系统和软件等。同时，随着移动互联时代的到来，微信技术还要能够与云存储、大数据处理及微平台架构技术等实现良好兼容。

政务微信的匹配易用性。匹配性主要是衡量政务微信公众平台的服务功能和项目是否与公众的需要一致，能否满足用户的需求和期望。信息技术的进步使得信息应用越来越容易，感知易用性被广泛认为对信息系统的使用有着积极的影响①②③。易用性主要是对政务微信公众平台的操作界面设计是否美观友好、清晰明了，使用操作是否方便、快捷，对用户有无特别技术要求，平台是否提供了清晰的导航设置以及用户搜索、查询、获取、利用信息服务和互动反馈的难易程度等方面进行衡量。这些都会直接影响着用户对政务信息资源的利用以及信息服务的最终效果。因此必须从用户视角出发，以民为本，以用户的真实需求为导向，把政务微信公众平台打造成一个实用好用、便捷高效的政务信息服务综合平台。

基于以上分析，本文提出以下假设：

H6：政务微信信息技术的相关因素对政务微信信息服务质量具有积极的影响作用，即技术越先进易用、安全可靠，就越有利于提高政务微信信息服务质量。

6.2.4　政务微信信息环境因素

S. Horton 认为公共部门提供服务不可避免地受到其所处环境的影响，国家政策、法规、财政制度都是影响公共服务提供和传递的决定性因素④。信息环境是时时刻刻围绕并可能影响主体信息内容因素和各种信息媒介因素的总和⑤。政务微信信息服务活动是在一定的信息环境中开展的，会受到内外部环境的直接或间接影响，本书主要从内部微环境和外部大环境两个方面进行分

① Davis FD. Perceived Usefulness, perceived Ease of Use, and User acceptance of Information Technology [J]. MIS Quarterly, 1989, 13 (03): 319-339.

② Davis FD, Bagozzi R, Warshaw P. User Acceptance of Computer Technology: A Comparison of Two Theoretical models [J]. Management Science, 1989, 35 (08): 982-1003.

③ Jackson C, Chow S, Leitch R. Toward an Understanding of the Behavioral Intention to Use an Information System [J]. Decision Sciences, 1997, 28 (02): 357-389.

④ Horton S. Social Capital, Government Policy and Public Value: Implications for Archive Service Delivery [J]. New Information Perspectives, 2006, 58 (06): 502-512.

⑤ 杜元清. 信息环境与信息传递样式 [J]. 情报理论与实践, 2009, 32 (08): 16-20.

析，并提出相应的假设。

1. 政务微信内部微环境因素

内部微环境因素包括政务微信平台因素、服务成熟度、有形性和政务微信运维支持保障能力四个方面。

政务微信公众平台因素。主要包括平台界面设计和系统运行品质。政务微信公众平台的界面设计要清晰简洁、美观友好，具体来说，就是界面设计要清楚、明晰，布局要简洁、明了，让用户一目了然；同时还要注意界面、页面设计、色彩搭配等美观程度，尽量与用户的需求特点、使用习惯、审美等符合一致，让用户感觉到平台的亲切友好。平台系统的运行品质首先要求平台功能完备且具有一定的扩展性，即平台的搜索、查询、互动、分享等基本功能充分、完备，能够为用户提供基本的、必需的信息服务和办事服务等；同时，平台还可以根据业务需要或用户个性化需求等提供附加或延伸的信息服务，即扩展功能。其次，要求平台设计专业且富有人性化，即平台功能、页面设计等达到该部门业务信息服务的相关专业标准和规范，并且能够满足用户需要的功能要求和心理需求，确保平台上的各种服务功能能够顺利实现且用户乐于接受。再次，要求平台使用便捷、响应良好，即平台上的各种功能使用方便、快捷，且对用户的各项操作指令反应灵敏、对用户的各种诉求、反馈等及时回应。最后，要求平台能够运行平稳、安全可靠，即具有保证平台安全措施的各种有效程序，能够确保平台系统运行顺畅、平稳，各种政务信息安全可靠、用户信息不被泄露等。

服务成熟度是指政务微信公众平台服务条件和整体服务环境的成熟程度，它直接影响着服务水平和质量。服务成熟度主要体现在服务品质和帮扶导航等方面。良好的服务品质首先要求服务功能齐全、有效，能够承担起本部门的相关服务工作、发挥好为民服务的职能；其次，要求服务流程、步骤简便快捷，服务方式和手段多元、有效，服务系统类型多样且能够共融共享，并能够与线下实体服务有机衔接；再次，要求服务及时、适度，即能够在有效的时间内及时满足用户的需要和诉求，并且确保服务合理、适度；最后是服务人性化要求，要具有一定的个性和特色，即要求服务与用户的需求特点、行为习惯相符，能够为用户提供各种舒适和无障碍的服务，并且能够根据不同用户的特点和需求提供个性化的特色服务等。帮扶导航主要是要求平台上的各种服务指南、导航等清晰、直观、准确，各种帮扶功能和工具设置清楚、醒目，各类服务辅助工具和方法简捷、易用、有效。

有形性是指有关政务微信信息服务的物理设施、人员以及交流资料等有形部分，它主要通过政务微信的整体结构、栏目分类和页面设计的优劣程度等来衡量，包括政务微信信息组织的合理性、微信公众平台界面设计的吸引力、内容形式的丰富性、导航帮助的清晰性等。具体包括政务微信公众平台在提供信息服务过程中通过对政务信息内容设计方式而展现其服务能力，即信息服务的可视性；公众平台通过对信息服务内容展示的规范性、标准性和先进性程度，即信息服务的专业性；政务微信公众平台在提供信息服务过程中信息内容设计对用户的吸引程度，即信息服务的吸引性；平台提供的信息服务遵循有形性相关的标准等，即有形性的依从性等方面①。

政务微信运维支持保障能力。政务微信的运行维护与健康持续发展离不开政府部门领导的高度重视和大力支持，更需要政府投入相当的人力、物力、财力等。当前，我国大多数的政务微信公众账号运营团队都是在政务微博、政务新闻客户端或政府门户网站等运营团队的基础上发展起来的，很多都是以兼职或轮岗方式管理运行。同时，政府部门根据“两微一端一站”在政府信息公开和公共服务中的定位和作用分配一定的财力、物力和技术资源等，确保了政务微信公众平台的顺利运行和健康发展。但运维支持保障能力除了这些硬件设施和技术支持保障之外，更需要体现在政府领导对政务微信服务模式、体制、机制创新的鼓励、包容和支持上。为了把政务微信打造成新媒体环境下的高效的综合性政务信息服务平台，需要政府部门和微信运维团队一起探讨政务新媒体的运作规律和特点，为此就需要政府领导积极支持并加强政务微信信息服务体制、机制、模式等方面的探索与创新，做好整体布局、顶层设计、制度创新，加强内部综合协调与配合、减少层级、缩短指挥链条，对运维团队鼓励信任、充分授权，为政务微信信息服务的系统运行、管理创新、工作流程、团队建设、评估考核等营造一个宽容、灵活敏捷、富有创造性和活力的良性发展环境。

基于以上分析，本书提出以下假设：

H7：政务微信的内部微环境因素对信息服务质量具有积极的影响作用，即政务微信平台越完善、服务成熟度越高、运维支持保障能力越强，就越有利于提升政务微信信息服务质量。

① 陈岚．基于公众视角的地方政府微博信息服务质量评价及差距分析［J］．现代情报，2015（06）：3-8.

2. 政务微信外部大环境因素

政务微信外部大环境因素包括政务微信运营的标准规范政策法律法规制度和移动通信网络传输能力与 WiFi 覆盖范围以及整个社会的信息化水平两个方面。

为了促进互联网技术和各种新媒体应用的健康快速发展，国家有关部门加快了网络空间的法治化进程，出台了一系列法律法规、政策制度和标准规范等，特别是颁布实施的一些关于即时通信工具公共信息服务的通知、规定和条例等，在规范、促进政务微信信息服务健康、持续发展的同时，也对政务微信的信息服务质量乃至平台的管理运行等产生了一定程度的直接或间接影响。

与此同时，随着用户实时互动、异步互动需求的迅猛增长和对利用效益及体验的要求越来越高，WiFi 的覆盖范围和移动通信网络传输能力等都会对政务微信信息服务质量产生重要影响。没有移动网络的大范围覆盖，政务微信信息服务就是无本之木。此外，智能终端的普及程度、各种计算机软硬件要求的大众化程度、用户信息消费时的成本效益因素和整个社会的信息服务水平等都会间接地影响政务微信最终的服务质量和效果。

基于以上分析，本书提出以下假设：

H8：政务微信发展的外部大环境的相关因素对政务微信信息服务质量具有一定的影响作用。

此外，根据服务质量差距理论，如果用户的实际感受等于或大于用户的理想期望，用户就会对服务质量满意，并且用户对服务者提供的服务质量的评价越高，就表明服务质量越好。基于此，本书提出以下假设：

H9：政务微信信息服务质量的差距程度对政务微信信息服务的效果和用户满意程度具有正向影响作用，即信息服务质量差距越小，最终的服务效果就越好、用户就越满意。

6.3 政务微信信息服务质量影响因素实证研究

6.3.1 问卷设计与数据收集

1. 问卷设计

由于政府部门利用微信公众平台开展各种公共服务的时间并不长，学界关于该主题的研究成果几近空白，当前虽有一些政务微博服务质量影响因素的相关研究①②，尽管它们同属于政务新媒体，但二者存在着诸多明显差异且学者们所选取的研究视角和理论基础以及研究变量侧重点等各有差异，当前基本上没有适合于本书的研究可以完全直接使用的成熟问卷，但是相关研究成果为本书的研究提供了有益的参考和借鉴。因此，本书的研究在调查问卷的设计过程中，在深入分析政务微信信息服务特点的基础上，充分借鉴并吸收相关研究成果中的问题设计，然后根据变量内涵以及与其他变量之间的关系重新进行概念开发和问题设计，自行设计了大部分指标的相关问题。

政务微信公众号用户根植于广大网民，是基于用户手机通讯录和 QQ 好友形成的熟人社交，政务微信用户不仅有政府部门的工作人员，还有广大网友以及他们的熟人、亲属和朋友等。为保证问卷的科学、完善与合理，本书在文献调研的基础上，根据政务微信公众号服务的特点和用户需求，初始主要采用德尔菲法对若干地方政府信息化专家和政务微信公众平台运行维护服务人员、信息科技公司技术研发人员、相关领域学者以及经常使用政务微信公众号的资深用户等进行咨询访谈，了解他们对政务微信信息服务质量的基本理解和判断，考察他们对政务微信信息服务质量的评价标准和解释，然后整合其观点并对之优化，形成初始调查问卷。

本书设计的调查问卷主要由调研对象基本信息部分、政务微信信息服务质量影响因素问题部分、信息服务质量差距与信息服务效果三个部分组成。调研对象的基本信息部分，即第一部分主要用来了解调研对象的基本信息及其使用政务微信的基本情况，保证数据来源的广泛性和可靠性；第二部分是问卷主体部分，针对上述章节的政务微信信息人、信息服务与办事服务、政务微信信息技术和政务微信信息环境等各个影响因素提出的假设性描述问题；第三部分是有关信息服务质量差距与信息服务效果衡量的问题。问卷一共设计了 78 个问题。问题中的选项采用李克特五级量表（从 1 到 5，程度逐渐加强）形式进行设计，这 5 级分别表示没有影响、影响很小、影响一般、影响较大、影响很大或者非常不重要、不重要、一般、比较重要、非常重要或者完全不同意、不同意、不确定、基本同意、完全同意，对应的分数分别为 1—5。李克特量表操

① 陈岚．基于公众视角的地方政府微博信息服务质量评价及差距分析［J］．现代情报，2015（06）：3-8.

② 邹凯，包明林．政务微博服务公众满意度指数模型及实证研究［J］．湘潭大学学报（哲学社会科学版），2016（01）：75-79+121.

作简单，通过调查对象对问卷选项的同意或不同意程度来测量各个变量，能够反映出调查对象意见及意见的强烈程度差别。根据对政务微信信息服务主题的相关文献梳理和多种调查发现，调查对象的文化程度普遍较高，基本上都能够对李克特五级量表进行判断，能够保证所获取数据的准确性和可靠性。

2. 问卷发放和数据收集

本书先以网上问卷的形式进行问卷大规模发放前的调查前测，总计发放前测问卷 136 份。收集数据后对问卷的结构、各个选项的信度和效度进行初步分析，针对预调查中反馈的各个问题并结合相关专家、学者的建议将调查问卷进行修改完善，调整了问卷中个别问题的内容和表述方式，合并了相似度较高的问题，删除了不符合指标的题目，保证大规模发放的问卷具有较好的代表性和参照性，问卷题目数量由最初的 55 个问题缩减为 43 个，最终形成正式调查问卷，见附录 1。

本书通过网络进行大规模的问卷调查，由于本书研究采用了 AMOS17.0 方法进行结构方程模型分析，根据 AMOS 分析软件的标准经验法则，使用 AMOS17.0 分析软件时需要满足以下两个标准：①当模型中存在形成概念时，要有大于最多指标数量变量指标数 10 倍的有效问卷数量。②在分析结构模型时，要有大于最多结构路径指向变量的路径数 10 倍的数量。在本书研究的模型中假设路径数为 37，故不应少于 370 份样本数量。

调查问卷范围涉及的政务微信公众号包括政府办系统、党政新闻宣传系统、公安系统、共青团系统、文物旅游系统、医疗卫生与计划生育系统、税务系统、司法检察系统、教育系统等党和政府的各类主要职能部门，涵盖了我国东西南北中部的各个地区，涉及中央国家机关和多个省市县区党政主要职能部门的多个政务微信公众号，以此确保了样本发放地区和职能部门的广泛性，保证了数据来源的可靠性和合理性。由于微信用户主要集中于企业职员、自由职业者、学生和事业单位员工，四类职业群体用户总和达到了九成①，因此，本书调查对象主要包括政府及事业单位工作人员、企业职员、自由职业者、城镇居民群体和学生等，通过问卷星、微信朋友圈及其滚动方式和现场发放三个渠道共发放调查问卷 800 份，收回 741 份，问卷回收率为 92.6%；整理后得到有效问卷 713 份，有效回收率为 89.1%。符合采用 SMARTPLS3.0 进行模型分析样本量需求。收到的调查问卷的描述性统计调查如表 6.1 所示。

① 腾讯.2015 年微信用户数据报告［R］.深圳：腾讯公司，2015：8.

表 6.1　　　　　　　　　　　　问卷描述统计表

基本信息	类别	问卷数量	百分比
性别	男	383	53.72%
	女	330	46.28%
年龄	18 岁以下	36	5.05%
	18—25 岁	173	24.26%
	26—35 岁	364	51.05%
	36—45 岁	115	16.13%
	46 岁以上	25	3.51%
教育程度	高中及以下	96	13.46%
	大专	181	25.39%
	本科	357	49.23%
	研究生及以上	79	11.08%
职业状况	政府和事业单位人员	153	21.46%
	企业职员	302	42.36%
	自由职业者	109	15.29%
	学生	93	13.04%
	其他职业	56	7.85%
月收入状况	<3000 元	91	12.76%
	3000—5000 元	387	54.28%
	5000—8000 元	196	27.49%
	>8000 元	39	5.47%
所在地区	东部沿海地区	231	32.39%
	西部地区	38	5.33%
	南部地区	215	30.15%
	北部地区	91	12.76%
	中部地区	127	17.81%
	中国以外的其他地区	11	1.54%

续表

基本信息	类别	问卷数量	百分比
关注政务微信公众号的频率	每天使用	234	32.82%
	每周使用	398	55.82%
	每月使用	81	11.36%
每次使用政务微信公众号的时间	10分钟以下	170	23.84%
	10—30分钟	438	61.43%
	30—60分钟	76	10.66%
	60分钟以上	29	4.07%
已使用政务微信公众号的时间	6个月以下	89	12.48%
	6—12个月	197	27.63%
	13—24个月	301	42.22%
	24个月以上	126	17.67%
关注的政务微信公众号数量	1—3个	225	31.56%
	4—6个	394	55.26%
	6—10个	83	11.64%
	10个以上	11	1.54%

通过对调查对象的统计描述分析发现，本书调查对象的男女比例比较平衡，分别为53.7%、46.3%；年龄主要集中在18—45岁，中青年成为使用政务微信公众号的核心群体，占到被调查人数的91.4%；其中26—35岁的青年群体占到了51.1%；学历普遍为大专及以上程度，具有大专及以上学历的调查人数占到85.6%，学历水平相对较高；问卷调查的对象主要有政府和事业单位工作人员、企业职员、自由职业者和学生等，其中前三类人员合计达到了79.1%；被调查者的月收入大多数在3000—8000元且主要集中在我国东部和南部沿海地区省市。大多数被调查对象关注了3—5个政务微信公众号，82.3%的被调查对象使用时间在2年以内，其中1年以内的达到40.1%；74.5%的被调查对象每月使用10次以上，85.3%的被调查对象每次使用时间在30分钟以内，他们通过政务微信公众号主要来了解当前时事新闻、关注当地动态、获取相关政务服务等。总体来看，样本具有较好的广泛性和代表性，

能够保证数据来源的科学性和可靠性。

6.3.2　信度与效度分析

1. 信度检验

利用 SPSS Statistics 22 中的信度分析对调查问卷进行分析，采用 L. J. Cronbach 创建的 α 系数进行信度检验，α 系数越大，表明测量的可信度越大。模型的信度检验结果如表 6.2 所示。

表 6.2　**模型的信度检验结果**

信息生态因子	潜在变量	观察变量	问项	Cronbach's α	组合信度
政务微信信息人	政务微信运维服务人员	服务意识、动力与能力	Q11	0.846	0.869
		对用户的了解程度	Q12	0.843	
		协同服务能力	Q13	0.912	
		服务方式与手段	Q14	0.872	
	政务微信用户	用户利用能力和素养	Q15	0.863	
		互动交流期望和意愿	Q16	0.796	
政务微信信息与服务	信息属性	信息内容质量	Q17	0.839	0.823
		有用性	Q18	0.899	
		时效性	Q19	0.868	
		可获取性	Q20	0.863	
		易用性	Q21	0.911	
	办事服务属性	实用性	Q22	0.796	
		便捷性	Q23	0.856	
		有效性	Q24	0.779	
		个性化服务	Q25	0.737	
	服务过程	交互性	Q26	0.836	
		响应性	Q27	0.835	
		移情性	Q28	0.873	

续表

信息生态因子	潜在变量	观察变量	问项	Cronbach's α	组合信度
信息技术	政务微信信息技术	先进性	Q29	0.801	0.787
		安全可靠性	Q30	0.756	
		扩展兼容性	Q31	0.778	
		匹配易用性	Q32	0.750	
政务微信信息环境	内部微环境	政务微信平台因素	Q33	0.739	0.781
		服务成熟度	Q34	0.819	
		有形性	Q35	0.749	
		运维支持保障能力	Q36	0.791	
	外部大环境	政务微信运营的标准规范政策法律法规制度等	Q37	0.839	
		移动通信网络传输能力与 WiFi 覆盖范围	Q38	0.765	
	政务微信信息服务效果	政务微信信息服务质量差距	Q39	0.853	0.843
		用户利用效益与满意度	Q40	0.833	

本书调查问卷数据表的总的信度分析结果如表 6.3 所示。

表 6.3　**信度检验结果**

Cronbach 的 Alpha	基于标准化项目的 Cronbach 的 Alpha	项目个数
0.878	0.878	30

由表 6.2 和表 6.3 可以得出 α 系数均大于 0.7，根据 Cronbach 的 α 系数判断规则，当 $\alpha > 0.7$ 时，说明问卷的信度较好，通过问卷调查获取的数据具有较好的可靠性和真实性。

2. 效度检验

效度主要用于评价调查问卷的准确度、有效性和正确性，即测定值与目标真实值的接近程度。效度可以分为内容效度和结构效度两个部分，内容效度反映的是问卷设计的题目与需要测量问题之间的匹配程度，结构效度反映调查问卷题目是否可以真正测量出所要获取数据的变量。本书采用因子分析法来验证调查结果与理论的一致程度，因子分析通常有探索性和验证性两种方式。首先进行 KMO 检验和 Bartlett 球形检验进行探索性分析，检验结果如表 6. 4 所示。

表 6. 4　**KMO 和 Bartlett 球形检验结果**

Kaiser-Meyer-Olkin 测量取样适当性		0. 905
Bartlett 的球形检验	大约 卡方	5791. 876
	df	300
	显著性	0. 000

由表 6. 4 可得 KMO 值为 0. 905>0. 5，其显著性 $p < 0.01$，说明可以利用调查问卷获取的数据进行因子分析。

调查问卷数据进行因子分析时，首先进行因子的抽取，采用的方法是主成分分析法，基于特征值大于 1，迭代的次数为 100 次，25 次后迭代停止。因子提取的累计方差变异统计如表 6. 5 所示。选择最大方差方法进行旋转，得到旋转因子获得更加清晰的因子解，得到的因子旋转矩阵如表 6. 6 所示。

表 6. 5　**主成分分析法提取因子累计变异统计表**

元件	起始特征值			提取平方和载入			循环平方和载入		
	统计	变异的%	累加%	统计	变异的%	累加%	统计	变异的%	累加%
1	14. 518	56. 019	56. 019	14. 518	56. 019	56. 019	5. 288	21. 150	21. 150
2	2. 481	5. 936	61. 955	2. 481	5. 936	61. 955	5. 277	19. 108	40. 258
3	1. 280	5. 124	67. 079	1. 280	5. 124	67. 079	4. 454	16. 815	57. 073
4	0. 986	4. 543	71. 622	0. 986	4. 543	71. 622	4. 331	14. 549	71. 622
5	0. 880	3. 121	74. 763						
6	0. 822	2. 847	77. 610						
7	0. 686	2. 112	79. 722						
8	0. 571	2. 079	81. 801						
9	0. 496	1. 887	83. 688						

续表

元件	起始特征值			提取平方和载入			循环平方和载入		
	统计	变异的%	累加%	统计	变异的%	累加%	统计	变异的%	累加%
10	0.492	1.866	85.554						
11	0.433	1.631	87.185						
12	0.402	1.504	88.689						
13	0.384	1.423	90.812						
14	0.331	1.029	91.141						
15	0.330	1.019	92.160						
16	0.318	1.965	93.125						
17	0.276	0.901	94.026						
18	0.271	0.893	94.919						
19	0.238	0.843	95.762						
20	0.225	0.799	96.561						
21	0.186	0.741	97.302						
22	0.174	0.696	97.998						
23	0.161	0.688	98.686						
24	0.153	0.667	99.353						
25	0.139	0.647	100.000						
提取方法：主成分分析。迭代次数 100 次									

由表 6.5 可得，通过主成分分析法提取 4 个公因子时累计解释变异量为 71.622%，一般的经验表明，当进行因子分析时，如果提取保留的因素累计解释变异量若能达到 60%以上，表示提取保留的因素相当理想。因此，可以得出本次问卷获取的数据的因子分析结果与起初设计的将影响因素分为 4 大类的理论框架基本吻合，说明 28 个影响因素变量 71.622%以上可以用这 4 个公共因子（分别是政务微信信息人因子、信息服务因子、政务微信信息技术因子、政务微信信息环境因子）来进行解释表达，影响因素分为 4 类最为合理，调查问卷中各个变量之间的结构设计是合理的，前期构建的影响因素概念模型的建构效果良好。

当因子的载荷量大于 0.5 表示因子分类可以接受，通过表 6.6 旋转因子矩阵可得，因子负载截取点为 0.5，表中的所有因子上负载都高于 0.5，说明调查问卷的因子分析效果较好，设计的调查问卷获取的数据整体具有较好的收敛度。

表 6.6　**旋转因子矩阵**

	元件			
	1	2	3	4
Q11	0.786			
Q12	0.767			
Q13	0.690			
Q14	0.685			
Q15	0.781			
Q16	0.709			
Q17		0.669		
Q18		0.697		
Q19		0.690		
Q20		0.592		
Q21		0.729		
Q22		0.688		
Q23		0.781		
Q24		0.698		
Q25		0.745		
Q26		0.696		
Q27		0.676		
Q28		0.718		
Q29			0.588	
Q30			0.688	
Q31			0.706	

续表

	元件			
	1	2	3	4
Q32			0.659	
Q33				0.686
Q34				0.664
Q35				0.567
Q36				0.731
Q37				0.732
Q38				0.617

由信度和效度分析结果可以得出本书研究设计的调查问卷可以接受，获取数据具有良好的真实性和可靠性，可以借助收集的数据做进一步的研究和检验。

6.3.3 结构模型检验

本书通过结构方程模型建模软件 AMOS17.0 对所有潜在变量进行验证性因子分析。以确定潜在变量在本书研究中的有效性。政务微信信息服务质量影响因素模型假设检验的路径系数图，如图 6.4 所示。

假设的路径检验结果如表 6.7 所示。从表 6.7 可以得出本研究的 36 个假设都得到了支持，其路径系数的显著性检验都是 $p < 0.01$ 水平下显著，C.R 的绝对值都大于 1.96，其中，H2-b 得不到数据支持。

表 6.7　**政务微信信息服务质量影响因素模型假设检验结果**

研究假设	模型路径	非标准化路径系数	标准化路径系数	S.E	C.R	P	是否支持
H1	运维服务人员→信息服务质量差距	1.011	0.791	0.072	14.186	***	支持
H1-a	服务意识、动力与能力→运维服务人员	1.079	0.795	0.075	14.161	***	支持

续表

研究假设	模型路径	非标准化路径系数	标准化路径系数	S. E	C. R	P	是否支持
H1-b	对用户的了解程度→运维服务人员	1. 177	0. 897	0. 079	16. 017	***	支持
H1-c	协同服务能力→运维服务人员	1. 000	0. 796	0. 073	16. 022	***	支持
H1-d	服务方式与手段→运维服务人员	1. 166	0. 756	0. 134	8. 706	***	支持
H2	政务微信用户→信息服务质量差距	1. 083	0. 757	0. 076	13. 169	***	支持
H2-a	用户利用能力和素养→政务微信用户	0. 921	0. 694	0. 113	8. 880	***	支持
H2-b	互动交流期望和意愿→政务微信用户	1. 000	0. 286	0. 033	1. 89	***	不支持
H3	信息属性→信息服务质量差距	1. 164	0. 891	0. 173	16. 051	***	支持
H3-a	信息内容质量→信息属性	0. 969	0. 859	0. 168	15. 195	***	支持
H3-b	有用性→信息属性	1. 130	0. 877	0. 170	16. 117	***	支持
H3-c	时效性→信息属性	1. 082	0. 786	0. 123	11. 015	***	支持
H3-d	可获取性→信息属性	0. 967	0. 721	0. 098	12. 891	***	支持
H3-e	易用性→信息属性	1. 121	0. 837	0. 115	14. 146	***	支持
H4	办事服务属性→信息服务质量差距	1. 030	0. 879	0. 163	16. 251	***	支持
H4-a	实用性→办事服务属性	0. 992	0. 852	0. 151	14. 448	***	支持
H4-b	便捷性→办事服务属性	1. 011	0. 756	0. 113	12. 141	***	支持
H4-c	有效性→办事服务属性	1. 012	0. 783	0. 122	13. 015	***	支持
H4-d	个性化服务→办事服务属性	0. 863	0. 762	0. 096	10. 879	***	支持
H5	服务过程→信息服务质量差距	1. 167	0. 859	0. 131	11. 709	***	支持
H5-a	交互性→服务过程	0. 985	0. 821	0. 098	12. 891	***	支持

续表

研究假设	模型路径	非标准化路径系数	标准化路径系数	S. E	C. R	P	是否支持
H5-b	响应性→服务过程	1.150	0.791	0.115	11.126	***	支持
H5-c	移情性→服务过程	0.812	0.753	0.071	9.448	***	支持
H6	信息技术→信息服务质量差距	0.820	0.641	0.111	8.280	***	支持
H6-a	先进性→信息技术	0.823	0.762	0.079	11.421	***	支持
H6-b	安全可靠性→信息技术	1.011	0.765	0.083	12.149	***	支持
H6-c	扩展兼容性→信息技术	1.091	0.761	0.075	6.015	***	支持
H6-d	匹配易用性→信息技术	0.763	0.712	0.086	8.879	***	支持
H7	内部微环境→信息服务质量差距	0.770	0.696	0.093	9.016	***	支持
H7-a	政务微信平台因素→内部微环境	1.072	0.751	0.089	8.915	***	支持
H7-b	服务成熟度→内部微环境	1.110	0.772	0.091	10.015	***	支持
H7-c	有形性→内部微环境	0.965	0.721	0.088	9.891	***	支持
H7-d	运维支持保障能力→内部微环境	1.170	0.831	0.135	14.146	***	支持
H8	外部大环境→信息服务质量差距	0.692	0.612	0.067	9.987	***	支持
H8-a	标准法规制度等→外部大环境	0.912	0.758	0.081	12.408	***	支持
H8-b	网络传输与覆盖范围→外部大环境	1.011	0.736	0.106	12.179	***	支持
H9	信息服务质量差距→信息服务效果	0.960	0.854	0.139	13.195	***	支持

模型的拟合度是用来评价模型与数据的拟合程度，模型识别以后通过适配指标检验模型的外在质量。模型的整体适配度包括绝对适配度指标、增值适配度、简约适配度指标。结构方程模型参数估计及适配度指数如表 6.8 所示。依

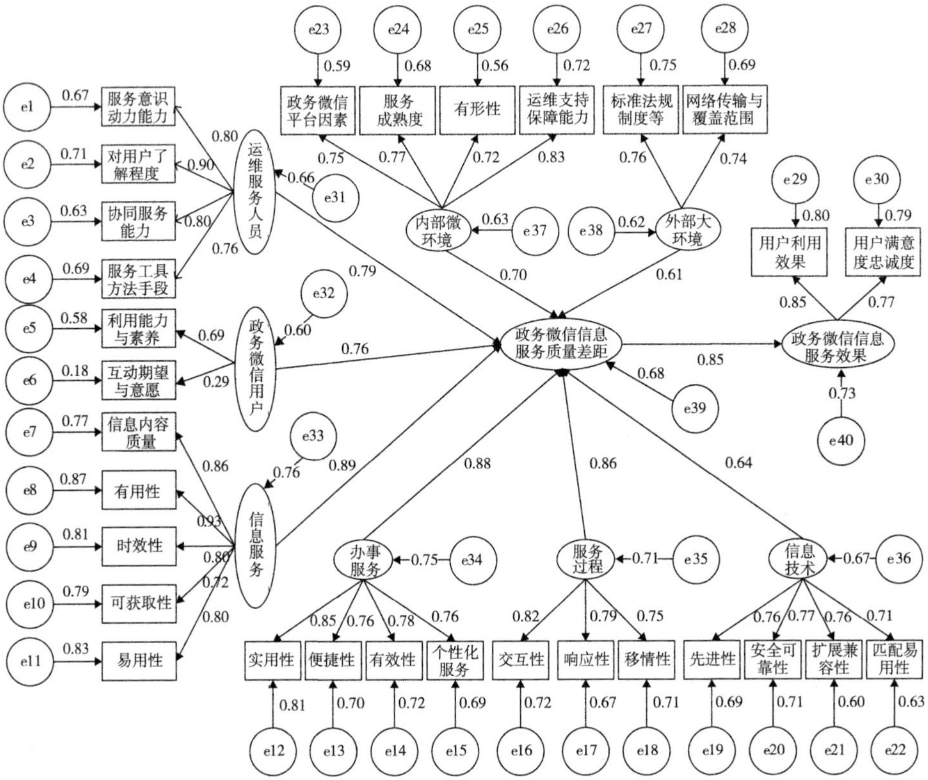

图 6.4　政务微信信息服务质量影响因素路径系数

据吴明隆著作《结构方程模型》中的参考值标准判断是否满足①。判断发现本书的结构方程模型适配度评价指标的值均满足要求。

表 6.8　　　　**结构方程模型的参数估计值及拟合度检验结果**

拟合指标	指标值	参考值	检验结果
绝对拟合指数 P	0.000	>0.05	满足
自由度比	2.739	<3	满足
GFI	0.936	>0.9	满足

① 吴明隆. 结构方程模型——AMOS 的操作与应用 [M]. 重庆出版社，2009：52-53.

续表

拟合指标	指标值	参考值	检验结果
RMSEA	0.031	<0.08	满足
NFI	0.928	>0.9	满足
CFI	0.946	>0.9	满足
NFI	0.926	>0.9	满足
PGFI	0.718	>0.5	满足
PNFI	0.739	>0.5	满足

6.3.4 结果讨论分析

(1) 政务微信信息人作为政务微信信息服务的供给双方，信息服务过程中运维服务人员的服务意识、动力和能力因素，对用户需求的了解与把握程度，与其他机构、平台的协同服务能力以及掌握的服务方式、工具和手段等对政务微信信息服务质量差距都有积极的正向影响。H1 及 H1-a、H1-b、H1-c、H1-d 都得到了数据支持，作用的路径系数分别为 0.791、0.795、0.897、0.796、0.756，并且显著性都达到了 0.01 的显著水平。其中对用户需求的了解与把握程度对政务微信信息服务质量的影响最大，其他依次是运维服务人员的服务意识、动力和能力因素，服务方式、工具和手段，协同服务能力。

在政务微信用户的相关因素中，用户的利用能力和素养对信息服务质量有一定的影响，H2、H2-a 都得到了数据支持，作用路径系数分别为 0.757、0.694，并且显著性都达到了 0.01 的显著水平，然而用户的互动交流期望和意愿及利用成本效益没有得到数据支持，即假设 H2-b 不成立。深入分析原因发现，微信虽然具有深度交流互动的优势，用户也会积极地收藏、转发或分享他们觉得有价值的信息或服务，但是基于政务信息和公共服务的严肃性，除非用户有必需的利用需求，否则一般情况下用户不会在政务微信公众平台上主动地与政府部门及其工作服务人员或者其他用户交流互动。另外，很多政务微信公众号对用户的留言、评论等反馈或回复的不够及时、有效，也影响了用户们交流互动的积极性和意愿。虽然平台上的少数互动栏目或项目可能会激发部分用户的互动交流期望和意愿，但对政务微信信息服务质量的影响甚微；相反，良好的服务质量或适宜的讨论话题会令用户感到满意，进而会激发起用户持续使用的愿望。此外，现在的移动网络传输能力越来越强，WiFi 覆盖范围也越来越大，再加上通信费用的不断降低，公众利用微信时的流量费用等经济成本已经不再对用户构成负担；而政务微信信息服务的质量和最终效益却反过来较大程度地影响着用户的忠诚度和持续使用意愿。

(2) 信息服务和办事服务是政务微信公众平台上最重要的功能和职责，与二者密切相关的各个因素对政务微信信息服务质量差距的影响较大。其中，作为政务微信信息服务的客体，政务信息的内容质量、有用性、时效性、可获取性和易用性与政务微信信息服务质量呈现出正向相关关系，H3 及 H3-a、H3-b、H3-c、H3-d、H3-e 都得到了数据支持，作用的路径系数分别为 0.891、0.859、0.877、0.786、0.721、0.837，并且显著性都达到了 0.01 的显著水平。其中信息的有用性对政务微信信息服务质量的影响最大，其他依次是信息的内容质量、易用性、时效性和可获取性。新媒体环境下，新媒体技术和移动互联网技术的广泛应用极大地丰富了政务信息的表达方式和传播途径，信息的丰富性有助于提高政务微信信息服务的质量，但在信息极度丰富的同时，公众对政务信息的价值和有用性更加关注。其次，信息的内容质量和易用性对信息服务质量的影响也比较大，政务微信运维团队在借助新媒体开展公共服务时更应该注重政务信息的相关性和信息的重新编辑加工与整合，在提高政务信息内容质量的同时，保持平等的姿态和良好的亲和力，尽量把严肃的政府面孔“人性化”，将繁复的文字化作生动的图解，把长长的文章理出简要的经脉，努力把严肃的政务信息变得更加生动亲切、把程序化的政务化作便捷实用的服务，让用户更容易接受、更好地理解，让用户的阅读变得简便有趣、让用户感觉更加方便实用。

作为新兴的政府公共服务重要平台，很多政务微信公众号都建立了市民服务大厅，并逐步加强拓展了办事服务功能，以更好地服务广大民众，助力于移动服务型政府建设。政务微信办事服务的实用性、便捷性、有效性和个性化服务与政务微信信息服务质量呈现出明显的正向相关关系，H4 及 H4-a、H4-b、H4-c、H4-d 都得到了数据支持，作用的路径系数分别为 0.879、0.852、0.756、0.783、0.762，并且显著性都达到了 0.01 的显著水平。其中办事服务的实用性对政务微信信息服务质量的影响最大，其他依次是便捷性、有效性和个性化服务能力。由于大多数用户更关注自身周边发生的事情，他们希望平台能够推出更多与他们生活、工作、学习等息息相关的实实在在的便民服务，而实用、便捷、优质、高效的办事服务也更能有效地提高政务微信信息服务的质量和用户的满意度与忠诚度。

开放、平等、互动、协同与共享是新媒体平台的根本特征，互动是微信公众平台的显著特性。政务微信信息服务与办事服务过程中的政民之间和用户相互之间的沟通、互动、响应对最终的信息服务质量也有着重要影响。服务过程中的交互性、响应性和移情性对政务微信信息服务质量产生了显著的积极影响，H5 及 H5-a、H5-b、H5-c 都得到了数据支持，作用的路径系数分别为 0.859、0.821、0.791、0.753，并且显著性都达到了 0.01 的显著水平。其中响应性对政务微信信息服务质量的影响最大，其次是移情性和交互性。

(3) 政务微信信息服务活动主要依靠非正式交流方式，新媒体信息技术为非正式交流提供了便利的条件和支持。政务微信信息技术的先进性、安全可靠性、扩展兼容性以及匹配易用性对信息服务质量存在正向影响，信息技术直接对信息服务质量产生作用，H6 及 H6-a、H6-b、H6-c、H6-d 都得到了数据支持，它们对信息服务质量的作用路径系数分别为 0.641、0.762、0.765、0.761、0.812，并且显著性都达到了 0.01 的显著水平。其中先进性对政务微信信息服务质量的影响最大，其次是信息技术的扩展兼容性、安全可靠性和匹配易用性。信息技术可以帮助政务微信信息服务生态系统有效构建，保证信息服务生态系统的稳定运行，并充分利用、扩展信息服务系统的功能。现代信息技术的飞速发展为政府更快更好地开展公共服务提供了强大的技术支持，新媒体信息技术的广泛应用为政务信息服务提供了广阔的空间，大大地提高了政务信息服务的能力和水平。用户在使用政务微信公众平台的过程中，感受到信息技术越先进成熟、微信公众平台越流畅，信息服务就越便捷、高效，就越有利于提高政务微信信息服务的质量和用户的满意度。随着微信技术的日趋成熟，微信公众平台也将更加完善和流畅，政务微信公众平台上开展的服务功能也会越来越丰富，优质、便捷、高效的政务信息服务也将惠及越来越多的民众。

(4) 新媒体环境下政务微信信息服务的内外部环境是信息服务工作存在的条件和发展的基础。内部微环境中的政务微信平台因素、服务成熟度、有形性和运维支持保障能力都对信息服务质量产生直接的正向影响。H7 及 H7-a、H7-b、H7-c、H7-d 都得到了数据支持，它们对信息服务质量的作用路径系数分别为 0.696、0.751、0.772、0.721、0.831，并且显著性都达到了 0.01 的显著水平。政务微信良好的内部环境可以使信息服务系统和平台保持健康、稳定的运行状态以及长久、持续的发展。其中政务微信平台因素对政务微信信息服务质量的影响最大，其次是服务成熟度、有形性和运维支持保障能力。政务微信环境中的各种平台功能越丰富、性能越完善、运行越顺畅，公众的利用意愿就越强烈，信息服务的质量就越有保障。

国家相关部门制定颁布的关于微信服务的一系列标准规范政策法律法规制

度等，进一步净化了我国的网络空间，推动了依法治网，规范了政务微信信息服务活动，有利于促进政务微信等政务新媒体的持续健康有序发展。外部大环境中的标准法规制度、移动网络传输能力和 WiFi 的覆盖范围都间接地对政务微信信息服务质量产生影响。H8 及 H8-a、H8-b 都得到了数据支持，它们对信息服务质量的作用路径系数分别为 0.612、0.758、0.736，并且显著性都达到了 0.01 的显著水平。当前，微信公众账号的异步互动更加精准，同步互动更加频繁。随着移动通信能力的日益强大和 WiFi 覆盖面的不断扩大，政务微信用户的“实时互动”和“实时满足”体验越来越好，政务微信信息服务质量的差距越来越小，信息服务的效果越来越好。

(5) 政务微信信息服务质量差距的大小直接决定了政务微信信息服务的最终效果和用户的满意程度，对信息服务效果有着显著的正向影响。H9 得到了数据支持，它对政务微信信息服务效果的作用路径系数为 0.854，而且显著性达到了 0.01 的显著水平。新媒体技术和工具的快速发展促进了政务信息的传播速度，加强了政民之间的沟通与交流，缩短了政民之间的距离，更加有利于弥合政务信息服务过程中的各种差距，有助于提高政务微信信息服务的质量和水平，从而推动政务微信信息服务向更高层次发展。

6.4 本章小结

本章主要从信息生态视角出发，通过对既有研究文献的梳理、分析，总结与概括了政务微信信息人、政务微信信息与服务属性、政务微信信息技术、政务微信信息环境等不同信息生态因子的相关因素对政务微信信息服务质量差距和信息服务效果的影响关系，借鉴服务质量差距理论模型构建了政务微信信息服务质量影响因素模型，并提出了相关研究假设。以收集的 713 份调查问卷为数据来源，使用结构方程模型方法对提出的研究假设及其模型进行实证检验。验证结果发现本书提出的假设基本上都得到了数据支持，对一个不支持的假设进行了原因分析，政务微信信息服务质量受到多方面因素的综合影响。通过对政务微信信息服务质量的影响因素的分析，为政务微信信息服务质量的科学评估和优化提升奠定了坚实的理论基础。

第7章　政务微信信息服务质量评价

政务微信公众号的信息服务质量直接反映了政府部门运用社交媒体提供公共服务的能力和水平，对政府信息工作的开展和公众对政府信息服务工作的满意程度有着直接的重要影响。对政务微信信息服务质量及时进行科学、客观、准确的测度和评估，探究产生信息服务质量差距的深层原因，不仅有助于提高其信息服务质量和公众对政务微信信息服务的满意程度，而且对促进政务微信的健康运营和长远发展都具有十分重要的意义。本章在简要介绍政务微信信息服务质量评价内涵的基础上，采集确定政务微信信息服务质量评价指标，构建评价指标体系，确定指标权重，并用实际案例进行应用分析，以期为政务微信信息服务质量评价提供依据和参考。

7.1　政务微信信息服务质量评价概述

7.1.1　信息服务质量评价概述

本书首先要界定政务微信信息服务质量的基本内涵。信息服务质量是指信息服务能够满足信息用户明确和隐含需求能力的特性之总和①，是信息服务工作最终能够满足用户总体信息需求的程度。信息服务质量不仅是对信息服务供给方客观呈现状态与信息服务需求方主观感知结果之间的综合，而且也是对信息服务过程与信息服务最终效果的综合，更是对信息服务工作软硬件条件的各种因素与信息服务机构内部微环境和外部大环境的综合。信息服务的水平取决于信息服务质量。在实践中对信息服务质量的评价方法多种多样。传统的评价方法有投入评估法、职业标准评估法、任务评估法等。当前则出现了综合评估

① 百度百科．信息服务质量［EB/OL］．［2016-05-13］．http：//baike. baidu. com/link？url=taxJq9 WC_ziFusugjOlfACQsKoNf5IBQZxYlgMrg-HlhZB_b2ho4jnN0KK4OO37 zZVPpcnZYZ5x2Lnj0H3iua SC6U9fFPrIksFmtgUfB3wL8Dqp5zPigP3XeDlNdz1u1uo_2yCBi6TDGN_8pl_QmoK.

法、系统评估法、资料包络分析法、标杆评估法等多种方法。评估的目的开始转移到发现问题、诊断问题和解决问题上，并由短期、一次性评估逐渐转向长期的、连续性的评估。其中，最重要的方向在于“以用户为中心”的服务质量评价理论的多种运用。目前较为主流的信息服务质量评价体系有 SERVQUAL 模型、ISO 信息服务质量评价体系、网络信息服务质量评价和用户满意度指数等。在众多服务质量度量方法中，SERVQUAL 评价模型得到了服务业界的广泛认可。

这些测量网络信息服务质量的基础模型已经被广泛地接受和认同，被用于测量各种网站或网络社区的信息服务质量。随着微博、微信等社交媒体的兴起，一些学者以这些模型为基础并将之改造，构建了高校微博信息服务质量评价体系①、地方政府微博信息服务质量评价模型②、高校图书馆微信信息服务质量评价体系③等。然而，政务微信毕竟不同于政府门户网站，其信息服务质量评价不能简单地借鉴政府网站信息服务质量的评价标准来进行诠释；政务微信和政务微博虽然同属于政务新媒体，但两种社交媒体的特性和优势毕竟有所差异，也不能完全套用政务微博信息服务质量的评价指标体系；政务微信和图书馆等事业单位的微信公众号是微信在政府不同机构和领域的应用，虽然都具有公共信息服务属性，但服务内容和范围以及用户群体等差异较大，因此也不能完全照搬图书馆微信公众号信息服务质量的评价体系。目前国内外对政务微信公众号信息服务质量评价的直接相关研究很少，仅有的④⑤也是直接借用或在简要修正改造 SERVQUAL 模型的基础上进行的评价，缺乏对政务微信公众平台信息服务特点的深入分析和深度结合，个别评价指标和整个指标体系的实际应用效果也值得商榷。既有的相关研究成果或侧重于服务能力、或侧重于服务过程、或侧重于服务效果，研究角度或者基于用户满意视角、或者基于政府

---

① 戴炜轶，王凯洋，徐芳．基于用户体验的高校微博信息服务质量评价指标体系研究［J］．兰州教育学院学报，2013（10）：113-116.

② 陈岚．基于公众视角的地方政府微博信息服务质量评价及差距分析［J］．现代情报，2015（06）：3-8.

③ 李颖．微信环境下高校图书馆信息化服务质量评价体系构建［J］．图书馆理论与实践，2016（12）：72-74.

④ 郭笑．政务微信公众平台信息服务及其质量评价研究［D］．合肥：安徽大学，2016：9.

⑤ 施锦凤．政务微信服务质量评估模型构建研究——以“上海发布”为例［D］．上海：华东理工大学，2015：21.

部门视角等，研究的理论基础或是基于用户满意理论、或是基于服务质量差距理论等。这些研究成果都为本书提供了有益的借鉴和参考。

7.1.2 政务微信信息服务质量评价的内涵

本书根据信息服务质量的内涵和相关学者的研究成果，结合政务微信公众平台信息服务的特点，认为政务微信信息服务质量是指政府部门通过政务微信公众平台提供的各种信息服务能够满足所有政务微信用户明确和隐含信息需求能力的特性总和。政务微信信息服务质量评价就是政府部门本身、社会广大用户以及第三方评价机构等遵循一定的原则和要求，按照科学的程序和步骤，通过科学的评价指标体系，运用多种方法和技术，多角度、多侧面地对政务微信公众平台的信息服务能力、服务过程、服务效果以及软硬件环境等进行全面、系统、持续的测量、评估、反馈并改进提高的一系列活动过程。整个评价活动会受到政务微信信息服务活动的供需双方——运维团队服务人员及广大用户，即信息人、政务信息资源及在此基础上开发拓展的信息服务和办事服务功能、微信平台的优势和信息技术、信息服务过程以及整个服务环境等多种因素的制约和影响。政务微信信息服务质量评价的主体首先需要本部门对政务微信运维团队和信息服务效果等及时进行自我评价，同时还要由相应的政府上级主管部门对其进行定期监督检查考核、实施奖惩激励等，更需要政务微信公众平台的广大用户群体积极参与评价，以全面真实客观地反映出他们的需求和感受，将“以用户为中心”的理念切实贯彻到政务微信信息服务质量的评价和考核当中。此外，还需要社会的第三方机构或评价组织以及研究机构等对其进行相对独立、客观而又系统的第三方评估和监督。这些机构共同构成一个完整而又系统的评价主体体系。政务微信信息服务质量的评价客体，即评价对象问题，不仅需要对政务微信公众平台的服务能力，而且要对其信息服务和办事服务的能力和水平进行客观、准确的评估，还需要对整个服务过程、服务效果、运维团队的绩效、用户的满意程度、平台系统的技术状况、整个服务环境等方面进行多维度的、客观的评价考核，以全面、系统地反映出评估对象的真实水平。对政务微信信息服务质量的评估考核是通过相应的评价指标体系来完成的，因此构建一套科学、完整、系统而又实用的政务微信信息服务质量评价指标体系是整个评价活动和过程的基础和前提，也是整个评价活动顺利实施的关键。

政务微信信息服务质量评价是一项严肃而又重要的管理活动，是新媒体环境下电子政务绩效评估的重要组成部分。政务微信信息服务质量评价的目标在于通过构建一个科学、实用、清晰、简洁、有效的评价机制和体系，运用一定的方法和程序，准确地反映出某一地区政府部门或系统的微信公众平台信息服务的基本状况，较为客观地评估出其信息服务的能力、水平和效果，分析其中存在的问题及原因以便于提出相应的对策，推动该地区或部门的政务微信信息服务工作更好、更快的发展。因此，在评价过程中要遵循目的性、科学性、客观性、可行性、前瞻性、导向性等原则，通过评估，全面、客观、及时、准确地反映出当前政务微信公众平台信息服务发展的现状、服务的效果以及存在的问题，并揭示其本质特征，为切实提高政务微信信息服务质量和用户的满意度提供坚实的基础和重要的参考。

7.2　政务微信信息服务质量评价指标的选取原则与构建思路

7.2.1　政务微信信息服务质量评价指标的选取原则

政务微信公众号分为订阅号和服务号，二者在功能定位上具有一定差异；政府不同系统和部门以及不同地区的政务微信公众号的发展状况、服务水平差异也比较大，政务微信公众平台运维服务团队面临的内外部信息环境正在发生着剧烈的变化，再加上信息技术的飞速发展，尤其是随着微信技术的不断进步使得政务微信公众平台的服务功能不断地拓展完善，等等，诸多因素都需要在设计政务微信信息服务质量评价指标时充分考虑、综合权衡，应当切实根据政务微信信息服务活动的过程和特点、管理策略和服务目标等进行科学、合理的设计。为此，在指标设计的过程中应当遵循相关原则，以确保设计构建的政务微信信息服务质量评价指标既符合政务微信信息服务活动的特点，又能够全面、准确、客观、科学地评价出政务微信公众号的信息服务质量，切实起到评价考核、督促提高、发展完善的目的和作用。在设计政务微信信息服务质量评价指标及构建指标体系的过程中，我们力求遵循以下原则。

（1）系统性与全面性原则。政务微信整个信息服务活动过程中的各个要素之间相互作用、紧密依存，因此政务微信信息服务质量评价指标体系应该是由各个指标所组成的、具有一定层次结构的完整的有机体系，在设计构建的过程中应当遵循系统性的原则，使各个指标之间形成有机、有序的联系以保证评价的科学性和全面性。此外，政务微信信息服务质量评价指标既要反映信息服务活动的效果，又要反映出其服务能力、水平以及整个服务过程，这就要求信息服务质量评价指标体系应该具有全面性，要将所有需要考察的内容都包含在指标体系之内，全面客观地反映出政务微信信息服务活动的基本情况。

（2）科学性与合理性原则。在选取评价指标时应当以科学思想为指导，以事实为依据，使所选取的指标既有一定的理论基础，又具有较强的可操作性，符合客观情况和实际需求。体系中的每个评价指标都有明确的对象和内容，能够反映出政务微信公众平台信息服务活动某个方面的本质特点。同时，设计评价指标体系时，要充分考虑到政务微信信息服务活动的实际情况，充分吸收借鉴相关的研究成果和理论基础，在选取指标的过程中严格遵循相关的科学程序和标准，注意指标数据的可获取性，保证评价体系的可行性及可操作性，既使指标具有一定的代表性，又要使整个指标体系结构具有整体合理性。

（3）客观性与实用性原则。在选取政务微信信息服务质量评价指标时要遵循客观性原则，不能带有个人主观色彩。在信息服务质量评价指标设计过程中应使选取指标的定义和量化标准统一，不同的指标间可以进行比较，使得设计的指标体系能够应用于不同类型、不同系统的政务微信公众号。同时，在选取的过程中也要遵循实用性的原则，使得选取的指标具有可行性和可操作性。信息服务质量评价过程实质上是评价主体对客观价值进行测量、改进的过程，这种测量既可以是主观测量，也可以是客观测量。因此，选取的每个指标的设计含义要准确、易于理解且相关信息获取方便、计算简单、具有较高的实用价值。

（4）动态性与模糊性原则。由于不同地区、政府部门系统的政务微信公众号的服务能力、管理水平、发展状况等存在着一定差异，加之政务微信公众平台的综合服务功能和水平也会随着微信技术的日臻完善而不断丰富和提高。为此，在设计信息服务质量评价指标时应遵循动态性原则，在实践中需要根据组织内部结构、行业部门系统特点以及外部环境的具体情况进行具体分析，及时、合理地调整、补充、完善相关指标，力争使构建的指标体系能够切实反映出被测评对象的真实水平和实际发展状况。此外，由于信息服务质量评价是评价主体对客观实践活动的一种主观感知过程，虽然有些指标是可以精确度量，但也有一些指标只能根据评价者的个人经验或主观感知进行定性的评判，因此在选取指标的过程中也需要遵循模糊性原则，选取一些带有主观感知的具有模糊性特点的评价指标，从而使之更加符合评价对象的实际发展现状。

7.2.2 政务微信信息服务质量评价指标体系的构建思路

政务微信信息服务质量评价可以以网络信息服务质量的测量方法为基础对政务微信信息服务质量的维度进行界定。本书拟借鉴相关的研究成果，结合前面部分关于政务微信信息服务过程的研究基础以及政务微信信息服务的特点构建评价指标体系。为此，在构建指标体系时，一方面要充分考虑将涉及政务微信信息服务质量的各个层面的指标落实到信息服务的效果上，主要体现在政府信息服务与办事服务的效率与效益、政民之间的交互以及用户的满意程度等方面，这是构建政务微信信息服务质量评价指标的重点。另一方面要依据前文所阐述的政务微信信息服务过程体现并完成评价体系的指标确定原则和方法，即根据政务微信信息服务过程将信息服务质量的评价目标进行逐层分解，为其评价提供可靠的理论基础。政务微信信息服务质量评价指标体系的整体构建思路如下。

（1）设计评价指标体系的整体框架。由于广大用户对政务微信公众平台信息服务质量的评价主要是一种个人感知和主观判断的心理过程，政务微信用户在此过程中所感知和评判的内容和角度是多方面和多层次的，体现在评价指标上就是指标的多维性和层次性。为了更好体现出评价指标的维度与层次性，使评价能够切实反映出客观实际，在采集和获取各项评价指标前，本书首先在借鉴前人研究成果的基础上，紧密结合政务微信信息服务活动的特点，利用信息生态学理论构建出评价指标体系中的整体框架，合理划分指标维度、科学设计指标层级设计等。

（2）构建初始指标体系。在文献调研的基础上，主要采用专家咨询方法，采集选取各个评价指标，按照整体框架设计出政务微信信息服务质量评价的初始指标体系。然后运用调查问卷方法，通过数据统计分析对初始指标体系进行检验和修正，形成正式的评价指标体系。

（3）确定指标权重。主要采用专家调研法、层次分析法和模糊综合评价法等确定各个评价指标的权重，构建出完整的政务微信信息服务质量评价指标体系。

（4）检验修正评价指标体系。选取一定数量的政务微信公众号作为检测样本，利用构建的指标体系进行评价，对评价指标体系进行检验，看是否能够满足政务微信信息服务质量的评价需求以及评价的结果能否准确、客观地反映出政务微信信息服务活动的真实水平，从而确定是否需要对评价指标体系进行修正和完善等。

7.2.3　政务微信信息服务质量评价指标体系的框架设计

以公共服务能力提升为目标的政务微信公众号服务是一个较为复杂的过程，它不仅涉及服务的供应主体——各个政府部门，更关乎广大政务微信用户，即社会广大公众；它不仅要更好地满足广大用户的政务信息需求，还需要加强政民关系，重视政府与公众之间的沟通互动；其服务质量不仅体现在整个过程中，更体现在最终的效果上；它不仅注重政府公共信息产品的质量和服务的内容，更需要先进的微信技术作支撑。因此，政务微信公众号信息服务质量评价需要从一个更加宏观、系统的视角来综合考察。政务微信具有政府、广大用户及其朋友、熟人等不同的信息主体，他们之间关系密切并能实现基本的信息流转；政务微信公众平台上的各个信息主体与外部环境之间共同构成了一个相对独立的信息生态系统，即政务微信信息生态系统。它由信息人、政务信息、信息技术、各种信息政策法律法规和基础设施等构成，是信息人、信息及信息环境之间关系的总和。它更加注重基于自媒体的公共信息服务，其核心是强调“信息人、信息、信息技术、信息环境”之间的良好互动与和谐发展。在这样一个由信息人、信息实践、信息价值和信息技术等构成的系统中，可以利用信息生态系统观的理论和方法来分析政务微信公众号服务过程中的人与信息资源、信息技术、信息环境之间是“如何相互作用以及影响其内部信息利用方式的复杂问题”。因此，笔者认为从信息生态视角构建一个切实可行的评价指标体系来评价政务微信公众号的信息服务质量，并持续跟踪评价其动态服务效果，不仅有利于政府部门积极提高和改善政务微信服务水平、提高政务微信信息服务能力，而且还有助于政府管理部门合理地配置各种资源、优化政务微信信息生态环境，推动政务微信应用持续创新，从而进一步提升政务微信的整体服务效果和社会价值。

政务微信用户对政务微信公众平台的信息服务质量评价主要是一种个人感知和主观判断的心理过程。在这一过程中，用户所感知和评判的内容是多方面的，因此评价的指标应该是多方面的和多层次的。为更好地体现出评价指标的多维性与层次性，使评价内容能够反映客观实际，在获取各项可以直接操作的评价指标前，本书首先就评价指标体系的框架层级进行了初步设计，并对评价框架中的指标维度区分及指标展开等问题进行了专家咨询和问卷调查。基于此，笔者借鉴信息生态系统理论中的信息人、信息和信息环境的要素分析方法，将政务微信信息服务质量评价指标体系划分成政务微信信息资源、政务微信信息人、信息技术、政务微信平台环境四个维度作为准则层。政府部门认识到了政务微信在信息发布、政民沟通、网上办事、在线服务等方面的便利性与高效性，便努力把政务微信打造成一个集微发布、微办公、微交流、微办事、微服务等于一体的综合性移动政务服务平台，因此本书在政务微信信息资源维度下设置了信息服务和办事服务 2 个一级指标。能够深度交互是微信公众平台的优势和突出属性，政务微信公众平台为政府与公众交流沟通、深入交互提供了新的更加有效的平台和渠道，通过政务微信公众平台的交互功能，政府部门及时准确地了解了公众的政务信息需求、推出了更具针对性的信息服务和办事服务，广大公众的政务信息需求得到了更好的满足，同时密切了政民关系，改善了政府形象，提高了政务信息服务的质量和效率。因此本书在政务微信信息人维度设置了交互质量、导航帮扶 2 个一级指标。微信是基于信息技术的迅猛变革而快速发展起来的，根据微信技术的功能和特点，本书在信息技术维度下设置了基本功能和搜索查询功能 2 个一级指标。政务微信信息服务质量与微信公众平台的功能和属性密切相关，本书在政务微信平台环境维度下设置了平台界面设计和平台运行品质 2 个一级指标。然后根据每个一级指标的属性和特点，分别将其划分成数量不等的二级指标。每一层次的指标都由上一层指标展开，而上一层次的指标需通过下一层的结果反映出来，最后构建出来的政务微信公众号信息服务质量评价框架如图 7.1 所示。

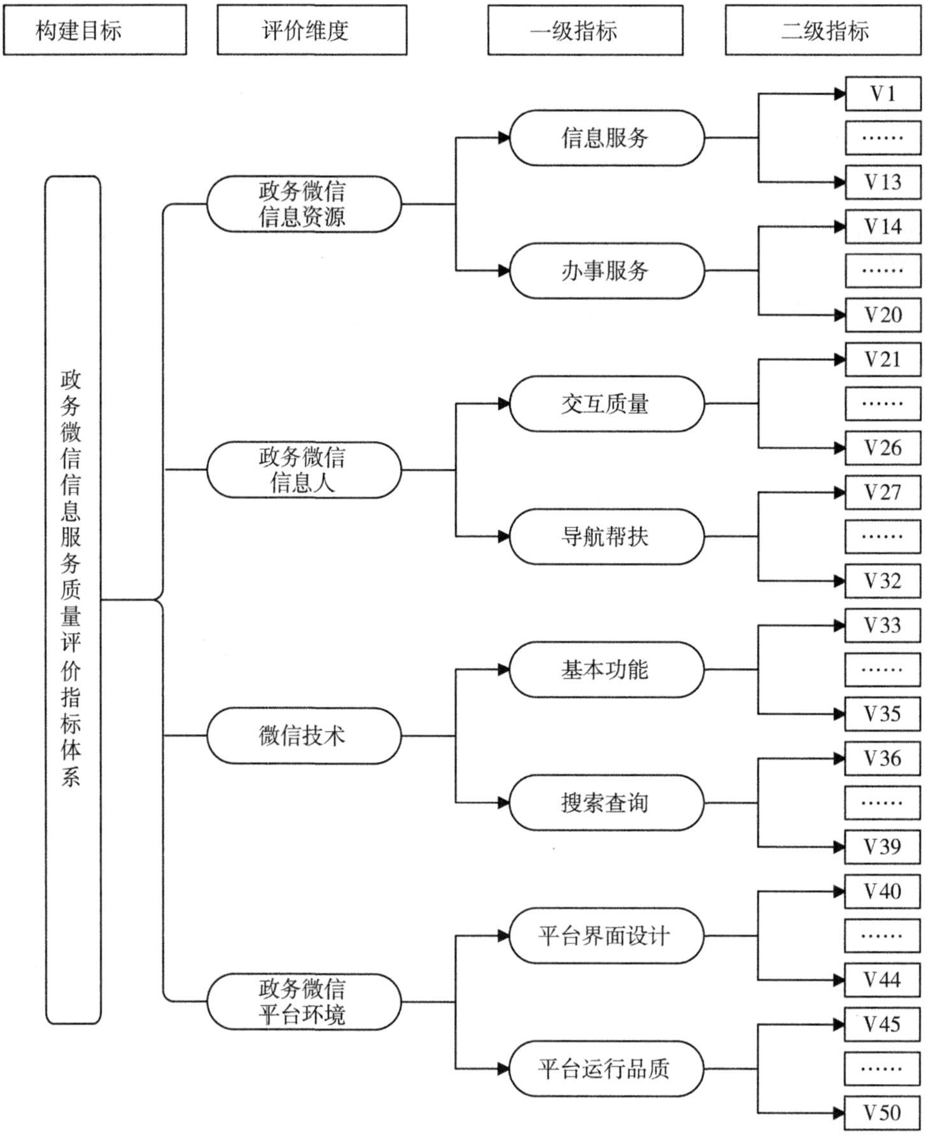

图 7.1　政务微信信息服务质量评价框架

7.3 政务微信信息服务质量评价指标体系构建

7.3.1 政务微信信息服务质量评价模型构建

1. 政务微信信息服务质量评价指标的选取

本书主要采用文献调研的方法，借鉴其他新媒体信息服务质量评价的研究成果，采集了政务微信信息服务质量的评价指标。然后选取了4名地方政府信息化专家、4名政务微信公众平台运维服务人员、4名信息科技公司技术研发人员、4名相关领域的学者以及4名经常使用政务微信公众号的资深用户等，通过实地走访、电话、面谈、网络邮件等方式对他们进行访谈咨询，就政务微信公众号信息服务质量评价的多个方面进行深入交流，了解他们对政务微信信息服务质量的基本理解和判断，提炼他们对政务微信信息服务的不同观点和看法，通过与被访者和专家学者们的多次沟通交流，最终形成了初始指标体系。然后以此为基础设计出调查问卷，通过大规模的调查问卷形式获取更多详尽和更适合研究目的的数据与信息，验证选取的评价指标是否准确、合理、完整。最终通过问卷调查和访谈方法，以能够全面、综合衡量和评价政务微信公共平台的信息服务质量为目标，以易获取、易理解且便于实施操作为原则，一共筛选出51个评价要素，作为政务微信公众平台信息服务质量评价的初始指标，并根据每个指标的内涵和属性，将其划归到8个一级指标当中。

2. 初始评价指标体系的整合与修正

通过对调查问卷收集的数据分析，对初始评价指标体系进行修正与完善，最终获得了50个政务微信公众号信息服务质量评价的具体指标。以修正后的评价指标为基础，依据图7.1的评价框架，根据各个评价指标要素描述的内涵与要求，最终构建了由两级指标体系构成的政务微信公众号信息服务质量评价指标体系，如表7.1所示。

表 7.1　　政务微信公众号信息服务质量评价指标体系

评价维度	一级指标	二级指标
政务微信信息资源	信息服务	政务信息内容真实性、政务信息内容完整性、政务信息内容可靠性、政务信息内容丰富性、政务信息内容针对性、政务信息内容易理解性、政务信息形式多样性、政务信息内容整合性、政务信息内容时效性、政务信息内容易获取性、政务信息内容适量性、信息内容的有用性、信息内容的共享性
	办事服务	服务实用性、服务专业性、服务便捷性、服务方式多样化、服务个性化、服务友好性、服务人性化、服务协同性
政务微信信息人	交互品质	交互友好性、交互过程流畅性、交互实时性、交互易用性、交互有效性、反馈及时性
	导航帮助	导航清晰性、导航准确性、导航易用性、帮助醒目性、帮助易用性、帮助有效性
微信技术	技术属性	先进性、易用性、兼容性、安全性、愉悦性
	功能属性	功能扩展性、使用便捷性
政务微信平台环境	平台界面设计	界面友好性、界面美观性、界面清晰性、界面简洁性
	平台运行质量	平台设计专业性、平台功能完备性、平台匹配性、平台运行稳定性、平台响应速度、平台安全性

3. 政务微信公众号信息服务质量评价指标体系的分析与检验

根据专家访谈和两轮问卷调查构建的政务微信公众号信息服务质量评价指标假设模型是否科学、合理，评价指标设计及划分是否符合政务微信发展的客观情况以及用户利用过程中的真实感受和判断，还需要根据数据作进一步的分析与检验。本书中主要采用探索性因子分析方法进行数据统计分析，最终对所提出的评价指标假设模型进行检验与修正，以期得到具有解释力和符合政务微信信息服务活动实践及用户实际感知的评价模型。

本书根据假设模型中的二级指标要素，设计出调查问卷的问题项。调查问卷主要由受访者个人信息和政务微信公众号信息服务质量评价调查两部分组成，共有 64 个问题，见附录 2。指标要素测量采用李克特五分量表，评价指标要素的影响程度用1—5表示，分别代表该要素对政务微信信息服务质量没有影响、影响很小、影响一般、影响较大、影响很大。受访者根据自己的感受与判断对问卷进行作答，通过收集受访者对政务微信公共平台信息服务质量评价指标的真实感知，来测量和分析本书构建的政务微信公众平台信息服务质量评价指标假设模型。

由于微信用户主要集中于公司企业职员、自由职业者、学生和事业单位员工4类职业群体，这4类用户总和达到了9成①，因此，本书的调查对象主要集中在政府及事业单位工作人员、公司企业职员、自由职业者、城镇居民和学生等群体，调查时间自2016年3月开始，历时两个月。依据政务微信公众号的服务特点以及研究实际情况，本书通过问卷星在线问卷调查平台制作出问卷，通过网站、QQ和微信朋友圈及其滚动形式等共发放调查问卷700份，一共回收问卷663份，剔除填写时间过短、内容不完整的问卷，得到有效问卷638份，有效率为91.1%，符合研究样本要求。

（1）样本描述统计分析。受访者描述性特征包括性别、年龄、教育程度、职业以及使用政务微信公众号的频率五个方面。通过对有效样本基本资料的统计分析，可以看出调查样本的分布情况，了解样本的各项基本特征。在638份样本中，男女人数比例为58.3%和41.7%，表明参加调查的男女比例相当。在年龄分布上，18—45岁的受访者比例总数达到82.21%，与中国互联网络信息中心2017年1月发布的第39次《中国互联网络发展状况统计报告》（以下简称《互联网报告》）中网络用户年龄层次以20岁—39岁比例最高的情况基本一致②，说明样本年龄结构具有一定的代表性，符合研究要求。受访者的教育程度主要集中在大专以上及研究生层次，比例总数为75.68%，这表明样本中的政务微信用户具有较好的教育背景和信息素养。受访者的职业分布总体上与《互联网报告》中的比例相似，表明样本覆盖比较全面，能够体现出不同领域职业群体对政务微信公众平台服务质量的评价。从使用频率看，经常利用和偶尔利用被访者比例分别为45.59%和

① 腾讯.2015年微信用户数据报告［R/OL］.［2016-03-28］. http：//mt. sohu. com/20151030/n424741512. shtml.

② 中国互联网络信息中心（CNNIC）. 第39次中国互联网络发展状况统计报告［EB/OL］.［2017-01-22］. http：//www. cnnic. net. cn/hlwfzyj/hlwxzbg/hlwtjbg/201701/t20170122_ 66437. html.

29.95%，利用较少被访者比率为 18.02%，这表明超过 93%的被访者不同程度地了解并且使用过政务微信公众平台服务，这表明调查样本对政务信息公共平台服务质量评价完全是根据自身实际利用经验和感受作出的，符合研究要求。

（2）观测变量描述性统计分析。本书使用 IBM SPSS 22 对政务微信公众号信息服务质量评价假设模型中二级指标变量进行描述统计分析，得到各个指标变量的平均值和标准差，从而分析受访者对政务微信公众号信息服务质量评价假设模型中各个评价指标的重视程度。在 50 个被调查的二级指标中，平均值大于 4 的指标 33 个，其中"政务信息内容有用性""服务实用性"和"政务信息内容针对性"的平均值位列前三位，表明代表政务微信信息的有用性、服务实用性以及能够解决公众实际问题的程度是用户利用政务微信公众号获取政务信息服务最基本同时也是最主要的需求。各评价指标标准偏差统计显示，有 16 项指标标准偏差大于 1，这表明用户对信息服务质量评价指标的认知存在较大差异。进一步分析可以发现，这 16 项偏差大于 1 的指标主要集中在政务信息内容与形式以及服务品质方面，由此可见，用户对政务微信公众平台上信息服务的感知具有很强的主观性，个体感觉较大差异。

（3）模型检验与分析。本书使用探索性因子分析方法对提出的政务微信公众号信息服务质量评价指标假设模型进行检验和分析，从而构建出最终的政务微信公众号信息服务质量评价模型。①信度与效度检验。运用 IBM SPSS 22 软件，利用 Cronbach's α 系数检验问卷的可靠性与有效性。整个量表 Cronbach's α 系数为 0.893，大于 0.7，表明问卷具有较高的可信度，可以对假设模型作进一步分析。在内容效度方面，本书问卷中所有指标变量测量题目都是依据相关领域的实证研究与前期预调研分析，然后根据预调研数据进行修正得到的，保证了问卷的科学有效。此外，在预调研实测后又经过了信度分析，仍然显示各变量具有可靠性，因此可以推断本调查问卷具有相当程度的内容效度。②因子分析适用性测量。本书采用 KMO 取样适当性量数和 Barlett 球形检验对样本数据进行检验，验证其是否适合进行因子分析。本次调查数据取样适当性的 KMO 检验值为 0.871，大于 0.5，表明量表中 50 个指标间的共同因子足够多，调查数据适合做因子分析。一般说来，Bartlett 球形检验显著水平值越小表明原始变量之间越可能存在有意义的关系，本书的研究样本 Bartlett 球形检验的近似卡方值为 22699.997（自由度为 1128），显著性水平为 0.000<0.01，达到了显著性水平，表明母群体相关矩阵间有共同因素存在，再次证明适合进行因子分析。③主成分分析。在本书的探索性因子分析中，公共因子提取采用主成分分析法，以特征值大于 1 为标准来提取因子，不限定公共因子提取数量，使提取出的公共因子至少可以解释一个变量，并采用最大方差法正交旋转，根据旋转后的因子载荷矩阵归并与整合指标变量，确定公共因子。使用 IBM SPSS 22 软件对样本进行降维-因子分析，得到变量共同度（公因子方差）。根据 Kaiser 准则，各项的平均共同性最好在 0.70 以上，如果样本数大于 250，平均共同度在 0.60 以上符合要求①。本书研究的有效样本为 638，指标变量共同度最低位 59.7%，最高为 83%，平均共同度为 71.86%，符合要求，说明所提取的公共因子对指标变量的描述程度较好，各个指标变量的信息丢失在可接收范围内，因此，本次因子提取的总体效果比较理想。以特征值大于 1 为标准提取因子，共萃取到 7 个公共因子，统计分析结果显示萃取的 7 个公共因子累计总方差解释度为 76.58%，可以较好地代表原始指标变量的信息。采用最大方差法正交旋转，得到旋转后的因子载荷矩阵。50 个变量中有 2 个指标变量（导航易用性、帮助易用性）最高载荷系数低于 0.45，小于应有的载荷系数要求，将其剔除。根据旋转成分矩阵可以确定公共因子，得到观测指标变量探索性因子分析结果。

4. 模型修正与正式评价模型的建立

根据观测指标变量探索性因子分析结果可以看出，有部分因子载荷结果与假设模型存在差异。通过对观测指标变量探索性因子结果分析，根据实际获得公因子情况，对评价假设模型进行调整与修正。根据修正后评价模型中指标所属级别及内在联系，对各评价指标重新进行了解释与描述，如表 7.2 所示。

---

① 李毓秋．社会统计分析与 SPSS 应用［EB/OL］．［2016-03-11］．http：//wenku.baidu.com/link？url＝4DDeo3Faa1OaWMLnIrB9hqS6XiB80hE1eOHpy3wKe3Dk4 Gs0opNps81EUvvS6xeAyce8_XiAoJekIoixR9AMyBa6fSnqvDmV9RXj3-8Inra.

表 7.2　　**政务微信公众号信息服务质量评价指标及释义**

评价维度	一级指标	二级指标	二级指标描述与解释
政务微信信息资源	信息服务 B1	B11 政务信息内容真实性	政务信息内容与事实相符合的程度
		B12 政务信息内容完整性	政务信息内容的规范、完整与详尽程度
		B13 政务信息内容可靠性	政务信息内容准确、可靠、权威，值得信赖的程度
		B14 政务信息内容丰富性	政务信息种类齐全，内容涉及的广度
		B15 政务信息内容针对性	政务信息内容主题与该公众号的职能定位及用户需求的关联、契合程度
		B16 政务信息内容整合性	政务信息内容归纳整理的系统化程度或相关主题的集中整合程度
		B17 政务信息内容易理解性	政务信息内容的容易理解，易于知晓和解读的程度
		B18 政务信息形式多样性	政务信息表达形式的多样化程度（如文字、图片、音频、视频等）
		B19 政务信息内容适量性	政务信息内容数量适中合理、不过量
		B110 政务信息内容时效性	政务信息内容发布更新实时、稳定程度
		B111 政务信息内容易获取性	政务信息内容查询、获取、下载、收藏、保存的容易、顺畅程度
		B112 政务信息内容有用性	政务信息内容解决用户具体问题、满足用户实际需求的程度
		B113 政务信息内容共享性	政务信息内容的容易转发、传播、链接、共享的程度
	办事服务 B2	B21 服务实用性	政务微信公众号的服务项目紧贴公众需求，符合用户实际需要的程度
		B22 服务专业性	政务微信公众号提供的各项服务的专业化、标准化、规范化程度
		B23 服务便捷性	政务微信公众号的各种服务项目易于用户方便快捷地查询、获取、使用
		B24 服务方式多样性	政务微信公众号提供的服务方式和类型的多样化程度
		B25 服务个性化	政务微信公众号针对不同用户需求特点提供个性化、定制化服务的水平

续表

评价维度	一级指标	二级指标	二级指标描述与解释
政务微信信息资源	办事服务B2	B26 服务友好性	政务微信公众号提供各类服务的积极、主动、友好程度
		B27 服务人性化	政务微信公众号能够为用户提供各种舒适和无障碍服务的能力
		B28 服务协同性	政务微信公众号线上线下以及与其他部门、平台的衔接、协同服务能力
政务微信信息人	交互品质B3	B31 交互友好性	不同主体之间交流互动的友好、平等、亲和、舒适程度
		B32 交互流畅性	交互过程的顺利、流畅及无障碍程度
		B33 交互实时性	政务微信公众号与用户交流、意见反馈的同步实时程度
		B34 交互易用性	政务微信公众号提供的交互方式、反馈渠道、工具等方便容易使用程度
		B35 反馈及时性	政务微信公众号对用户各类诉求和意见处理反馈的适时、快速程度
		B36 交互有效性	交互能够满足用户实际需求和达到预期效果的程度
	导航帮助B4	B41 导航清晰性	各种导航设置、功能清楚、直观程度
		B42 导航准确性	政务微信公众号导航结果与用户需求的符合、匹配程度
		B43 帮助醒目性	政务微信公众号提供的各类帮助功能和工具设置突出醒目，易于看到
		B44 帮助有效性	各类帮助功能解决用户问题和实际需求的有效程度
微信技术	技术属性B5	B51 先进性	微信技术的先进、完善程度，能够满足微信公众平台的各种功能需求
		B52 易用性	各种系统、功能、工具的下载、获取、利用的方便、容易、快捷程度
		B53 兼容性	与其他系统、平台、技术的支持、兼容、融合程度
		B54 安全性	各种系统平台、服务应用、功能设置的安全保障程度
		B55 愉悦性	技术设计符合用户的习惯和特点，富有人性化，使用时的愉悦舒适程度

续表

评价维度	一级指标	二级指标	二级指标描述与解释
政务微信平台环境	平台界面设计 B6	B61 界面友好性	平台各级界面及整体设计友好，与用户使用习惯和特点的符合程度
		B62 界面美观性	平台各级页面设计、色彩音效搭配的美观程度
		B63 界面清晰性	平台各级页面上的栏目信息的清楚明晰程度
		B64 界面简洁性	平台各级页面设计与布局简洁明了程度
	平台运行质量 B7	B71 平台功能完备性	平台各个组成要素的完整、齐备程度及其基本功能的充分、完善程度
		B72 平台功能匹配性	平台功能设计与部门职能和用户利用需求的匹配、契合程度
		B73 平台设计专业性	平台功能、项目、页面等设计的专业化程度
		B74 平台运行稳定性	平台栏目具有相对稳定性及运行平稳、顺畅程度
		B75 平台安全可靠性	平台保障各种数据、信息、服务及用户资料等的安全可靠程度
		B76 平台使用便捷性	平台各项各种功能设置和工具使用方便、快捷程度
		B77 平台响应速度	平台对用户各项操作指令的反应速度和高效程度
		B78 平台功能扩展性	政务微信公众号能够提供附加和延伸的服务，能够开发拓展新的功能

与假设模型相比，修正后的评价模型更加简约，层次更加清晰，全面地反映了政务微信公众平台信息服务质量的各个方面内容，指标之间的逻辑性更强，内在关系更为合理，能够对政务微信公众平台信息服务质量作出比较全面和系统的评价。

7.3.2　政务微信信息服务质量评价指标权重确定

层次分析法①（AHP）最早是由美国的运筹学家 T. L. SAATY 教授于 20 世纪 70 年代提出的一种实用的多目标和多方案的决策方法。它可以将人们的主观判断用数量形式来表达和处理，是一种定性和定量相结合的分析方法。由于政务微信信息服务质量的很多评价指标难以进行定量描述，为了减少评判结果

① 杨印生，李洪伟. 管理科学与系统工程中的定量分析方法［M］. 长春：吉林科学技术出版社，2009：84-89.

的主观性，本书提出基于聚类的群组 AHP 方法，利用此方法构造判断矩阵①，并选用模糊数学中隶属度函数②作为标度系统对政务微信信息服务质量评价指标进行测评。因此，本书选取模糊层次分析法确定各个评价指标的权重。

1. 建立层次结构模型

根据前文选取和确定的各项评价指标，构建政务微信信息服务质量评价指标层次体系。层次结构分析模型如图 7.2 所示，整个模型分为三个层次，其中

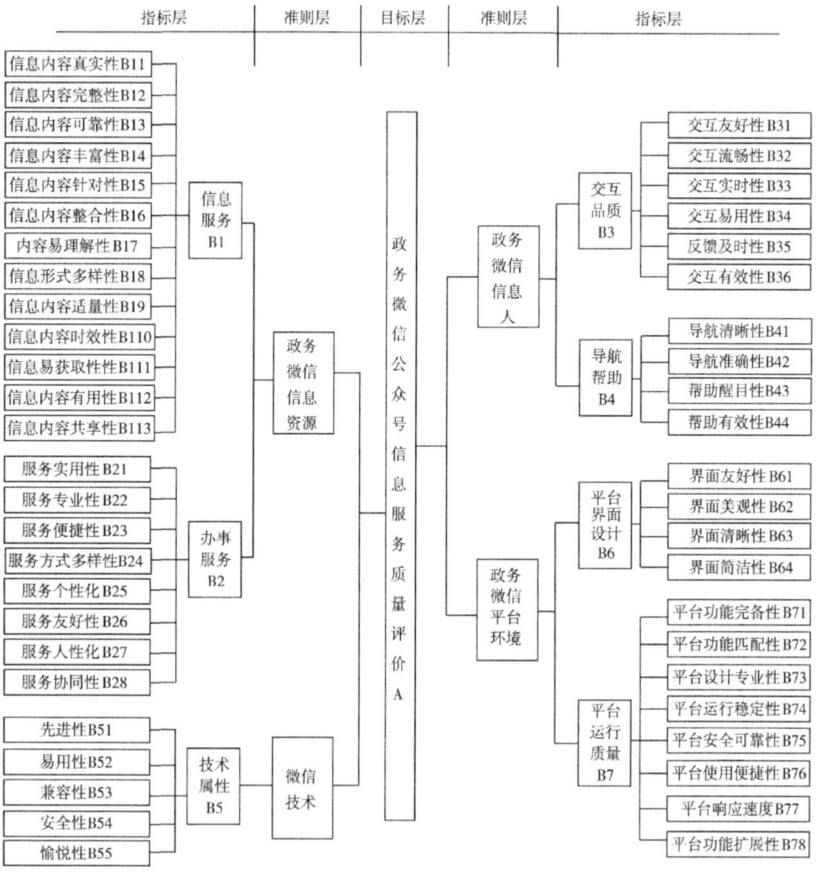

图 7.2　政务微信信息服务质量评价指标层次结构模型

① 夏萍，汪凯，李宁秀等．层次分析法中求权重的一种改进［J］．中国卫生统计，2011，28（2）：151-157.

② 杨珺，曾昭强，孙秋野等．一种基于模糊层析分析法的分散式风电场选址方法［J］．中国电力，2015，48（4）：151-155.

目标层位于最中心，其次是准则层，包括政务微信信息资源、政务微信信息人、微信技术、政务微信平台环境 4 个维度；外层是两级指标层，包括 7 个一级指标和 48 个二指标。决策目标是通过层次分析法确定政务微信公众号信息服务质量各级评价指标的权重。

2. 构建两两比较矩阵

层次分析法的计算基础是比较矩阵，比较判断矩阵元素的值反映了人们对各要素相对重要性的认识，也直接影响决策的效果。笔者通过专家调查问卷的方式邀请 20 名专家学者及相关人员，设计的调查问卷见附录 3。由 4 名地方政府信息化专家、4 名相关领域的学者、4 名政务微信公众平台运维服务人员、4 名信息科技公司技术研发人员和 4 名经常使用政务微信公众号的资深用户等组成评判小组，让他们通过 T. L. Saaty 的“1—9 标度方法”（见表 7. 3）对目标层与指标层的各项指标的相对重要性进行判断，进而构造两两比较判断矩阵。

表 7. 3　**1—9 标度法**

标度	含　义
1	两个因素相比，具有同样重要性
3	两个因素相比，一个因素比另外一个因素稍微重要
5	两个因素相比，一个因素比另外一个因素明显重要
7	两个因素相比，一个因素比另外一个因素强烈重要
9	两个因素相比，一个因素比另外一个因素极端重要
2，4，6，8	上述两相邻判断的中值

根据构建的政务微信信息服务质量评价指标层次体系，通过比较影响同一准则的各因素之间的重要性，构造比较判断矩阵。假设目标层 A_m 与指标层次中的因素 B_1、B_2、$\cdots B_n$ 有关，那么进行构造的判断矩阵时 B_{ij} 的含义是对于 A_m 来说，B_i 对于 B_j 的相对重要性。若因素 B_i 与 B_j 比较得到判断得到 B_{ij}，则因素 B_j 与 B_i 比较的判断为 $B_{ji} = 1/B_{ij}$ ①。

① 郭顺利，张向先，李中梅．高校图书馆微信公众平台传播影响力评价体系研究［J］. 图书情报工作，2016（04）：29-36+43.

3. 指标的相对权重及一致性检验

为了减少人为因素影响，指标重要性的判定首先采用20名评判小组评断，然后通过 Matlab 软件分别求每份问卷的指标权重，最后取平均值的方法。限于篇幅，这里只列举其中一个专家给出的一级指标相对于整体评价目标的一个判断矩阵 Z，如表 7.4 所示。

表 7.4　　一级指标两两比较判断矩阵

	信息服务	办事服务	交互质量	导航帮扶	技术属性	平台界面设计	平台运行质量
信息服务	1	2	7	7	7	3	5
办事服务	1/2	1	7	7	5	3	5
交互质量	1/7	1/7	1	1/2	3	3	3
导航帮扶	1/7	1/7	2	1	5	2	1/3
技术属性	1/7	1/5	1/3	1/5	1	1/3	1/5
平台界面设计	1/3	1/3	1/3	1/2	3	1	1/3
平台运行质量	1/5	1/5	1/3	3	5	3	1

构建出每个层次的比较判断矩阵，并对判断矩阵进行正规化处理。然后利用公式 7.1 将判断矩阵每一列元素正规化，再利用公式 7.2 对正规化的矩阵进行按行相加并得到行向量，并利用公式 7.3 将其正规化，利用公式 7.4 计算最大特征根。

$$\overline{b_{ij}} = b_{ij} / \sum_{i=1}^{n} b_{ij} (i, 1, 2, \cdots, n) \qquad \text{(公式 7.1)}$$

$$\overline{W_1} = \sum_{j=1}^{n} \overline{b_{ij}} (i, j = 1, 2, \cdots, n) \qquad \text{(公式 7.2)}$$

$$W_i = \overline{W} / \sum_{j=1}^{n} \overline{W_j} (i, j = 1, 2, \cdots, n) \qquad \text{(公式 7.3)}$$

$$\lambda_{\max} = \frac{1}{n} \sum_{i=1}^{n} (AW_i) / W_i \qquad \text{(公式 7.4)}$$

由于政务微信信息服务质量评价指标具有复杂性和多样性且评分专家对各项指标的认识和判断力各不相同。因此构造的判断矩阵的各项取值可能存在一定偏差。为了避免这些人为因素造成重大偏差，需要对判断矩阵进行一致性检验。首先需要计算其一致性指标 CI。定义为：$CI = (\lambda_{max}-n)/(n-1)$，其中 λ_{max} 为矩阵的最大特征根，CI 的值越大，矩阵的一致性越差。为了判断矩阵是否有令人满意的一致性，需要将 CI 与平均随机一致性指标 RI（见表 7.5）比较，CI 与 RI 的比率称为检验系数 *CR*。当 CR<0.1 时，认为矩阵具有令人满意的一致性。否则需要调整其元素进行重新构造判断矩阵，直到矩阵的检验系数 CR<0.1，其他判断矩阵都以此类推。经过计算此矩阵 Z 的 CI=0.0170，CR=0.0152<0.1，一致性检验通过，由此得到新的判断矩阵。

表 7.5　**平均随机一致性指标 RI 标准值**

矩阵阶数 n	1	2	3	4	5	6	7	8	9	10
RI	0	0	0.52	0.89	1.12	1.26	1.36	1.41	1.46	1.49

对于新的判断矩阵，使用公式 7.5 得到新的相似矩阵。

$$r_{ij} = \begin{cases} 1 & i = j \\ 1 - C\sum_{k=1}^{m} | X_{ik} - X_{jk} | & i \neq j \end{cases} \quad \text{（公式 7.5）}$$

由于得到的相似矩阵不能直接分类，本书对其进行改造，$R^2 = R \times R$，$R^4 = R^2 \times R^2$，$R^8 = R^4 \times R^4 = R^4$，因此选取 R^4 为模糊等价矩阵，即 $R^* = R^4$ 由此进行聚类。评判小组个体排序向量分类的归属情况结合本研究最终选取三个类别：第一类有 10 个评判小组成员，编号为 1，3，4，6，7，9，11，12，17，19；第二类有 4 个评判小组成员，编号为 10，14，15，16；第三类有 6 个评判小组成员，编号为 2，5，8，13，18，20。新的评判小组权重可利用公式 7.6 求得，其中 λ_i 为第 i 个专家的权重，t 为聚类的个数，θ_p 为类中个体的数量。由此计算第一类评判小组的权重为 0.617，第二类专家权重为 0.132，第三类专家权重为 0.251。

$$\lambda_i = \theta_p / \sum_{p=1}^{t} \theta_p^2 \quad \text{（公式 7.6）}$$

按照公式 7.7 得到一级指标新权重。W_j 为新权重，K_i 为第 i 个评判小组成员的权重，W_i^* 为原权重。按照公式 7.8 对其进行归一化处理。

$$W_j = K_i W_i^* \quad \text{（公式 7.7）}$$

$$W_j^* = W_j / \sum_{i=1}^{n} K_i W_i^* \quad \text{（公式 7.8）}$$

计算出的各层次相对于上一个层次的权重。Z 的权重计算结果为：W_z = [0.2817，0.2483，0.1454，0.1180，0.0779，0.0351，0.0936]。依次计算各个矩阵的权重，然后取平均值得到各个指标的相对权重。最后计算出各层次相对于系统总目标的合成权重，结果如表 7.6 所示。

表 7.6　　政务微信信息服务质量评价指标权重

目标层 A	准则层	指标层				
		一级指标 B_i	权重	二级指标 B_{ij}	权重	合成权重 $B_i * B_{ij}$
政务微信公众号信息服务质量评价指标体系	政务微信信息资源	信息服务 B_1	0.2817	B_{11} 政务信息内容真实性	0.0737	0.0208
				B_{12} 政务信息内容完整性	0.0441	0.0124
				B_{13} 政务信息内容可靠性	0.0542	0.0153
				B_{14} 政务信息内容丰富性	0.0473	0.0133
				B_{15} 政务信息内容针对性	0.1686	0.0475
				B_{16} 政务信息内容整合性	0.0324	0.0091
				B_{17} 政务信息内容易理解性	0.1456	0.0410
				B_{18} 政务信息形式多样性	0.0410	0.0115
				B_{19} 政务信息内容适量性	0.0342	0.0096
				B_{110} 政务信息内容时效性	0.0653	0.0184
				B_{111} 政务信息内容易获取性	0.0504	0.0142
				B_{112} 政务信息内容有用性	0.2153	0.0607
				B_{113} 政务信息内容共享性	0.0279	0.0079
		办事服务 B_2	0.2483	B_{21} 服务实用性	0.2079	0.0516
				B_{22} 服务专业性	0.1482	0.0368
				B_{23} 服务便捷性	0.1527	0.0379
				B_{24} 服务方式多样性	0.1020	0.0254
				B_{25} 服务个性化	0.1421	0.0353
				B_{26} 服务友好性	0.0723	0.0180
				B_{27} 服务人性化	0.0622	0.0154
				B_{28} 服务协同性	0.1126	0.0279

续表

目标层 A	准则层	指标层				
		一级指标 B_i	权重	二级指标 B_{ij}	权重	合成权重 $B_i * B_{ij}$
政务微信公众号信息服务质量评价指标体系	政务微信信息人	交互质量 B_3	0.1454	B_{31}交互友好性	0.0651	0.0095
				B_{32}交互流畅性	0.1143	0.0166
				B_{33}交互实时性	0.1637	0.0238
				B_{34}交互易用性	0.0425	0.0062
				B_{35}反馈及时性	0.2768	0.0402
				B_{36}交互有效性	0.3376	0.0491
		导航帮助 B_4	0.1180	B_{41}导航清晰性	0.1432	0.0169
				B_{42}导航准确性	0.2712	0.0320
				B_{43}帮助醒目性	0.1644	0.0194
				B_{44}帮助有效性	0.4212	0.0496
	微信技术	技术属性 B_5	0.0779	B_{51}先进性	0.3748	0.0292
				B_{52}易用性	0.2478	0.0193
				B_{53}兼容性	0.1104	0.0086
				B_{54}安全性	0.1951	0.0151
				B_{55}愉悦性	0.0719	0.0056
	政务微信平台环境	平台界面设计 B_6	0.0351	B_{61}界面友好性	0.3732	0.0131
				B_{62}界面美观性	0.2564	0.0090
				B_{63}界面清晰性	0.1994	0.0070
				B_{64}界面简洁性	0.1709	0.0060
		平台运行质量 B_7	0.0936	B_{71}平台功能完备性	0.2821	0.0264
				B_{72}平台功能匹配性	0.2233	0.0209
				B_{73}平台设计专业性	0.0726	0.0068
				B_{74}平台运行稳定性	0.0855	0.0080
				B_{75}平台安全可靠性	0.1667	0.0156
				B_{76}平台使用便捷性	0.1015	0.0095
				B_{77}平台响应速度	0.0438	0.0041
				B_{78}平台功能扩展性	0.0278	0.0026

由表7.6可以看出，政务信息内容的质量和价值是用户关注并使用政务微信公众平台的关键因素，自然成为政务微信信息服务质量评价的核心，因此是整个评价指标体系中的比重最大的要素。由于政务信息内容是决定政务信息价值最重要、最本质的因素，用户当前对政务信息最普遍、最主要的需求就来自政务信息的内容，政务信息内容质量和价值直接反映了用户对政务信息的基本要求，是政务微信信息服务的资源基础，因此成为政务微信信息服务质量评价的最重要指标。办事服务是政务微信公众平台的重要功能，因此也成为用户对政务微信公众平台信息服务质量评价的重要指标。交互质量充分地体现了微信作为一种社交媒体，与用户之间的交流沟通功能。但政务微信公众平台上的交互更多地还是基于用户对政务信息服务、办事服务以及积极参与的基本需求而产生的，因此交互质量虽然也很重要，但与信息服务和办事服务指标相比，其重要性已经大大降低，排在第三位。导航帮助功能是新媒体时代各种政务信息服务平台的基本必需要求，它可以引导用户自助解决问题，协助用户自主完成信息活动目标，从而使各种服务流程具有了开放性、主动性和针对性，进而可以提高公众的参与度和信息服务活动效率。技术属性、平台界面设计和运行质量同属于客观性因素，与信息的技术发展和服务环境的完善等密切相关，对政务微信信息服务质量产生一定的间接影响，因此需要对其进行关注，但它们在整个评价指标体系中的占比并不大。

4. 评价指标体系及其权重的试点性检验

笔者通过试点检验方法对若干名政府部门政务微信公众号的负责人、政务微信运维服务人员以及一定数量的政务微信用户等“利益相关者”进行意见征询，并随机选择了若干个政务微信公众号进行试测评，意见征询和试测评的结果都表明了该评价指标体系具有较强的科学性、可操作性和较高的实践应用价值，对促进政务微信公众号信息服务质量建设、推动政务微信公众号发展等都具有较强的指导意义。

需要指出的是，政务微信公众平台上信息服务质量评价是一项复杂的系统工程，由于服务的无形性、易逝性、异质性和不可分割性等特征以及用户对信息服务质量感知的主观性和差异性等，再加上随着微信技术的发展完善、政务微信公众平台功能的不断拓展等，都会给信息服务质量的评价带来持续性的动态影响。因此，需要及时根据其发展状况和实际要求进行动态的修正和完善，从而为政务微信公众平台上的信息服务方式持续改进和质量不断提高等带来源源不断的推动力。

7.4 “上海发布”微信公众号信息服务质量评价

7.4.1 “上海发布”微信公众号背景介绍

“上海发布”微信公众号的账号主体是上海市人民政府办公厅，是上海市人民政府新闻办的微信公众平台，其定位为“发布市民关心的重大时政信息和提供便民服务信息的平台”①。在运营目标上，除了发布权威政务信息，为市民提供实用信息外，“上海发布”微信平台还逐步拓展了信息查询和诸多办事服务功能，积极地服务广大市民，助力移动服务型政府建设。“上海发布”自 2013 年 6 月 8 日开通运营以来，凭借权威及时的政务信息发布和实用贴心的便民服务得到了广大用户的认可和欢迎。截至 2016 年年底，“上海发布”微信粉丝超过 275 万，其中上海本地用户超过七成，为主力受众群体。目前微信日均访问量超过 57 万次，日均阅读量超过 82 万次。“上海发布”微信公众号影响力始终位居全国政务微信前列，在人民日报、清华大学、南方周末、解放日报、上海观察、新媒体排行榜等各类政务微信影响力榜单中，均位列全国省区市第一名。凭借其出色的表现，“上海发布”获得了 2017 年“上海政务新媒体特别贡献奖”②。

7.4.2 评价过程及结果

1. 评价过程

本书案例的研究对象“上海发布”微信公众号信息服务质量评价过程如图 7.3 所示。

如图 7.3 所示，政务微信公众号的信息服务质量评价过程主要包括四个部分：①确定评价的专家组成员：由 7.2 节确定的地方政府信息化专家、相关领

① 上海发布办公室．微信大号是如何炼成的——“上海发布”政务微信运营手册[M]．上海人民出版社，2015：56.

② 上海发布．上海发布政务新媒体发展报告，53 家先进单位受表彰 [EB/OL]．[2018-01-18]．http：//www.thepaper.cn/newsDetail_forward_1618560.

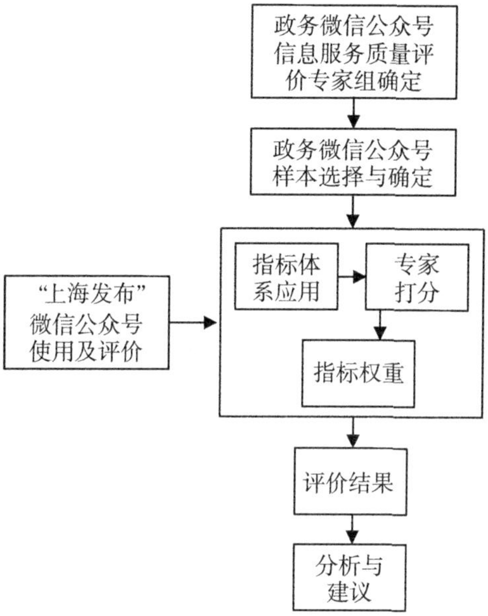

图 7.3 政务微信公众号信息服务质量评价过程

域学者、政务微信运维服务人员、信息科技公司人员和资深用户各 5 人共 20 人组成；②样本选择：本书以“上海发布”微信公众号作为案例研究样本；③评价分数确定：利用计算得到的权重和专家打分得到最终评分；④评价结果分析：通过对打分结果分析，评价“上海发布”微信公众号的信息服务质量。

2. 评价结果

由 7.2 节确定的 20 人的评价小组通过关注并登录“上海发布”微信公众号，感受、体验“上海发布”的各个服务项目和信息服务质量，同时使用有关技术工具测评并记录数据。最后评估小组的 20 名成员根据自己的感知体验、定量数据、结合行业经验等按李克特量表分五个梯度（非常差 1 分、较差 2 分、一般 3 分、较好 4 分、非常好 5 分）对每项指标分别打分。得到各个成员对每个评估对象的打分后，采用几何平均法计算出各项指标的平均值，然后分别乘以其对应权重，最后按权重计算出各个指标的得分和“上海发布”的综合得分，得到的各级指标及综合得分如表 7.7 所示。

表 7.7　　　　**“上海发布”微信公众号信息服务质量评价得分**

目标	指标层			
	一级指标	得分	二级指标	得分
“上海发布”微信公众号信息服务质量评价 4.80	信息服务 B_1	4.87	B_{11}政务信息内容真实性	5.00
			B_{12}政务信息内容完整性	4.91
			B_{13}政务信息内容可靠性	5.00
			B_{14}政务信息内容丰富性	4.93
			B_{15}政务信息内容针对性	4.87
			B_{16}政务信息内容整合性	4.51
			B_{17}政务信息内容易理解性	4.95
			B_{18}政务信息形式多样性	4.86
			B_{19}政务信息内容适量性	4.83
			B_{110}政务信息内容时效性	4.93
			B_{111}政务信息内容易获取性	4.84
			B_{112}政务信息内容有用性	4.76
			B_{113}政务信息内容共享性	4.79
	办事服务 B_2	4.76	B_{21}服务实用性	4.85
			B_{22}服务专业性	4.87
			B_{23}服务便捷性	4.91
			B_{24}服务方式多样性	4.63
			B_{25}服务个性化	4.58
			B_{26}服务友好性	4.93
			B_{27}服务人性化	4.72
			B_{28}服务协同性	4.52
	交互质量 B_3	4.77	B_{31}交互友好性	4.92
			B_{32}交互流畅性	4.74
			B_{33}交互实时性	4.87
			B_{34}交互易用性	4.95
			B_{35}反馈及时性	4.78
			B_{36}交互有效性	4.66

续表

目标	指标层			
	一级指标	得分	二级指标	得分
“上海发布”微信公众号信息服务质量评价 4.80	导航帮助 B_4	4.89	B_{41}导航清晰性	4.79
			B_{42}导航准确性	4.82
			B_{43}帮助醒目性	4.73
			B_{44}帮助有效性	4.51
	技术属性 B_5	4.64	B_{51}先进性	4.52
			B_{52}易用性	4.80
			B_{53}兼容性	4.27
			B_{54}安全性	4.86
			B_{55}愉悦性	4.69
	平面界面设计 B_6	4.81	B_{61}界面友好性	4.90
			B_{62}界面美观性	4.72
			B_{63}界面清晰性	4.80
			B_{64}界面简洁性	4.77
	平台运行质量 B_7	4.85	B_{71}平台功能完备性	4.81
			B_{72}平台功能匹配性	4.85
			B_{73}平台设计专业性	4.75
			B_{74}平台运行稳定性	4.89
			B_{75}平台安全可靠性	4.92
			B_{76}平台使用便捷性	4.90
			B_{77}平台响应速度	4.66
			B_{78}平台功能扩展性	4.53

7.4.3 评价结果讨论分析

由于本书是基于信息生态的四个因子视角构建的政务微信信息服务质量评价指标体系，因此本书将从政务微信信息资源、政务微信信息人、微信技术和政务微信平台环境四个方面对“上海发布”微信公众号的信息服务质量评价结果进行讨论分析。

1. 政务微信信息资源质量属性的评价结果分析

政务微信信息资源质量属性主要包括“信息服务 B_1”和“办事服务 B_2”两个方面。

“上海发布”微信公众号“信息服务”的所有二级指标得分普遍很高，均在 4.51 分以上，最高的为“政务信息内容真实性”和“政务信息内容可靠性”，均为最高分 5 分，说明所有的评价人员都认可“上海发布”微信公众平台推送信息的真实、准确、权威与可靠性。在“信息服务”的 13 个二级指标得分中，高于 4.80 分的有 10 个，充分地说明了“上海发布”微信公众号具有很高的信息服务水平和能力。事实上，信息推送是“上海发布”乃至许多政务微信公众号非常重要，也是最基本的功能和应用。在信息发布方面，“上海发布”微信公众号推送的信息内容丰富全面、涉及市民生活的方方面面，其中民生类信息和与市民相关的内容是发布内容中最重要的组成部分。“上海发布”在保证发布内容全面丰富、准确权威的同时，也力求在推送信息的语气上和与用户互动的措辞上做到平易近人和风趣幽默，努力保持平等的姿态和良好的亲和力，从而把严肃的政府面孔“人性化”。同时，“上海发布”非常注重文字信息的易解读和可视化表达。除了图文形式外，“上海发布”也不断尝试音频、视频、HTML5 编辑等多种形式的信息表达方式。发布实时、更新及时，频率适当，发布数量适中，基本稳定在每天推送 3—5 条新闻。应对重大新闻和突发事件迅速有效，努力在第一时间发声，等等。这些实实在在的措施和方法都有效地提高了“上海发布”的信息服务能力、水平和质量。

“办事服务”的所有二级指标得分也普遍较高，均在 4.52 分以上。其中，得分最高的“服务友好性”为 4.93 分，“服务便捷性”也高达 4.91 分，这些都充分地说明了“上海发布”微信公众号具有强大的亲和力和高水准的服务能力。“上海发布”微信公众号是信息服务和各种办事功能服务兼具的综合性移动政务平台，除了为市民及时推送实用的便民信息外，还建立了包括多种便民服务的“市政大厅”，逐步拓宽了信息查询和诸多办事服务功能，以更好地服务广大市民，助力于移动服务型政府建设。目前，“上海发布”已经整合了 14 个部门推出了 16 项便民服务功能，包括公交实时到站、电子监控违法、驾照违法记分查询、快处易赔、路况查询、交通卡余额、出入境办理、景区实时客流、个税查询、空气质量、上海天气、公积金查询、餐饮脸谱查询、养老保险查询、医疗保险查询、结婚登记预约。并且“上海发布”在做强已有服务功能的基础上，根据广大市民的更多需求和用户的持续反馈，进一步完善服务功能，继续与上海涉及公共服务的政府部门紧密协调，推出更多的办事查询服务功能，为市民带来更多便利。事实上，“上海发布”微信公众号开通三年多以来，始终以满满的真诚、十二分的用心，竭力把严肃的政务化作方便快捷的服务，努力让用户在轻轻滑动指尖的同时，就可以轻松查询办事、获取各种政务服务，使繁杂的事务变得简单，从而极大地提高了政务信息服务的效率和质量。然而，在“办事服务”所属的8个二级指标中，“服务个性化”和“服务协调性”的得分稍低，一方面显示出了用户及公众对政务微信公众平台满足用户个性化、特色化尤其是基于某一类用户特殊需求的定制化服务的需求与期待，另一方面也反映了当前政务微信公众平台线上线下服务、与其他公共服务系统平台以及政府各个部门之间的衔接、协同、联合服务能力不足。

2. 政务微信信息人属性的评价结果分析

政务微信信息人属性主要包括“交互质量 B_3”和“导航帮助 B_4”两个方面。

在“交互质量”方面，“上海发布”的整体得分比较高。其中，“交互易用性”的得分最高，为4.95分，“交互友好性”也高达4.92分，这充分地展现了“上海发布”微信公众号运维服务团队及人员满腔的真诚和较高的互动能力。“上海发布”十分注重与用户开展双向互动，努力成为市民愿意倾听与倾诉的对象。对待网友的评论和留言，“上海发布”都耐心地查阅分析，并保持包容宽容的态度，将其视为了解市民需求和社情民意的重要渠道。对于用户反映的确切真实问题，提出的虽具体但具有普遍意义的诉求，“上海发布”都会及时予以回复。虽然因此承担了大量的网上咨询压力，但其都会尽力给市民及时回复，让市民切实感受到政府服务的真诚与努力。在互动方式上，主要通过关键词自动匹配与人工回复两种方式与用户互动。建立的“上海便民信息数据库”服务，将200多个关键词与相关内容匹配，用户只需输入相关数字或关键词即可收到后台的自动回复。此外，对于用户提出的个性化问题或特殊需求，后台通过人工回复方式，努力解决用户的各类“疑难杂症”。通过人机结合的方式，“上海发布”做到了让用户当天得到回复。除了与用户问答对话互动之外，“上海发布”还通过诸如活动报名、奖励赠送、投票调查、直播访谈等不定期的线上线下活动，与市民保持积极互动，提升了用户的活跃度，提高了与用户的互动水平，拉近了政民之间的距离。

“上海发布”微信公众号的导航功能清晰、准确，帮扶工具醒目、易用、有效，整体得分较高。但是，在“上海发布”微信公众号信息人属性的评价结果中，“帮助有效性”和“交互有效性”两个指标得分都比较低。这一方面反映了广大公众对政务微信服务质量和效益方面的期盼和要求，即希望政务微信公众号不仅好用、易用，而且最重要的是它能够切实有效地解决公众生产生活、工作学习中的各种实际问题，为用户带来实实在在的方便和好处；另一方面也反映了政务微信公众号当前和今后要努力在交互和帮扶功能的有效性上下工夫，通过有效的交互和帮扶，真切关心公众的利益诉求、扎实解决用户实际问题，从而提高政务微信信息服务质量。

3. 微信技术属性的评价结果分析

微信技术属性、平台界面设计和运行质量大多属于客观性因素，与信息技术的发展水平息息相关。近几年，微信技术更新升级越来越快、微信公众平台各项性能也越来越完善，使得用户对政务微信公众平台的各种体验感知越来越好，因此这些指标的得分也普遍较高。在“技术属性 B_5”中，得分最低的是“兼容性”，仅为 4.27 分，这也是所有指标中得分最低的一项。通过咨询反馈得知，“兼容性”指标得分较低的原因主要是由于微信公众平台是一个相对独立、封闭的信息应用系统，目前它与政务微博、政府门户网站、政务客户端等其他政务平台或政务服务系统之间更多地是相互协作、配合，以“两微一端一网站”的组合形式展示并服务于广大公众的，当前它们相互之间还无法做到真正的、完全的兼容与融合。事实上，“政务信息内容整合性”“服务协同性”和“平台功能扩展性”的得分均低于其所在组的其他各个指标得分，这也说明了当前“上海发布”微信公众平台的兼容性、整合性依然有待提升。虽然这种现状与信息技术水平密切相关且当前绝大多数政务微信公众号都有此种情况。然而评价人员和用户更希望获得更多综合性的、完全的政务信息与办事服务。相信随着信息技术的不断发展和完善，整合、兼容多个政务信息服务平台或系统的综合性、一体化平台在不久的将来会不断涌现。

4. 政务微信平台环境属性的评价结果分析

政务微信平台环境属性主要包括“平台界面设计 B_6”和“平台运行质量 B_7”两个方面。

在“平台界面设计”方面，“上海发布”的各项得分较高。其中，“界面友好性”的得分最高，为 4.90 分。“上海发布”头像设计为蓝白色上海城市天际线剪影，配有“上海发布”字样。打开“上海发布”微信公众号，主屏幕显示每日推送的信息精选，并保持每天更新。页面底端设有“自定义菜单”，分别为“市政大厅”“微信矩阵”“I♥SH”三大模块，各模块中又有细分功能，整体布局简洁大方。打开每条推送内容，在文末有一个可爱的卡通人像收尾，与文首的卡通笑脸前后呼应，使整篇图文更亲和力。总体上，“上海发布”微信公众平台的页面设计美观大方、友好亲切，布局一目了然、清晰简洁。如图 7.4 所示。

图 7.4　“上海发布”微信公众号页面设计与布局

在“平台运行质量”方面，“上海发布”的各项得分差异较大。其中，“平台安全可靠性”“平台使用便捷性”都在 4.90 分以上，而“平台功能扩展性”仅为 4.53 分，其他的分别在 4.60—4.90 分，整体差异较大。虽然这些反映服务平台运行质量基本属性的指标得分与微信平台自身的性能和微信技术息息相关，但个别指标得分的情况也可以清楚地反映出用户的诉求，即公众期望微信公众平台功能具有较强的扩展性，能够逐渐在微信公众平台上实现政府公共服务功能的全覆盖，并且希望平台上的各个项目和服务功能要有良好的响应速度和运行质量。“上海发布”在做强既有服务功能的基础上，根据用户反馈和公众诉求不断地扩展、完善服务功能，持续与涉及公共服务的政府部门紧密协调，以推出更多的办事查询服务功能，力争在微信公众平台上实现政务服务的全覆盖。相信随着信息技术的不断发展变革，微信公众号的性能会不断优化、政务微信公众平台的功能也会不断丰富完善，从而为政务微信公众号服务质量的优化和提升提供了坚强有力的技术支持和硬件保障。

从 7 个一级指标的得分看，由于“上海发布”的各项二级指标得分均比较高，由此决定了 7 个一级指标得分也很高。这当中，“信息服务”的指标权重最大，得分也很高，充分地说明了“上海发布”强大的信息服务功能。当前，“上海发布”等许多政务微信公众号已经成为政府各级部门发布信息、提供公共服务、开展政民互动的重要平台。通过政务微信公众平台，各个政府部门将各种政务信息直接推送到市民手中，迅速地传导至社会的各个“末梢”，将各种公共服务直接传递到市民生活与工作的场景中，并随时随地与市民进行沟通互动，不仅极大地提高了政务信息服务的效率和质量，而且还塑造了政府公开透明、服务导向、以民为本的政府形象，有力地推动了移动服务型政府的建设目标和进程。“上海发布”微信公众号努力把严肃变成生动、把政务化作服务、让文化变得亲切可感，通过精准高效的信息服务和全能精细的办事服务逐渐赢得了广大用户的关注和信赖，用户给出的 4.80 分的整体质量评价充分反映和见证了“上海发布”微信公众号付出的辛苦努力和取得的优异成绩。

7.5　本章小结

本章在简析政务微信信息服务质量内涵和质量评价过程的基础上，确定了政务微信信息服务质量评价指标体系的构建原则和框架。首先采用文献调研法和专家访谈法采集并构建了初始指标体系，然后通过调查问卷对评价指标进行检验分析形成了最终的评价指标体系。再运用模糊层次分析法确定了政务微信信息服务质量评价指标的权重，最后选取了“上海发布”微信公众号为实证分析对象，运用本章节构建的政务微信信息服务质量评价指标体系进行样本评价和分析，验证了本书构建的政务微信公众号信息服务质量评价指标体系的合理性与有效性。

第 8 章　政务微信信息服务质量提升策略

前面几章分析了政务微信公众号信息服务的过程、运行机制、模式，信息服务质量的影响因素以及评价方法。本章在前述章节研究的基础上，旨在分析提升和优化政务微信公众号信息服务质量的策略，探讨相应的对策和建议，设计合理可行的策略方案提升政务微信公众号信息服务活动的质量和效果，以期为政务微信公众平台的实践运行和长远发展提供建议和参考依据。

8.1　政务微信信息服务质量提升面临的困境与策略设计思想

8.1.1　政务微信信息服务质量提升面临的困境

我国政务微信公众号发展已经走过了盲目上线的阶段，当前正处于相对稳定的增量覆盖期，处于优胜劣汰的整合阶段。政务微信公众号的整体服务能力和质量与公众的期待和要求仍然有所差距，未能达到用户十分满意的程度。经过调研访谈和实地走访多个政务微信公众号，发现仍有不少政务微信公众平台没有充分发挥出实际的作用和效果，政务微信信息服务的实际效果仍然差强人意。笔者认为主要存在以下几个方面的问题。

（1）定位不明确，办事服务能力不足。政务微信公众号是政府在新媒体时代网络问政的新平台，它不仅是精准化的政务信息公开新载体，也是移动化的民生服务新平台，更是政民之间零距离互动的新通道。因此，政务微信公众号不仅具有信息服务功能，更要具备办事服务功能和交流互动功能等。然而，当前很多政务微信公众号都侧重于信息发布功能，信息服务呈现出一家独大的情形，而办事服务能力和互动功能则明显不足，这在较大程度上影响了政务微信公众号功能的完整发挥、服务质量的有效提升以及公众的满意程度。

（2）政务微信运维团队及人才因素的制约。我国绝大多数政务微信运维服务团队是在政府门户网站，特别是政务微博运维团队的基础上建立起来的。由于受政府机构人员编制、经费的限制，很多政府部门的微信运维服务人员往往是由部门网站或政务微博等政府机构内部的信息人员兼任，缺乏专门的人才和技术维护服务人员。政务微信运维人才的缺乏在一定程度上制约了政务微信信息服务质量的提高。

（3）政务微信公众平台联动不足的影响。政府公共服务涉及民众生产、生活、工作的方方面面，新媒体时代的人们更希望通过政务微信公众平台获取一站式的、综合性的政务服务。虽然政务微信公众平台拓宽了政务公共服务的渠道，但政务微信与政府门户网站、政务微博等其他政府公共服务平台之间依然缺乏深层次的融合，微信公众平台的相对封闭性也制约了各个平台之间有效联动与合作。尽管也有一些综合性的政务微信公众平台出现，能够提供一些整合性的一体化服务，但与公众的需求依然有所差距。政务微信公众平台的协同、联动不足影响了信息服务质量的有效提升。

（4）体制机制的困境。政务微信等政务新媒体虽然已经被广泛应用，但与之密切相关的信息共享机制、协同服务机制、绩效考核机制等机制体制依然不够完善甚至缺乏，这不仅影响政务微信公众平台整体功能的有效发挥，而且也无法对政务微信信息服务作出及时而有效的监督。体制机制的困境不仅在短期内影响并制约着政务微信信息服务质量的提高，而且也不利于政务微信的长久、持续、健康发展。

（5）当前社会对政务微信公众号价值和效益的认知度不高也不利于政务微信公众号服务质量的提高。虽然通过提供有价值的政务信息、积极构建便民服务渠道以及提供微信平台的实时陪伴，政务微信公众号逐步赢得了用户的认可。但不得不承认，社会广大公众对政务微信公众号价值和效益的认知度仍然不高，政务微信的价值普及依然任重而道远。社会公众对政务微信价值的低认知自然不利于政务微信信息服务质量的提升。

8.1.2 政务微信信息服务质量提升策略的设计思想

在社会化媒体时代，政务微信信息服务质量提升必须以用户思维为导向，以优化政府公共服务为目标，立足地方人文特征，打造多元沟通渠道，做好本土化服务，努力提升政务微信公众号的信息服务质量，优化政务信息服务的供给效率，提高公众的满意度，最终达到构建科学的政务信息服务体系的目的和实现移动服务型政府的建设目标。

1. 以政务微信用户需求为导向

"在正确的时间向正确的用户提供正确的信息"已经成为现代信息服务的基本原则。政务微信公众号的服务对象，即政务微信用户的政务信息需求程度直接决定了政府通过政务微信等政务新媒体提供政务信息服务的意愿和动力。要想有效地提高政务微信信息服务的质量，就必须以用户的信息需求为导向，以用户的切身利益为中心，以用户的需求为出发点，主动关注用户真正关心的问题，实现公众切身利益的直接给予。

我国提出服务型政府的目标，就是要求各级政府和官员必须树立"民本位、社会本位、权利本位"的思想，切实履行政府为人民服务的天职，全心全意为人民服务，实现社会公共利益的最大化。政府通过各种渠道为民众提供服务，广大民众是政务微信等政府社会化媒体终端的使用者，因此政府与民众之间的联系可以看成是服务端与客户端的关系。传统的公共服务是使用公共权力和公共资源，针对公民的衣食住行、生存、生产、生活、发展和娱乐等方面的具体需求来提供有关的服务。但在社会化媒体时代，公众可以借助政务微信、政务微博、政务移动 APP、政府门户网站等社会化媒体渠道，更多地参与社会公共事务，更充分地表达各方面的需求和提供建议等。目前，政务微信、政务微博等政务社交媒体的出现和广泛应用极大地促进了政府传统公共服务理念向现代服务理念转变。然而，不少地方政府把现代服务理念简单地理解为传统公共服务的电子化，而没有真正树立起以公众需求为中心的服务理念，所以很难实现服务型政府的建设目标。因此，对政府来说，只有彻底地转变传统思维观念，真正以用户中心、以公众需求为导向，充分考虑公众的切身利益，最大化地利用政务微信等社会化媒体的优势，才可以使政府公共服务质量得到有效的改善和提高，从而加快政府管理改革与转型的步伐和进程。

2. 以优化政府公共服务为目标

政务微信聚集着民众，表露着社情民意，这是政务微信等政务新媒体诞生、存在和不断发展的根本动因。传统的政府组织机构有着较为严谨的规章制度与办事流程，公众获取公共服务往往需要经过许多纷繁复杂的手续和流程。在社会化媒体时代，公众可以方便地利用政务微信、政务微博等社会化媒体进行相关操作，它简化了办事服务流程，提高了政府部门的办事服务效率，给公众带来了极大的便利。对政府来说，利用政务微信等社会化媒体提供公共服务，精简了行政组织中的管理层级，缩减了行政运行的程序和时间。对公众来说，通过政务微信等社会化媒体可以直接将需求和建议及时便捷地反馈到政府有关职能部门，争取早日解决问题。利用政务微信等社会化媒体发布、传递、认证和审核各种证明或文件，建立以政务社会化媒体为载体的统一的政府信息资源库，并在全社会范围内实现信息共享，可以节省大量的时间和精力，极大地提高政务公共服务的质量和办事服务效率。

基于社会化媒体传播速度快、覆盖面广等优势，政府可以通过政务微信等政务新媒体及时公布相关政策资讯，发布相关政务信息。在突发性事件中，政府部门可以主动发布相关讯息，及时占据信息发布的制高点，在第一时间内传递最权威的官方信息，让谣言无机可乘。在政府与民众的平等沟通中，应尽最大可能争取民众的理解和支持，更快地解决社会性公共事件。结合电子政务和社会化媒体，政府可以在制定政策的过程中，通过社会化媒体渠道广泛征集公众的建议，迅速把握民意。与此同时，公众也可以通过社会化媒体，了解政府工作进程，监督政府行政，增加公共服务的透明度。社会化媒体极大地拉近了政府与民众之间的距离，成为民众表达民意的更加便捷的新渠道，更有利于公众监督政府行为、参与政治决策过程，帮助政府更好地排忧解难、化解矛盾，进而提高政府公共服务的效率和质量。

3. 坚持服务本土化，打造多元渠道

当前我国的政务微信公众号数量庞大，但绝大多数是地方性或部门性的政务微信公共服务平台，其受众人群主要是所属地的民众，具有非常明显的地方特色或部门属性特征。而立足地方人文特征，服务本土化也是政务微信公众号未来发展的重要趋势之一。因此，在政务微信公众号服务质量提升过程中，必须着眼于当地民众的实际诉求，积极研究本地人群的需求、特性和关注点，以当地民众需求为导向，深切洞察当地的人文特色，将力量集中在服务上，坚持服务本土化，根植本地、服务本地，打造具有地域特色的高质量的“专属微信”。

此外，政务微信公众号作为新媒体时代政府提供公共服务的一个重要新兴平台，在发展运营中一直存在着诸如关键领域信息公开差距过大、平台服务深度和实用性不强、办事服务便捷度不够、用户总体满意度不高等问题，这些均与信息供给与服务提供渠道有关。当前大多数政府部门内部和部门之间的信息壁垒依然存在，相互之间的协同合作能力依然不足，这些都严重地影响了政务信息共享和联合服务的效果。为此，处于社会化媒体发展浪潮中的我国政府，应该积极采取客户关系管理的方法，积极打造多元沟通渠道，将政府门户网站、政务微博、政务微信等社会化媒体与传统的公共服务方式整合起来，建立一个能够提供各种公共服务的集成化综合性平台，使公众有更多的渠道和方式了解并参与社会事务及信息服务活动。在打造多元沟通服务渠道、完善用户需求系统的同时，政务微信运维部门可以利用自身掌握的大量后台数据信息，将其分析归纳整理，建立用户信息数据库，这样既有利于政府了解社情民意，又能为政府优化政务微信信息服务流程、改善公共服务方式、提高信息服务质量提供参考和指导方向。

8.2 优化政务微信信息资源

8.2.1 提高政务信息的内容质量和有用性

信息服务和办事服务是政务微信公众平台上最重要的功能和职责，政务微信信息资源的质量和价值是政务微信公众号信息服务的基础和保障，直接决定了政务微信信息服务的质量和水平。政务信息内容的质量、有用性等与政务微信信息服务质量呈现出显著的正向相关关系，其中信息的有用性对政务微信信息服务质量的影响最大，在政务微信信息服务质量的评价指标体系中比重也最大。信息的有用性和内容质量不仅直接影响着信息服务的最终效果和用户的满意度，而且还会对用户的持续使用产生重要影响。因此，提升政务微信信息服务质量，首先要努力提高政务微信的信息质量，努力提升政务信息的有用性和价值，让用户直接体验到政务微信公众平台推送的信息能够满足他们的需求、真正解决他们的实际问题。为此，政务微信公众平台在信息发布时，首先要立足本部门的工作性质和职能要求，明确本部门的服务对象和范围，确定服务的方向和目标，紧紧围绕本部门的服务对象，即用户的需求主动提供信息，紧密结合公众对本部门政务信息需求的重点、热点和难点，科学设置信息内容主题，努力提高发布信息内容的针对性和精准性，从而提升政务信息的服务价值和效益。对于大多数政务微信公众号而言，提高信息的有用性就是要秉着立足地方、服务本地的宗旨和目标，紧密结合地方实际情况和当地用户需求，积极关注地方民生需求，突出地方特色，将本土化服务做到位，使信息服务更具针对性，从而让用户更易感知信息内容的有用性和价值，增强用户的利用体验和满意度，提高用户的黏性和忠诚度，最终不断提升其综合服务能力和质量。

8.2.2　丰富政务信息的类型与形式

政务信息的可理解性与易用程度在政务微信公众号信息服务影响因素体系中居于较为重要的位置，在政务微信信息服务质量评价指标体系中的占比也很大，对信息服务质量和效果以及用户的最终满意度有着直接影响。因此，要提升政务微信公众号服务质量，就要着力提高政务信息的易用性，不仅让用户能够及时、便捷地得到自己需要的信息，更让他们能够快速、容易地理解和接受信息，从而真正解决公众的问题。为此，政府部门不仅要让信息主题丰富起来，更要整合各类优质政务信息资源、深挖信息主题，尤其是对微信平台上公开的各种方针、政策、法律、法规、条例、措施等，政府机构应放低姿态，通过专家、学者或政府部门人员等以“好友”身份多角度、多层次地深入解读、点评等，努力实现信息增值，不断提升信息价值，并积极与用户交流互动，维护用户体验的“好友状态”。这样，不仅可以提升信息价值，同时也可以化严肃为活泼、化枯燥为生动，增强了信息的易读性和易用性。为了让政务信息易读易懂，政务微信运维服务团队应不断丰富信息的类型，注重信息内容表达形式的多样化，除了文本形式之外，多以图表、视频、音频、动画等用户喜闻乐见的形式表达，尽量使语言紧接地气，在形式上通俗易懂、轻松活泼，在语气措辞上保持亲切友好，这样不仅可以获得用户的青睐，也能使用户快速地知晓和解读信息，更能提高信息传播与分享的效果，最终提高信息服务的质量和综合效益。

8.2.3　提高办事服务的实用性和个性化水平

政务微信办事服务的实用性和便捷性是整个服务质量影响因素体系中的核心要素，发挥着关键作用，在政务微信信息服务质量评价指标体系中也占有较大权重。它们共同反映出政务微信公众号办事服务的重要作用和影响。高效地将事情办成是用户对政务微信公众号服务最高也是最基本的要求，提高服务的实用性和精准性已经成为政务微信公众号兴废成败的关键。为了有效提高政务微信公众号的服务质量，政务微信要植根本地、服务地方，以更便利的方式满足当地用户的各种基本民生需求，尽力推出地方化、多元化、个性化的信息与服务，努力实现地方用户切身利益的直接给予。具体来说，就是要紧贴地方民生需求，及时整合并优化各项服务内容和项目、增强服务的针对性，提升服务功能；不断创新并改善服务方式、深化互动性，“让数据多跑路、让群众少跑路”，努力提升服务的便捷程度，解决办事服务“最后一公里”的入户难题，让用户更易感知政务微信办事服务的实用性和便捷性，从而增强用户的服务利用体验，提升用户的忠诚度；同时注意培养并维护重点用户群体，提供精准化的政务服务，实现服务的定制化和自助化，更好地满足主体用户的个性化需求，努力使他们成为政务微信公众平台上的长期、忠实用户。政务微信公众平台管理者可以通过用户管理分析，根据用户性别、年龄、职业、地域等人口社会属性及其需求的内容、使用习惯等特点对用户科学分类，对共性需求与个性需求有效分类，推动平台功能整合实现共性需求，一对一互动实现个性化要求。健全并不断优化“线上受理→内部批转→线下办结→平台公示→用户评议”的规范化、系统化、标准化的政务微信平台服务机制和工作流程，最终通过精准化的信息推送和个性化的政务移动服务，不断地提高政务信息的传播效率和政府的公共服务能力。

8.2.4 注重信息的整合性与服务的协同性

政务微信、政务微博等不同的政务新媒体应当区分功能定位，充分发挥不同媒介平台的传播与服务优势，消除同质化，在各个应用领域中发挥差异性优势，服务不同的受众。但在移动互联互通时代，单一媒体、单一平台、单一部门的服务已经远远不能满足公众多样化、综合性的信息服务要求，也不能适应政府职能的快速转变和管理创新的需要。公众越来越希望获得综合性的信息服务，一站式、一体化的联合办事服务，对政务信息服务的整合性和各种办事服务的协同要求越来越高。政务信息的整合性和服务的协同性在整个政务微信信息服务质量评价指标体系中占有很大比重，也充分说明了用户对联合服务、协同服务的要求和期待。公众希望政务微信公众平台能够与其他政务平台一起合作、协同服务，通过联动协同整合信息的时效性与内容的综合性，实现政务微信公众平台在区域内或部门系统内综合平台的构建，实现政务信息资源的优势整合。因此，应当将不同类型的政务新媒体整合为合作与互补的“伙伴型媒介”，整合多平台、多系统、多部门以及线上线下服务业务，实现联动、协同发展，形成传播与服务的合力，实现信息内容整合与政务服务的协同创新，发挥综合性服务的效用和价值，从而实现政务信息价值最大化的聚合式服务。

8.3 加强政务微信信息主体建设

8.3.1 提高政务微信运维团队的服务意识和动力

政务微信运维服务人员是政务微信信息服务活动的主要参与者，政务微信公众号的运营和发展需要得到所在政府部门和领导的大力支持和全力保障。依据上述对政务微信公众号服务质量影响因素的分析，政务微信运维服务人员的服务意识、动力和能力因素与政务微信信息服务质量成正相关关系，对政务微信公众号服务质量的影响很大，即运维服务人员的服务意识越强、动力越足、能力越高，信息服务的质量和效果就越好。运维服务人员的意识、能力与动力因素属于信息服务主体的主观因素，它对政务微信信息服务的质量和用户的利用成本、效益与综合评价以及持续使用意愿等都有着直接而又重要的影响。因此，要提高政务微信公众号的服务质量，就要求政府部门及其工作人员不仅要积极拥抱新媒体，不断强化微服务意识，主动树立“网民即市民、舆情即民生、抱怨即期待”的基本网络执政理念，而且要不断地提升其微服务动力，学会“善用网、会用网、用好网”，积极利用政务微信平台了解社情民意、倾听群众呼声、解决民生问题并服务于决策和管理，尽快打通“线上”与“线下”公共服务通道，务实解决群众反映的热点、难点问题，不断提高政务微信公众号的服务能力和水平。

8.3.2　了解用户的政务信息需求和服务要求

政务微信公众号服务要以用户为中心，以满足用户的各种政务信息需求为最终和最高目标。新媒体环境下政务微信用户的信息需求越来越呈现出个性化的特点，服务要求也越来越多样化，这就需要政务微信运维服务团队及时、深入地了解用户的个性化、多样化信息需求，从而提供更具针对性的政务服务。在影响因素分析中，运维服务团队对用户需求的内容、方式、习惯、规律等了解与把握程度是重要的原因因素，它对政务微信信息服务质量和最终的服务效果以及用户的满意度等都有着重要影响。因此，要有效提高政务微信公众号的服务质量和水平，运维服务团队应当加强用户需求研究，及时了解用户期许、深入体察用户体验情绪，准确把握用户需求的内容与方式、全面深刻理解用户的利用行为和规律，时刻牢守用户情境体验的底线、坚持用户体验和服务为王，在服务中要努力实现让价值尽量汇集公共性民生需求、让平台更具综合性、让互动更具时效性、让服务更具针对性，通过实用性、个性化、多元化、综合性的政务信息服务，不断增强用户的各种体验与综合效益、强化用户黏性，进而提高用户的满意度和忠诚度，并促进用户长久持续利用政务微信公众号服务。

8.3.3　加强运维服务人才与团队建设

先进的技术支持和专业的人才保障是政务微信应用日渐普及和服务功能不

断扩大的前提和基础，政务微信的技术特点和运作机制需要运维服务团队具有专业的技能和较高的素养。然而，当前绝大多数政务微信运营资金短缺、人员匮乏，运行维护主要还是靠管理服务人员的个人热情支撑，缺乏制度化的资源协调和保障，这些都已经成为制约政务微信信息服务质量提高的重要因素，成为政务微信进一步发展的瓶颈。因此，提高政务微信信息服务质量必须加强经费投入和专门的人才队伍建设。有条件的地方要加大财政投入，给政务微信设置专职岗位，提高其专业化、规范化程度。基于政务微信的传播特性与服务特点，加上政务微信服务功能的日益多元和专业化，要求运维服务团队成员构成多元、能力全面且能够持续学习。成熟的政务微信运维服务团队要求团队成员的知识背景和能力互补，工作经验丰富，业务能力全面；既熟练掌握新媒体运作的技巧，又熟悉政府工作方式和市民需求；既能保持多元的关注视角，又可以利用多方面的信息来源。总的来说，政务微信运维服务团队需要具备媒体素养、沟通协调能力和对政府政策的敏感度等若干项核心能力。媒体素养是做好政务微信公众号服务的基础，它可使政府新媒体实现与公众的顺畅沟通及有效服务。由于政务微信更强调功能服务，也更加注重编辑排版，因此团队成员不单要对图文消息具备较高的处理能力，还需要在内容加工方面掌握更多的展现技巧和方法，对信息技术的能力要求更高。因此，团队成员要不断学习运用新媒体的新知识新技能，紧跟新技术的发展步伐，不断地提高信息编辑制作水平。跨部门沟通协调能力是政务微信公众号实现“服务至上”理念的基本保障。诸多交互功能和服务项目需要运维服务人员与政府相关部门进行充分的沟通协调。最后，作为政府部门的官方微信，还需要始终保持对政府政策的敏感度，要及时地对政府的各种政策作出准确、权威、透彻的解读，这就需要运维服务人员首先通读和理解政策，然后以用户易知易读易懂、生动形象的方式呈现出来。

8.3.4 提高交互和帮助的有效性

交互是政务微信的重要优势。互动才能亲民，亲民更需互动。打造服务型政府，离开亲民路线不行。传统的政府门户网站的大多数功能侧重于“我说你听”类的静态信息的权威发布，其互动效果远远不如新媒体时代政务微博、政务微信平台上的“你说我也说”“你说也听我说”“我问也请你答”等具有的良好功效。政务微信交互的有效性和帮助功能的有效程度在信息服务质量评价指标体系中占有很大比重，而且良好的互动也为政务微信精准化信息服务和精细化办事服务等提供了可靠的质量保障。可以说，没有良好的互动，政务微信就不可能长久地运营发展。然而，政务微信与用户的有效互动不足、及时有效的反馈帮助普遍缺乏等问题一直存在。目前政务微信公众号的互动活跃度主要集中于少量微信大号中，多数账号未能实现与公众的平行有效互动。因此，应致力于提升这些处于“长尾”中账户的互动能力和效果。为了提高政务微信交互和帮助的有效性，运维服务团队应当将互动服务从当前简单的言语层面迈入扎实的行动层面，即从用户的视角出发，真正关心用户的实际困难和各种诉求，与用户真诚地交流，及时回复用户的咨询、解答用户的疑难，积极地回应用户的投诉、批评和建议，并扎扎实实地解决用户的实际问题。通过“一对一”“一对多”“多对多”的线上线下互动，真心实意地解决用户的实际问题，拉近政民之间的距离，提升政民互动的广度和深度，从而使政务微信公众号的异步互动更加精准、同步互动更加频繁，使政府机构与公众之间的政务倾听、政务对话成为政务微信信息服务的常态。

8.4　加强微信技术融合

8.4.1　提高技术手段应用的多元化

微信是基于信息技术的变革而产生的。信息技术的飞速发展推动着政务信息服务从“电子化”到“网络化”再到“移动化”，使政务微信等政务新媒体在内容生产、信息推送、功能服务、交流互动、平台安全等过程和环节都发生了重大变化。新媒体传播技术未来将会继续更加直接、更为深刻地影响着政务微信信息产品的生产与呈现、功能服务与交互服务的过程和效果等，进而严重地影响着政务微信信息服务质量及其长远发展。然而，当前政府部门在微信、微博等新媒体的运营过程中，技术手段利用略显不足。如何利用新传播技术形态并结合优质的信息内容和高效的政务服务打造政务微信品牌，已经成为政务微信运营发展中亟待解决的问题之一。为此就需要政务微信运维团队及时更新技能，不断提高技术水平，积极拥抱、掌握新技术，利用先进的信息技术打造具有较强传播力和影响力的政务微信服务产品或栏目。具体来说，在政务微信信息生产和展示方面，充分利用各种多媒体技术、内容生成与推送技术、云计算技术、大数据技术以及UGC与PGC的混合创制等，以图表、图解、图说、视频、漫画、虚拟展厅、3D模型以及动画等多种形式，丰富政务信息的表达方式、视觉表现和交互效果，增强信息的参与感和可视感，使信息变得更加易读易懂易用，不断优化用户的利用体验和效果。在功能服务和交流互动方面，积极采用HTML5、LBS、Q&A等客服解决方案，借助虚拟现实技术场景应用和微对话等技术应用使交互更为友善、功能服务更为有效，从而不断地提高用户的综合体验和利用效益。此外，信息技术的更新与创新直接决定着微信技术的安全等级，政务微信信息服务及平台的安全等也需要更多先进技术的支撑。

8.4.2 加强平台之间的协同整合

大多数开通政务微信的政府部门同时也拥有官方网站、政务微博等政务信息服务平台，多个平台虽然丰富了政府服务的方式和渠道，但分散的渠道也降低了综合服务的效率和质量。随着新技术和新应用的不断拓展，未来政务新媒体应用将继续保持多元化的发展态势，但随着公众一体化、一站式公共服务需求的大量增加，多平台联合、跨平台整合的综合性政务服务将是大势所趋，立足本地做小而精的整合性移动服务平台也将逐渐占据主流。从当前我国政府网络问政的普遍性实践应用来看，政府网站正处于转型期，政务微博、政务微信、政务客户端等政务新媒体应用迅速发展，不同形态媒介之间的互换性和互联性也进一步加强，政府“两微一端一网站”的兼具多种功能的新型智能化电子政务综合服务平台已渐趋成型。因此，提高政务微信信息服务质量就必须加强平台之间的协同整合，围绕着整合做文章。HTML5等新技术的发展也为各种政务信息资源和各个政务服务平台的整合式应用提供了可靠的保障。整合是政务微信发展的核心，要聚焦整合，提升综合服务功能。首先是对政务微信功能做整合。围绕政府部门的业务职能对微信的信息发布功能、咨询互动功能、业务办理功能和部门办公功能等进行有机整合，努力将政务微信打造成集微发布、微互动、微办事、微办公于一体的综合性服务平台，实现信息推送、业务查询、预约办理和在线申请等多种服务功能的有效整合。通过专业的第三方微信公众平台技术开发商，将更多的政务微信打造成一站式、一体化的便民服务平台，尽可能最大限度地满足用户的多样化、公共性政务需求。其次是对部门政务微信做整合。对同一地区政府部门中那些业务关联性强、职能有交叉的多个部门政务微信进行有效整合，打破层级、区域和部门之间的壁垒，革除账号之间各自为政、条块分割的碎片化布局和架构的弊端，将政务微信打造成集多部门、多领域、多业务于一体的关联式的政务微信群或政务微信矩阵，促进政务微信的关联协同和整体发展。三是对政务微信和政府门户网站、政务微博、政务客户端等其他政务服务平台或工具做整合，实现区域内各种政务信息资源共享、业务整合、功能聚合、平台联合、服务综合，努力构建一个协同联合、功能完备、高效运行、安全可靠的跨平台移动政务服务网络。四是线上线下服务的有机衔接与联合。积极利用政务微信等政务服务平台倾听民意、关注民生、服务公众，打通线上与线下之间的公共服务通道，畅通群众利益诉求表达，务实解决群众反映的热点难点问题。总之，提升政务服务水平和质量的目标，既要求政务微信更加贴近公众，挖掘共性需求和个性要求，又要求其更加贴近业务，挖掘整合功能与综合服务。

8.5 改善政务微信信息服务环境

8.5.1 创新优化运营服务模式

政务微信等政务新媒体不仅为政府公共服务和网络形象塑造等带来了新的机遇和挑战，同时也催生出了 SoLoMo 和 O2O 等全新的政务运营服务模式。SoLoMo 模式是指政府公共服务的 Social（社交化）、Local（本地化）和 Mobile（移动化），在 SoLoMo 模式中，Local 要求政府主要跟本地百姓打交道，Mobile 需要新的技术，Social 是政府与公众深入互动的属性和能力。O2O 即 Online To Offline，线上到线下，也即将线下百姓需要的服务和诉求与互联网、新媒体等紧密地结合在一起，让新媒体成为政府密切联系群众、高效服务群众的新平台。然而，当前很多政府部门对政务微信的利用仍然停留在内容发布和资讯推送方面，不仅忽略了政务微信重服务的特色和优势，也忽视了微信“连接一切”的特质。事实上，提供精准化的信息服务和精细化的政务服务以及“小而精”的定制化服务和自助化服务是政务微信公众平台的最大优势，也更符合用户的心意。同时，政府部门开通微信公众号，也就意味着可以打通人与设备、人和服务、设备与设备之间的相互连接，可以将所有与本部门相关联的各方紧密地联系在一起，借助微信实现 O2O 功能，实现对信息生产和政务服务环节的再造，进而催生出新的运营服务模式。遗憾的是，目前政务微信信息服务模式的创新力度仍然不足。因此，提高政务微信信息服务质量和水平，需要各地政府部门积极探索建立多元的运营服务模式，不断地优化并创新既有的运营服务模式，建设并完善融合政务管理、服务、监督、互动等于一体的制度与模式。

从政务微信当前的运营服务实践来看，其运营服务模式主要有三种类型：自营模式、政企合作模式和服务外包模式。其中，绝大多数政务微信运营服务属于自营模式。鉴于目前很多政务微信运营人才和资金缺乏的现状，不少政府部门正在积极探索尝试政务微信的政企合作模式或服务外包模式。一些政府部门大胆探索政府与商业网站合作运营政务微信、政务微博，采取政府购买服务的方式，把具体的经营业务交给网络媒体等第三方机构运营，同时建立一套严格的内容审核机制，通过制度化、精细化管理，保障信息发布的安全和服务的效率。也有一些政府部门探索政务微信服务的外包机制，将政务微信公众号服务业务“打包”给专业的团队运营，借助第三方机构在内容策划、技术开发、宣传推广等方面的优势积极开展各项服务。还有一些政务微信公众号尝试采取“项目管理制”和“众包协作”相结合的运营服务模式。目前这些探索尝试都取得了良好的效果。

需要注意的是，政务微信运营服务模式的优化创新一方面不能简单地模仿或改造已有的传统应用模式，而必须在应用模式的原始创新上下工夫；另一方面要善于发现和满足主要用户群体的核心需求。从一些成功的实践来看，选准主要用户群体、做好核心服务业务，把握人性的真实需求并设法予以满足进而挖掘更多的用户价值是其成功的重要策略。

8.5.2　建立完善激励考核机制

政务微信的健康运营离不开一定的制度和法律支持，只有规范化制度和完善的法律才能为其提供可靠的保障。政务微信做得好不好、服务质量高不高，关键还是用户说了算。因此，提升政务微信信息服务质量需要重视民意评估，及时建立并实施激励考核评估机制。深究政务微信出现的“僵尸号”、服务功能单一、质量不高等问题，一定程度上源于服务运营模式和机制建设等方面。考核评估是政务微信发展的生命线。作为社交媒体在电子政务领域中的有效应用与探索，政务微信需要切实提高其服务质量、持续地吸引公众关注才能实现可持续发展。这就需要在建设过程中及时引入激励考核评估机制，通过激励考核反馈，实现以评促改、以评促建、以评促发展。本书认为对于政务微信，首先要解决好保障和激励机制问题，然后再来考虑考核方式问题。激励考核机制以激励为主、考核为辅。通过内部绩效激励和外部制度约束、政策推动，内外合力建立使其持续运营发展的长远机制。通过建立完善的政务微信服务质量考评机制，定期对政务微信的各项功能和服务质量以及影响力等进行检查考核，同时依据考核标准采取相应的激励措施促进其健康、长久、持续的发展。考评机制应遵循以下基本原则：一是以激励为主、考核居次。对政务微信的考核建立在对政务微信运营团队激励的基础上，通过适当的奖励和鼓励增强团队的凝聚力，激发成员的干劲，从而达到进一步完善政务微信服务的目的。二是分类定位、差异考核。建立考核指标时，应对不同的部门机构进行分类，灵活地制定与之相符合的考核指标来进行差异化考评。三是质化为主、量化为次。考核时不仅要将用户增长率、点赞数、平均转发率、平均评论数等能够反映出政务微信发展态势的量化指标作为考核标准，同时也要将质化标准引入其中。政务微信内容质量的高低、服务效果的大小和互动效果的好坏才是反映政务微信服务水平和质量的重要标志之一。因此，对政务微信进行质化的考评才是考核机制的重中之重。四是动态考核、综合评估。建立考核机制需要有整体意识和局部意识，对其考核不仅要考量其总体情况，同时还要考量其动态变化，以便得到更为客观、全面、准确的结果。此外，要注意账号之间的整体布局和关联评估，以促进政务微信的协同关联和整体发展。总之，政务微信服务质量的考核是一项持久性的工作，应采用日常考核与年度考核相结合、全面考核与专项考核相结合、单位自查与部门考核相结合、定性评价与定量考核相结合的方式进行。政务微信从落地生根到质量全面优化升级需要经费、人才、技术、体制、机制等多方面的支持和保障。

8.6　本章小结

本章首先简析了政务微信公众号信息服务质量提升面临的困境与策略设计思想，然后主要结合前面几个章节的研究，分别从政务微信信息资源、政务微信信息主体，即政务微信信息人、微信技术方面和政务微信信息服务环境四个方面提出了促进、提升政务微信公众号信息服务质量的建议和对策。在政务微信信息资源方面应该提高政务信息的内容质量和有用性，丰富政务信息的类型和形式，提高办事服务的实用性和个性化水平，注重信息的整合性与服务的协同性。在政务微信信息主体方面，应该提高政务微信运维团队的服务意识和动力，了解政务微信用户的政务信息需求和服务要求，加强运维服务人才与团队建设，提高交互和帮助的有效性。在微信技术方面，应该提高技术手段应用的多元化，加强平台之间的协同整合。在政务微信信息服务环境方面，应该创新优化运营服务模式，建立完善激励考核机制。通过以上对策建议的制定和实施，以期能为政务微信公众号的服务质量提升提供一定的借鉴和参考。

第 9 章　研究结论与展望

9.1　研究结论

近年来，信息生态学研究得到了快速发展并取得了丰硕成果，其研究成果被广泛地应用到电子商务、电子政务、网络社交、虚拟社区等各个实践领域。信息生态学强调人、信息、技术以及环境之间的和谐发展，注重系统功能的完善和系统效率的持续提升。本书基于信息生态学理论与方法，以政务微信公众号为研究对象，采用理论与实证相结合的研究方法对政务微信公众号信息服务的运行机制、模式、影响因素和服务质量评价等进行了深入而又系统的研究，主要研究结论有以下几方面。

1. 政务微信信息服务的信息生态系统构建

本书在对政务微信公众号信息服务的概念、动力、内容及过程简要分析的基础上，主要基于信息生态理论对政务微信公众号信息服务过程中的信息生态系统、各个信息生态因子、信息生态链进行了深入研究，为后续研究奠定理论基础。主要工作和结论如下：

首先，分析了政务微信信息服务过程中的信息传播内容、过程和特征，介绍了政务微信信息服务的概念与内涵，分析了政务微信信息服务的动力、内容与过程。

其次，阐述了政务微信信息服务信息生态系统的概念与特征，分析了政务微信信息生态系统的组成要素及相互关系，构建了政务微信信息服务信息生态系统的结构模型，并探讨了它的功能。

第三，分析了政务微信信息生态链的概念与构成要素，探讨了政务微信信息生态链的形成机理，并构建了机理模型，分析了政务微信信息生态链的结构与类型。

2. 政务微信信息服务运行机制分析

在对政务微信信息服务运行机制内涵与概念模型分析的基础上，深入研究了政务微信信息服务的动力机制、共享机制、协同机制、反馈机制和评估机制，并基于 5 种机制的内在逻辑绘制了政务微信信息服务运行机制的总体关系图。主要工作和结论如下。

首先，分析了政务微信信息服务运行机制的内涵，提出了政务微信信息服务运行机制的构成，即由动力机制、协同机制、共享机制、评价机制、反馈机制构成。

其次，重点分析了政务微信信息服务的 5 种运行机制。分别阐述了动力机制、协同机制、共享机制、评价机制、反馈机制的概念和内涵，分析了各个运行机制的内容和特征，构建了每种机制的模型。

最后基于系统和价值角度分析并构建了政务微信信息服务各个运行机制之间的总体关系图。运行机制既是政务微信各种信息服务模式顺利实施的重要保障，又是研究政务微信信息服务质量影响因素及其质量评价的重要理论基础，起着承上启下的重要作用。

3. 信息生态视角下政务微信信息服务模式分析

通过对政务微信信息服务活动过程中的信息传递过程分析，提炼其过程模型和动力因素以及相关模式，从信息生态视角对定制式、一站式、智慧型、协同式 4 种信息服务模式进行解析和架构，通过具体实例对每种模式进行深入剖析，并对比分析了 4 种信息服务模式的异同点。主要工作和结论如下：

首先，从信息生态要素出发，基于信息用户个性化需求、政务信息资源共建共享要求、信息智能技术发展和政务信息生态环境协同发展视角，将政务微信信息服务模式划分为定制式信息服务模式、一站式信息服务模式、智慧型信息服务模式和协同式信息服务模式，分别介绍了 4 种模式的概念与内涵，分析了各个模式的内容和特征，并构建了每种模式的模型与框架等。

其次，基于四种信息服务模式，分别选取了“广东天气”“广东发布”“乐行南昌”“广州公安”4 个政务微信公众号作为实例进行分析研究。

最后，对比分析了政务微信 4 种信息服务模式的相同点和不同点。四种模式具有目标相同、都重视沟通互动、具有明显的开放性与共享性、即时性与个性化、目前都侧重于信息服务等共同特征，但各个模式的交互对象侧重点、构建视角和发展阶段等又各有差异。

4. 政务微信信息服务质量影响因素分析

从信息生态视角，对政务微信信息服务质量的影响因素进行研究。实证研究进一步完善了政务微信信息服务质量研究的方法体系，为政务微信信息服务实践研究提供了重要参考，通过实证分析检验了理论假设的正确性。主要结论如下：

首先，借鉴服务质量差距理论，分析了影响政务微信信息服务质量差距和信息服务效果的相关因素，结合信息生态理论，将影响因素分为政务微信信息人、政务微信信息本体、信息技术、信息环境四个方面，并对每一类影响因素进行详细分析，构建了政务微信信息服务质量影响因素概念模型，并提出了9项有关政务微信信息服务质量影响因素的研究假设。

其次，通过实证分析方法对研究假设进行验证。先通过设计调查问卷，在进行小规模的样本前测后，修改问卷，然后通过网络和实地发送，收集了713份有效问卷，并对构建的模型进行分析检验，利用 Amos 提供的修正指数进行模型扩展。实证研究结果发现绝大多数影响因素都获得了支持，并对一个不支持的研究假设进行了原因分析。

5. 政务微信信息服务质量评价研究

本书在构建政务微信信息服务质量评价指标体系的基础上，采用案例研究法对之进行分析验证，为进一步深化政务微信信息服务的理论和实践研究提供了指导建议。

首先，提出了选取政务微信信息服务质量评价指标应遵循的原则，即系统性与全面性、科学性与合理性、客观性与实用性、动态性与模糊性原则。设计了政务微信信息服务质量评价指标体系的整体构建思路和框架。

其次，结合信息生态理论将政务微信信息服务质量评价指标分为政务微信信息资源、政务微信信息人、信息技术和政务微信平台环境4个维度，通过文献调研和专家访谈法，选取了初始指标，通过问卷调查方法，并利用探索性因子分析最终确定了7个一级指标、48个二级指标，并对每个指标的意义进行了详细说明，构建了政务微信信息服务质量评价指标体系。

最后，运用模糊层次分析法确定了政务微信信息服务质量各级评价指标的权重，然后选取“上海发布”微信公众号作为研究对象，运用本书提出的评价指标体系对其服务质量进行评价，验证本书构建的政务微信信息服务质量评价指标体系的科学性与合理性。

6. 政务微信信息服务质量提升策略

本书认为政务微信信息服务质量的提升是一个综合性的行为过程，不仅需要对政务微信信息服务主体进行激励考核，也需要对政务微信信息资源、微信技术等客观条件以及政务微信服务环境等多种因素进行综合考虑，从而有针对性地对之优化提升。本书主要是结合前文研究，分别从政务微信信息资源、政务微信信息主体、微信技术和政务微信服务环境四个方面提出了提升政务微信信息服务质量的对策和建议，以期为提升政务微信信息服务质量和效果提供借鉴参考。

首先，简要分析了政务微信公众号信息服务质量提升面临的困境与策略设计思想，即政务微信信息服务质量提升必须以用户思维为导向，以优化政府公共服务为目标，立足地方人文特征，通过打造多元的沟通渠道，做好本土化服务。

其次，重点从政务微信信息资源、政务微信信息主体，即政务微信信息人、微信技术和政务微信信息服务环境四个方面提出了促进、提升政务微信公众号信息服务质量的建议和对策。在政务微信信息资源方面应该提高政务信息的内容质量和有用性，丰富政务信息的类型和形式，提高办事服务的实用性和个性化水平，注重信息的整合性与服务的协同性。在政务微信信息主体方面，应该提高政务微信运维团队的服务意识和动力，了解政务微信用户的政务信息需求和服务要求，加强运维服务人才与团队建设，提高交互和帮助的有效性。在微信技术方面，应该提高技术手段应用的多元化，加强平台之间的协同整合。在政务微信信息服务环境方面，应该创新优化运营服务模式，建立完善激励考核机制。通过以上对策和建议的制定和实施，以期能为政务微信公众号的信息服务质量提升提供一定的参考与指导。

9.2 研究局限与展望

9.2.1 研究局限

由于政务微信公众号服务是一个比较复杂的问题，且政务微信仍处于快速的发展完善过程中，本书虽然取得了一定的研究成果，但受到笔者的学术水平、研究精力和时间的限制，在一些领域还存在不足和局限，主要有以下几个方面。

（1）本书是以政务微信公众号作为研究对象，主要针对政务微信公众号的信息服务模式和信息服务质量评价问题进行研究，借鉴信息生态学理论构建了政务微信信息服务的信息生态系统，并分析了信息生态系统中的各个组成要素，但是没有深入分析政务微信信息服务信息生态系统的演化机理，也没有进行仿真研究，这需要在今后进一步深入研究。

（2）政务微信仍处于快速发展过程中，政务微信信息服务信息生态系统也是一个不断动态演化的自组织系统，其功能也在不断地丰富完善之中，由此导致影响政务微信信息服务质量的因素发挥作用的方式、范围和影响大小等也会随之发生变化，并且彼此之间也会产生影响，本书并未考虑各个影响因素之间的相互作用。本书在研究过程中，选择的是既定关系和结构条件下的政务微信信息服务过程，调查影响因素时，由于时间紧促，样本发放范围和数量有限，导致实证结果具有一定的局限性。

（3）政务微信信息服务质量评价指标主要通过文献调研、专家访谈和调查问卷方式获得，指标权重主要采用少数专家打分方式确定，案例研究主要采用打分方式，这些都带有较大的主观性。此外，也没有充分考虑各个地区、部门系统、行业机构政务微信公众号服务的具体情况和具体问题，评价指标体系的应用范围和实际效果缺乏足够的实践检验。

9.2.2 未来研究展望

政务微信等政务新兴媒体仍处于蓬勃发展过程中，随着政务微信服务功能的逐步完善和质量的不断提升，政务微信必将在移动服务型政府的建设过程中发挥更大的作用和价值，也将引来更多的关注目光和研究视角。本书认为，此领域的以下几个方面值得今后继续关注和研究。

（1）政务微信与政务微博、政府门户网站等其他政务服务平台的整合协同服务已是大势所趋，如何基于公众的政务信息需求，充分利用各个政务服务平台的差异性优势，构建政务媒体集群服务模式或综合性移动政务服务平台，寻求政务服务渠道的集束整合，从而获得最大效益，是今后需要重点研究的方向之一。

（2）随着微信公众平台应用的日渐成熟，如何更好地清洁网络空间、保证空间信息的自由流动和秩序化运营管理以及信息安全等，是未来需要深入探讨的一个重要领域。

参考文献

[1] 高宏存，于正．政务微信实用方法、技巧与案例之南［M］．北京：人民出版社，2015.

[2] 娄策群．信息生态系统理论及其应用研究［M］．北京：中国社会科学出版社，2014：78.

[3] ［美］珍妮特·V. 登哈特，罗伯特·B. 登哈特，刘俊生．新公共服务——服务，而不是掌舵［M］．北京：中国人民大学出版社，2004：56.

[4] 上海发布办公室．微信大号是如何炼成的——“上海发布”政务微信运营手册［M］．上海：上海人民出版社，2015：79.

[5] 石婧．“微政务”公共服务模式研究［M］．武汉：武汉大学出版社，2015：177.

[6] 唐绪军．中国新媒体发展报告 NO.6［M］．北京：社会科学文献出版社，2015：37.

[7] 唐绪军．中国新媒体发展报告 NO.7［M］．北京：社会科学文献出版社，2016：42.

[8] 王英玮．信息管理导论［M］．北京：中国人民大学出版社，2010：101.

[9] 张志安，曹艳辉．政务微博微信实用手册［M］．广州：南方日报出版社，2014：112.

[10] 朱海松，李晓程．微博微信政务——中国政务微博与政务微信的应用方法与原则［M］．广州：南方日报出版社，2016：123.

[11] 储济安．电子政务环境下的 G2B 模式分析［D］．湘潭：湘潭大学，2006：9.

[12] 郭笑．政务微信公众平台信息服务及其质量评价研究［D］．合肥：安徽大学，2016：12.

[13] 江晓曦．探析登哈特的新公共服务理论［D］．长沙：湖南师范大学，2010：23.

[14] 李东林．中文信息过滤技术的研究与应用［D］．鞍山：辽宁科技大学，

2006：18.

[15] 李昆．新媒体环境下图书馆学科服务团队知识共享研究［D］．长春：吉林大学，2016：20.

[16] 李仕棋．基于层次分析法的高校图书馆微信公众平台评价研究［D］．合肥：安徽大学，2016：16-17.

[17] 廖莎莎．我国政务微信发展现状、问题及对策研究［D］．重庆：重庆大学，2015：21.

[18] 吕培超．电子政务绩效评估研究［D］．厦门：厦门大学，2009：7.

[19] 茅杰．地方政务微信公众号现状与发展对策研究——以上海区级政府为例［D］．上海：上海交通大学，2014：9.

[20] 齐志．基于电子商务信用信息服务体系建设与运行机制研究［D］．长春：吉林大学，2008：22.

[21] 邱宗国．互联网环境下中小型企业定制化信息服务模式研究［D］．武汉：华中科技大学，2012：7.

[22] 施锦凤．政务微信服务质量评估模型构建研究——以“上海发布”为例［D］．上海：华东理工大学，2015：13.

[23] 王玥．政务微信的功能定位和传播策略［D］．长春：吉林大学，2016：16.

[24] 吴翀．基于使用与满足理论的政务微信运营效果评价研究——以“广州国税”政务微信为例［D］．广州：暨南大学，2015：11.

[25] 肖新宇．我国政务微信的功能及发展研究［D］．长春：吉林大学，2015：48.

[26] 谢远超．微信公众号信息服务平台的设计与实现［D］．广州：中山大学，2014：18.

[27] 杨小溪．网络信息生态链价值管理［D］．武汉：华中师范大学，2012：31.

[28] 张艳伟．微信平台中信息共享行为的影响因素研究［D］．北京：北京邮电大学，2015：23.

[29] 赵建勇．我国电子政务绩效评估研究［D］．济南：山东师范大学，2011：17.

[30] 赵云合．政务信息生态系统理论及其应用研究［D］．武汉：华中师范大学，2011：20.

[31] 周锦蔚．服务型政府视角下的政务微信研究——以“上海发布”为例

[D]. 上海：华东政法大学，2016：21.
[32] 周银芳. 政务微信效能的公众评价及其改进对策研究 [D]. 太原：山西师范大学，2016：9.
[33] 周音孜. 微信的媒介生态研究 [D]. 南京：南京师范大学，2015：17.
[34] 朱峤. 微博问政·微信行政——政务微博和政务微信在政府管理中的定位及其作用 [D]. 南京：南京大学，2014：25.
[35] 艾新革. 信息服务理论基础浅析 [J]. 图书馆界，2011 (05)：14-16.
[36] 白明凤，匡惠华. 高校图书馆移动信息服务中轻应用模式的应用及其借鉴——基于高校图书馆微信公众号的分析 [J]. 情报资料工作，2014 (04)：78-81.
[37] 鲍陈，王海涛，赵翔，胡冰. 基于微信公众平台的社区信息服务模式研究 [J]. 西南民族大学学报（自然科学版），2016 (02)：192-199.
[38] 曹伟，张伟. 基于微信公共平台的高校档案馆服务模式创新研究 [J]. 办公室业务，2016 (08)：180+182.
[39] 曹政，王宁，杨学成. 基于层次分析法和模糊综合评判的政务微信影响力评估研究 [J]. 电子政务，2016 (07)：42-49.
[40] 陈超贤. 政务微信发展的现状、问题及对策 [J]. 中共青岛市委党校. 青岛行政学院学报，2013 (04)：37-39.
[41] 陈建龙. 信息服务模式研究 [J]. 北京大学学报（哲学社会科学版），2003 (03)：124-132.
[42] 陈江柳. 少数民族地区政务微信发展现状与传播策略研究 [J]. 凯里学院学报，2016 (02)：112-115.
[43] 陈岚. 基于公众视角的地方政府微博信息服务质量评价及差距分析 [J]. 现代情报，2015 (06)：3-8.
[44] 陈然. 政务微信的传播效果与发展策略——基于对网民的问卷调查 [J]. 青年记者，2015 (09)：29-30.
[45] 陈世香，谢秋山. 链接公共性和私人性：登哈特新公共服务理论评述 [J]. 公共管理与政策评论，2013 (04)：89-95.
[46] 陈文胜. 社交媒体的政治性应用——国外相关研究述评 [J]. 新闻记者，2016 (04)：86-92.
[47] 董丽梅，宋微，戴磊. 宏观信息生态系统的概念、构成与功能研究 [J]. 情报科学，2014，32 (8)：27-31.
[48] 戴炜轶，王凯洋，徐芳. 基于用户体验的高校微博信息服务质量评价指

标体系研究 [J]. 兰州教育学院学报，2013 (10)：113-116.
[49] 邓君，张巨峰，孟欣欣，宋雪雁 . 基于用户感知的公共档案馆服务质量影响因素研究 [J]. 图书情报工作，2016 (16)：26-38.
[50] 邓向阳，黄蓉，袁明珍 . 基于服务质量差距模型的社交媒体服务质量评估——以微信为例 [J]. 出版广角，2015 (05)：79-81.
[51] 杜元清 . 信息环境与信息传递样式 [J]. 情报理论与实践，2009，32 (8)：16-20.
[52] 段尧清，程宁静，肖博 . 基于政务微信公众号的易得性信息特征研究 [J]. 情报科学，2016 (07)：131-135.
[53] 樊博 . G2G 电子政务协同效率改进的支撑框架研究 [J]. 图书与情报，2010 (05)：70-75，92.
[54] 范晓虹 . 关于信息服务质量评估的几个问题 [J]. 图书情报知识，1999 (01)：33-35.
[55] 范晓虹，刘志江 . 信息服务质量评估刍议 [J]. 图书情报工作，1999 (01)：11-16.
[56] 冯鹏志 . 电子政务：涵义、特征与功能 [J]. 理论视野，2001 (06)：37-38.
[57] 冯荣刚，熊小刚 . 新媒体语境下政府部门公共服务模式的挑战与创新——以政务微博为例 [J]. 江西农业大学学报（社会科学版），2013 (01)：127-131.
[58] 高洁，辛文卿 . 面向用户的电子政务系统架构 [J]. 图书情报工作，2005 (11)：51-55.
[59] 高凯 . 政务微信的使用及社会效应分析 [J]. 西部广播电视，2014 (21)：43，45.
[60] 关键 . 论我国政府信息共享机制的构建 [J]. 行政论坛，2011 (03)：28-32.
[61] 郭海明 . 数字环境下图书馆信息服务的动力机制研究 [J]. 情报杂志，2008 (10)：141-143，150.
[62] 郭泽德 . 政务微信的内容特征与传播策略——以“上海发布”政务微信为例 [J]. 青年记者，2014 (11)：17-18.
[63] 郭泽德 . 政务微信助力社会治理创新——以“上海发布”为例 [J]. 电子政务，2014 (04)：76-83.
[64] 韩刚，覃正 . 信息生态链——一个理论框架 [J]. 情报理论与实践，

2007（1）：18-21.
[65] 何慧．基于微信公众号的公共图书馆信息服务研究——以广州图书馆、深圳图书馆、汕头市图书馆为例［J］．知识管理论坛，2014（05）：39-45.
[66] 胡鞍钢，王洪川，周绍杰．国家“十一五”时期公共服务发展评估［J］．中国行政管理，2013（4）：20-24.
[67] 胡昌平，张晓唯．基于潜在需求的定制信息服务推进［J］．情报资料工作，2008（3）：90-93.
[68] 胡康林，胡星．基于微信公众平台的档案信息服务研究进展［J］．档案管理，2015（6）：34-36.
[69] 胡理丽．传播学视角下政务微信与政务微博的差异［J］．西部广播电视，2014（7）：3.
[70] 姜美洁．基于因子分析下的政务微信影响因子研究［J］．新闻研究导刊，2015（13）：268-269.
[71] 焦玉英，雷雪．基于用户满意度的网络信息服务质量评价模型及调查分析［J］．图书情报工作，2008（2）：81-84.
[72] 孔云，廖寅，资芸，薛秀珍，张仲华．基于微信公众账号的图书馆移动信息服务研究［J］．情报杂志，2013（9）：167-170，198.
[73] 李财富，薛张伟．社会管理视阈下的政务微信探析［J］．四川理工学院学报（社会科学版），2014（4）：1-7.
[74] 李冠辰．我国“微政务”管理问题研究——以政务微博、政务微信为例［J］．太原理工大学学报（社会科学版），2014（3）：36-40.
[75] 李建波．政务微信凝聚我国主流价值观的路径与对策初探［J］．新闻研究导刊，2015（15）：14-15，19.
[76] 李京蔚，娄策群．微信信息生态链信息流转研究［J］．图书馆学研究，2015（18）：34-38，54.
[77] 李伟，董威，李存斌，刘晓亚．电子政务系统的结构研究［A］//中国通信学会．2005 通信理论与技术新进展——第十届全国青年通信学术会议论文集［C］．中国通信学会，2005：5.
[78] 李秀丽．重大节事活动中政务微信传播力研究——以 2015 上合总理会期间河南省政务微信为例［J］．决策探索（下半月），2016（6）：72-73.
[79] 李颖．微信环境下高校图书馆信息化服务质量评价体系构建［J］．图书馆理论与实践，2016（12）：72-74.

[80] 李彧，达震鑫．政务微信写作中需要注意的几个问题［J］．今传媒，2015（12）：143-144.
[81] 李宗富，张向先．政务微信信息生态链的构成要素、形成机理、结构与类型［J］．情报理论与实践，2016（8）：32-39.
[82] 李宗富，张向先．政务微信公众号服务质量的关键影响因素识别与分析［J］．图书情报工作，2016（14）：84-93.
[83] 李宗富，张向先．政务微信公众号服务质量评价指标体系构建及实证研究［J］．图书情报工作，2016（18）：79-88.
[84] 李宗富，张向先．政务微信公众号用户持续使用意愿的关键影响因素识别与分析［J］．图书馆学研究，2016（14）：94-101.
[85] 梁俊山，刘邦凡．基于政务微信的地方治理创新：实践、问题及对策——以“忻州随手拍”为例［J］．电子政务，2016（1）：66-74.
[86] 梁新华，颜佳华．政府信息服务流程创新探讨［J］．情报杂志，2011（4）：161-164.
[87] 刘桂玲．“互联网+”视域下的公安政务双微研究［J］．山东警察学院学报，2016（4）：154-160.
[88] 刘果．基于微信的地名信息服务平台设计与实现［J］．科技资讯，2015（24）：17-19.
[89] 刘汉林．“休眠效应”下政务微信内容编辑与发布策略研究［J］．信息通信，2015（3）：285-286.
[90] 刘健，毕强，马卓．数字图书馆微服务评价指标体系构建及实证研究［J］．现代图书情报技术，2016（5）：22-29.
[91] 刘鹏飞，卢永春：政务微信——互联网时代网络问政新利器［J］．信息系统工程，2014（1）：6.
[92] 刘绍记，何永贤，谢刚生，曹阳．微信公众平台在广东农业专业镇信息服务平台中的应用［J］．天津农业科学，2016（5）：107-111.
[93] 刘忠群，廖莎莎．政务微信发展的现实困境与解决路径［J］．南方论刊，2015（4）：27-29.
[94] 龙金晓．浅析政务微信的产品化运营［J］．视听，2015（12）：152-153.
[95] 娄策群．网络信息生态链形成的主要标志与发育过程［J］．情报理论与实践，2015，38（6）：1-5.
[96] 娄策群．信息生态位理论探讨［J］．图书情报知识，2006（5）：23-27.
[97] 娄策群，常微，徐黎思．信息生态链优化的准则探析［J］，情报科学，

2010（10）：1441-1445.
[98] 娄策群，周承聪．信息生态链：概念，本质和类型［J］．图书情报工作，2007，51（09）：29-32.
[99] 栾春玉，霍明奎，卢才．网络信息生态链组成要素及相互关系［J］．情报科学，2014，32（11）：30-35.
[100] 罗建洲．关于政务微信平台建设运营的思考［J］．湖北科技学院学报，2016（11）：136-138，141.
[101] 罗晓涛．基于微信公众平台的图书馆信息推送服务［J］．图书馆学刊，2014（4）：66-69.
[102] 吕文增，石开元，郑磊．政务微信传播方式与效果研究［J］．电子政务，2017（1）：59-67.
[103] 马铁婷．"微时代"的网络问政——政务微博与政务微信［J］．科技情报开发与经济，2014（18）：105-106.
[104] 马缘园．浅析差异化定位下的双微电子政务未来发展［J］．新闻研究导刊，2014（12）：51-53.
[105] 倪懿．SoLoMo 模式下基于微信公众平台构建图书馆移动服务系统的研究［J］．情报科学，2016（1）：77-80.
[106] 齐虹．信息服务原理研究［J］．档案学通讯，2004（4）：57-60.
[107] 乔睿．海外政务微博发展情况及运营管理经验［J］．新媒体与社会，2014（1）：293-308.
[108] 秦红星．如何更好地发挥新媒体在民族地区新闻传播中的作用——以政务微信为例［J］．数字传媒研究，2016（3）：3-5.
[109] 尚珊珊．政府社交媒体使用文献评述［J］．情报杂志，2016（1）：151-160.
[110] 沈敏善．媒介生态学视野下的微信研究［J］．科技经济导刊，2016（8）：24-25.
[111] 石婧，周蓉，李婷．政务服务"双微联动"模式研究——基于上海市政务微博与政务微信的文本分析［J］．电子政务，2016（2）：50-59.
[112] 宋雪雁，张岩琛，王小东，孟欣欣，邓君．公共档案馆微信公众平台服务质量评价研究［J］．图书情报工作，2016（16）：39-49.
[113] 宋毓．陕西省高校图书馆微信服务平台使用现状调查与分析［J］．大学图书情报学刊，2015（6）：69-72+83.
[114] 宋之杰，巫翠玉，石蕊．政务微信公众号用户采纳研究［J］．电子政

务，2015（3）：18-25.

［115］孙宇，赖先进．近年来公共管理理论研究回顾与展望［J］．中国行政管理，2012（10）：26-29.

［116］孙悦，张向先，韩晓宏．MIM 信息生态链及其影响因素灰色关联度研究——以微信信息生态链为例［J］．图书情报工作，2015（16）：1-6.

［117］唐伟，施永香．电子政务系统体系结构的设计［J］．计算机系统应用，2006（7）：2-4，8.

［118］佟岩．我国电子政务绩效评估问题研究［D］．长春：吉林大学，2004：103.

［119］王芳，张璐阳．中国政务微信的功能定位及公众利用情况调查研究［J］．电子政务，2014（10）：58-69.

［120］王焕．美国政府社交媒体研究——以美国联邦政府总务管理局的政府社交媒体应用体系为例［J］．情报资料工作，2015（6）：103-109.

［121］王井，栾盛磊．基于影响力指数相关性分析的政务微信优化实证研究——以浙江省为例［J］．电子政务，2016（11）：63-70.

［122］王昉荔．政务微博与政务微信应用比较及发展策略［J］．福建农林大学学报（哲学社会科学版），2014（6）：49-54.

［123］王松．政务微信传播力的影响因素分析［J］．西部学刊，2016（1）：19-21.

［124］王卫军．基于微信的高校图书馆个性化移动信息服务平台建设［J］．图书馆学研究，2016（16）：40-44.

［125］王晰巍，曹茹烨，杨梦晴，陈立军．微信用户信息共享行为影响因素模型及实证研究-基于信息生态视角的分析［J］．图书情报工作，2016（15）：1-8.

［126］王协舟，王露露．Light APP 在档案移动信息服务中的应用研究——基于档案机构微信公众号的调查［J］．档案学研究，2016（1）：38-43.

［127］王愚．新媒体时代下我国政务微信在突发事件中的表现及存在问题——以“12.31”上海踩踏事件为例［J］．新闻研究导刊，2015（10）：242.

［128］汪玉凯．中国电子政务的功能定位与政府治理创新［J］．信息化建设，2003（4）：19-20.

［129］王玥，郑磊．中国政务微信研究：特性、内容与互动［J］．电子政务，2014（1）：66-77.

[130] 魏千月．基于4R理论的政务微信公众号用户接受行为研究［J］．新媒体研究，2017（1）：45-46.
[131] 吴朝彦，饶阳泓．基于内容分析法的城市政务微信公众号信息传播主题研究［J］．现代情报，2017（2）：52-56+67.
[132] 吴国生．政务微信的政治功能研究［J］．传承，2016（12）：131-133.
[133] 吴幼祥．政务微信运维的三力模型［J］．新闻战线，2015（23）：89-91.
[134] 吴云，胡广伟．政务社交媒体研究进展［J］．电子政务，2013（5）：42-50.
[135] 夏保国，常亚平．政务微信的沟通机制研究——基于技术接受模型的视角［J］．国家行政学院学报，2014（3）：102-106.
[136] 夏萍，汪凯，李宁秀等．层次分析法中求权重的一种改进［J］．中国卫生统计，2011，28（2）：151-157.
[137] 谢文亮．移动互联网时代学术期刊的微信公众号服务模式创新［J］．中国科技期刊研究，2015（1）：65-72.
[138] 徐黎娟．基于微信平台的图书馆移动信息服务系统研究［J］．农业图书情报学刊，2015（1）：169-172.
[139] 徐琦，宋祺灵．“数读”首都政务微信的现状与问题［J］．现代传播（中国传媒大学学报），2014（10）：61-65.
[140] 杨嫚．利用层次分析法建构信息服务质量评价体系［J］．情报杂志，2005（11）：24-26.
[141] 杨尚琴．基于微信平台的公共图书馆个性化参考咨询服务研究［J］．图书馆刊，2015（10）：61-63.
[142] 杨湘粤．大数据时代下电子政务微信互动形式初探［J］．技术与市场，2016（11）：11+14.
[143] 阳翼，宋鹤．政务微信受众的“使用与满足”研究［J］．现代传播（中国传媒大学学报），2015（4）：137-140.
[144] 杨莹，刘伟章，梁洁珍．信息生态视角下中国电子政务与社会化媒体的整合研究［J］．电子政务，2016（3）：98-108.
[145] 姚玉芹，田园．试析政务微信的传播价值［J］．现代传播（中国传媒大学学报），2015（10）：141-143.
[146] 臧超．新媒体时代政务微信订阅号运营与管理解决方案研究［J］．科技资讯，2015（35）：23-25.

[147] 曾妍．政务微信有效传播的策略研究——以“广东教育”微信为例［J］. 海南广播电视大学学报，2015（2）：33-36.
[148] 张辉．地方政府政务微信吸纳的影响因素研究［J］. 情报杂志，2015（6）：121-125.
[149] 张节，李乌兰，闫旸．政务微信的影响力评价［J］. 统计与决策，2016（17）：52-54.
[150] 张敏，吴郁松，霍朝光．我国电子政务的研究热点与研究趋势分析［J］. 情报杂志，2015（2）：137-141.
[151] 张萍，孙红艳，李楠．浅谈图书馆公共服务评价机制之构建——以宁夏地区为例［J］. 内蒙古科技与经济，2014（13）：111-113.
[152] 张伟，安文广．互联网时代政务微信发展现状及完善策略探究［J］. 改革与开放，2016（22）：73-74.
[153] 张瑶，刘宗元．政务微信的内容提升策略［J］. 新闻世界，2016（11）：61-63.
[154] 张瑶，刘宗元．政务微信媒介生态危机与调控策略［J］. 新闻研究导刊，2016（11）：334-335.
[155] 张向先，郑絮，靖继鹏．我国信息生态学研究现状综述［J］. 情报科学，2008（10）：1589-1593，1600.
[156] 张毅，何庆，李梅，马翼春．政府部门采纳社交媒体过程模型——以“武汉交警”政务微信为例［J］. 电子政务，2016（5）：99-109.
[157] 张志安，曹艳辉．政务微博和政务微信：传承与协同［J］. 新闻与写作，2014（12）：57-60.
[158] 张志安，束开荣．微信舆论研究：关系网络与生态特征［J］. 新闻记者，2016（6）：29-37.
[159] 张志安，徐晓蕾．政务微信的社会功能及提升对策［J］. 新闻与写作，2015（9）：55-57.
[160] 赵艺玲．媒介情境论视域下的政务微信探析［J］. 新闻世界，2016（2）：63-65.
[161] 郑磊，吕文增，王栋．上海市政务微信发展报告：从发布走向服务［J］. 电子政务，2015（2）：2-22.
[162] 郑磊，王栋，王玥，吕文增．上海市政务微信发展报告：现状、趋势与启示［J］. 电子政务，2014（9）：16-28.
[163] 郑磊，熊久阳，吕文增．“上海发布”政务微信研究：前台运营与后

台管理［J］. 电子政务，2016（1）：50-65.

［164］周欢. 城市发布类政务微信的功能定位及提升策略［J］. 湖南大众传媒职业技术学院学报，2016（6）：14-17.

［165］朱虹，许承光，罗宁. 试论电子政府协同公共服务思想［J］. 武汉工程大学学报，2009（11）：53-56.

［166］朱颖，丁洁. 互动仪式链视角下政务微信与用户的互动研究［J］. 新闻大学，2016（4）：75-86，152.

［167］朱友红. 刍议政务微信的功能与定位［J］. 山西师大学报（社会科学版），2013（s3）：43-44.

［168］邹凯，包明林. 政务微博服务公众满意度指数模型及实证研究［J］. 湘潭大学学报（哲学社会科学版），2016（1）：75-79，121.

［169］Davenport T H，Prusak L. Information ecology：Mastering the information and knowledge environment［M］. New York：Oxford University Press，1997.

［170］Hasenyager B W. Managing the information ecology：A Collaborative Approach to Information Technology Management［M］. Westport：Quorum Books，1996.

［171］Nardi B A，O'day V. Information ecologies：Using Technology with Heart［M］. MIT Press，1999.

［172］Abdelsalam H M，Reddick C G，Gamal S，et al. Social Media in Egyptian Government Websites：Presence，Usage，and Effectiveness［J］. Government Information Quarterly，2013，30：406-416.

［173］Alissa A. Social Media，Administrative Agencies，and the First Amendment［J］. Administrative Law Review，2013，65（2）：23-27.

［174］Benney J. The Aesthetics of Micro-blogging：How the Chinese State Controls Weibo［J］. Tilburg Papers in Culture Studies，2013，66：33-37.

［175］Bertot J C，Jaeger P T，Hansen D. The Impact of Polices on Government Social Media Usage：Issues，Challenges，and Recommendations［J］. Government Information Quarterly，2012，29：30-40.

［176］Bian J，Yang Y，Zhang H W，et al. Multimedia Summarization for Social Events in Microblog Stream［J］. IEEE Transactions on Multimedia，2015，17（2）：216-227.

［177］Bonsón E，Royo S，Ratkai M. Citizens' Engagement on Local Governments'

Facebook Sites. An Empirical Analysis: The Impact of Different Media and Content Types in Western Europe [J]. Government Information Quarterly, 2015, 32: 52-62.

[178] Camaj L. The Media's Role in Fighting Corruption: Media Effects on Governmental Accountability [J]. The International Journal of Press/Politics, 2013, 18 (1): 21-42.

[179] Chatfield A T, Scholl H J, Brajawidagda U. Tsunami Early Warnings via Twitter in Government: Net-Savvy Citizens' Coproduction of Time Critical Public Information Services [J]. Government Information Quarterly, 2013, 30: 377-386.

[180] Cho S E, Park H W. Government Organizations' Innovative Use of the Internet: The Case of the Twitter Activity of South Korea's Ministry for Food, Agriculture, Forestry and Fisheries [J]. Scientometrics, 2012, 90: 9-23.

[181] Criado J I, Almazan R S, Garcia JRG. Government Innovation through Social Media [J]. Government Information Quarterly, 2013, 30: 319-326.

[182] Cuadrado B, Frías B J, Martínez A J. The Role of Media Pressure on the Disclosure of Sustainability Information by Local Governments [J]. Online Information Review, 2014, 38 (1): 114-135.

[183] Davis FD. Perceived usefulness, perceived ease of use, and user acceptance of information technology [J]. MIS Quarterly, 1989, 13 (3): 319-339.

[184] Davis FD, Bagozzi R, Warshaw P. User Acceptance of Computer Technology: A Comparison of Two Theoretical Models [J]. Management Science, 1989, 35 (8): 982-1003.

[185] Djerf-Pierre M, Pierre J. Mediatised Local Government: Social Media Activity and Media Strategies among Local Government Officials 1989-2010 [J]. POLICY AND POLITICS, 2016, 44 (1): 59-77.

[186] Dolson J, Young R. Explaining Variation in the E-government Features of Municipal Websites: An analysis of E-content, E- partidpation, and Social Media Features in Canadian Municipal Websites [J]. Canadian Journal of Urban Research, 2012, 21 (2): 1-24.

[187] Ellison N, Hardey M. Social Media and Local Government: Citizenship, Consumption and Democracy [J]. Local Government Studies, 2014, 40 (1): 21-40.

[188] Foster C, Thrasher J, Kim SH, et al. Agenda-building Influences on the News Media's Coverage of the U. S Food and Drug Administration's Push to Regulate Tobacco, 1993-2009 [J]. Journal of Health and Human Services Administration 2012, 5: 304-330.

[189] Golbeck J, Hansen D. A Method for Computing Political Preference among Twitter Followers [J]. Social Networks, 2014, 36: 177-184.

[190] Graham MW, Avery EJ, Park S. The Role of Social Media in Local Government Crisis Communications [J]. Public Relations Review, 2015, 41 (3): 386-394.

[191] Gronroos C. A. A Service Quality Model and Its Marketing Implications [J]. European Journal of Marketing, 1984, 18 (4): 36-44.

[192] Guillamon MD, Rios AM, Gesuele B. Factors Influencing Social Media Use in Local Governments: The Case of Italy and Spain [J]. Government Information Quarterly, 2016, 33 (3): 460-471.

[193] Gunawong P. Open Government and Social Media: A Focus on Transparency [J]. Social Science Computer Review, 2015, 33 (5): 587-598.

[194] Hao xiaoling, Zheng Daqing, Zeng Qingfeng, et al. How to strengthen the social media interactivity of e-government [J]. Online Information Review, 2016, 40 (1): 79-96.

[195] Harris J K. Communication about Childhood Obesity on Twitter [J]. American Journal of Public Health, 2014, 104 (7): 62-69.

[196] Harris K. Information ecology [J]. International Journal of Information Management, 1989 (4): 289-290.

[197] Helsloot I, Groenendaal J. Twitter: An Underutilized Potential during Sudden Crises? [J]. Journal of Contingencies and Crisis Management, 2013, 21 (3): 178-183.

[198] Himelboim I, Golan G J, Moon B B, et al. A Social Networks Approach to Public Relations on Twitter: Social Mediators and Mediated Public Relations [J]. Journal of Public Relations Research, 2014, 26 (4): 359-379.

[199] Hofmann S, Beverungen D, Rckers M, et al. What Makes Local Governments' Online Communications Successful? Insights from A Multi-method Analysis of Facebook [J]. Government Information Quarterly, 2013, 30: 387-396.

[200] Hong S. Who Benefits from Twitter? Social Media and Political Competition in the U. S. House of Representatives [J]. Government Information Quarterly, 2013, 30: 464-472.

[201] Horton F W. Information ecology [J]. Journal of Systems Management, 1978 (9): 32-36.

[202] Horton S. Social Capital, Government Policy and Public Value: Implications for Archive Service Delivery [J]. New Information Perspectives, 2006, 58 (6): 502-512.

[203] Ibarra K A, Nord L W. Public Service Media Under Pressure: Comparing Government Policies in Spain and Sweden 2006-2012 [J]. Javnost the Public, 2014, 21 (1): 71-84.

[204] Jackson C, Chow S, Leitch R. Toward an Understanding of the Behavioral Intention to Use an Information System [J]. Decision Sciences, 1997, 28 (2): 357-389.

[205] John C B, Jaeger P T, Grimes J M. Using ICTs to Create A Culture of Transparency: E-government and Social Media as Openness and Anti-corruption Tools for Societies [J]. Government Information Quarterly, 2010, 27: 264-271.

[206] Junpeng Guo, Zengguang Liu, Yu Liu. Key Success Factors for the Launch of Government Social Media Platform: Identifying the Formation Mechanism of Continuance Intention [J]. Computers in Human Behavior, 2016, 55 (Part B): 750-763.

[207] Kavanaugh A L, Fox E A, Sheetz S D, et al. Social Media Use by Government: from the Routine to the Critical [J]. Government Information Quarterly, 2012, 29: 480-491.

[208] Khan G F, Yoon H Y, Park H W. Social Media Communication Strategies of Government Agencies: Twitter Use in Korea and the USA [J]. Asian Journal of Communication, 2014, 24 (1): 60-78.

[209] Kim S K, Park M J, Rho J J. Effect of the Government's Use of Social Media on the Reliability of the Government: Focus on Twitter [J]. Public Management Review, 2015, 17 (3): 328-355.

[210] King D, Cano D R, Greaves F, et al. Twitter and the Health Reforms in the English National Health Service [J]. Health Policy, 2013, 110: 291-297.

[211] Klischewski R. When Virtual Reality Meets Realpolitik: Social Media Shaping the Arab Government-citizen Relationship [J]. Government Information Quarterly, 2014, 31: 358-364.

[212] Kock N, Gaskins L. The Mediating Role of Voice and Accountability in the Relationship between Internet Diffusion and Government Corruption in Latin America and SubSaharan Africa [J]. Information Technology for Development, 2014, 20 (1): 23-43.

[213] Larsson A O. Pandering, Protesting, Engaging, Norwegian Party Leaders on Facebook during the 2013' Short Campaign [J]. Information, Communication & Society, 2015, 18 (4): 459-473.

[214] Lee G, Kwak Y H. An Open Government Maturity Model for Social Media-Based Public Engagement [J]. Government Information Quarterly, 2012, 29: 492-503.

[215] Lee S T. A User Approach to Dialogic Theory in a Facebook Campaign on Love and Marriage [J]. Media, Culture and Society, 2014, 36 (4): 437-455.

[216] Levenshus AB. Building Context-based Knowledge of Government Social Media Communication through an Ethnographic Study of the US Coast Guard [J]. Journal of Applied Communication Research, 2016, 44 (2): 174-193.

[217] Magro M J. A Review of Social Media Use in E-Government [J]. Administrative Sciences, 2012, 2 (2): 148-161.

[218] Martin A K, Nuno N, Andrade G. Friending the Taxman: On the Use of Social Networking Services for Government e-ID in Europe [J]. Telecommunications Policy, 2013, 37: 715-724.

[219] Meijer AJ, Torenvlied R. Social Media and the New Organization of Government Communications: An Empirical Analysis of Twitter Usage by the Dutch Police [J]. American Review of Public Administration, 2016, 46 (2): 143-161.

[220] Mergel Ines. Social Media Institutionalization in the U. S. Federal Government [J]. Government Information Quarterly, 2016, 33 (1): 142-148.

[221] Mergel I, Bretschneider S I. A Three-stage Adoption Process for Social

Media Use in Government [J]. Public Administration Review, 2013, 73 (3): 390-400.

[222] Mossberger K, Wu Y H, Crawford J. Connecting Citizens and Local Governments? Social Media and Interactivity in Major U. Scities [J]. Government Information Quarterly, 2013, 30: 351-358.

[223] Nica E, Popescu G H, Nicol escu E, et al. The Effectiveness of Social Media Implementation at Local Government Levels [J]. Transylvanian Review of Administrative Sciences, Special Issue, 2014: 152-166.

[224] Noesselt N. Microblogs and the Adaptation of the Chinese Party-State's Governance Strategy [J]. Governance An International Journal of Policy, Administration, and Institutions, 2014, 27 (3): 449-468.

[225] Panagiotopoulos P, Bigdeli A Z, Sams S. Citizen-Government Collaboration on Social Media: The Case of Twitter in the 2011 Riots in England [J]. Government Information Quarterly, 2014, 31: 349-357.

[226] Parasuraman A. , Zeithamal. V. A. , Berry L. L. A Conceptual Model of Service Quality and Its Implications for Future Research [J]. Journal of Marketing. 1985, 49: 41-50.

[227] Parasuraman A, Zeithaml V, Berry L. Servqual: A Multiple-item scale for Measuring Consumer Perceptions of Service Quality [J]. Journal of Retailing, 1988, 64 (1): 12-40.

[228] Park, Min Jae. Trust in Government's Social Media Service and Citizen's Patronage Behavior [J]. Telematics and Informatics, 2015, 32 (4): 629-641.

[229] Park M J, Choi H, Rho JJ. Citizen Patronage Behavior of Government Social Media Services: Extended Perspective of Perceived Value with the Moderating Effect of Media Synchronicity [J]. Information Development, 2016, 32 (3): 293-312.

[230] Pavlovic J, Lalic D, Djuraskovic D. Communication of Non-governmental Organizations via Facebook Social Network [J]. Inzinerine Ekonomika-Engineering Economics, 2014, 25 (2): 186-193.

[231] Quiring O, Weber M. Between Usefulness and Legitimacy: Media Coverage of Governmental Intervention during the Financial Crisis and Selected Effects [J]. The International Journal of Press-Politics 2013, 17 (3): 294-315.

[232] Reemiah Muneer ALotaibi, Muthu Ramachandran, Ah-Lian Kor. Factors Affecting Citizens' use of Social Media to Communicate with the Government: a Proposed Model [J]. Electronic Journal of E-Government, 2016, 14 (1): 60-76.

[233] Rooksby J, Sommerville I. The Management and Use of Social Network Sites in a Government Department [J]. Computer Supported Cooperative Work, 2012, 21: 397-415.

[234] Sani M A M, Twombly I L. Australian Government Media Strategies [J]. Journal of Asia Pacific Studies, 2010, 1 (3): 615-635.

[235] Song Changsoo, Lee Jooho. Citizens' Use of Social Media in Government, Perceived Transparency, and Trust in Government [J]. Public Performance & Management Review, 2016, 39 (2): 430-453.

[236] Sullivan J. China's Weibo: Is Faster Different? [J]. New Media&Society, 2014, 16 (1): 24-37.

[237] Tong Y Q, Lei S H. War of Position and Micro-blogging in China [J]. Journal of Contemporary China, 2013, 22 (80): 292-311.

[238] Troshani Indrit, Sharif Mohd Hisham Mohd, Davidson Robyn. Determinants of Social Media Impact in Local Government [J]. Journal of Organizational and End Use Computing , 2016, 28 (3): 82-103.

[239] Tufts S H, Jacobson W S, Stevens M S. Status Update: Social Media and Local Government Human Resource Practices [J]. Review of Public Personnel Administration, 2015, 35 (2): 193-207.

[240] Vicente M R, Novo A. An Empirical Analysis of E-participation: The Role of Social Networks and E-government over Citizens' Online Engagement [J]. Government Information Quarterly, 2014, 31: 379-387.

[241] Wang Y X, Li N, Li J P. Media Coverage and Government Policy of Nuclear Power in the People's Republic of China [J]. Progress in Nuclear Energy, 2014, 77: 214-223.

[242] W Kun, S Duoyong. Research on the WeChat Information Transmission Topology Based on Social Network Analysis [J]. Open Cybernetics & Systemics Journal, 2015, 9 (1): 121-130.

[243] Wukich, Clayton. Government Social Media Messages across Disaster Phases [J]. Journal of Contingencies and Crisis Management, 2016, 24 (4):

230-243.

[244] Yi M, Oh S G, Kim S. Comparison of Social Media Use for the U. Sand the Korean Governments [J] Government Information Quarterly, 2013, 30: 310-317.

[245] Yoonmo M C, Han S, Park W. Exploring Political Discussions by Korean Twitter Users [J]. Aslib Journal of Information Management, 2014, 66 (6): 582-602.

[246] Zavattaro S M, Sementelli A G. A Critical Examination of Social Media Adoption in Government: Introducing Omnipresence [J]. Government Information Quarterly, 2014, 31: 257-264.

[247] Zhu J N, Lu J, Shi T J. When Grapevine News Meets Mass Media: Different Information Sources and Popular Perceptions of Government Corruption in Mainland China [J]. Comparative Political Studies, 2012, 46 (8): 920-946.

[248] GovSM. Federal Agencies. [EB/OL]. [2016-09-10]. http: //govsm. com/w/Federal_Agencies.

[249] Twitter 官方博客. [EB/OL]. [2016-09-10]. http: //biog. twitter. com/2013/celebrating-twitter7.

附　　录

附录 1　政务微信公众号信息服务质量影响因素调查问卷

尊敬的朋友：您好！

为了更好地了解政务微信公众号服务质量的影响因素及用户使用政务微信服务的情况，特开展此次问卷调查，恳请您在百忙之中抽出几分钟时间填写这份问卷。本问卷采用匿名方式，所有数据只用于统计分析，请您放心填写，题目选项无对错之分，请您按照实际情况填写。十分感谢！

本次调查围绕政务微信公众号用户体验进行，调查对象为政务微信公众号，请您登录任意国内政务微信公众号，例如，“上海发布”“平安北京”“深圳发布”“天津国税”“郑州检察”“江苏共青团”“杭州公安”等，进行浏览时请完成以下任务。

任务一：请根据自身需求与偏好，查看并了解政务微信公众号所提供的信息服务和各种办事服务内容与项目等。

任务二：请使用政务微信平台所提供的在线交流互动板块，了解其互动方式，查看以往用户提问的回复情况，也可以将您在访问过程中遇到的具体问题，向平台反映。

第一部分　请填写您的基本信息部分

1. 您的性别

○ 男　　○ 女

2. 您的年龄

○ 18 岁以下　　○ 18—25　　○ 26—35　　○ 36—45

○ 46 岁以上

3. 您的教育程度

○ 高中及以下　　○ 大专　　○ 大学本科　　○ 研究生

4. 您的职业

○ 政府或事业单位工作人员　○ 企业职员

○ 自由职业者　○ 学生

○ 其他

5. 您的月收入

○ <3000 元　○ 3000—5000 元

○ 5001—8000 元　○ >8000 元

6. 您目前所在的地域

○我国东部沿海地区　○西部地区

○南部地区　○北部地区

○中部地区　○中国以外的其他地区

7. 您关注政务微信公众号的频率

○ 每天使用　○ 每周使用　○ 每月使用　○ 从未使用过

8. 您每次使用政务微信公众号的时间

○ 10 分钟以下　○ 10—30 分钟　○ 30—60 分钟　○ 60 分钟以上

9. 您使用政务微信公众号的时间

○ 6 个月以下　○ 6—12 个月　○ 13—24 个月　○ 24 个月以上

10. 您关注的政务微信公众号数量

○ 1—3 个　○ 4—6 个　○ 6—10 个　○ 10 个以上

第二部分　请您根据体验情况填写问卷

以下因素对政务微信公众号服务质量的影响程度，分为没有影响=1、影响很小=2、影响一般=3、影响较大=4、影响很大=5；或者这些因素对政务微信服务质量的重要程度，分为非常不重要=1、不太重要=2、一般=3、比较重要=4、非常重要=5。请您根据使用政务微信公众号服务的体验（之前曾使用过的，请结合之前的使用经验），进行选择。

问　项	1	2	3	4	5
11. 政府部门开通政务微信公众号服务的意识强烈程度、服务动力大小以及运维服务人员的组织、管理、创新能力对其服务质量的影响					
12. 政府部门及政务微信公众号运维服务人员对用户需求意愿、内容、方式、习惯、特点、行为规律等了解与把握程度对其服务质量的影响					

续表

问　项	1	2	3	4	5
13. 政务微信公众号与政府其他部门和政府网站、微博、移动 App、客户端等平台的协同服务能力以及线上线下无缝融合服务能力对其服务质量的影响					
14. 政务微信运维部门和服务人员掌握的服务方法、工具和手段等对其服务质量的影响					
15. 用户的年龄、职业、教育程度等决定的利用能力和素养对服务质量的影响					
16. 用户使用政务微信公众号服务意愿的强烈程度、期望以及利用中的经济支出、流量、精力和时间耗费对服务质量的影响					
17. 政务微信平台所提供的信息主题涵盖本部门主要职能的各个方面，且信息数量适中、种类齐全、内容丰富、形式多样，信息真实、准确、权威、可靠，值得信赖					
18. 平台推送的信息与用户关注和需求程度相关性高，信息价值大、有用性高					
19. 平台推送的信息更新发布及时、频度适中稳定					
20. 平台提供的信息获取、利用方式多样、工具简捷、渠道丰富，符合用户的需求目标和习惯，便于用户方便、快捷、高效地获取利用					
21. 平台所推送的信息清晰完整、结构完整、符合规范，表达平民化、通俗易懂，易于识别和理解					
22. 平台提供的服务项目与内容的针对性和目的性较强、功能齐全、设置合理					
23. 政务微信平台上所有链接都能正常打开，链接打开响应时间短、速度快，各种服务指南、各种表格、服务信息阅读软件等附件可以正常下载					
24. 服务项目切合用户重点需求、热点需求、难点需求和各种日常实际需要程度，能够有效解决用户的问题					
25. 平台可以针对不同用户的不同需求提供差异化、个性化服务，如定制化服务等					
26. 在线实时交流采用多种方式，用户可以自由、愉快地回复、点赞、评论、收藏、转发、分享平台上的各种信息资源和服务，可以查看其他用户的回复、评论、共享情况等					

续表

问　　项	1	2	3	4	5
27. 在线帮助服务回复及时，对用户的互动关注与任务诉求难易程度能得到快速响应					
28. 平台提供点对点、一对一的解疑答惑、在线/人工帮扶服务及微信或第三方机器人响应，对公众关注的某些热门话题或突发事件的相关信息进行加工、整合，为用户提供更多的相关信息，在线帮助态度真诚友好、回复内容准确，有针对性，易于理解，有助于用户解决问题					
29. 微信技术的先进、稳定、扩展兼容性、易用性、愉悦性及安全可靠，能够支持平台结合部门职能和用户需求进行栏目内容与形式创新以实现服务功能的扩大和服务价值增值					
30. 平台可以保障用户个人信息安全、不会泄露，可以防御黑客、病毒等的攻击					
31. 平台对手机、平板电脑等移动终端性能、存储等新技术对政务微信服务系统的支撑，支持各种在线 IM 工具使用，能够与其他平台、系统、应用等很好地兼容，支持个性化开发与扩展，微信技术能够与其他信息技术等实现良好兼容					
32. 平台与移动 APP、客户端的适配性及其与苹果、安卓等终端功能的匹配性，推送的形式有效、与内容/手机端匹配性好					
33. 平台的适配、完备、流畅、稳定与开放程度好，可以正常注册、登陆、提交信息，各种检索工具可正常使用且搜索、检索结果准确、快速、有效，并且具有信息或服务推送、资源推介和个性化服务能力以及用户推荐功能等					
34. 服务程序/步骤简捷有效、办事指南清晰易懂，操作界面流畅灵活、附件下载方便快捷、在线系统稳定，服务层级设置合理，符合用户的使用习惯和规律，帮扶支持能力强					
35. 平台界面整体设计美观、布局合理、插图清晰，音频、视频与主题切合；平台上的文字、图片大小和颜色合适、易于浏览，各种搜索查询、获取利用、交流互动等软件先进易用、人性化程度					
36. 政府部门的人、财、物、技术等支持保障程度对其服务质量的影响					
37. 与微信技术、微信服务发展密切相关的标准、规范、政策、规划、法律、法规、制度等对政务微信信息服务质量的影响					

续表

问　项	1	2	3	4	5
38. 移动网络通信、WiFi 网络通信及蓝牙网络的覆盖范围和宽带传输能力等对政务微信信息服务质量的影响					
39. 政务微信信息服务质量差距越小，最终的服务质量越好					
40. 政务微信信息服务质量越好，最终的效益就越好，用户的满意度和忠诚度就越高					

第三部分　请您根据实际的体验情况回答以下问题

41. 您本次体验的政务微信公众号是

____

____

42. 您之前体验过的政务微信公众号（如没有则填写无）

____

____

43. 除以上题目中提及内容外，您认为政务微信公众号服务还需要增添哪些内容或服务

____

____

附录 2　政务微信公众号信息服务质量评价调查问卷

尊敬的朋友：您好！

为了更好地了解政务微信公众号的服务情况，特开展此次问卷调查。本问卷采用匿名方式，所有数据只用于学术统计分析，恳请您能在百忙之中抽出时间，帮我们填写这份问卷，您的意见将对我们的研究具有重要的指导意义。非常感谢您的支持与合作！

第一部分　请填写您的个人信息

1. 您的性别

○ 男　　　　○ 女

2. 您的年龄

○ 18 岁以下　○ 18—25 岁　○ 26—35 岁　○ 36—45 岁

○ 46—55 岁　○ 56 岁以上

3. 您的教育程度

○ 高中及以下　○ 大专　○ 大学本科　○ 研究生

○ 其他

4. 您的职业

○ 政府或事业单位人员　○ 企业职员

○ 私营企业主　○ 自由职业者

○ 学生　○ 其他

5. 您使用政务微信公众号的频率

○ 经常使用　○ 偶尔使用　○ 很少使用　○ 从未使用过

第二部分　政务微信公众号信息服务质量调查

请您根据以往实际获得的政务微信公众号服务的感受与认知（如果您从未使用过，请根据您希望获得的服务体验与效果），对以下影响您获取政务微信公众号服务质量的因素进行选择。各个因素的影响程度分为没有影响＝1、影响很小＝2、影响一般＝3、影响较大＝4、影响很大＝5。

问　项	1	2	3	4	5
6. 政务微信公众号上信息内容的真实性对信息服务质量的影响					
7. 政务微信公众号上信息内容的完整、详尽程度对信息服务质量的影响					
8. 政务微信公众号上信息内容的准确、权威、可靠程度对信息服务质量的影响					
9. 政务微信公众号上信息内容的丰富多样性对信息服务质量的影响					
10. 政务微信公众号上信息内容对用户具体问题和具体利用需求的针对性对信息服务质量的影响					
11. 政务微信公众号上信息内容与您所需内容的相关、匹配程度对信息服务质量的影响					
12. 政务微信公众号上信息内容容易解读、易于理解程度对信息服务质量的影响					

续表

问　项	1	2	3	4	5
13. 政务微信公众号所提供的信息形式的丰富多样性（包括文字、图片、音频、视频等多种形式）对信息服务质量的影响					
14. 政务微信公众号信息内容归纳整理的系统化程度或相关主题的集中整合程度对信息服务质量的影响					
15. 政务微信公众号信息内容发布更新适时、稳定程度对信息服务质量的影响					
16. 政务微信公众号信息内容的新颖、别致程度对信息服务质量的影响					
17. 政务微信公众号信息内容容易获取、下载、保存程度对信息服务质量的影响					
18. 政务微信公众号提供信息内容数量适中、合理程度对信息服务质量的影响					
19. 政务微信公众号推送的信息满足用户需求、解决用户问题，即信息的实用程度对信息服务质量的影响					
20. 政务微信公众号上信息的可转发、收藏、分享、传播等共享程度对信息服务质量的影响					
21. 政务微信公众号的服务功能紧贴公众需求，能够解决用户需求的程度对信息服务质量的影响					
22. 政务微信公众号提供的各项服务专业化、标准化、规范化程度对信息服务质量的影响					
23. 政务微信公众号的各种服务项目易于用户方便、快捷地获取、使用程度对信息服务质量的影响					
24. 政务微信公众号提供的服务方式和类型的多样化程度对信息服务质量的影响					
25. 政务微信公众号针对各类不同用户特点和需求提供个性化、定制化服务的水平对信息服务质量的影响					
26. 政务微信公众号提供各类服务的积极性、主动性程度对信息服务质量的影响					
27. 政务微信公众号能够为用户提供各种舒适和无障碍服务的能力对信息服务质量的影响					

续表

问 项	1	2	3	4	5
28. 政务微信公众号线上线下以及与政务网站、政务微博等其他平台的协同服务能力对信息服务质量的影响					
29. 政务微信公众号服务主体与用户及用户之间交流互动的平等、友好程度对信息服务质量的影响					
30. 用户利用政务微信公众号获取政务信息或服务的顺畅程度对信息服务质量的影响					
31. 政务微信公众号与用户问题交流、意见反馈的实时同步程度对信息服务质量的影响					
32. 政务微信公众号提供的沟通交流方式或渠道的方便容易使用程度对信息服务质量的影响					
33. 政务微信公众号交互能够满足用户需求和意见反馈的程度对信息服务质量的影响					
34. 政务微信公众号对用户各类需求和意见反馈的及时、快速程度对信息服务质量的影响					
35. 政务微信公众号各种导航功能清楚、直观程度对信息服务质量的影响					
36. 政务微信公众号导航结果与用户要达到目的的符合程度对信息服务质量的影响					
37. 政务微信公众平台上导航功能使用的便捷、容易程度对信息服务质量的影响					
38. 政务微信公众号提供的各类帮助功能和工具设置突出醒目程度对信息服务质量的影响					
39. 政务微信公众号提供的各类帮助功能、方法容易使用程度对信息服务质量的影响					
40. 政务微信公众号提供的各类帮助功能解决问题的有效程度对信息服务质量的影响					
41. 政务微信公众号基本功能充分、完备程度，满足用户的需求程度对信息服务质量的影响					
42. 政务微信公众号能够提供附加和延伸的服务，能够开发拓展新的功能对信息服务质量的影响					

续表

问　项	1	2	3	4	5
43. 政务微信公众号各项基本功能使用方便快捷、高效程度对信息服务质量的影响					
44. 微信技术的先进完善程度对信息服务质量的影响					
45. 微信技术利用的方便、容易、快捷程度对信息服务质量的影响					
46. 微信技术与其他系统、平台、技术的支持、兼容、融合程度对信息服务质量的影响					
47. 微信技术各种系统平台、服务应用、功能设置的安全保障程度对信息服务质量的影响					
48. 微信技术设计符合用户的习惯和特点，富有人性化，使用时的愉悦舒适程度对信息服务质量的影响					
49. 政务微信公众号各级界面及整体设计友好、人性化程度，即与用户需求特点、使用习惯的匹配、契合程度对信息服务质量的影响					
50. 政务微信公众号各级页面设计、色彩音效搭配的美观程度对信息服务质量的影响					
51. 政务微信公众号各级页面上栏目信息的清楚明晰程度对信息服务质量的影响					
52. 政务微信公众号各级页面设计与布局简洁明了程度对信息服务质量的影响					
53. 政务微信公众平台功能、页面等设计的专业性水平对信息服务质量的影响					
54. 政务微信公众平台各个组成要素及其基本功能的完整、具备程度对信息服务质量的影响					
55. 政务微信公众平台整体设计和部门职能与用户使用习惯的匹配程度对信息服务质量的影响					
56. 政务微信公众平台运行的平稳程度对信息服务质量的影响					
57. 政务微信公众号对用户各项操作指令的反应速度对信息服务质量的影响					
58. 政务微信平台公众平台保证信息安全措施的有效程度对信息服务质量的影响					

续表

问 项	1	2	3	4	5
59. 您认为用户个人的受教育程度、职业经历和社会实践经验对政务微信公众号信息服务质量的影响					
60. 您认为用户的信息意识和能力对政务微信公众号信息服务质量的影响					
61. 您认为公众政务信息需求的强弱程度对政务微信公众号信息服务质量的影响					
62. 您认为用户对政务微信公众号信息服务能力和水平的预估和期望对公众号信息服务质量的影响					
63. 您认为用户利用政务信息服务的倾向和习惯对政务微信信息服务质量的影响					

第三部分 除了以上各项，您认为还有哪些因素会影响您对政务微信公众号信息服务质量的评价？

64. 除了以上题目中提及内容外，您认为还有哪些因素会影响您对政务微信公众号信息服务质量的评价？影响程度如何？

____

____

附录 3 政务微信信息服务质量评价指标重要性调查

尊敬的各位专家：

您好，非常感谢您在百忙之中参与此次调查，此次调查采用匿名调查，所有的调查问卷仅供参考统计分析，请您放心作答！您的鼎力帮助将是本研究成功的关键，再次感谢您的支持。

1. 调查内容与目的

本次调查内容是关于政务微信公众号信息服务质量评价指标的重要性调查。政务微信信息服务质量是指政府部门通过政务微信公众平台提供的各种信息服务能够满足所有政务微信用户明确和隐含信息需求的能力的特性总和。政务微信信息服务质量评价就是政府部门本身、社会广大用户以及第三方评价机构等遵循一定的原则和要求，按照科学的程序和步骤，通过科学的评级指标体系、运用多种方法和技术多角度、多侧面地对政务微信公众平台的信息服务能力、服务过程、服务效果以及软硬件环境等进行全面、系统、持续的检测、评估、反馈并改进提高的一系列活动过程。

由于本人知识受限，设计的指标难免有不足之处，敬请各位专家老师提出宝贵意见！

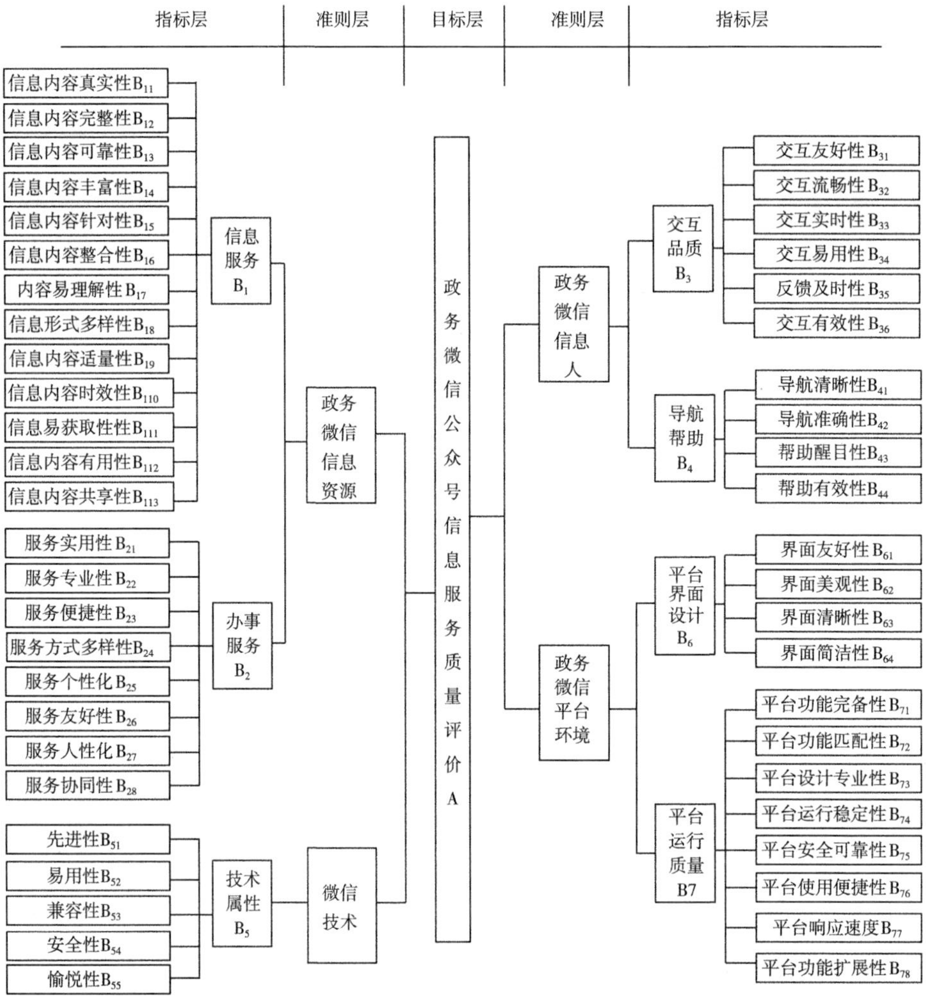

图1　政务微信信息服务质量的评价指标

如表1所示，您需要做的就是比较各个指标之间的重要性，比较采用

T. L. Saaty 提出的 1—9 标度方法。

表 1　**1—9 标度方法**

标　度	含　义
1	两个因素相比，具有同样重要性
3	两个因素相比，一个因素比另外一个因素稍微重要
5	两个因素相比，一个因素比另外一个因素明显重要
7	两个因素相比，一个因素比另外一个因素强烈重要
9	两个因素相比，一个因素比另外一个因素极端重要
2，4，6，8	上述两相邻判断的中值

根据您的个人经验对表中的两两指标进行比较判断，将您认为两个因素指标之间的比较结果填入下面的 8 个矩阵表中，只需要根据 1—9 标度法填写表格空白部分即可（请用行元素与列元素进行比较），例如："信息服务"与"办事服务"之间进行比较，如果您认为信息服务比办事服务稍微重要，则在空白处填写 3。若办事服务比信息服务的重要性稍弱稍，则在空白处填写 1/3。

2. 调查问卷主体部分

（1）一级指标两两比较判断矩阵，如表 2 所示。

表 2　**一级指标两两比较判断矩阵**

	信息服务	办事服务	交互质量	导航帮扶	技术属性	平台界面设计	平台运行质量
信息服务	1						
办事服务	——	1					
交互质量	——	——	1				
导航帮扶	——	——	——	1			
技术属性	——	——	——	——	1		
平台界面设计	——	——	——	——	——	1	
平台运行质量	——	——	——	——	——	——	1

（2）二级指标两两比较判断矩阵

表3　　　　　　　　　　　　**信息服务指标两两比较判断矩阵**

	政务信息内容真实性	政务信息内容完整性	政务信息内容可靠性	政务信息内容丰富性	政务信息内容针对性	政务信息内容整合性	政务信息内容易理解性	政务信息形式多样性	政务信息内容适量性	政务信息内容时效性	政务信息内容易获取性	政务信息内容有用性	政务信息内容共享性
政务信息内容真实性	1												
政务信息内容完整性	—	1											
政务信息内容可靠性	—	—	1										
政务信息内容丰富性	—	—	—	1									
政务信息内容针对性	—	—	—	—	1								
政务信息内容整合性	—	—	—	—	—	1							
政务信息内容易理解性	—	—	—	—	—	—	1						
政务信息形式多样性	—	—	—	—	—	—	—	1					
政务信息内容适量性	—	—	—	—	—	—	—	—	1				
政务信息内容时效性	—	—	—	—	—	—	—	—	—	1			
政务信息内容易获取性	—	—	—	—	—	—	—	—	—	—	1		

续表

	政务信息内容真实性	政务信息内容完整性	政务信息内容可靠性	政务信息内容丰富性	政务信息内容针对性	政务信息内容整合性	政务信息内容易理解性	政务信息形式多样性	政务信息内容适量性	政务信息内容时效性	政务信息内容易获取性	政务信息内容有用性	政务信息内容共享性
政务信息内容有用性	——	——	——	——	——	——	——	——	——	——	——	1	
政务信息内容共享性	——	——	——	——	——	——	——	——	——	——	——	——	1

表4　　办事服务指标两两比较判断矩阵

	服务实用性	服务专业性	服务便捷性	服务方式多样性	服务个性化	服务友好性	服务人性化	服务协同性
服务实用性	1							
服务专业性	——	1						
服务便捷性	——	——	1					
服务方式多样性	——	——	——	1				
服务个性化	——	——	——	——	1			
服务友好性	——	——	——	——	——	1		
服务人性化	——	——	——	——	——	——	1	
服务协同性	——	——	——	——	——	——	——	1

表5　　交互质量指标两两比较判断矩阵

	交互友好性	交互流畅性	交互实时性	交互易用性	反馈及时性	交互有效性
交互友好性	1					
交互流畅性	——	1				
交互实时性	——	——	1			
交互易用性	——	——	——	1		
反馈及时性	——	——	——	——	1	
交互有效性	——	——	——	——	——	1

表 6　　导航帮助指标两两比较判断矩阵

	导航清晰性	导航准确性	帮助醒目性	帮助有效性
导航清晰性	1			
导航准确性	——	1		
帮助醒目性	——	——	1	
帮助有效性	——	——	——	1

表 7　　技术属性指标两两比较判断矩

	先进性	易用性	兼容性	安全性	愉悦性
先进性	1				
易用性	——	1			
兼容性	——	——	1		
安全性	——	——	——	1	
愉悦性	——	——	——	——	1

表 8　　平台界面设计指标两两比较判断矩阵

	界面友好性	界面美观性	界面清晰性	界面简洁性
界面友好性	1			
界面美观性	——	1		
界面清晰性	——	——	1	
界面简洁性	——	——	——	1

表 9　　平台运行质量指标两两比较判断矩阵

	平台功能完备性	平台功能匹配性	平台设计专业性	平台运行稳定性	平台安全可靠性	平台使用便捷性	平台响应速度	平台功能扩展性
平台功能完备性	1							
平台功能匹配性	——	1						

续表

	平台功能完备性	平台功能匹配性	平台设计专业性	平台运行稳定性	平台安全可靠性	平台使用便捷性	平台响应速度	平台功能扩展性
平台设计专业性	—	—	1					
平台运行稳定性	—	—	—	1				
平台安全可靠性	—	—	—	—	1			
平台使用便捷性	—	—	—	—	—	1		
平台响应速度	—	—	—	—	—	—	1	
平台功能扩展性	—	—	—	—	—	—	—	1